# 新しく学ぶ西洋の歴史
## ――アジアから考える

南塚信吾/秋田 茂/高澤紀恵
[責任編集]

ミネルヴァ書房

# はじめに

本書は、過去一〇〇〇年ほどの西洋の歴史を概説する教科書です。しかし、従来の西洋史の教科書とはいくぶん異なる意図を持たせています。

考えてみると、私たちは、明治以来長らく、日本が習うべき対象として西洋の歴史を学んできました。そして、しだいに、西洋の歴史を他の歴史から自立して、それ自身が内的に発展するものとして把握するようになってきていました。そこに、いわば独立した「西洋史」というものが成立してきました。しかし、もはや西洋の歴史は私たちの「モデル」ではなくなりました。その結果、「西洋史」は、私たちに身近な関係を持たない知的成果という存在になりつつあります。極端にいえば、それは西洋史を研究する者の自己満足、西洋史を学ばなければならない学生の「教科書」という存在になってきています。私たちはこれでいいのだろうかと考えました。

私たちは、日本に住む私たちがなぜ西洋の歴史を勉強するのかと改めて考えました。もちろん、歴史家の場合は、日本に住む者として、独自の立場から西洋の歴史を描き、それによって、日本を含む世界の歴史を豊かにすることが大切なのだと言うことができます。しかし、歴史を読む学生や社会人にとっては、それはかなり遠い世界のことなのです。そこで、私たちは、西洋の歴史を常に日本との「関係」において把握してはどうかと考えました。この「関係」という概念にはいろいろな意味があります。具体的な人やモノの関係、イメージや概念や理念の関係、比較や影響という関係など、多様です。そして、日本が西洋から受けた影響も、西洋に与えた影響もあるでしょう。日本と西洋という関係ではなく、アジアを通した関係もあります。ともかく、こういう多様な「関係」を意識しながら西洋の歴史を描いてみたいと考えました。それが本書です。

そのために、本書の構成はいくらか独特なものになっています。まず、各章は「同時代」的になっていて、西洋の歴史を縦に時系列的に記述するという構成をとっていません。したがって、中世・近世・近代・現代といった時代区分も設けていません。また、西洋の内部での「周辺」を重視するとともに、西洋の歴史を、日本やアジアだけでなく、「非ヨーロッパ」との相互関係でとらえるという視角を導入し、そこから西洋という枠組み自体をも見直す可能性を込めています。

各章は、以下の要素から構成されるようにしました。「序論」では、日本・アジアから見た当該期の世界史全体を展望します。次に「総論」では、当該期の西洋の歴史を概観します。そして「本論」の中の各節で、できる限り日本・アジアとの関係を念頭に置きながら、当該期の西洋の各地域・各国の歴史を述べます。加えて、各章末に置いた「コラム」では、特に日本・アジアとの関係を念頭に置いた事項を検討します。このような主旨と構成を特徴とする本書には、執筆者としていわゆる西洋史の専門家だけでなく、日本史や東洋史の専門家とされる方々にも加わっていただきました。

それぞれのスペースは多くはないのですが、歴史研究の最新の成果をやさしい文体で記述するようにしました。

本書が、学生・大学院生・研究者はもとより、広く歴史に関心を持つ一般の人々にとっても、西洋の歴史を「身近」な存在として理解し、日本を含むアジアの歴史と西洋の歴史を連続させて理解するための一冊となることを願っています。

二〇一五年一一月

編集責任　南塚信吾　秋田　茂　高澤紀恵
編集委員　秋山晋吾　浅田進史　木村　真　長縄宣博
　　　　　中村武司　橋川健竜　古谷大輔

新しく学ぶ西洋の歴史——アジアから考える　目次

はじめに

## 第8章　韓国併合から第一次世界大戦へ――一九〇八～一九一四年……189

## 第11章 核の時代の始まり――一九四五～一九五四年

# 第1章

# マルコ・ポーロの時代
## ——15世紀まで

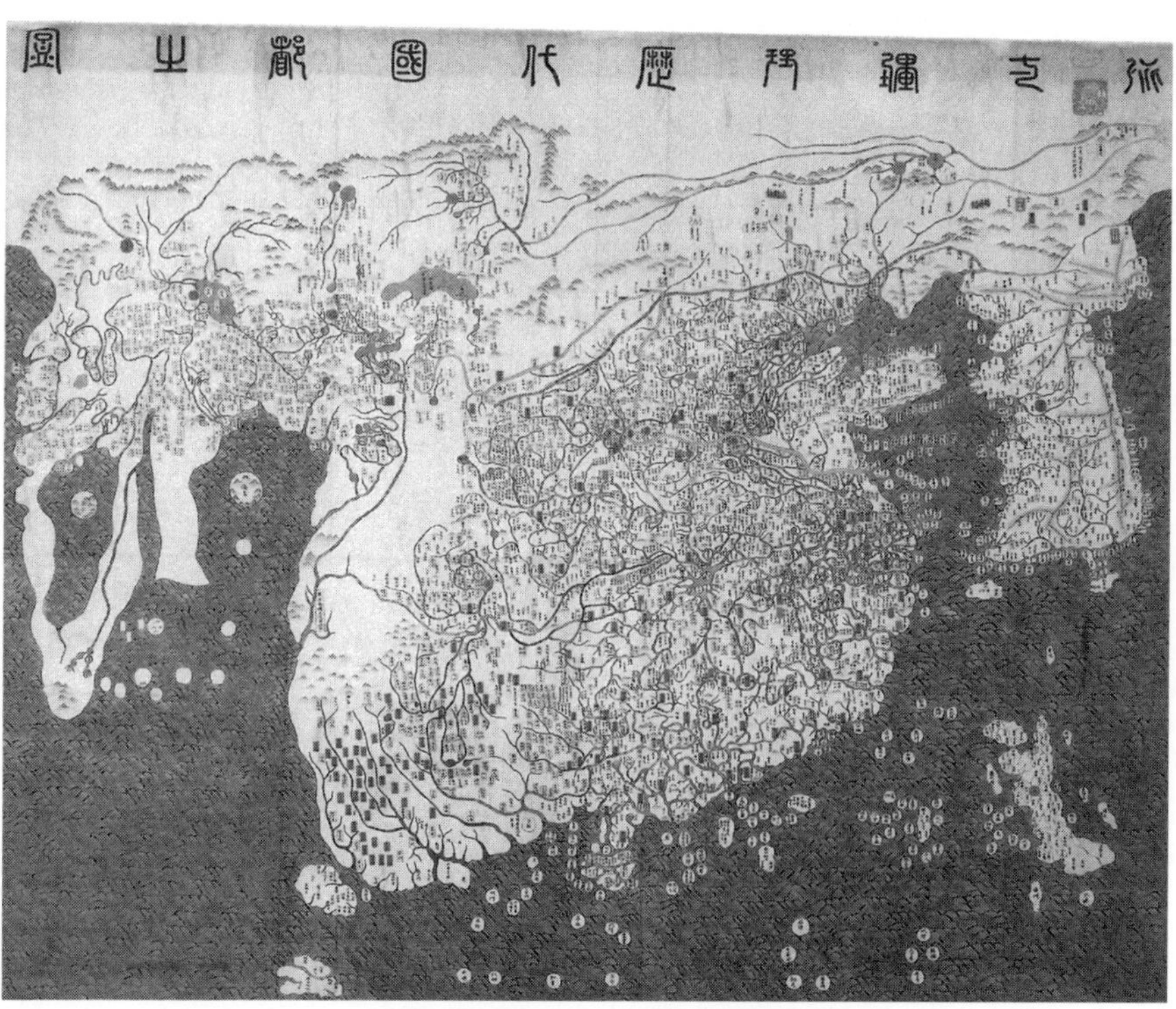

混一疆理歴代国都之図（京都大学文学部地理学教室蔵）

出典：杉山正明他編『大地の肖像——絵図・地図が語る世界』京都大学学術出版会，2007年。

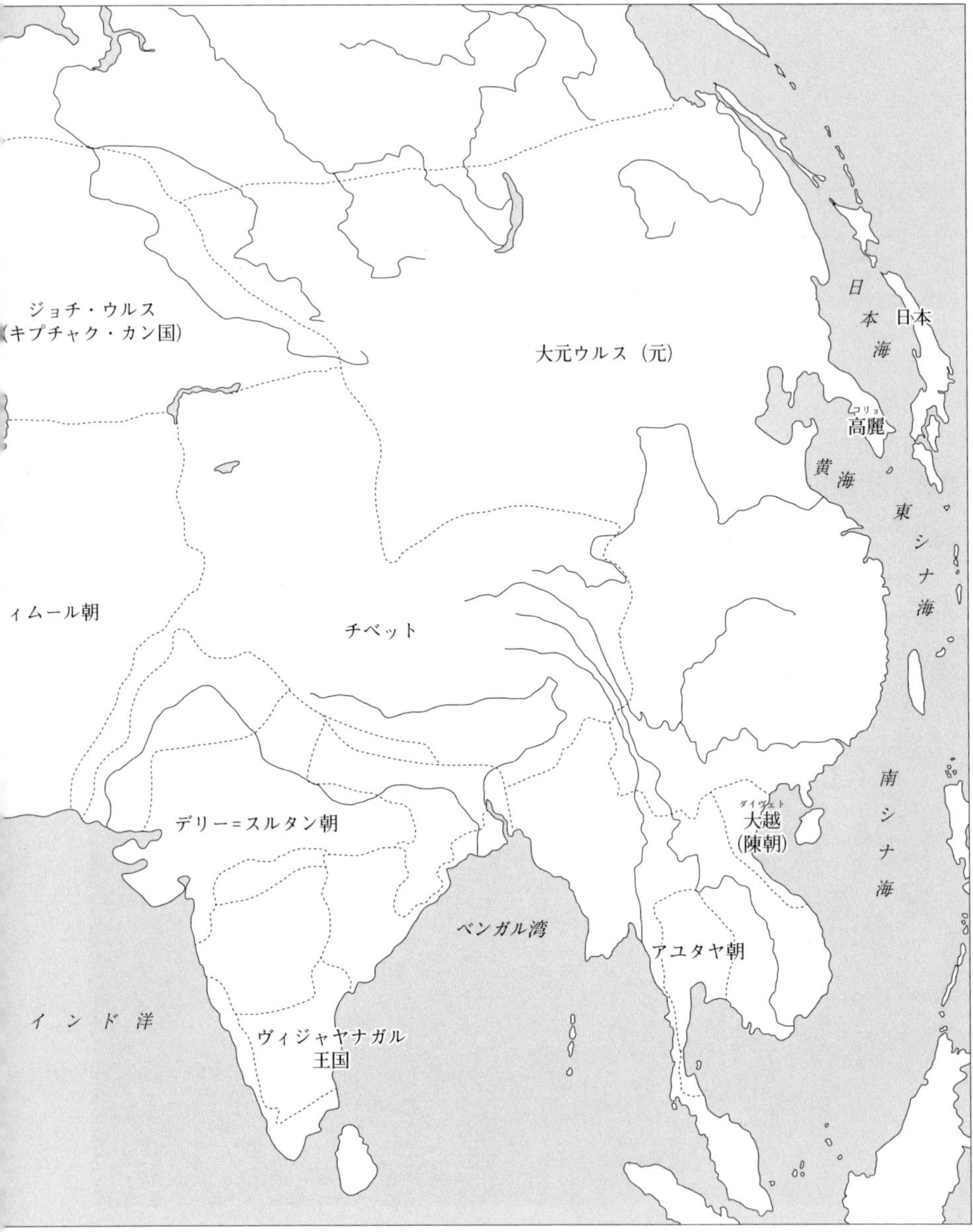
ジョチ・ウルス
(キプチャク・カン国)
大元ウルス（元）
日本海
日本
高麗《コリョ》
黄海
東シナ海
ィムール朝
チベット
南シナ海
大越《ダイヴェト》
(陳朝)
デリー=スルタン朝
ベンガル湾
アユタヤ朝
インド洋
ヴィジャヤナガル
王国

14世紀頃の世界

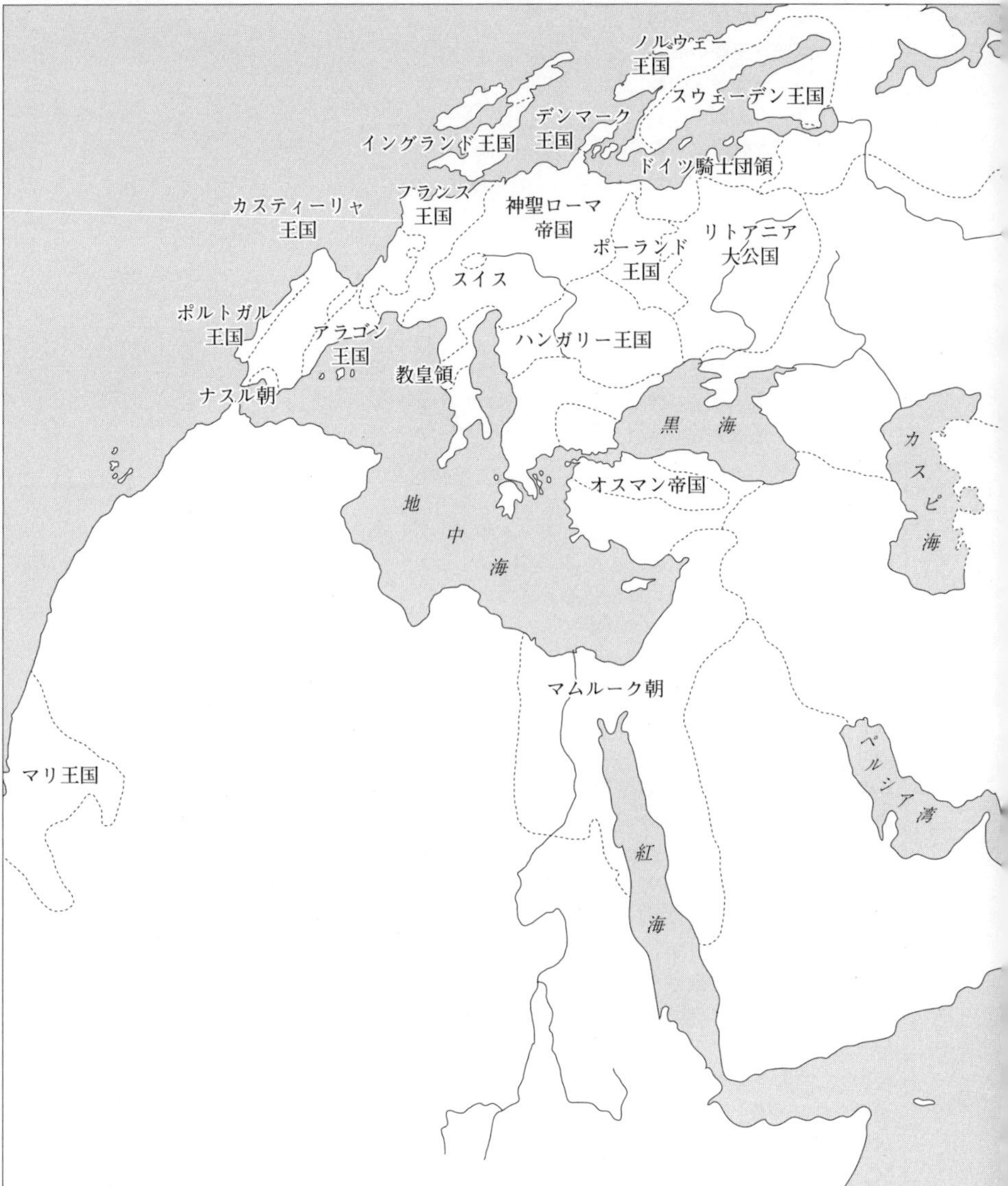
ノルウェー
王国
スウェーデン王国
デンマーク
王国
イングランド王国
ドイツ騎士団領
フランス
王国
カスティーリャ
王国
神聖ローマ
帝国
リトアニア
大公国
ポーランド
王国
スイス
ポルトガル
王国
アラゴン
王国
ハンガリー王国
教皇領
ナスル朝
黒海
カスピ海
オスマン帝国
地中海
マムルーク朝
マリ王国
ペルシア湾
紅海

| 年 | 主な出来事 |
|---|---|
| 395 | **1.** ローマ帝国の東西分裂 |
| 415 | 西ゴート王国の成立 |
| 476 | **9.** 西ローマ帝国の滅亡 |
| 481 | フランク王国の成立 |
| 711 | ウマイヤ朝による西ゴート王国の征服 |
| 800 | **12.** フランク王カールの西ローマ皇帝戴冠 |
| 927 | **7.** ウェセックス王によるイングランド統一 |
| 880 | キエフ大公国の成立 |
| 962 | **2.** 東フランク王オットー1世の神聖ローマ皇帝戴冠 |
| 963 | ポーランド公国の成立 |
| 987 | フランス王国にカペー朝成立 |
| 1000 | ハンガリー王国の成立 |
| 1035 | カスティーリャ王国，アラゴン王国の成立 |
| 1066 | **7.** イングランド王国にノルマン朝成立 |
| 1096 | 第一回十字軍の開始 |
| 1143 | ポルトガル王国の成立 |
| 1204 | **4.** 第四回十字軍によるコンスタンティノープル陥落 |
| 1206 | チンギス・カンによる大モンゴル国（ウルス）の統一 |
| 1228 | ドイツ騎士修道会のプロイセン領有 |
| 1241 | **4.** ヴァールシュタット（レグニツァ）の戦い |
| 1242 | キプチャク・カン国（ジョチ・ウルス）の成立 |
| 1245 | プラノ・カルピニのモンゴルへの派遣 |
| 1253 | ルブルクのウィリアム，アジアへの出立 |
| 1271 | マルコ・ポーロのアジアへの出立 |
| 1298 | 『東方見聞録』の口述筆記 |
| 1337 | **11.** 英仏間で百年戦争の開始（～1453年） |
| 1347 | 黒死病の流行（～50年） |
| 1356 | **12.** 金印勅書による神聖ローマ皇帝選出の規定 |
| 1378 | 教会分裂（～1417年） |
| 1385 | **8.** ポーランド・リトアニア同君連合の成立（クレヴォの合同） |
| 1389 | **6.** コソヴォの戦い |
| 1396 | **9.** ニコポリスの戦い |
| 1397 | **7.** デンマーク・ノルウェー・スウェーデン間でカルマル連合の成立 |
| 1410 | **7.** タンネンベルク（グリュンヴァルト）の戦い |
| 1414 | コンスタンツ公会議（～18年） |
| 1415 | ポルトガル王国によるセウタ攻略 |
| 1453 | **5.** オスマン帝国によるビザンツ帝国の滅亡 |
| 1479 | **1.** カスティーリャとアラゴンの連合によるスペイン王国の成立 |
| 1480 | モスクワ大公国がキプチャク・カン国（ジョチ・ウルス）から自立 |
| 1492 | **1.** スペイン王国によるナスル朝の征服 |

# 序論　世界の一体化の始まり

## 「モンゴル時代」とその後

一三世紀の初め、モンゴル高原でチンギス・カンの下に統一された遊牧民の連合体「大モンゴル国（ウルス）」は、ユーラシアの東西に急速に拡大した。この世紀の半ばにはすでに、東は朝鮮半島、日本海から、西はイラン、イラク、アナトリア高原、ウクライナ、ロシアに至る史上最大の版図をもつ大帝国に成長していた。

チンギスの孫、クビライの時代には、帝国はさらに新たな段階に至る。彼は即位後、自らが直接領有するアジア東方で、ユーラシアの歴史の二つの流れを作ってきた草原世界と農耕世界をあわせた国家「大元大モンゴル国」（大元ウルス、元朝）を建設していく。南中国の南宋を接収することで三世紀半ぶりに中国を統合して、さらに海上進出を図って日本やジャワへの遠征も行われ、結果として東南アジアからインド洋に至る諸国との通交が成立していった。一方で西北ユーラシアではジョチ・ウルス（キプチャク・カン国）、中東ではフレグ・ウルス（イル・カン国）、中央アジアではチャガタイ・ウルス（チャガタイ・カン国）が分立する。相互の対立もあったが、クビライとその子孫はモンゴル全体の君主「大カアン」として認められ、モンゴル帝国は、ゆるやかながら連帯性を維持し続けたのである。

一四世紀になると、帝国は軍事拡大よりも経済を主とする国際協調の時代に入る。東シナ海からインド洋、中東に至る海上ルートと陸上ルートが結合した交通網によって人と物の大交流が活発化し、財政政策を担うイスラーム教徒商人を主軸として国際通商が行われた。寛容な宗教政策や文化政策、実力主義による広範な人材登用も交流を促した。帝国の版図外の日本も西ヨーロッパ諸国もモンゴルとの直接交渉をもった。ユーラシアと北アフリカの各地は、「大航海時代」以前から世界の一体化の始まり「モンゴル時代」の中で共存していたのである。

一四世紀後半からは、チンギス・カン後裔の権威は存したものの、帝国は解体して各地に継承国家が成立していく。大元ウルスは中国の明朝と東西二つのモンゴル勢力（明朝のいう「韃靼《だったん》」とオイラト）に分かれ、ジョチ・ウルスは分裂してモスクワの勢力が台頭してくる。東西に分裂したチャガタイ・ウルスの西半からティムール朝が生まれ、フレグ・ウルスの分裂後、サファヴィー朝が誕生する。だが各地のモンゴル勢力は消滅したり、追い払われてモンゴル高原にすべて戻ったりしたわけではない。その地の文化（政治・宗教・言語）と融合し、継承国家に組み込まれていったといえるだろう。

## ヨーロッパとモンゴル

この時代のヨーロッパで注目すべきは、外交・宣教・通商のためにモンゴル治下の東方に赴いた人々がその知見を記録に残したことである。一三世紀半ば、修道士プラノ・カルピニのジョヴァンニ、ルブルクのウィリアムは、それぞれ教皇インノケンティウス四世、フランス王ルイ九世からモンゴル宮廷への使節として派遣され、帰国後に詳細な報告書を著した。宣教に赴いた修道士たちの報告書簡も残る。フィレンツェの商人ペゴロッティは『商業指南』の中で東方交易の手引きを詳細に記している。一四世紀後半、アラゴン王家からフランス王家に贈られた世界地図「カタルーニャ地図」は、「モンゴル時代」に変化したヨーロッパの世界像を示す（同じ頃モンゴルではヨーロッパやアフリカ全体をも含む世界地図をすでに有していたことが、現存する「混一疆理歴代国都之図」により判明している）。

## 『東方見聞録』の読まれ方の移り変わり

ヴェネツィア人マルコ・ポーロが大元ウルスのクビライに側近として仕えて各地へ使節として赴き、帰国後に見聞をジェノヴァの牢獄で物語作者ピサのルスティケッロに口述筆記させたという『東方見聞録』は、時代とともに読まれ方が大きく変化する興味深い書物である。

モンゴルとの直接の交流が途絶えた一四世紀後半からは、東方の驚異の「物語」として好んで読まれた。「大航海時代」到来以降、コロンブスをはじめ、人々は東方の「事実」を求めてこの書を読むようになる。さらに一九世紀のヨーロッパ中心史観の下、マルコ・ポーロは先駆けて「世界を発見した英雄」として、その活躍を実証しようと研究が熱心に行われるようになった。

だが研究が進んでくると、記述の中核をなすクビライ治下のモンゴルの諸制度についての情報の信憑性の高さとともに、彼が側近でありえたはずのないことなども判明してきた。この書はマルコ・ポーロなる実在の人物の見聞を記したものというよりも、それに託して集成された、様々な情報源からの東方情報といったほうがふさわしい。原典がフランス語、イタリア語、ラテン語などの写本、刊本の形で残され、それぞれ内容に微妙な出入りのあるこの書をどう読んでいくかは、現在大きな課題となっているのである。

## 総論　ヨーロッパ中世から近世へ――ユーラシア大陸の西の果てから

ヨーロッパの成立過程について論じるとき、我々は通常、中世にまでさかのぼって考える。それ自体は間違っていないが、中世におけるヨーロッパの誕生は、世界史の流れの中ではほんの片隅の出来事であったことは理解しておく必要がある。

**ユーラシア大陸西部の文明圏**

すでに紀元前から、東は中国から中央アジアや南アジアを経由してユーラシア大陸の西部まで、高度な文明圏が連なるように存在していた。その西端には地中海を包み込むような形のローマ帝国があった。四世紀以降この帝国は地中海世界の統一を維持する力を失ったが、東部で新たな首都コンスタンティノープルを中心に体制を建て直し、なおも高い文明を誇った。ビザンツ帝国とも呼ばれるこの国は、アジアとヨーロッパの境界に位置したように見えるが、それは近代以降に生きる我々にとってそう見えるにすぎない。当時としては、水陸あわせて多くのルートが交差するこの地点こそが地中海沿岸の新たな中心であった。そしてその皇帝は、同じ東地中海地域で誕生した普遍的宗教であるキリスト教の理念に基づき、神に代わって現世を統治する支配者として君臨していたのである。帝国の東側では七世紀以降、イスラーム勢力が西アジア一帯を支配下に収め、アフリカ北岸を経由してイベリア半島まで進出し、キリスト教徒の活動領域を著しく縮小させた。このイスラーム帝国もその後、政治的には分裂していくが、中央アジアから進出したトルコ系の人々も取り込みつつ勢力をなおも拡大させていった。

**ローマ・カトリック世界の胎動**

世界情勢がこのように変動する中で、当初ヨーロッパ半島の西側は、文明の中心からは隔たった地域であった。もちろんこの地域の支配階層にはローマ帝国の統治理念を継承しているという自覚があったし、八〇〇年にフランク王カールが、そして九六二年に東フランク王オットー一世が果たした皇帝戴冠はその意思表示であった。しかしそれはまだ、ヨーロッパ半島西部における新たな政治的秩序を生み出すための出発点であったにすぎない。

むしろ重要なのは、この地域で新たなキリスト教的心性が生み出されたことであろう。地中海沿岸から離れた北部に拠点をおき、農耕中心の自然経済を主な基盤としていた生活の中で、修道院に引き継がれたキリスト教理念は一部のエリートに強い宗教的自覚を植えつけた。これに、ビザンツ皇帝からの自立を目指すローマ教皇の努力が加わり、ローマ・カトリックという新たな文明世界が徐々に姿を現し始める。そしてほぼ一一世紀以降、農業技術の向上とともに、封建的秩序を主な基盤とした社会体制が整えられていった。教皇は「教会の自由」を掲げて皇帝や国王と争い、政治的にも主導権を獲得するに至った。

こうして相対的な安定期を迎えたローマ・カトリック世界は、経済的成長と宗教的自覚を原動力として外部へと進出するようになる。聖地へ向かった十字軍遠征、イベリア半島を舞台としたレコンキスタ（国土回復運動）、バルト海沿岸の征服事業など、その拡大は各方面に向かったが、地中海経由によるイスラーム圏との接触・交流を通して、東方から新しい文物・技術・学問が導入されたことは特に重要である。一二世紀頃にはヨーロッパの社会と経済は、遠く西アジアやインド方面とも間接的に結ばれるようになっていた。

### アジアと結びあうヨーロッパ

一三世紀以降、ヨーロッパ人とアジアとの関係には新たな展開が訪れる。イスラーム圏を越えた東方にいわゆる「モンゴルの平和（パクス・モンゴリカ）」が訪れたことに気づいたヨーロッパ人は、これを利用して中央アジアや中国との連携まで試みた。モンゴル帝国がネストリウス派キリスト教に好意的であったことも幸いした。この交流は長くは続かなかったが、使節や旅行者がもたらした情報は、はるか東方の未知の世界に対する関心を高めた。またモンゴル帝国の継承国のうち、キプチャク・カン国がロシアを支配下に収めたため、北のルートによる東西の直接交流はその後も維持されることになった。東地中海方面では一四世紀以降オスマン帝国が勢力を拡大し、ビザンツ帝国に代わってこの地域の盟主となった。オスマン帝国は一見、ヨーロッパとアジアの間に立ちふさがったかのように見えるが、実際にはキリスト教徒も含めて多くの人々を取り込んだ普遍的性格をもっており、ヨーロッパとの関係を考えるためには様々な点で見直しが必要であろう。

またこの時代には中国南部からアフリカ東海岸に至る海域が交易圏として結ばれていたが、一五世紀後半になるとヨーロッパ人は、アフリカ大陸を迂回してその一端に辿り着いた。彼らは間もなくこの豊かな交易圏の利用価値に気づき、積極的な参入を図っていくことになる。このように、当初、ユーラシア大陸の西の片隅に登場した小さな勢力でしかなかったローマ・カトリック世界は、数百年にわたって東方の諸地域との交渉を繰り返しながら、ヨーロッパ世界という新しい文明圏形成へと向かっていったのである。

## Section 1 西ヨーロッパ世界の形成

**ポストローマと西欧世界の形成**

近代文明をリードした西欧世界は、東アジア中華文明圏における日本の位置づけと同様に、ローマ帝国の辺境に位置する「周縁」世界として形成された。

ユーラシア大陸西部から、中近東、アフリカ北岸にまで及んだローマ帝国は、三世紀以後、その凝集力を失い、帝国の一部をなした様々な地域は独自の発展をとげる。辺境に位置する西欧においては、ゲルマン人と呼ばれる集団が移住、定着し、多くの王国が設けられるに至った。しかしながら、当時「○○人」と呼ばれた人々は、人種的・文化的な同質性をもたない、その時々に強力な指導者に率いられた人間集団であり、またゲルマン人とローマ人の区別すらときにあいまいであった。他の諸王国を次々と滅ぼし、フランク王国として統一したフランク族もまた、多くの人間集団を政治的・軍事的に統合した結集体にすぎなかったのである。他方、少なくとも七世紀頃までの西欧では、変容を被りながらも、ローマ的な諸制度が維持されており、六世紀初め、東ローマ皇帝から執政官の称号を与えられたフランク王クロヴィスは、自らをローマ帝国の役人と見なしていたらしい。しかしながら、地中海世界を中核とするローマ世界の解体がその後さらに進む中、東のビザンツに対抗するために選ばれたのが、西欧世界の新しい覇者カロリング家のカールであった。カール大帝の西ローマ皇帝戴冠（八〇〇年）とは、キリスト教的な普遍性を理念に掲げて、世界のすべてを統合するという新しい帝権の出現を意味する。

**フランク王国からフランスへ**

カールの統一帝国は、その後解体し、西フランク王のもとで将来のフランス王国が準備されていく。しかしながら、とりわけライン川とロワール川の間の地域（北フランス）においては、本来王のみが掌握するはずの公権力が、多くの領主たちによって簒奪《さんだつ》された。貢租の徴収のみならず、裁判や治安の維持を含む広範な領主の支配（領主制）と、彼らの間に結ばれた相互安全保障の双務契約（封建制）は、この地域で最も広範に展開したのである。一二世紀半ばまでのフランス王は、ヨーロッパでも最もか弱い王の一人であった。

他方、一一世紀末からの西欧全体での経済成長、人口増加の果実を最も享受したのもまたフランスであった。この時期の西欧を彩る様々な文化運動、例えば古代文化教養の復活、フランス語による愛の詩や物語の制作、パリ大学の形成と学問の発展、ポリフォニー音楽の出現、ゴシック様式の大聖堂建設などは、いずれもフランスに起源をもつ。首都パリは、西欧最大の都市として経済的・文化的繁栄を誇ったのである。このような社会全体の発展の中で、フランス王は王国統治を強めながら、西欧最強の王権として、神聖ローマ皇帝や教皇の普遍的権威をなし崩しにしていった。

### 辺境の島国ブリテン島とイングランド王国

ブリテン島のローマ化はそもそも部分的であったが、ローマ軍の撤退によって再び部族の乱立状態に戻ってしまった。その後さらに、ゲルマン人やヴァイキングなどの移住と定着が繰り返され、ブリテン島の各地に多くの部族的な政治集団が生まれた。九世紀から一〇世紀にかけてこのような状況を克服し、イングランドを統一したのが「アングル人の王」を称するウェセックス王である。多くの異なる人間集団を新しい王国の民として統合しようとしたこの王権においては、カール大帝が身をもって示したキリスト教的帝国の理念が参照された。この理念的なイングランド王権の圧力が、周辺の民にアイルランドやウェールズなどのアイデンティティを醸成させていく。

イングランドは、一〇六六年、フランス王の家臣であるノルマンディ公によって征服され、大陸に領地をもち、フランス語を話す王とその取り巻きが政治の中心を担うことになった。ここでは、征服者としての王とその直属家臣の間に垂直的な関係が紡がれ、強力な王権国家が築かれた。統治の手段となったのは、財務府をはじめとする官僚組織と合理的な行政、宮廷や法廷の巡回、さらにはコモンローと呼ばれる王国全体に共通する世俗法である。強力な王権に支配されるこの島国では、フランスのような強固な領主制が展開せず、地方の州集会が「国王命令に応える自治」として機能する一方、王権の地方統治への協力者としてジェントリが形成された。

### 中世から近世へ

常にヨーロッパの中核を担ったフランスと、辺境に位置したイングランドは、一見異なる歴史を刻んだが、最終的に二つの王国とも、「国民意識」を醸成させながら「主権国家」化していくことになる。この際、中世末期から、政治的利害を共にし、公論を形成する様々な社会集団が形作られるとともに、リテラシーの普及を背景に、様々なテクストが広範に流通したことが、将来の民主主義的西欧を準備したともいえよう。

## Section 2
# 神聖ローマ帝国と「世界」

### 神聖ローマ帝国の成立

神聖ローマ帝国は、成立時点の確定が困難な政治体である。九六二年、オットー朝のオットー一世はローマで皇帝に戴冠したが、この時点では東フランク王がローマ皇帝位を名誉称号のように兼ねたにすぎなかった。ただ、その帝位がかつてカール大帝の占めた位であり、コンスタンティヌス一世を経てアウグストゥスにさかのぼる皇帝の系譜上にあるということは、明確に認識されていた。当時、ローマ皇帝位は消滅することはなく、ただ一時的な空位期を経て復興刷新（レノヴァティオ）され、再び継承されていくものと考えられていたのである。続くザーリア朝の時代、ハインリヒ四世と教皇グレゴリウス七世の紛争を頂点とする叙任権闘争の過程で、ゲルマニアの王国に「ドイツ王国」の呼称が与えられ、一方で、帝国の統治領域が、ドイツ、イタリア、ブルグントの三王国に及ぶべきことが定まった。

神聖ローマ帝国、すなわち中世に固有のローマ帝国に実体を付与したのは、次のシュタウフェン朝であった。フリードリヒ一世バルバロッサの宮廷では、ボローニャ大学で復興されつつあったローマ法に立脚する、新たな皇帝理念が構想された。皇帝の位が神授の地位であって、その正統性が古代的伝統に発するという考え方は、皇帝を創出する加冠権を主張してきた教皇の影響力を弱めるものであった。バルバロッサは、コロッセウムにそびえる盛装の皇帝の姿を黄金印璽《いんじ》に刻んだが、それは統治の正統性の根源が都市ローマにあることを表していた。一方、一一五七年の国王証書において、ローマ帝国に、初めて「神聖」という形容辞が付されたが、これは、カール大帝の列聖を行い、東方三博士等の聖遺物を収集したバルバロッサの政策に合致するものであった。帝国は聖人の存在によって神聖であり、神聖なる帝国を統べるべきは、神聖なる皇帝であった。

### 膨張するヨーロッパと帝国

バルバロッサが統治を開始した一二世紀半からの一五〇年間は、異世界との接触を通じて、ヨーロッパが〈世界〉に対する認識を改めた時代であった。この期間に、全七回のうち第二回から第七回までの十字軍が組織され、地中海を舞台に、アルプス以北、イタリア、フランス、スペイン、北アフリカ、シリア・パレスチナ、小アジア、バルカンの各地域が、戦争と同盟、交易と移民を通じて、緊密に結ばれた。

神聖ローマ帝国については、フリードリヒ一世・二世が自ら十字軍を率い、さらにシチリア王国の併合によって、アラブ＝イスラーム、正教ギリシア世界を、内に抱え込む形となった。帝国の東部辺境地域では、一二四一年のヴァールシュタット（レグニツァ）の戦いで、ドイツ騎士修道会・ポーランド諸公の連合軍がモンゴル軍に大敗を喫し、この経験がアジア（東方）への戦略的関心を覚醒させることになった。はるか東方にキリスト教徒の国があるとするプレスター・ジョン伝説の流布と相まって、プラノ・カルピニのジョヴァンニ、ルブルクのウィリアム、モンテ・コルヴィノらが、教皇やフランス国王の使節として、東方に派遣された。商人マルコ・ポーロの東方旅行も、遠隔地商人文化の隆盛と世界像の刷新という、この時代を象徴する出来事であった。

### 〈世界〉を支配する帝国

一三〇〇年頃、帝国北部のエプストルフにある女子修道院で、一幅の巨大な世界図が制作された。この世界図は、十字を象《かたど》るキリストの身体の上に、聖地エルサレムを中心に据えた世界図を重ねたものである。アジア、アフリカ、エウロパという古典的な三大陸の上に、世界の諸地域に関する百科全書的な知識が、挿絵と文字によって仔細《しさい》に描かれている。皇帝の支配権標のひとつである帝国宝珠は、皇帝が支配する〈世界〉を象徴する。皇帝が君臨すべきその〈世界〉は、いまや旅行者や異文化との交流で得られた知識で満たされつつあった。同世界図は、その中でアジア（東方）が、驚異に満ちた土地、兇悪《きょうあく》部族ゴグとマゴグが封じ込められた畏怖《いふ》の地であり、キリストの頭部が位置する救済史上の至聖の地でもあったことを伝えている。

中世の神聖ローマ帝国は、古代ローマ帝国という過去に向けて構築された政治体であった。と同時に、聖書の黙示文学に描かれた終末への道筋において、第四の帝国（ダニエル書）の尽きる世に現れる反キリストを倒し、千年王国を導く最終皇帝を待望する、終末志向の政治体でもあった。カール大帝、フリードリヒ一世・二世と、優れた皇帝の登場時に現れる流言・伝説群が、この待望を証言している。中世末期、帝国は、領邦国家間の利害調整を行う実務的組織へと変容したが、こうした政治体としての本質や〈世界〉を志向する普遍主義は、理念面において、むしろいっそう強くなっていった。

## Section 3 変容する地中海世界

### 十字軍運動と「モンゴルの平和」

中世地中海世界とアジアとの関係を考える契機となるのは、当時の西洋でオルトレマーレ（海の向こう）と呼ばれたシリア沿岸部において一一世紀末以降展開した十字軍運動である。ジェノヴァなどのイタリア港湾都市は第一回十字軍から参加し、軍事支援の恩賞と引き換えにいち早くシリア沿岸部での商業特権や居留地を手に入れた。その後も聖地国家の終焉期までイタリア人居留地は存続し、アジアとの接触拠点を保つ。聖地国家の消滅した後にも、聖地への巡礼は活発化し、ヴェネツィアからは巡礼専用の船が運航された。聖地エルサレムを訪れた人々による『聖地巡礼記』は数多く書かれ、現地の情報を西洋にもたらした。またこの地でのイスラーム勢力と地中海商人との間の商業活動も活発であり続け、毛織物の価格競争なども勃発した。

十字軍運動に引き続き、地中海世界とアジアとの接触を考える鍵となるのは一三世紀の「モンゴルの平和」の時代である。マルコ・ポーロに代表されるイタリア商人、またカラコルムに達したジョヴァンニ・ダ・ピアン・デル・カルピネ（プラノ・カルピニ）や、大都に到着したジョヴァンニ・ダ・モンテコルヴィーノ（モンテ・コルヴィノ）のような宣教師の活動はよく知られている。こうした著名人のほかにも、アジアを訪れたイタリア人の痕跡は、中国に残るイタリア人の墓碑、また中国から帰国したイタリア人の遺言の内容からも確認できる。

### 黒海沿岸地域への進出

また一三世紀後半以降、黒海沿岸地域へのイタリア商人の進出が本格化する。先鞭《せんべん》をつけたのはジェノヴァ人で、ラテン帝国崩壊後復帰したビザンツ帝国との同盟を背景に、黒海沿岸地域における進出を強化した。ジェノヴァ人はコンスタンティノープル郊外に建設されたペラ、クリミア半島のカッファ、黒海南岸のシノップ、サムスンなどに商業拠点を築き代官を派遣した。ヴェネツィアもアゾフ海沿岸のターナなどに拠点を築く。こうした拠点での交易は、タタール系諸民族などとの交流をもたらし、薬種類などの現地の商品を入手する機会となった。特に注目すべきは奴隷貿易であり、「タタール」「カフカス」「アブハーズ」などの民族名で示される奴隷が地中海世界にもたらされ、高値で売買された。奴隷はイタリアでは主に家内奴隷として用いられ、時には主人により奴隷解放され、洗礼を受け、西洋世界に同化していく。

商業活動が活況を呈する中、一四世紀前半、フィレンツェのバルディ商会の社員であったフランチェスコ・ペゴロッティが執筆した『商業指南』には、アジアからの商品についての豊かな情報が含まれている。しかし、イタリアをはじめとする西欧の地中海人の空間拡大は、徐々に限界を示し始めていた。前述のように、中世の段階では至らなかった。いくつかの経験を経て、遠隔地である現地に内陸ルートで自らが赴くリスクと、地中海や黒海の周辺地域にまで商品をもたらすアジアの商人との取引による収益を秤にかけたとき、当時の地中海人は後者を選んだのである。アジア世界への拡大の限界は、一四世紀半ば以降、黒死病（ペスト）と不況に見舞われるイタリア商人にとって、すでに確立した商業世界内での勢力闘争を激化させた。一四世紀後半のヴェネツィアとジェノヴァとの激しい戦争はその表れである。

### オスマン帝国の地中海進出

ジェノヴァとヴェネツィアという地中海世界の二大海洋勢力に圧力を加え、彼らの海洋世界に転機を与えたのがオスマン帝国の地中海進出である。オスマン帝国は黒海南岸のジェノヴァ人拠点をひとつずつ陥落させつつ西進し、コンスタンティノープルに至り一四五三年にビザンツ帝国を崩壊させる。クリミア半島の拠点カッファも一五世紀後半にオスマン支配に下る。ヴェネツィア人支配のネグロポンテは一五世紀後半、モドン、コロンは一六世紀初頭の一五〇〇年にオスマン領となる。ジェノヴァの重要拠点であるキオス、ヴェネツィアの重要拠点であるキプロスも一六世紀にオスマン領となる。一七世紀末にヴェネツィアの重要拠点クレタがオスマン支配に入った後は、ヴェネツィア領コルフなどのイオニア諸島が中世以来続く地中海のイタリア人支配のギリシア人世界とオスマン領との間の境界領域となる。

オスマンの地中海進出の中、中世において、ジェノヴァ人は交易重視を理由に、自ら積極的・直接的にオスマンと軍事衝突をすることを避けていた。ヴェネツィアは、一五世紀の段階ではオスマンとの小競り合いを繰り返したが、一五〇三年のオスマンへの敗北を機にやはり自ら直接的に戦闘を行うことを避け始める。一六世紀にはオスマン帝国と西洋地中海世界との戦いは継続するが、その際の西洋側の主導権はスペイン・ハプスブルクに移っていくのである。

## Section 4 出会いと抗争のイベリア半島

**イベリア半島と日本・アジア**

現在、イベリア半島にはスペインとポルトガルという二国が存在する（ただし、ジブラルタルはイギリス領）が、このような形になったのは、一五世紀末から一六世紀初頭にかけてのことである。両国は一六世紀以降、鉄砲伝来やキリスト教布教、南蛮貿易などで日本との関係を強めていったが、それ以前にはイベリア半島の諸国は日本と特に関係はなかった。しかし、この時期にも、イベリア半島はアジアとは密接な関わりをもったのである。

**半島におけるイスラーム世界（アンダルス）の成立**

イベリア半島はローマ帝国の属州としてその版図に組み込まれていたが、いわゆる「ゲルマン人の大移動」によってゲルマン人の諸部族が移動してきた。結局は五世紀初頭にすでに南フランスに成立していた西ゴート王国が、フランク王国に圧迫されて六世紀初頭に半島内に重心を移動させることによって、半島全体を支配するに至った。

アラビア半島に七世紀に生まれたイスラーム世界は、北アフリカの征服を進め、八世紀初頭には西端のモロッコにまで到達した。当時の西ゴート王国では王位をめぐる争いがあり、反国王派が戦いを有利に進めるために、加勢を頼んだことがきっかけとなり、イスラーム勢力がイベリア半島に到来し、西ゴート王国を滅ぼし、半島のほぼ全域を征服した。こうしてイベリア半島はイスラーム世界に組み込まれ、ウマイヤ朝の領土となった。七五〇年に政権がアッバース朝に変わると、ウマイヤ家の一族のひとりが難を逃れてイベリア半島に到来し、七五六年にコルドバを都として後ウマイヤ朝を建国した。

**キリスト教世界の再生と発展**

半島の北部には、八〜九世紀にかけて、イスラーム勢力の支配を脱してアストゥリアス王国（一〇世紀初頭にレオン王国となる）とナバーラ王国が建国された。さらにフランク王国の諸伯領（スペイン辺境区）がその東にあったが、ここからアラゴン伯国が分離独立し、残りはバルセローナ伯国に統合されていった。一〇三五年にはカスティーリャ王国（一〇世紀にレオン王国から分離独立したカスティーリャ伯国の後身）とアラゴン王国（アラゴン伯国の後身）が生まれ、後者は一一三七年にバルセローナ伯国と合体し、アラゴン連合王国となった。レオン王国とカスティーリャ王国も合体と分離を繰り返し、一一四三年にはポルトガル王国がカスティーリャ王国から独立して成立した。一二三〇年にはカスティーリャ、レオン両国が最終的に合体した（カスティーリャ王国）。カスティーリャ王国とアラゴン連合王国は、一四七九年に婚姻関係から合体してスペイン王国となった。スペイン王国は一五一二年にはナバーラ王国を征服した。

### キリスト教世界とイスラーム世界

後ウマイヤ朝は一〇三一年に滅亡し、アンダルスはターイファ国とよばれる群小イスラーム諸国家に分裂し、その後、一一世紀に北アフリカに起こったイスラーム王朝のムラービト朝、ムワッヒド朝が順次到来して、アンダルスを統一的に支配した。キリスト教諸国家は八世紀以来イスラーム勢力と戦って領土を南に拡大していき（この運動をレコンキスタという）、一三世紀半ばにはアンダルスは、グラナダを都とするナスル朝を残すのみとなった。ナスル朝も一四九二年には滅ぼされ、イベリア半島全域が再びキリスト教世界になった。

半島の二つの世界はただ対峙するだけの関係ではなかった。キリスト教世界にもムスリム（ムデハル）がおり、イスラーム世界にもキリスト教徒（モサラベ）がいた。外交や軍事において、キリスト教徒とムスリムが提携することもまれではなかった。また、キリスト教世界はイスラーム文化を取り込んだ。特にイスラーム文献の翻訳を通して、イスラーム世界の進んだ学問・科学のみならず、古代ギリシアの知も受容された。灌漑《かんがい》技術、食物、文学、建築などの分野の文物も流入してキリスト教世界の文化を豊かにした。

イベリア半島はアジア世界から到来したイスラーム勢力によって征服されたが、八〇〇年近くに及ぶ時間をかけてキリスト教諸国はそれを駆逐し、今度は逆にスペインとポルトガルの二国がアジア世界に進出し、ヨーロッパの文化を伝えることになったのである。

Section 5

# バルト海世界の政治秩序

## カルマル連合以前

中世バルト海の歴史にはいくつかの転換点がある。まずは、紀元千年前後におけるバルト海沿岸部でのキリスト教国家の誕生である。とりわけオットー朝ドイツによるキリスト教空間の拡大政策は、隣接するデンマークとポーランドにキリスト教化の礎《いしずえ》を築いた。次に、一二世紀以降のバルト海十字軍による沿岸部のキリスト教化と植民活動である。地中海での聖地回復運動と連動するこの十字軍の過程で、デンマークはエストニアを、スウェーデンはフィンランドを支配領域に組み込んだ。そして、一三世紀以降バルト海各地に加盟都市を増やし商業ネットワークを確立するハンザの拡大である。本来北ドイツ都市の商人連合として生まれたハンザは、一四世紀以降都市連合へと成長し、周辺国家と交渉する政治体となった。最後に、一四世紀半ばにバルト海世界へ到達し人口を激減させた黒死病である。黒死病による社会構造の大変動を経たバルト海世界は、それ以前の時代にもまして空間としての一体性と重層性を強め、東方のステップ世界、西方の海洋世界、南方の大陸世界、北方の極域世界をつなぐ交渉の場となった。

## 中世後期バルト海世界の政治秩序

一三世紀に独立王国であったデンマーク・ノルウェー・スウェーデン三国は、一四世紀以降連合王国の時代を迎えた。継承問題により一三一九年から一三八〇年まではノルウェーとスウェーデンが、一三八〇年から一三八七年まではノルウェーとデンマークが同一君主を戴いた。一三八七年に早世したノルウェー・デンマーク王オーラヴの後を承けたのはオーラヴの母にして摂政マルグレーテであった。彼女が支配の実権を握っていた一三九七年、バルト海に面した都市カルマルにおいて連合文書が交わされ、北欧三国による広域国家連合であるカルマル連合が成立した。この連合下において、北欧三国はそれぞれが王国参事会をもつ独立国家であったが、行政機能はしだいにコペンハーゲンに集中した。そのためとりわけスウェーデン貴族からは不満が噴出するようになり、徐々に連合から距離をおくようになった。

スカンディナヴィア半島の対岸ではもうひとつの広域国家連合が生まれた。ポーランド・リトアニア連合である。ポーランドは、神聖ローマ帝国とローマ教皇庁とに融和的であったピアスト家のもとで発展し、バルト海と大陸ヨーロッパ双方に開けた国家となった。他方でバルト海東岸のリトアニアは、バルト海十字軍が進展した一四世紀となってもなお異教国家であり続けた。一三八五年のクレヴォでの契約に従って、リトアニア大公ヨガイラは、ポーランド王女ヤドヴィガと結婚し、ここにポーランド・リトアニア連合が成立した。ヨガイラ（ポーランド名ヤギェウォ）が、ヴワディスワフ二世と名前をかえ、キリスト教に改宗したことで、四〇〇年にわたるバルト海のキリスト教化も完了した。

モンゴル侵攻後のバルト海東岸ではドイツ騎士修道会が大きな存在感を示していた。一二世紀に中東で成立したこの騎士修道会は、一二二六年のリミニの文書と一二三四年のリエティ勅令によって事実上の独立国家としての地位を獲得し、この地域の秩序形成に大きな役割を果たした。しかしこの国家は、一四一〇年七月一五日タンネンベルク（グリュンヴァルト）の戦いで、ポーランド・リトアニア連合に敗北した。この敗北を皮切りに修道会国家のバルト海における地位はしだいに低下し、バルト海の政治地図も変動した。この変動の背後には、北欧、ポーランド・リトアニア連合、ドイツ騎士修道会国家いずれとも緊張をはらんでいたモスクワ大公国の台頭があったことも見逃してはならない。

### 近世世界への移行

バルト海における政治秩序の変動に伴い社会も大きく変化した。行政中心地でもあったコペンハーゲン、ストックホルム、クラクフ、ケーニヒスベルク、リガといった都市が台頭し、地域経済と国際経済を結ぶハブの役割を果たした。こうしたハブにおいては農作物、鉱産物、海産物といった資源だけではなく、多様な出自の人々が集散し、工学技術、芸術作品、学術知識が国境を越えて流通することとなった。その仲介者としての役割を果たしたのはドイツ人が多数を占めるハンザ商人であった。彼らの活躍はバルト海沿岸諸地域への低地ドイツ語の普及、ドイツの文化や知識の流入、ドイツ人の定住を促進し、バルト海のドイツ化に拍車をかけた。

他方でバルト海沿岸の各国においては一種のナショナリズムも胎動していた。ドイツ本土の大学に対抗して、一三六四年のクラクフ大学を皮切りに、一五世紀末にはウプサラとコペンハーゲンに、一六世紀の間にはケーニヒスベルクとヴィリニュスに続々と大学が創設された。大学人らを含む知的サークルでは、大陸ヨーロッパの先進知識を吸収すると同時に、自国の歴史や言語の起源に対する関心が高まり、東方の諸部族との関係を問う歴史書や研究論文が執筆された。一六世紀に隆盛を見るスウェーデンのゴート主義やポーランドのサルマタイ主義はその顕著な例である。

Section 6

# ロシアとアジアの交錯

## ロシア史とアジア

アジアを考慮せずにロシアの歴史を語ることはできない。そもそも現在のロシア、ウクライナ、ベラルーシの共通の祖であるキエフ・ルーシ国家は、ヨーロッパ・アジア間およびアジア内交易路がすでに張り巡らされていた地域に成立した。加えて南部ステップやヴォルガ流域にて、ルーシ国家や、モスクワなどの後継諸国家は、否応なしにアジア系遊牧民と多様な関係を結ばざるをえなかった。このように、ロシア史においてアジアは不可欠のアクターだった。しかしルーシやモスクワの歴史の舞台において、このアクターは基本的には他者であった。特に一〇世紀のキリスト教の受容以後、キリスト教をおのが自己意識の中心に据えたことにより、ルーシや後継諸国家はヨーロッパ・キリスト教世界の外縁に位置することになったからである。ここでは、アジアをひとまず非キリスト教的な、ロシア外部の要素と規定した上で、アジアとの関係を軸にロシア史を概観する。

## ルーシ国家とアジア

ルーシの重要な国家的課題のひとつとして、この地を網の目のように覆う交易路の掌握があった。よく知られるのがスカンディナヴィアとビザンツを結ぶドニエプル水系の交易路「ヴァリャーグからギリシア人への道」であり、首都キエフもこの途上に発展した。さらに東にはヴォルガ水系の交易路があった。ムスリム商人など多くの商人が往来したこれらの交易路の掌握は国家に莫大な利益を約束した。それゆえルーシにとって、上記二大交易路を脅かすハザール国の打倒が、また一〇世紀以降にはヴォルガ中流域を支配するブルガール国の打倒が、ひとつの重要な課題になった。

その他にもルーシ国家は、ビザンツとの間に介在した南部ステップ地帯を次々と西漸するアジア系遊牧民への対応に追われた。ペチェネグ、ポロヴェツなどがそれにあたる。彼らとの関係は複雑で、ルーシは必ずしもこれに敵対的であったわけではない。ただ衝突は頻繁に見られ、実際に諸公は国境地帯に軍事拠点を建設し、度々軍事力をもって遊牧民に対処した。また遊牧民への対処を決めた一一世紀末のリューベチ諸公会議は、その後のロシア史にとって重要な出来事になった。この時期、内紛に明け暮れていた諸公は、強大化するポロヴェツに共同で対抗するために、会議にてルーシ国家における諸公の勢力範囲を確定し、その尊重を約束して和睦した。その結果、ルーシは諸公が割拠する方向へ大きく歩み出し、漸次、南西地方、北東地方、また北西のノヴゴロド国などに分解していくことになった。このように、ルーシは「アジア」への対処の中で、新しい時代への一歩を踏み出すことになった。

**北東ルーシ、モスクワとアジア**

こうして一二世紀半ば以降、北東ルーシはキエフより自立し、ウラジーミルを中心とした諸公国体制を築いた。農業生産性が比較的安定していたこの地でも、諸公はヴォルガ水系の交易路を掌握するため、ヴォルガ中流域を支配したブルガール国などに数回遠征を企てている。

一三世紀には、バトゥ麾下《きか》のモンゴルが北東ルーシ諸公国に攻め入り、これを服属させた。諸公国は、ジョチ・ウルス（キプチャク・カン国）の支配の下で、駅伝制など特に法制度においてモンゴルから強い影響を受けた。他方でモンゴルの商業ネットワークに組み込まれ、これが諸公国の経済的復興を促進することにもなった。ここでは様々な影響の中で、特に重要な二点についてのみ記しておく。第一にモンゴルはキリスト教に「寛容」であり、正教会は保護された。その結果、ルーシの人々の間でキリスト教が保持され続け、のちの「正教国家」ロシアの形成に道を拓くことになった。第二に、モンゴル支配の結果、小国モスクワが北東ルーシにおいて頭角を現した。モスクワはモンゴルから軍事援助や大公位の勅許を巧みに引き出すことで、一四世紀前半に競合相手のトヴェリに対し優位に立ち、加えてモンゴルに納める貢税の徴税権を獲得して実力を蓄え、同世紀半ばには北東ルーシの中心としての地位を確立した。

一四世紀後半になると、元朝の滅亡やオスマン朝のバルカン進出を遠因として大陸間貿易に衰退が生じ、ジョチ・ウルスは政治的に動揺し始めた。カンが頻繁に交代し、またママイやエディゲのような非チンギス家出身者が実権を握ることもあり、一五世紀第二四半期になるとカン国は分裂し始める。しかしモスクワはこうした時期にも、基本的にカンの宗主権を承認し続けた。自立の意志が現れ始めるのは一五世紀半ば以降である。特に大公イヴァン三世は北東地方を次々とモスクワに編入し、ロシア統一国家を成立させて立場を強化し、他方で対外的にはカン国への貢税支払いを停止し、派遣された大懲罰軍を退けた。こうしてロシアは二世紀半にわたるモンゴル支配から事実上抜け出した。

## Section 7 ビザンツからオスマンへ

### ビザンツ帝国の解体

一二〇四年、第四回十字軍の攻撃を受けてコンスタンティノープルが陥落し、ビザンツ帝国はいったん解体した。ビザンツに代わって成立したラテン帝国も、翌年にブルガリア軍に大敗を喫すなど、ビザンツの後継国家となる望みを絶たれた。こうして、東地中海の北部領域に長らく続いてきた帝国を中心とする政治的枠組みは消滅する。バルカンと小アジアの両半島は、ペロポネソスなどに拠点を築く西方出身の騎士たちも含めて、キリスト教徒やムスリムなど様々な勢力が乱立する群雄割拠の時代を迎えた。古代ローマ帝国がこの地に支配を確立して以来約千五百年、長らく続いてきたこの地域の「地政学的安定」は失われ、一五世紀に再びコンスタンティノープル（ただしイスタンブルと改名）を中心とする新たな帝国が形成されるまで、混迷と争乱の時代が続くことになった。

### 末期のビザンツ

一二六一年にビザンツ勢力はコンスタンティノープルの奪回に成功するものの、帝国とは名ばかりで、もはやそこに往時の面影はなかった。すでに一一世紀以降、ヴェネツィア、ジェノヴァなどのイタリア商業都市に経済上のイニシアティブは奪われており、今回は政治面での影響力を失ったからである。かつての帝国の栄光が次々と剝ぎ取られる中、この国に残されたものは、静寂主義（ヘシュカズム）により神秘的な色彩を深めつつ、西方カトリックとの教会統合を断固拒絶する修道士の勢力と、はるか古代より綿々と継承されてきたプラトン哲学をはじめとする古典学芸の伝統、そして洗練さを増していっそうの輝きを見せるモザイクやフレスコ画などの美術工芸の技能であった。前者はアトス山の諸修道院に結晶していく一方、古代からの文化遺産は、やがてイタリアで花を咲かせることになる。また、ビザンツ帝国が一貫して保持してきたローマ理念もいまだ消滅することはなかったが、その一方で「ギリシア人」としての民族的な意識が成長してくるのも、一三世紀後半から一五世紀前半のパライオロゴス王朝の時代においてであった。

### バルカンの群雄

この時期のバルカン半島では、覇権を目指す君主たちの台頭が相次いだ。かつてビザンツ皇帝マヌエル一世の娘婿として後継者に指名されたことのあるハンガリー王ベーラ三世は、一二世紀末にクロアチアとダルマチアの諸都市を獲得し、さらにボスニアとセルビアをも支配下においた。続いて、ラテン帝国軍を粉砕した第二ブルガリア王国のカロヤンは「ブルガリア人とギリシア人の皇帝」を称し、彼の死後の混乱を収めたイヴァン・アセン二世の治下には、バルカン半島南部を支配してブルガリアの全盛期が到来した。セルビアが統一されたのも同じく一二世紀末のことで、ステファン・ネマニャが王朝を創始した。一三三〇年、ブルガリアをヴェルバジュド（現キュステンディル市）で破ったセルビアは、翌年からのステファン・ドゥシャンの統治下に黄金時代を迎えた。ドゥシャンはテッサロニキ以外のマケドニア、テッサリア、イピロスを獲得、ブルガリアに主権を認めさせ、バルカンの西半分を支配し、スコピエで「セルビア人とギリシア人の皇帝」として戴冠された。けれども、一三四五年にステファン・ドゥシャン帝がコンスタンティノープル遠征途上で急死すると、彼の帝国は分裂することになった。

### オスマン帝国の形成

中央アジアでイスラーム化したトルコ系民族のうち、アナトリアへ移った一派が建国したオスマン勢力のバルカンへの拡大は、セルビアに危機意識をもったビザンツが彼らに援軍を求めたことに端を発した。一三六五年、アドリアノープルを占領すると（ヨーロッパ側の都エディルネとなる）、オスマン国家は周囲のキリスト教徒の諸侯の勢力をも吸収して急速にその支配領域をバルカン半島各地へと拡大させていった。一三八九年には、コソヴォの戦いでスルタン、ムラト一世がセルビア、ボスニア、ワラキア勢力を破り、一三九六年のニコポリスの戦いでは、バルカンの残存勢力も加わったハンガリー王の率いる連合軍をバヤジット一世が撃破した。

アナトリア側へも勢力を伸ばそうとしたバヤジットは、一四〇二年、アンカラの戦いでティムール軍に大敗し、オスマン帝国の拡大は頓挫《とんざ》する。しかし、ビザンツとは異なり帝国は一〇年余で勢力を盛り返し、一四五三年、メフメト二世によってコンスタンティノープルは陥落した。オスマン帝国はイスラームを中心とする国家として成長していくが、トルコ人を特に優遇することもなく、経典の民であるキリスト教徒・ユダヤ教徒を取り込み、彼らと共存を図っていった。メフメト二世の治世末には、帝国の支配領域はかつてのビザンツ帝国の最盛期にほぼ等しくなる。さらにその後も東地中海域を中心に各方面に勢力を拡大させ、ヨーロッパと対峙する強大な勢力に成長した。

Column 1

# 「マルコ・ポーロ」と日本

本章の序論で言及した『東方見聞録』の日本における受容についてふれたい。マルコ・ポーロのことが日本で初めて紹介されたのは、一九世紀初めに蘭学者の志筑《しづき》忠雄が、一七世紀末に来日したケンペルの著した『日本誌』の一部を訳した『鎖国論』の中であった。そこでは「かの欧邏巴において其国（日本）の事を記せし諸家の最初たる名誉の遊行者匆溺祭亜（ヴェネツィア）国のマルキユスポーリユス（マルコ・ポーロ）がジツパンキリといへる嶋是なり」とあり、注ではマルコが一八歳で本国を出てモンゴルのクビライに仕え、その治下の中国に赴き一七年のあいだ重用された後、インドを経て帰国したこと、彼によって初めてヨーロッパ人が日本のことを知ったと記している。幕末の『鎖国論』流布と共にマルコの名も知られていっただろう。

明治時代に入り『東方見聞録』は好意的に受けとめられた。「日本国」とおぼしき「ジパング」の記事に、黄金が豊富で王の宮殿の屋根と床は黄金でできている、またモンゴルの遠征軍が暴風で難破したなどと書かれていることが、欧米文明志向とナショナリズムの双方の立場から歓迎されたからであろう。日本では、マルコ・ポーロは〝ヨーロッパに日本の偉大さを知らしめた英雄〟となったのである。現在も中学・高校の歴史教科書や小学生向けの学習歴史まんがで取り上げられ、〝有名人〟であることは疑いない。

研究は、彼の事蹟を身近な漢文史料の中に求めることから始められた。ヨーロッパでの『東方見聞録』英語訳注を翻訳して漢文史料から独自の注釈を加える段階に進み、戦前は瓜生寅《うりゅうはじむ》、戦後は愛宕《おたぎ》松男の訳注などが刊行され、後者は今も読まれている。原典からの日本語訳は、一五世紀の豪華なさし絵つきのフランス語写本から訳した月村辰雄らによるものが初めてである。

かくも有名な「黄金の国ジパング」の記事だが、黄金の宮殿をはじめ、蒙古襲来の史実にも合わない部分が多い。ジパングについての情報の最後に、こんな一節まである。「このサパング（ジパング）の住民もインドの住民も、敵を捕虜としてその身代金が支払われない時には、捕虜を捕えた者は友人や親類を集め、皆で捕虜を殺し、その肉を焼いて食べてしまう。そして、これが世界で最高の味の肉だといっている」（月村辰雄ほか訳）。〝黄金の豊富な離島、難破と漂着、食人種〟は、アラビア語地理書や物語などに現れる一類型であり、そこまで視野に入れて再検討する必要があるのである。

Column 2

# 都市と商人

遠い異国から運ばれた高価で珍しい商品、活気と喧騒に満ちた市場、そこを訪れる言葉や肌の色や服装を異にする外国人——洋の東西を問わず、「都市」から連想されるのは、なによりもヒトやモノやカネや情報が集中し、繁栄する社会の姿であろう。

古代末期以降の沈滞を経て、一〇世紀頃から再び活発化する広域的な商業活動によって、ヨーロッパの諸都市はおおいに発展した。国際貿易に従事する遠隔地商人は、マルコ・ポーロに代表されるように、当初は自ら金銭や商品を携えて遠くの市場に出かけていたが、やがてヨーロッパや地中海世界に商品の輸送や銀行、郵便のネットワークがはりめぐらされるようになると、次第に本拠となる都市に根を下ろし、各地に設けた支店や代理店を通じて取引する定着商業へと移行していった。また商人は、織物業をはじめとする手工業に投資し、両替商を営むなど、多角的に事業を展開するようになる。こうした商工業や金融業を通じてもたらされる富が、都市の繁栄の源泉であった。

一一世紀頃から商人ギルドに結集して相互に結びつきを強めた遠隔地商人は、封建的な特権を有する旧来の支配層と融合して都市貴族層を形成し、あるいは同職ギルドや地縁的団体に基盤をおく手工業者層と連携して政治参加を実現するなど、都市の政治権力を握る支配層の中核をなした。特にブルッヘやヘントなどのフランドル都市では、富裕な市民が誓約団体を形成して都市の自治を担い、また上級権力が弱体であった北中部イタリアでは、遠隔地商人を中心に共和制を確立した都市共同体が周辺農村を支配し、領域国家化が進展していく。商人は中世都市を特徴づける自治の担い手であり、都市政治の主役でもあった。

広大な世界で商業活動を展開する商人は、読み書きや計算能力はもちろん、各地の特産品や輸送方法、通貨や税制、政治情勢や戦争の動向、ラテン語や外国語など、多様で豊富な知識が必要であった。商人はこれらの情報を的確に分析して、支店に送る書簡を作成し、取引や送金を帳簿に記入しなければならない。アルベルティがいうように、商人は常にペンを握っていなければならなかったのである。

そのため商人は、子どもの教育にも熱心であった。一四世紀前半に活躍したジョヴァンニ・ヴィッラーニは、故郷のフィレンツェで大勢の子どもたちが読み書きや算術、あるいはラテン語や論理学を学んでいる様子を記述している。こうした商人たちの中には、ヴィッラーニ自身がそうであるように、年代記や文学作品を執筆し、都市政府やギルドなどの役員として建築や絵画の発注に携わることも少なくなかった。経済や政治のみならず、都市の華麗な文化を支えていたのもまた商人なのである。だからこそルネサンスは、ヨーロッパ経済の中心地であったイタリア諸都市で花開いたのであった。

Column 3

# 書体から見る「中世とルネサンス」

今日「ルネサンス」という言葉が意味するのは、おおよそ以下のようなものである。一四世紀頃イタリアで古代の文化を復興する動きが現れてくる。この動きは神と教会に支配されていたそれまでの社会に対し、現世の生を尊び神よりも人の価値を重んずる新しい世界観を対置した。絵画ではキリストや聖人に代わって自然や人間のありのままの美が追求され、文学や思想では生き方の手本を神ではなく人間に求める人文主義（ヒューマニズム）が生まれた。こうした世界観の変化にモデルを提供したのが古代文化であり、古代文化を学び復興させることで人々は中世を乗り越えようとした。それゆえこの時代は「ルネサンス」（再生、復興）と呼ばれる。イタリアに始まったルネサンスは一六世紀には全欧に広がり、西洋社会を中世から近代へと導く役割を果たした。

こうしたルネサンス観は一九世紀半ばにJ・ブルクハルトによって提示され、その後ルネサンス解釈をめぐって幾多の論争があったにもかかわらず、今日でも大筋ではゆらいではいない。この見方では、中世とルネサンスは鮮やかな対立あるいは断絶として現れてくる。とはいえ、現在の歴史はこのように単純な対立や断絶よりもはるかにニュアンスに富んでいる。その例として二つの書体を見比べてみよう。

上が中世を代表するゴシック書体、下がルネサンス期に典型的なヒューマニスト書体である。中世からルネサンスへの移行はこのように文字の形ではっきり見分けることができる。なぜこうした変化が生じたのか。

ルネサンス最盛期の一五世紀、人文主義者（ヒューマニスト）たちは、中世の支配的な学問であったスコラ学を論理一辺倒の形式主義として批判しただけでなく、スコラ学者たちが用いた書体（ゴシック書体）も優美さを欠く「野

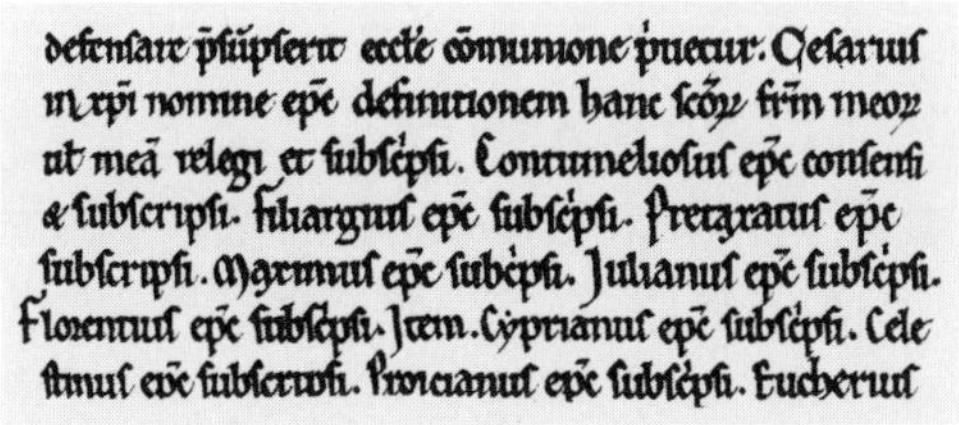

ゴシック書体

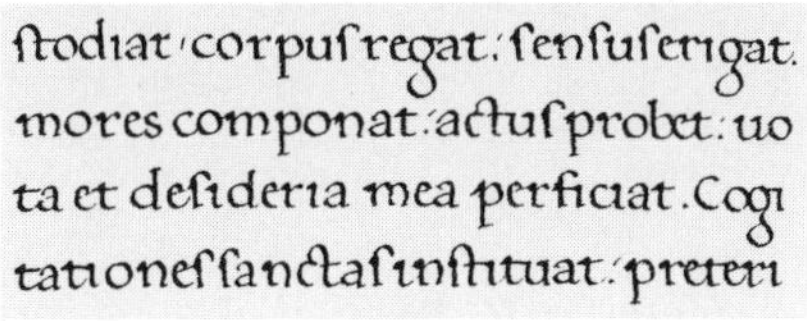


ヒューマニスト書体

蛮」な書体として嫌った。他方で人文主義者たちは、古代の文化に熱中するあまり、自分たちが書く文字の形そのものも古代人のそれに似せようとした。彼らが古代の書体と思い込んで採用したのがヒューマニスト書体である。ところが彼らが古代の書体と思い込んだ書体とは、じつは九世紀に生まれたカロリング小文字であった。ヒューマニスト書体は人文主義者の時代錯誤の産物である。

スコラ学批判や古代への回帰はルネサンス文化の特徴であり、この点では中世とルネサンスの違いは明瞭である。こうした相違を強調する立場は一九世紀に確立されたものだが、その後の研究はむしろ相違を疑問視し、中世とルネサンスの断絶よりも連続を重視する方向に向かってきた。書体についても同様で、一見して明瞭な相違の裏に連続があり、ルネサンスの中に中世がしぶとく生きているようすを確認することができる。第一は上に述べた人文主義者の時代錯誤である。ヒューマニスト書体を規定したのは古代ではなく九世紀という中世の書体であった。第二に、ヒューマニスト書体が普及したのはルネサンス運動の中心であったイタリアであり、ルネサンス文化の十分な開花を見なかったドイツはこの書体に頑強に抵抗した。ドイツでは一二世紀にゴシック書体が採用された後、一九世紀までこの書体が用いられ続けたのである。書体をめぐるこのイタリアとドイツの違いは、第三番目として、印刷術との出合いによっている。印刷術の出現後、イタリアでは人文主義者たちがこの新技術をヒューマニスト書体を広める格好の手段としたのに対し、ドイツではゴシック書体が印刷書体として採用され、その結果印刷術はゴシックの中世を生き延びさせる役割をはたした。同じ時代、南では書体が革新され、北では旧書体が生き残るという対照に、ルネサンスと中世が共存しているようすを見て取ることができる。

書体とは要するに字の形であり文化の細部である。しかしそうした細部も、建築や絵画に劣らず「中世とルネサンス」の複雑な関係を垣間見させてくれるのである。

# 第2章

# フランシスコ・ザビエルの時代
## ——16世紀～17世紀前半

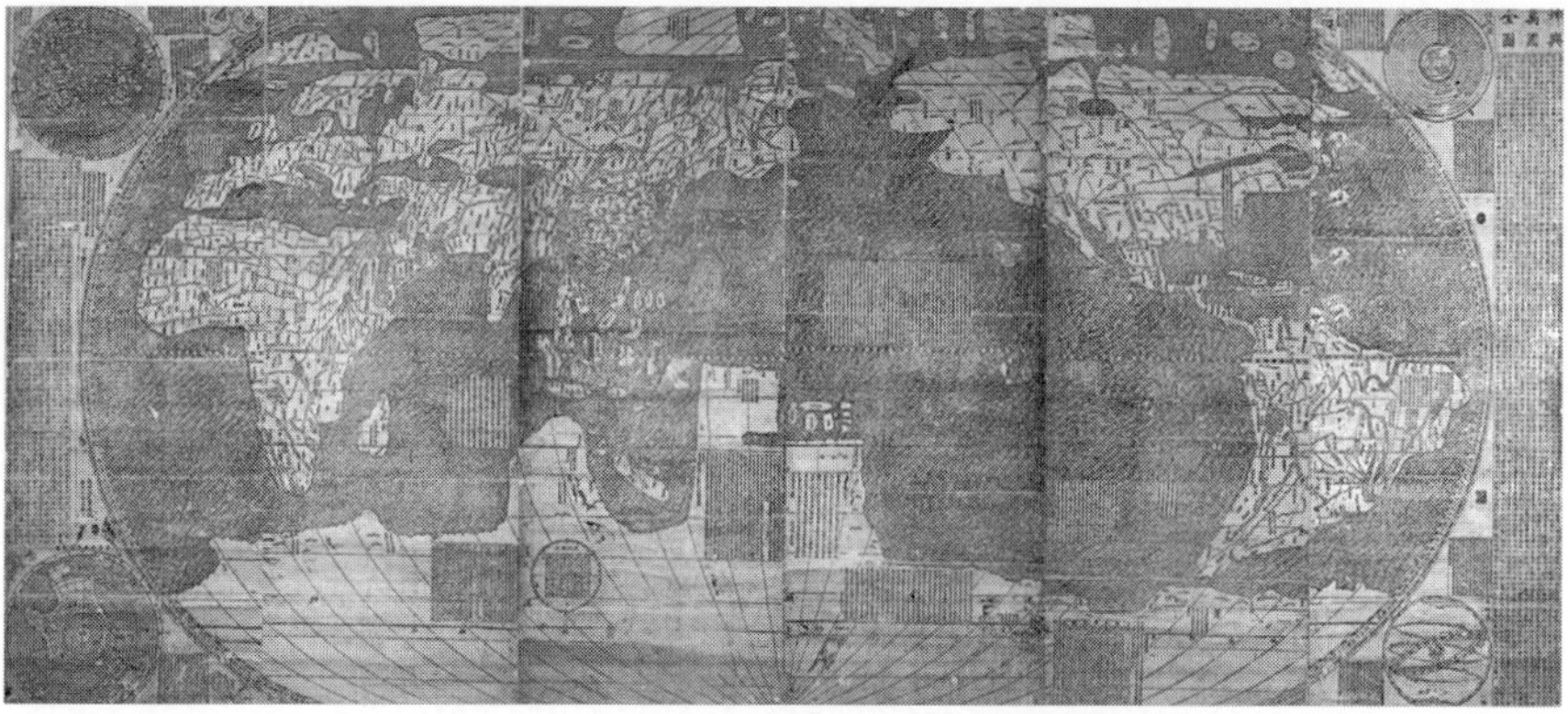

マテオ・リッチ『坤輿万国全図』（1602年）

出典：三好唯義編『図説 世界古地図コレクション』河出書房新社，1999年。

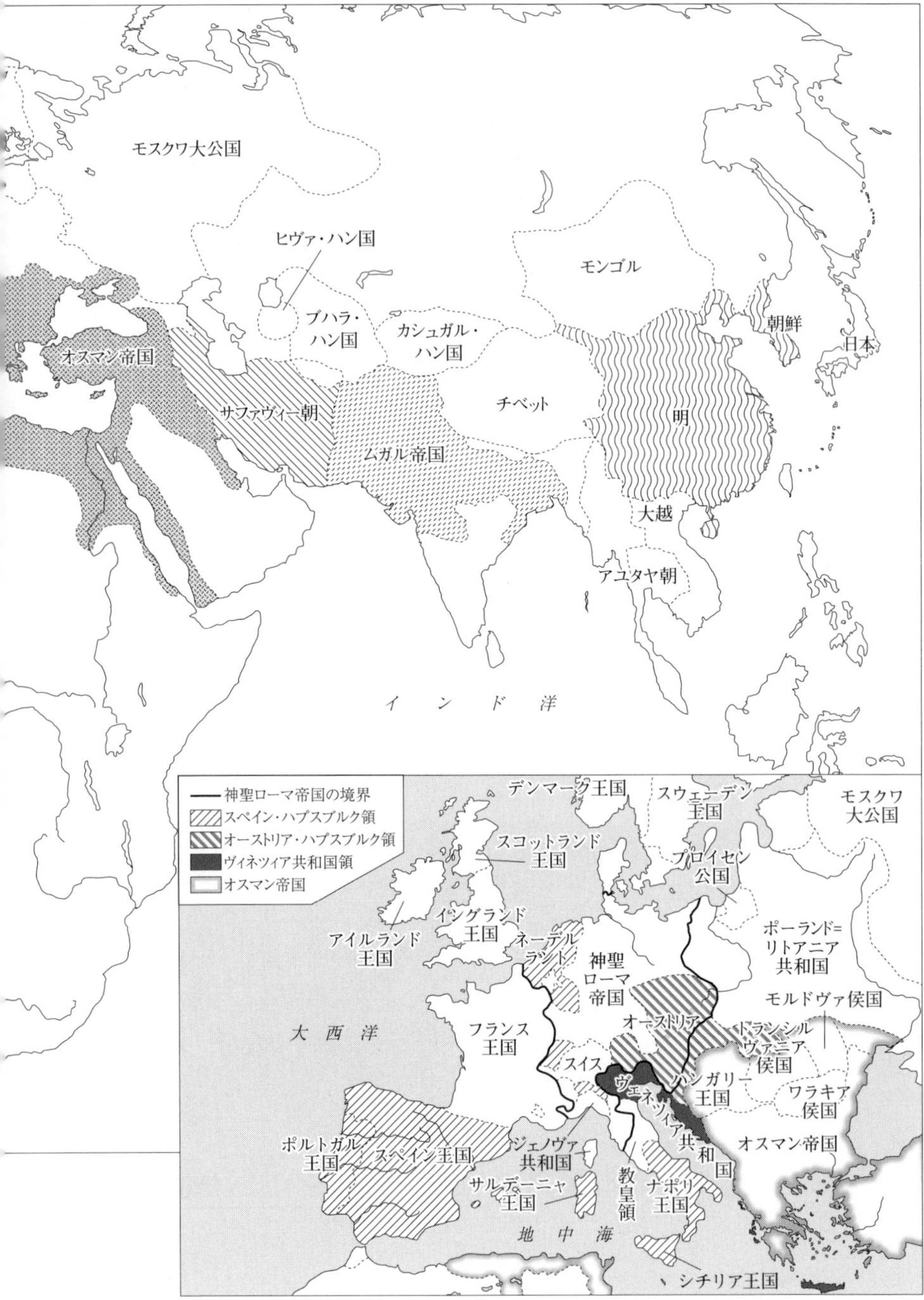


16世紀後半のヨーロッパ

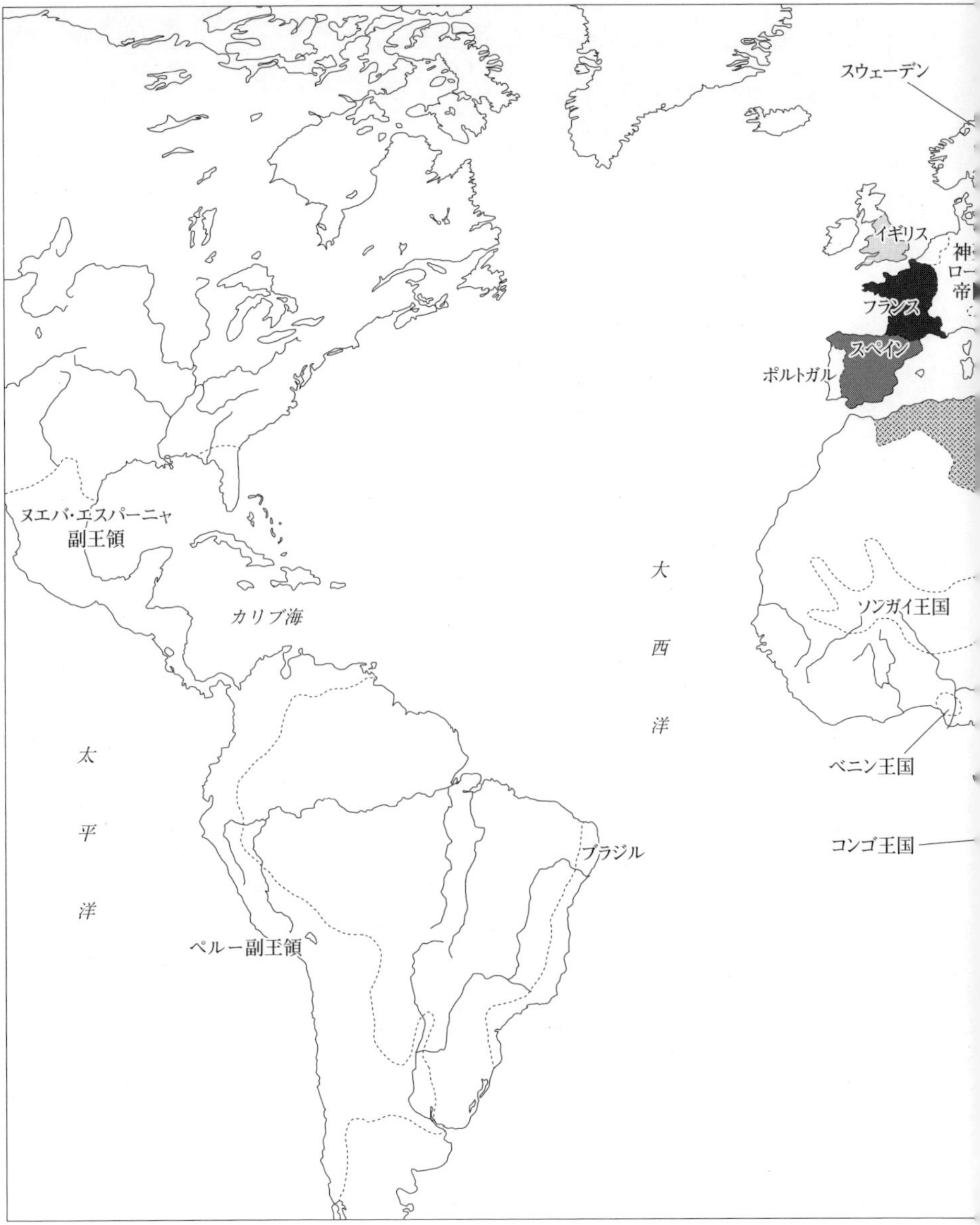
スウェーデン
イギリス
神
ロー
帝
フランス
スペイン
ポルトガル
ヌエバ・エスパーニャ
副王領
大
西
洋
カリブ海
ソンガイ王国
ベニン王国
太
平
洋
コンゴ王国
ブラジル
ペルー副王領

16世紀頃の世界

| 年 | 主　な　出　来　事 |
|---|---|
| 1492 | 10. コロンブスのサン・サルバドル島上陸 |
| 1494 | 10. イタリア戦争の勃発（～1559年） |
| 1498 | 5. バスコ・ダ・ガマのカリカット上陸 |
| 1516 | 3. カルロス1世のスペイン王即位 |
| 1517 | 10. ルターによる九五箇条の提題 |
| 1519 | 6. カール5世の神聖ローマ皇帝即位。8. マゼランの世界周航出立（～22年） |
| 1521 | 1. ヴォルムス帝国議会の開催。8. コルテスによるアステカ帝国の征服 |
| 1523 | 6. グスタヴ1世のスウェーデン王即位とカルマル連合の瓦解 |
| 1524 | ドイツ農民戦争の勃発（～25年） |
| 1533 | 7. ピサロによるインカ帝国の征服 |
| 1534 | 8. ロヨラらによるイエズス会の創設。11. 首長法の制定とイングランド国教会の設立 |
| 1536 | ジュネーヴでカルヴァンによる宗教改革の開始 |
| 1545 | ペルーでポトシ銀山の発見。3. トレント公会議の開催（～63年） |
| 1549 | 8. ザビエルの鹿児島上陸 |
| 1555 | 9. アウクスブルクの宗教和議 |
| 1558 | 1. バルト海東岸でリヴォニア戦争の勃発（～83年）。11. エリザベス1世のイングランド王即位 |
| 1562 | 3.（仏）ユグノー戦争の勃発（～98年） |
| 1568 | 3. スペイン・ネーデルラント間で八十年戦争の勃発（～1648年） |
| 1569 | 7. ルブリン合同でポーランド・リトアニア共和国の成立 |
| 1580 | 3. スペイン・ポルトガル連合の成立（～1640年） |
| 1581 | 7. ネーデルラント連邦共和国の独立宣言 |
| 1582 | 3. 日本から天正遣欧使節の派遣 |
| 1588 | 5. イングランド・スペイン間でアルマダ海戦 |
| 1589 | 8. アンリ4世のフランス王即位 |
| 1598 | 4.（仏）ナント王令の発布 |
| 1600 | 12. イギリス東インド会社の設立 |
| 1602 | 3. オランダ東インド会社の設立 |
| 1603 | 7. ジェイムズ1世のイングランド王即位 |
| 1609 | 平戸オランダ商館の開設 |
| 1613 | 2. ミハイル・ロマノフのロシア皇帝即位 |
| 1618 | 5. 三十年戦争の勃発（～48年） |
| 1637 | 12. 日本で島原の乱の勃発（～38年） |
| 1640 | 5.（西）カタルーニャ反乱の勃発 |
| 1641 | 出島にオランダ商館の移設，長崎でのオランダ貿易の開始 |
| 1642 | 1.（英）内乱の勃発（～49年） |
| 1648 | 8.（仏）フロンドの乱の勃発（～53年）。10. ウェストファリア条約の締結 |
| 1649 | 5.（英）共和政府の成立 |

# 序論　ザビエルとアジア

## ポルトガルのアジア進出とイエズス会

フランシスコ・ザビエルは、日本ではもっぱらキリスト教を日本に伝えた人物として知られているが、実はアジアに展開したイエズス会組織の最高幹部であり、死の直前まで会員の人事や出張について指示を出していた。彼はゴア、コーチン、マラッカ、アンボンなど、アジアにおけるポルトガルの拠点都市を足場に、開拓的布教に専心し、特にインドでの経験は日本布教に大いに役立った。日本行きは、マラッカで薩摩の武士アンジローと出逢ったことによる、多分に偶発的ななりゆきだったが、結果的には、短期間に厖大な信者を獲得して、まれに見る成功を収めた。彼は日本を離れてのち、中国布教をもくろみつつ広東の上川島で死去したが、いつまでも腐敗せず芳香を放っていたという遺体は、まずマラッカへ、ついでゴアへ運ばれ、ボン・ジェズ教会に今も安置されている。

一五三四年イグナチオ・デ・ロヨラやザビエルらによって創立されたイエズス会は、ポルトガルのアジア展開と手を携えるように、港町と航路で構成されるネットワークに沿って、カトリックの教線を拡大していった。会の活動は、総大司教座と聖パウロ学院のおかれたゴアを本拠とし、前線の宣教師たちや、ローマやリスボンと緊密に連絡をとりあいながら、組織的に展開された。これを通じて交換・蓄積された情報は、書簡集、年報、歴史叙述の形に整理され、ローマ、リスボン、エヴォラ、セビーリャ、ゴアなどの文書館に保管されており、そこに含まれる日本関係記事の多くは日本語訳されている。

## 「世界図」の中の日本

一六世紀にポルトガルとスペインが地球を逆回りしてアジアでぶつかり、彼らなりの「世界分割」を実現させたことにより、地球規模の「世界史」が初めて成立した。その動きの中で、日本を含む「極東」の列島から来た者として、最初にヨーロッパ人の視野に捉えられたのが、マラッカに来る琉球人だった。一五三八年にゲルハルト・メルカトルが作った「世界図」には、『東方見聞録』に由来するSipango（ジパング）からはるか離れた東南アジアの一角に、Leqos popli（琉球人）と記されている。琉球は一五世紀以来、東南アジア諸地域と中国を結ぶ中継貿易を担うことで、「大交易時代」の繁栄を謳歌しており、ポルトガル占領以前のマラッカ王国は、その有力な取引相手だった。

ついで一五四五～五〇年頃に作られた「無名ポルトガル製世界図」には、中国の東に逆L字型に連なる列島が描かれ、その全体にLEQVIOS、その中のひとつの島にIapamの名が記されている。日本は琉球の一部だったのであり、その描き方は一五五四年のローポ・オーメンの「世界図」、五八年のディオゴ・オーメンの「アジア図」でも変わらない。

一方、「無名ポルトガル製世界図」で列島の北端にあるIlhas de Miacoo（都群島）の記載は、ザビエルらが日本に到達して得た京都情報の反映と考えられる。その後布教・貿易活動の急展開で日本認識は飛躍的に充実する。一五六一年にバルトロメウ・ヴェーリョが作った「世界図」は、日本を鹿児島、豊後《ぶんご》、山口、土佐、都、坂東の六地方に分けて描き、北海道とおぼしき島や、種子島、minas da prata（銀山）、大坂なども登場させている。

### ヨーロッパ勢力とアジアの交易ルート

ヨーロッパ人による「発見」当初、日本はもっぱら盗賊と銀の島として知られていた。一五六〇年代以降ヨーロッパで作られた日本を含む地図には、minas da prataとともに、ほぼ例外なくI. dos ladrois（盗賊島）の文字を見出すことができる。盗賊とは一六世紀の東アジアで猖獗《しょうけつ》を極めた倭寇を指す。一五四九年にザビエルをマラッカから日本へ運んだ中国人船主が盗賊《ラドラン》の仇名で呼ばれていたことは、キリスト教伝来が密貿易ネットワーク上で生起したことを示唆する。種子島への鉄砲伝来も、シャムと「極東」をつないで活動した中国人密貿易商の王直（のち倭寇王として有名になる）が運び手だった。アンジローはザビエルと別れてのち、倭寇集団に身を投じ、中国沿岸で命を落としたという。ザビエルが彼に与えた高い評価を考えると、やや意外の感があるが、初期の日本人信徒と倭寇との距離は、決して遠いものではなかった。

また銀は、一五二六年の石見《いわみ》銀山発見以来、日本のほとんど唯一の輸出品と見られており、銀を西日本（とりわけ平戸）から江南沿岸（とりわけ福建省漳州《しょうしゅう》）へもっていく貿易に、中国人、ヨーロッパ人を含む倭寇勢力が競って参入していた。ザビエルも一五五二年の書簡で、スペイン人が日本の島々を銀諸島と呼んでいたことにふれている。このように、ヨーロッパ勢力の東アジア進出は、主として中国人商人からなる密貿易集団が、合法的国際関係の外に築きあげていた交易ルートに、新規参入する形で進行した。明帝国の視線からは、彼らも仏郎機《フランキ》という名の倭寇の変種にすぎなかった。

# 総論　大航海時代と「長い一六世紀」

## アジア航路の「発見」

一五世紀初頭から一七世紀前半にかけて、ポルトガル人をはじめとする西欧人たちは、海外へ盛んに遠征隊を繰り出した。「大航海時代」というこの時期の呼称は日本独自のもので、欧米では今でも「(地理的)発見の時代」と呼ばれている。大西洋と太平洋の海洋地理（風・海流の体系）が把握された結果、ガマによって東回りのインド航路が開かれ、コロンブス、マゼランを経てウルダネタの航海（一五六五年）で西回りのアジア航路がアメリカをはさんで成立したが、その後も北極圏経由の短いアジア航路が模索された。これほどアジア航路が求められた理由は何か。

航海者たちを駆り立てたのは、金、銀などの貴金属を別とすれば、香料（インドの胡椒《こしょう》やモルッカの丁子《ちょうじ》などの香辛料、白檀《びゃくだん》などの薫香料）、中国の絹、陶磁器などアジアの物産であった。だが、このような物産が流れる東西交易路はすでに三つあった。すなわち、中央アジアから黒海へ至る北方のルート、インド洋・ペルシア湾からバグダードを経てシリアへ至る中央ルート、そしてインド洋・紅海を経由してアレクサンドリアへ至る南方ルートである。最も優勢であった中央ルートは一三世紀後半モンゴル軍によってバグダードが破壊され中東から十字軍の拠点が一掃されると、急速に衰退した。一方、北方ルートは「モンゴルの平和」の恩恵を受けた。ビザンツ帝国の復興を支援して特権を得たジェノヴァ人は黒海沿岸に拠点を設け、北方ルートで中国の絹を入手した。しかし、このルートも黒死病の通路となったことやモンゴル帝国の瓦解《がかい》によって衰え、代わって優勢となったのは南方の紅海ルートである。このルートを押さえたカーリミー商人とマムルーク朝は、ヴェネツィアと結んで香料貿易で巨利を得た。ヨーロッパへの胡椒の輸入量は一五世紀の間に三五％増大した。

以上の経緯で注目すべきは、北方ルートの衰退で絹貿易を失い、南方ルートの覇権争いでヴェネツィアに敗れたジェノヴァの動向である。ジェノヴァは元来得意としていた西地中海圏、特にイベリア半島南部と北西アフリカの交易に力を注ぐとともに、ジブラルタルを越えてフランドルに至るガレー船定期航路を開設して大西洋ヨーロッパの有力諸港市に居留地を確保した。高利潤を生むサトウキビ栽培は東地中海から西地中海へ、さらに大西洋諸島へと展開したが、ここでもジェノヴァが貢献していた。ヴェネツィアを出し抜きたいジェノヴァからのちにコロンブスが出現し、まずポルトガルで次いでスペインでアジアへの西方航路を提案したのは偶然ではない。インド洋でポルトガルが展開した交易拠点帝国の原型は、地中海・黒海におけるジェノヴァとヴェネツィアの手法であった。ただし、以下に見るようにイベリア半島には対外進出をもたらす別の文脈がある。

## 十字軍とアフリカ金

イベリアの大航海時代は中世的拡大の延長線上にあった。一四一五年のポルトガルによるモロッコのセウタ攻略以降、ポルトガルとカスティーリャは北・西アフリカと大西洋諸島（アソーレス、マデイラ、カナリア、カボ＝ヴェルデ）へ進出したが、これは一一〜一三世紀に進展したレコンキスタ、すなわちカスティーリャ、アラゴン、ポルトガルによるアンダルス再征服と同じ運動の別の局面である。レコンキスタは「西方十字軍」として認定され、「モーロ殺し」の聖ヤコブ（サンティアゴ）崇敬が浸透した。平民騎士が活躍して社会的上昇を果たした。一三世紀半ばまでにグラナダ王国を除いて半島内のレコンキスタはほぼ完了し、多くのイスラーム教徒とユダヤ教徒が支配下に組み込まれたが、十字軍精神と騎士的心性は残存した。一五世紀前半、ポルトガル人は西アフリカ沿岸で「サンティアゴ」と叫びながら奴隷狩りに突進し、モロッコでは十字軍的遠征を繰り返した。スペインでは反ユダヤ運動と反コンベルソ（改宗ユダヤ人）運動が続発し、同世紀末、多くのユダヤ人が改宗か国外退去を強いられた。一六世紀に入ると、スペイン人はアメリカにレコンキスタの価値観と制度を持ち込んで征服活動を進め、ポルトガル人は伝説のキリスト教王「司祭ヨハンネス」と見なしたエチオピア皇帝と連携して、エジプトの打倒とエルサレム奪回を夢想した。

大航海時代の前半にイベリア人がアフリカに執着したことの背景には、中世末ヨーロッパが地金の不足に喘いでいたこと、それに対してアフリカの黒人諸王国が黄金貿易で繁栄していた事実があった。西スーダン産の金はベルベル人が支配的なラクダ隊商によって、サハラを縦断して北アフリカ沿岸へ流れていた。ポルトガル人は一五世紀後半ギニアのミナ要塞を拠点に西スーダン産の金貿易を掌握した。さらに一六世紀初頭には東アフリカ沿岸のキルワやソファラを攻略し、内陸モノモタパ産の金を得てインドに持ち込んだ。一方、アフリカ金の源に手が届かなかったスペインは、西回りでアジアに黄金島を求めた。スペイン隊を率いたコロンブスはカリブ海域で「シパンゴ」を探索し、マゼランはソロモン王の金の源「オフィル・タルシス」は「レキオス」に違いないと考えて太平洋を横断した。

### 近代への離陸とアメリカ銀

大航海時代のもうひとつの捉え方は中世との断絶を認めるものである。黒死病流行の前から長期にわたって停滞していたヨーロッパの経済は一五世紀半ばから上向きに転じ、一七世紀半ばまで好況が続いた。この約二〇〇年間を「長い一六世紀」と呼ぶ。「長い一六世紀」との関連で大航海時代の意義を捉えたのはウォーラーステインである。すなわち、「中世末の危機」を解決するには分業体制を地理的に拡大するほかなかったのであり、この対外進出が成功しヨーロッパ世界経済が成立した。この世界経済は中核・周辺・半周辺の三層からなり、互いに補完的な分業体制をなす。自由な労働力による西欧諸国が中核となり、再版農奴制が普及した東欧やエンコミエンダが導入され普及したスペイン領アメリカなどの周辺、分益小作制が一般的だった地中海地域などの半周辺から余剰を吸い上げる。やがて西欧諸国間で競争が激化し、一六四〇年までにイギリスとオランダが中核に収まった、と。ウォーラーステインは、対外進出の決定的な意味はアメリカの銀（および金）がヨーロッパをして本来の資力を超えた生活と貯蓄を上回る投資を可能にした点にある、という。

たしかに、「長い一六世紀」を支えた要因のひとつとしてアメリカ銀の存在は重要であるが、好況の要因はそれだけではない。アメリカ銀の大量流入は一五四〇年代からであるが、「価格革命」と呼ばれる物価の高騰は一五世紀末から始まっていた。注目すべきは一四六〇年代以降、中欧における銀の生産が急成長を遂げ、一六世紀前半ではアメリカ銀をしのいでいたことである。また、アメリカ銀の流入がピークに達するのは一七世紀前半であるが、すでにインフレは止まっていた。高騰が著しかったのは農産物価格であり、都市の人口増がその要因とされる。

グローバルな視点にたつならば、アジア、特に中国の市場がアメリカ銀を吸引したという事実も見過ごせない。そもそもアジアへ至る複数の航路が開かれたのは、香料・絹などを求めるヨーロッパ側の強い需要があったからであるが、輸入品に見合った輸出品をもたざるヨーロッパが貿易赤字を地金供出で埋め合わせたという図式の一部は否定されている。金銀比価の差異のために銀高であった中国は一七世紀半ばまでヨーロッパ、アメリカ、日本から大量の銀を呼び込み、金をはき出していたからである。

Section 1

# 宗教改革と宗派対立

### 改革の始まり

ドイツの宗教改革者ルターは、『九五箇条の提題』（一五一七年）によってカトリック教会の贖宥《しょくゆう》制度を公然と批判し、人は業によらず信仰によって罪人のまま赦《ゆる》され、義しい（正しい）と認められるという「信仰義認」の教えを説いた。拠り所は「聖書のみ」であった。一五二一年、ヴォルムス帝国議会に召喚されたルターは、神にとらえられた「良心」を楯に自説の撤回を拒み、改革への道を突き進む。ただしルターは万人に「良心の自由」を認めたわけではない。ルター派世界では官庁としての「宗務局」が臣民の信仰を統制することになる。ルター主義は北欧にも伝播《でんぱ》し、国家の保護を受けた。他方、チューリヒの改革者ツヴィングリは、市民共同体の事業として宗教改革を行い、教会共同体と都市共同体を一体視した。また彼は内面の信仰だけでなく道徳改革を重んじ、共同体の「聖化」を追求した。その教えは農村の共同体主義とも結びつき、農民戦争にも影響を与えた。

一五三六年からジュネーヴの改革に携わったカルヴァンは、ルター神学を土台にしつつ、神の栄光とその力の絶対性を強調した。救いと滅びの「予定」に関する教えは、人間には変えがたい神の意志の絶対性を表現している。完成期のカルヴァン派教会の組織面の特徴は、世俗権力に対する自律性にある。教会運営を担う「長老会」には有力信徒（都市の政治家）も加わったが、その任命は牧師会の許可を要した。なおカルヴァン派にあっては「義認」から「聖化」への転回がツヴィングリ派以上に重視され、彼らの世界は禁欲的雰囲気に満ちていた。

### 拡大と分裂

宗教改革は海も山も越えて拡大した。イングランドでは一五三四年、国王が教会の首長となり、主教たちが信徒を統括する国教会が生まれた。ここではルター派やスイス改革派の影響が混じり合い、カトリック的要素も残った。やがてピューリタンたちがその純化を求め、長老派や会衆派などの分派が生まれた。一七世紀にはバプティストやクエーカーが台頭し、分裂に拍車をかける。スコットランドでは一五七〇年代にカルヴァン主義者たちが体制派となった。カルヴァン派はフランスにも浸透し、ユグノーと呼ばれた。激しい宗教戦争（ユグノー戦争、一五六二～九八年）の後、彼らは一五九八年に寛容の対象となる（ナントの王令）。ただしそれも一六八五年に撤回され、大量亡命の時代が来る。なおカルヴァン派はオランダやドイツにも広がった。宗教改革思想はイタリアにも波及し、信徒の一部はアルプスの北に逃れた。オキーノやソッツィーニなどの亡命知識人の活動も注目される。後者はユニテリアン思想の土台を築き、トランシルヴァニアやポーランドに多くの信徒を得た。聖書に根拠のない幼児洗礼を拒む再洗礼派も重要である。心霊主義者や神秘主義者も数多く現れ、ミュンツァーのように権力の打倒を試みる者や、フランクのように個人主義を貫いて諸宗派を等しく批判する者もいた。

### 宗教改革と日本人

ドイツとスイスは宗教改革の震源地であるが、カトリック改革運動の舞台でもあった。一五八六年、スイスの都市ルツェルンの書記官ツィザートはイエズス会士の報告書をもとに『日本誌』を著し、ドイツ語圏の人々に日本のことを初めて詳しく伝えたが、それは一種の建徳書でもあった。その目的は、トレント公会議の理念に従い、正しい教理を広め、迷信と不道徳を退けて健全な社会を築くことである。ツィザートは迫害に屈しない日本のキリシタンを讃えながら、西洋の信徒に信仰生活の改善を迫っている。

宗教改革以後にはカトリック教会も一宗派にすぎなかった。諸宗派は独自に聖書の正典を確定し、教理問答や賛美歌を編み、信仰、道徳、婚姻などを律する裁判所を設け、国家を味方につけようとした。近世は政治も文化も「宗派化」の波に洗われた時代である。しかし「宗派化」は「脱宗派化」と表裏一体であり、諸宗派の信徒獲得競争は改宗と亡命を誘発し、宗派的境界を不安定にした。また宗派混在地域では武力衝突を回避する現実主義的な共存体制が模索された。他方、残忍な迫害は寛容論を進化させ、個人主義的心性を育て、やがて信教の自由、政教分離の思想を生起させる。ジョン・ロックが「人は自分がどのような信仰または宗教をもつかの決定権を放棄することはできない」と説き、「為政者がある教会に加わろうと離れようと、教会はいつでもそれ以前と同じく自由で自発的な結社である」と述べたのは、いまだ国家権力と宗派教会の癒着が常態であった一六八〇年代のことである。

それから二世紀、明治初期までには日本人も『泰西史鑑』などの書物を通じて「教法改革」（宗教改革）の歴史を知るようになる。禁教令の廃止後に来日したプロテスタントの宣教師たちは、未清算の宗派対立を持ち込み、日本人を当惑させることもあった。しかし、そのときから日本人は、個人に「良心の自由」を認める新社会を実現する課題を欧米人と共有することになる。

Section 2

# イベロ・アメリカと「太陽の沈まぬ帝国」

一六世紀初頭のポルトガルでは、インド航路の開拓によって実現した香辛料の直接取引で、王室が莫大な利益を得た。マヌエル一世は身分制議会をほとんど開かずに政治を運営できるようになり、地方領主を宮廷貴族や植民地官僚として取り込んで、王権を強化した。

### イベリア諸王国の台頭

スペインでは、カスティーリャ女王イサベル一世とアラゴン王フェルナンド二世の外孫にあたるネーデルラントの君主が、カルロス一世としての即位を宣言した（一五一六年）。スペインの人々は、ネーデルラントに支配されるようになったと感じて不満を募らせた。さらにハプスブルク家の当主となったカルロスが神聖ローマ皇帝に選出されると（カール五世）、選挙や即位の費用捻出のためにカスティーリャ王国に重税をかけたので、都市寡頭支配層の主導で反乱が起きた（コムニダーデスの乱、一五二〇〜二一年）。だが、民衆の参加により反乱が社会変革運動の様相を帯び始めると、カスティーリャ人貴族が鎮圧に乗り出して、反乱指導者は孤立した。この反乱の瓦解を通じて、貴族も都市寡頭支配層も、自らの権力を維持するためには王権に依存せざるをえなくなったことを悟った。そのため彼らは、王の対外政策を、フェルナンド王から引き継いだイタリア戦争の続行はもとより、ハプスブルク家当主や神聖ローマ皇帝としての義務の遂行に関わるものまで、支持し協力するようになった。王も様々な階層のカスティーリャ人を積極的に登用し、同国からの税収への依存を強めた。しかし、アラゴン連合王国を構成するイベリア半島諸国は、依然として非協力的であった。

### 植民地帝国の形成

スペインのカリブ海域における植民地では、一五一〇年頃から、アフリカから奴隷を導入してサトウキビ栽培を本格化させた結果、投資への見返りが出始めた。しかし、大陸にあると噂された黄金の国を探索しようとする入植者は後を断たなかった。その一人エルナン・コルテスが、自力で六〇〇人の部下をかき集め、上官であるキューバ総督の命令に背いてアステカ帝国を征服し、それを国王に献呈したのは、ちょうどコムニダーデスの乱の時期と重なる。コルテスの成功に続こうとした無数の冒険家の中で、彼に匹敵する成功を収めたのは、インカ帝国を征服したフランシスコ・ピサロだけであった。

一五四五年にアルト・ペルー（現ボリビア）のポトシで、翌年に北メキシコのサカテカスで相次いで銀の大鉱脈が発見されると、大量の銀がカスティーリャ王国に流入するようになるが、皇帝の大規模で多方面に渡る対外政策の費用をまかなうには到底足りなかった。皇帝の支払い能力への信用度が実際の収入を超えて増大したため、融資額が急増したが、それを返済するには新大陸からの銀だけでは足りず、カスティーリャ本国の住民の税負担が増えることになった。新大陸と何らかの形で商取引をして成功した人々は、莫大な利益を得た。彼らはもともと貴族や、貴族の位を購入した者だったため、税負担を免れたが、銀は宗教工芸品として退蔵されるか、土地や外国製品の購入に充てられ、国内産業への投資は行われなかった。大西洋を横断する取引は難船や私掠船の襲撃で失敗することも多く、インフレのスピードに労賃の上昇が追いつかなかったので、新大陸からの銀の流入のおかげで豊かになった人より、貧しくなった人の数のほうがはるかに多かった。

**世界帝国の盛衰**

ポルトガル人のアジアにおける香料貿易は、世紀中頃には決済のための銀が不足がちになり、スペイン領アメリカの銀は彼らの垂涎《すいぜん》の的となった。マヌエル一世の娘とカール五世との間に生まれたフェリペ二世は、父の遺産のうち、神聖ローマ皇帝位と中欧の領地は相続できなかったこともあり、ネーデルラントの反乱を鎮圧しようと努め、反乱を支援するイングランドを攻撃するなど、大西洋での勢力確保に力を注いだ。ポルトガル王セバスティアンがモロッコ遠征に失敗して戦死し、後継者不在となると、フェリペがポルトガル王を兼ねた（一五八〇年）。ポルトガルはアラゴン連合王国と同様に、複合王政の中に組み込まれたというだけであり、法律や諸制度は元のままで、身分制議会も、副王を補佐する評議会やその他の官職も、ポルトガル人によって占められていた。

しかし一七世紀に入ると、アメリカ大陸の銀の産出量は減少し、さらに農業や手工業の発達により本国から生活物資を輸入する必要がなくなったため、イベリア半島への銀の流入はさらに減少した。フェリペ四世が三十年戦争に参戦すると、すべての領国に平等な戦費と兵力の負担が求められるようになり、これに反発したカタルーニャが一六四〇年に反乱を起こすと、ポルトガルも反乱を起こして独立した。この反乱が決定的な打撃となって、三十年戦争に敗北したフェリペ四世は、不利な講和条約を結ばされて、ヨーロッパにおける覇権を失った。

Section 3

# 神聖ローマ帝国の苦悩

## 領邦の台頭

二〇〇六年、大坂夏の陣以前の大坂城を描いた唯一の屏風絵《びょうぶえ》がオーストリアのエッゲンベルク城で発見された。なぜそこに貴重な屏風絵があったのか。その理由は一六世紀の神聖ローマ帝国にある。

中世西欧の人々にとって知識の源泉であったカトリック教会は、「王が神から国を任されたのに対し、諸国の王を従え、世界の統治を任されたのが、ローマ皇帝の地位を継ぐ神聖ローマ皇帝である」と説いた。したがって中世の神聖ローマ帝国は、領土をもつ国というより、国々を超えた覇権のようなものと理解されていた。

しかし一五世紀になると、「地理上の発見」やルネサンスによる新知識、そして近隣諸国の台頭によって、この帝国観は急速に変化する。中世の神聖ローマ帝国にも法があり、守る努力もされていたのだが、暴力で権利を主張するフェーデ慣行のため、帝国は一見無秩序に近い状態だった。その中で一三世紀以降、一部の領主たちが自らの勢力圏を築き、その圏内にあるあらゆる領主権を集中しようとする。その結果勢力圏は彼ら固有の領域、つまり国家に似た存在になっていった。これを領邦、その支配者を領邦君主と呼ぶ。こうして一四世紀には北イタリアが帝国から自立し、スイスがそれに続いた。帝国に残ったドイツ一帯でも一五世紀にはこの過程が進む。しかし神聖ローマ帝国は戦国日本のように領邦が武力抗争し、征服を重ねて統一に至る道を辿らなかった。その背景には一四三八年以来代々ハプスブルク家から選出された皇帝との封建関係がなくならなかったこと、選帝侯たちが結束して他の領邦を取りまとめたこと、そして東に超大国オスマン帝国が出現したことなどがある。

## 帝国改造

領邦間の対立を解消し、帝国の平和を維持するために、一四九五年以来、暴力による権利主張を禁じ、代わりに領邦君主が参加する帝国議会や領邦間の紛争を裁く裁判所を整備して、法を定め紛争を解決する合意が取り交わされた。一五五五年には法を破り武力行使する領邦を領邦共同で取り締まる制度が成立し、帝国を維持する仕組みは整った。こうなればこの制度の適用範囲を区切る必要があるから、近隣諸国との間に境目が生まれ、そのあり方も覇権から領土型の国にならざるをえない。この一連の過程を帝国改造という。ただし新制度についても皇帝と領邦君主たちの間で綱引きがあり、裁判所などは二つできてしまった。それでも平和が維持されたのは、聖界諸侯や帝国自由都市など戦士貴族以外の領邦君主が多く、武力よりも法（立法や裁判、仲裁）による解決を望み、また金銭で法律家や軍隊を雇うことで、それを強制するに足る権力をもちえたという事情がある。実際、帝国改造に最も熱心だったのは彼らであり、また領邦に仕えた聖職者や市民出身の官僚だった。領邦の自衛権と軍隊保持を認めたため、武力紛争を完全に防ぐことはできなかったが、神聖ローマ帝国はドイツ一帯の領邦の共同体となり、さらに二五〇年続くことになる。

### 帝国を揺るがす宗教改革

しかしそれですべてが解決したわけではない。この頃から帝国は「ドイツ人の神聖ローマ帝国」と呼ばれ、世界帝国という認識は薄らいだが、皇帝が「神に選ばれた国々の支配者」という認識はそれ以降も残った。そのため帝国の正当性の拠り所として、皇帝その人のカリスマと領邦の合意（契約）の二つが並び立ってしまう。一五一七年宗教改革が始まると、帝国は動揺した。カトリックを権威の支えとする皇帝や聖職者の領邦はカトリックにつき、他の領邦の多くは聖書を信仰の要とするプロテスタントについて対立する。

紆余曲折の末、一五五五年にアウクスブルク宗教和議が結ばれ、領邦にはカトリックか、あるいはプロテスタントの多数派であるルター派かの選択が許された。しかし国の正当性の問題はそのままだったため、危機はくすぶり続ける。カトリック側は宗教和議を自分の教義に復帰させるための猶予としか考えず、プロテスタント側は宗教和議の権利と引き換えに皇帝の権威を認めるルター派と、教義にこだわり妥協を排する他の改革派が対立し、そこに付け入るカトリック側の攻勢をかわすのに精一杯だった。辛うじて両陣営の連帯を支えたのは強大なオスマン帝国の脅威であった。

### 正当性をめぐる大戦争へ

こうして一六世紀末には散発的な武力衝突が起こり、その解決をめぐって制度の中が割れ、まず帝国裁判所のひとつが停止し、次いで帝国議会が滞る。この間にカトリックは勢力回復を図り、日本にも布教したイエズス会は神聖ローマ帝国でも巧みな教育や魅力的なイベント、そして会士が集めた世界の文物で領邦君主やその家臣たちの信用を得て、彼らをカトリックへと引き付けた。皇帝の寵臣の城エッゲンベルクの屏風絵もそうした生活の中で身につけた趣味の下、収集されたものだった。こうした教育やイベント、文物はカトリックを奉じる皇帝の権威を高め、プロテスタント領邦への圧迫を生み、皇帝と領邦の合意のいずれを取るかを賭けた三十年戦争に発展していく。

Section 4

# イングランド・ネーデルラントの統合と進出

## ブリテン諸島の統合の試み

一六世紀のブリテン諸島は単一の国民国家にはほど遠く、多様な要素を抱え込んだ複合的な政体ないし国家であった。当時のブリテン諸島は三つの王国（イングランド、スコットランド、アイルランド）を二人の王が治めていたが、この頃からイングランドがウェールズ、スコットランド、アイルランドを統合し「ひとつの」ブリテンを形成する試みが本格化するのである。一五三六年にウェールズがイングランドに編入され、一五四一年にはアイルランドが王国に昇格し、ヘンリ八世はアイルランド王を名乗るようになった。スコットランドに対しても宗主権を主張したため、幾度となく武力衝突が生じたが、その過程で締結されたグリニッジの和約（一五四三年）では、エドワード王子と幼少のスコットランド女王メアリの結婚を約し、両王国の合同が提案されている。最終的には、エリザベスの死後、スコットランド王ジェイムズ六世がイングランド王（ジェイムズ一世）を兼ねることで、一人の王が三つの王国を統治する複合国家が成立することになる。

一方、イングランド王国内に目を転じると、地域統合も着実に進んでいた。一五三〇年代に、ウェールズ辺境議会や北部評議会の権限が強化されたことで、国境地帯にあってそれまでテューダー王家に対抗していた大貴族の地域支配が弱体化し、一五六九年の北部貴族の反乱の鎮圧を最後に、王国内の統合はほぼ完成した。またブリテン諸島の統合や地域統合を中央や地方で実際に担っていたのは、貴族に加えて新たに台頭したジェントリであった点にも注目しておきたい。ジェントルマン層と呼ばれるこの新たな統治エリート層を政治的・社会的に統合していくことが、以後の王権にとって重要な政治課題となるのである。近年の政治文化史研究によれば、複合国家の統治技法とは、権力や武力の行使だけではなく、言語・宗教・恩顧関係に加えて、王の行幸・葬送儀礼・瘰癧《るいれき》治療などの国家儀礼を壮麗化することで統治エリートを掌握し、王の支配の正当性を高めることであった。

## イングランドとネーデルラント

一六世紀のヨーロッパについて考える場合、まず、当時、何らかの独立性を有する政体ないし政治社会の数は五〇〇あまりにのぼったことを認識しておく必要がある。神聖ローマ帝国や教皇領のように中世的普

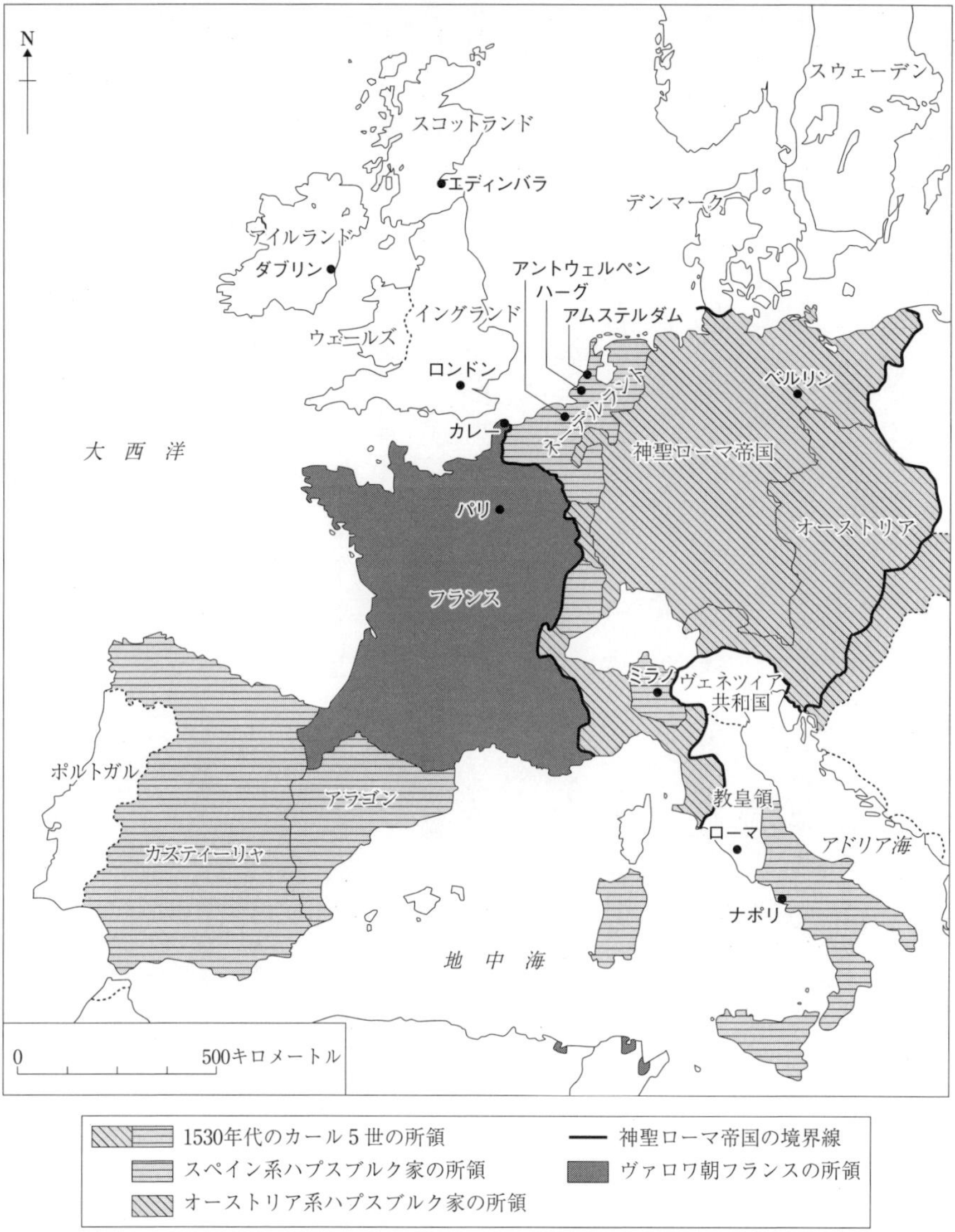


**1530年代のヨーロッパ情勢**

出典：G. Richardson, *Renaissance Monarchy,* London, 2002, pp. 50–51 をもとに作成。

遍主義を表象するような政体は別格としても、イングランドやフランスのような政治社会でさえも、全体の中ではむしろ例外的存在であった。近世ヨーロッパとは、こうした各地の政治社会が徐々にではあれ、普遍的ヨーロッパの秩序を脱して、一定のまとまりをもった主権国家に収斂《しゅうれん》していく、また同時に人文主義の時代にあって、国家理性や宗教のあり方が問い直され、主権論の議論が高まりを見せる時代を意味していた。

一五三〇年代にイングランドは一連の宗教改革立法を通じて、ローマ教皇の普遍的権威を脱し、独自の国家教会体制を確立していくことになる。一五三三年に制定された上訴禁止法では「イングランド王国は帝国である」と宣言されたが、これは「国王は自らの領域において皇帝である」というローマ法に由来する法諺《ほうげん》に基づいている。すなわち、イングランド王国が神聖ローマ帝国やフランス王国に勝るとも劣らない国王を主権者とする主権国家であり、また聖俗の諸事項に関する完全な自己決定権をもつ国家であることを国内外に宣言するものであったのである。

大陸側に目を転じても、主権国家システムに基づくヨーロッパを志向する動きが活発化しており、イタリア戦争（一四九四～一五五九年）においてハプスブルク家に挑んだヴァロワ家フランスは、その代表的な事例である。またネーデルラントで勃発した八十年戦争（一五六八～一六四八年）もそのような政治的コンテクストの中で捉えることができる。反乱勃発の要因は、当時ネーデルラントを支配下においていたスペイン系ハプスブルク家のフェリペ二世が、プロテスタントを弾圧し、重税を課したため、貴族や市民層の反発を招いたことにあった。そのため、ネーデルラントの全一七州のうち北部の七州を中心に反乱が生じたのである。イングランドもナンサッチ条約（一五八五年）に基づき、反乱州に数千人の兵士と資金を送り支援を行ったが、こうしたイングランド側の対応が、フェリペ二世にスペイン無敵艦隊によるイングランド侵攻を決意させることになったのである。この戦争はウェストファリア（ヴェストファーレン）条約（一六四八年）により、スペインが改革派（カルヴァン派）のネーデルラント連邦共和国（オランダ）を主権国家として認めたことで終結することになる。

**イングランド・オランダのアジアへの進出**

一六世紀末に両国はアジアへの進出を開始するが、その背景には八十年戦争によるヨーロッパの国際商業の混乱があった。当時の国際市場であるアントウェルペンはスペインの支配下にあったため、スペインは報復措置として両国との貿易の全面禁止の措置を講じ、また戦争の混乱でアントウェルペンそのものが衰退していった。しかも一五八〇年にスペインがポルトガルを併合していたため、ポルトガルが独占していたアジア産の胡椒や香辛料を獲得することが非常に困難な状況も生じていたのである。

アジア方面への航海ルートの探索、交易拠点の獲得に際して、重要な情報源となったのがオランダ人旅行家リンスホーテンがゴア滞在中に得た知見をもとに著した『東方案内記』（一五九六年）であり、その中にはインド航路のみならずインド近海や日本事情も含まれていた。その二年後に英語版とドイツ語版が出版されるが、その同じ年にハクルートが『英国国民の主要な航海』の第二版（初版は一五八九年）を著した。彼はその中で日本をその地域の一大勢力として高く評価し、特に海軍力を調査する必要性などを論じている。ヨーロッパとアジアとの距離は着実に短くなっていたのである。こうしてアジアとの交易を目的として次々と貿易会社が設立され船団が出航していった。中でもイギリス東インド会社（一六〇〇年）とオランダ東インド会社（一六〇二年）の設立が重要であり、対アジア交易に中心的役割を果たしていくことになる。

一六〇〇年四月、ロッテルダムから日本を目指して出航した五隻の船団のうち、リーフデ号ただ一隻だけが臼杵湾《うすき》（現在の大分県）に漂着した。同船の航海長を務めていたウィリアム・アダムズは、のちの日本との交易関係に重要な役割を果たすことになる。徳川家康の信頼を得て彼の外交顧問を務めることになるアダムズ（のちに三浦按針《あんじん》という日本名を賜り旗本として取り立てられた）は、平戸のオランダ商館（一六〇九年）、イギリス商館（一六一三年）の開設に尽力した。その後、両東インド会社は、この地域の商業権益をめぐり激しく対立するが、アンボイナ事件でオランダに敗れてからイギリス東インド会社は、東アジア・東南アジアから撤退し、その拠点をインドへ移すことになる。この事件は、一七世紀半ば以降に海上覇権をめぐって三次にわたり繰り広げられた英蘭戦争を予見させるものでもあった。

Section 5

# フランスの危機と再建

## 集権化と多様性

日本では諸国を支配する大名間の激しい争乱の中から統一が模索されていく頃、フランスもまた王権がブルゴーニュ公、プロヴァンス伯、ブルボン公、ブルターニュ公などの諸侯との相克を経て領域拡大を達成していく。それと同時に、一五一六年ボローニャの政教協約によって、国王は教皇の干渉を廃して国内の高位聖職者の選定権を掌握し、全国に張りめぐらされた教区網を自らの統治組織として利用することも可能になった。さらには、司祭に対して教区民の洗礼と埋葬を記録した教区簿冊の提出を命じると（一五三九年）、王権は全臣民の戸籍を管理する手段を獲得したのである。とはいえ、領域の併合は各地の法や慣習、特権の尊重を前提に様々な社団が寄り集まることで編成されていたので、王権の統合力には多くの制約が課せられていた。例えば、諸社団が三部会のような身分制議会を通じて王権に対し権利を主張できたという点でも、幕藩体制とは基本構造を異にしている。そのうえ、特定の門閥や地方の利害と深く結びつく貴族が、王国の軍事・司法・行政機構の中枢を占めていたのも事実である。王権は国家としてのまとまりを目指しながら、依然として地域に根差す多様な社会に対応し、現実的な制約の中での施策を余儀なくされた。

## アルプスを越えて

近世ヨーロッパの国際関係は、華夷秩序に基づく東アジアとは異なり、諸国家が覇権を争い競合する全面的な戦争の時代に突入する。その転機となったのが、イタリア戦争（一四九四～一五五九年）である。この戦争は主にナポリとミラノをめぐってヴァロワ家とハプスブルク家の間で繰り広げられたが、戦勝の行方は、西ヨーロッパの勢力均衡を図って干渉する周辺諸国が握っていたといっても過言ではない。これを皮切りに、教皇と皇帝を中心とするキリスト教世界の統一性は、各地の主権国家の形成によって決定的に瓦解したのである。

この戦争はフランスにイタリア・ルネサンスが伝えられる契機にもなり、フランソワ一世が大量の文物とともにレオナルド・ダ・ヴィンチを連れ帰ったことは周知の通りである。一五三〇年にはのちにコレージュ・ド・フランスとなる王立教授団が創設され、人文主義者の拠点となった。また、アンリ二世がロレンツォ・ディ・メディチの娘カトリーヌと結婚したことにより、フランスの宮廷や儀礼にイタリアの芸術や作法が取り込まれた。こうした文芸は、次第にフランス固有の古典主義文化を誕生させる下地へと変化していった。

### 宗教改革から宗教戦争へ

戦争、疫病、災害、飢饉——日常生活を支配する過酷な環境、厳しい現実は人々の宗教感情と深く結びついていく。当局による弾圧にもかかわらず、カルヴァン派が全国で着々と組織化を進めていった背景には、このような「恐れ」に対する危機意識があった。その帰結として、フランスは一五六二年から三六年間にわたりカトリックとプロテスタントの主戦場となったのである（ユグノー戦争）。この宗教戦争は信仰上の対立に端を発しながらも、各地に固有の勢力を保持する大貴族間の覇権争いと結びつき、さらにそれぞれ恩顧関係にある中小貴族や都市をも巻き込んだため、極めて複雑な勢力関係を形作った。そのうえ各陣営は国外の諸権力とも連携しており、王権は国際的干渉の下で政策を選択していかざるをえなかった。しかしこの混沌とした状況の中から、王権のもとで国家を統一し、平和を最優先させる政治理論が台頭してくるのである。

日本にキリスト教が伝えられたのも、西ヨーロッパを震源とする宗教改革の余波である。パリ大学に学んだザビエルは、カトリック改革を主導したイエズス会の創立期の会員であり、その足跡が示す通りイエズス会は東洋伝道の境界を越えて宣教した。トレント公会議に始まるカトリック改革は、教会のみならず民衆の伝統的な習俗に対する統制を強めたり、教育を通じて規律化を進めるなど、フランス社会に大きな影響を与えた。

### ブルボン朝の開始と王国の再建

ナント王令によって宗教戦争を終結させたブルボン朝の始祖アンリ四世は、秩序の回復や宗派対立、財政危機など数々の難題に取り組むことになった。改宗を重ねて生き延びた国王は、自らの安定した権威を広めるため、「寛容の王」や「理性の王」といった表象化に尽力している。また主要財源であるタイユ税の見直しや塩税の導入、官職の世襲と売官を認めたポーレット法の制定（一六〇四年）などを行って、財政再建と官僚機構の拡充に努めた。しかし国王の暗殺が象徴するように、宗教問題はこの後も尾を引いていく。後継のルイ一三世の治世には、宰相リシュリューの才覚もあって宿敵スペインを抑えながら、不満を募らせていた大貴族の党派争いやプロテスタント勢力の武力蜂起、さらには地方で頻発した民衆蜂起を封じて、王権は自らの構築する秩序の中にそれらを取り込んでいったのである。

Section 6

# バルト海世界の覇権抗争

一六世紀から一七世紀前半にかけてのバルト海世界では、ドイツ騎士修道会国家のルター派改宗によって、バルト海東岸部に政治空白が生まれたことから周辺諸国間の抗争が刺激され、その抗争を背景に新たな国家体制が陶冶されることとなった。

## 新たな国家体制の陶冶

カルマル連合解体後の北欧では、連合の盟主だったデンマークで伯爵戦争と呼ばれる内乱（一五三四〜三六年）を収拾したクリスチャン三世がルター派を導入し、オレンボー朝君主の下で北はノルウェーから南はシュレースヴィヒ＝ホルシュタインに至る複合的な国家体制が築かれた。他方、連合から自立したスウェーデンでは、グスタヴ一世の治世にルター派の教義が導入され、フィンランドを含む範囲でヴァーサ朝君主を頂点とする集約的な国家教会体制が確立された。

ポーランド・リトアニアはヤギェウォ朝君主のもとで人的連合を結成していたが、リヴォニア戦争でモスクワの脅威が迫ると、一五六九年にルブリン合同を結んで連合を制度的に刷新し、ヤギェウォ朝断絶後は選挙王制へ移行した。法と貴族に支配される議会が選挙王の権力を制限する特徴をもち、「共和国」と呼ばれた版図では、カトリック改革の圧迫を避けてキリスト教諸宗派やユダヤ教などの信仰にも寛容であり、コペルニクスの活躍したクラクフ大学を核に人文主義文化も隆盛をみた。

ロシアでは「タタールのくびき」を脱したモスクワが北東ロシアの統一を進め、「全ルーシのツァーリ」を称したイヴァン四世の下、全国会議や銃兵隊の創設、貴族への兵役義務の確定、正教会を統御する教会会議の開催などのツァーリ権力を中心とする体制刷新が進められる一方、カザン・ハン国の征服以降、モンゴル帝国の継承者としての立場も強めた。しかしツァーリ直轄領での粛清やノヴゴロドでの虐殺（一五七〇年）など混乱は絶えず、リューリク朝の断絶後、皇位簒奪《さんだつ》者や皇位僭称《せんしょう》者の相次ぐ「動乱」を招いた。

## バルト海世界の覇権抗争

バルト海東岸を舞台とした抗争は、バルト海進出を企図するモスクワのリヴォニア侵攻に端を発したリヴォニア戦争（一五五八〜八三年）以降、本格化する。この戦争はポーランド・リトアニアの新たな連合形成の契機となるとともに、エストニア進出を始めたスウェーデンと、かつてのドイツ騎士修道会領の一部をプロイセン公国として臣従させたポーランドが、モスクワ牽制という同じ目的で宗派を越えた同盟関係を築く契機ともなった。

この同盟の婚姻策からスウェーデン・ヴァーサ家出身のジグムント三世がポーランド王として選出されたが、カトリック王としてスウェーデン王を僭称する一方、「動乱」期のモスクワの政治的混乱に介入するなど、強権的に政治を展開すると、貴族の離反やスウェーデンの侵攻を招いて「大洪水」と呼ばれる政治的混乱の時代を招く遠因となった。「動乱」のモスクワへはジグムントと対立したスウェーデンも介入したが、「動乱」収束を目的にモスクワの全国会議はミハイル・ロマノフを皇帝に選出、ロマノフ朝の帝国として新たな歩みを始める。

スウェーデンとポーランドのヴァーサ家間の抗争から一時内乱状態にあったスウェーデンは、グスタヴ二世アードルフの治世に恒常的な戦争運営を可能とするために行財政制度や軍事制度を刷新、エストニアやリヴォニア、ルター派救援を目的とした三十年戦争への介入により北ドイツへと版図を拡大して、ルター派信仰の軍事的保護者としてバルト海世界に広域支配圏を築いた。その一方で中世以来バルト海に覇を唱えたデンマークは、シュレースヴィヒ＝ホルシュタイン両公領を有する神聖ローマ帝国のプロテスタント派諸侯として三十年戦争に介入したものの敗北し、カルマル連合の再興を企図してスウェーデンとも抗争を続けたが、かつての覇権は失われることとなった。

**日本とのファースト・コンタクト**

バルト海世界の覇権抗争の中で一時的に軍事覇権を築いたスウェーデンも、この時期に日本とのファースト・コンタクトを果たしたヨーロッパ諸国のひとつである。長崎出島のオランダ商館長を務めた後、オランダ東インド会社の台湾統治の拠点だったゼーランディア城の最後の城代として鄭成功《ていせいこう》と戦ったコイエットを筆頭に、スウェーデン海軍提督となったバリエンシャーナ、スウェーデンで初めて日本旅行記を執筆したヴィルマンなど、日本との邂逅を果たしたスウェーデン出身者たちは、すべてオランダ東インド会社の会社員として訪日し、彼らの経験と記録はやがてスウェーデンを越えてヨーロッパ中に広がった。北の辺境に位置するスウェーデン出身者が、同時代の世界経済の中核に位置するオランダを拠点に世界に広がるネットワークの中で活動していたという事実は、スウェーデンの覇権もまた、オランダを中核として築かれていた同時代の社会的・経済的ネットワークと密接な関係をもっていたという証左のひとつである。

Section 7

# 三十年戦争

## 「宗教戦争」としての島原の乱と三十年戦争

徳川幕府が島原の乱（一六三七〜三八年）に直面していた頃、ヨーロッパの中央に位置する神聖ローマ帝国は長い戦乱のまっただ中にあった。一六四八年一〇月のウェストファリア条約で終わるこの戦いが三十年戦争（一六一八〜四八年）である。

東西に遠く隔たったこの二つの出来事は、共に宗教改革に始まる歴史的発展の帰結にほかならなかった。キリシタン一揆としての島原の乱は、カトリック教会が推進した世界布教の日本における終幕であり、最近の研究はその「宗教戦争」としての性格を強調する。一揆衆にとって凶作や領主苛政は棄教に対する神の裁きであり、それゆえ、苦境から逃れるにはまずキリシタン信仰に戻らねばならず、その承認を求めて蜂起に至った、というのである。ルターの『九五箇条の提題』（一五一七年）から一〇〇年後に勃発した三十年戦争は、宗派対立が帝国政治を徐々に麻痺させた結果であったが、ここでも、説教や活字メディアを通じて神の裁きという観念が繰り返し現れていた。戦争は人間が犯してきた罪への裁きであり、贖罪と神への祈りのみが戦乱を終わらせるのだ、と。帝国でのカトリック、ルター派、カルヴァン派の同権を定めた講和条約は、その前文で普遍平和の成立を神の恵みに帰し、キリスト教世界の安寧を祈っている。それはただのレトリックでは決してなかったのである。

## 三十年戦争の国際的背景と経過

ただし、ウェストファリア条約の成り立ちは、この戦争の背景に帝国での宗派問題だけではなく、ヨーロッパ国際政治上の伝統的な対立関係があったことを示している。それは、まずスペインに対するネーデルラントの独立闘争であり、次に一五世紀末以来のフランスとスペインの間の覇権争い、さらにバルト海支配をめぐる沿岸諸国、特にデンマークと新興の軍事強国スウェーデンの間の抗争であった。これらの国々と皇帝・帝国諸侯とは、地理的に隣接するのみならず系図的にも結びついており、宗派関係と相まって対立の構図をいっそう複雑なものにしていた。

こうした関係が戦争のすべての段階に影響を及ぼしていた。すなわち、ベーメンでのプロテスタント派貴族の反乱に始まり、スペインに支援された皇帝・カトリック派軍によるプファルツ占領で終わるベーメン・プファルツ戦争（一六一八〜二三年）、次いで皇帝勢力がバルト海にまで達したニーダーザクセン・デンマーク戦争（一六二三〜二九年）、スウェーデン王グスタヴ二世アードルフのドイツ侵攻によるスウェーデン戦争（一六三〇〜三五年）、そして、フランスがスペインに宣戦し、公然と軍事介入を始めたヨーロッパ戦争（一六三五〜四八年）の各段階である。

特にカトリック国フランスがプロテスタント派のスウェーデン側で参戦したことは、争いが宗派対立の枠を超えたこと、そして、プラハ条約（一六三五年）のごとく外国勢力を排除した和平では戦争が終わらないことを明らかにした。一六四五年からヴェストファリア地方の二つの都市、ミュンスターとオスナブリュックで開かれた講和会議には、実に一六のヨーロッパ諸国、一四〇の帝国等族、その他三八の様々な勢力が代表を送ったのである。

### 三十年戦争期の軍隊

一六四八年に和平が結ばれたとき、ドイツにはおよそ一五万人の兵がいた（スウェーデン、フランス軍などが八万、皇帝、バイエルン軍が七万）。すでに一六三〇年にヴァレンシュタインは総勢一五万の皇帝軍を指揮し、少しのちにグスタヴ二世アードルフが擁した軍勢もこれに匹敵した。ヨーロッパ史上前例のないこの巨大な軍隊を構成したのは主にいわゆる戦争企業家が経営する傭兵軍であった。傭兵の出身地、階層、宗派は様々で、戦禍で生活基盤を失い、軍に身を寄せた者も少なくなかった。ある統計によれば古参兵の八割が妻子とともに転戦しており、軍隊に随伴したおびただしい人数の輜重《しちょう》隊は、こうした傭兵の家族と従者、酒保商人らを含んでいた。彼らにとって軍隊は保護を提供してくれる共同体にほかならなかったのである。

### 戦争の犠牲と記憶

他方、都市や農村の住民はむき出しの暴力に直面したのみならず、軍隊維持のための重税と宿営負担に喘いでいた。特に一六三〇年代には軍隊の移動や住民の避難に伴い、各地で疫病が蔓延する（一〇年ごとに上演されるオーバーアマガウの受難劇はこの時期のペスト禍が発端である）。被害に地域差はあるとはいえ、一七世紀初頭に一六〇〇万人を数えたドイツの人口は、世紀半ばにはその三分の二にまで減少していた。

島原の乱を経た日本が、徹底した禁教と引き替えに世界史的にもまれな平和期を迎えるのに対して、膨大な犠牲によって三宗派の併存を実現した帝国の周辺では、一六四八年以降も戦火が絶えることはなかった。その中、三十年戦争の悲惨とそれを生き延びたという経験は、戦争の原体験としてドイツ人の集合記憶に深く根を下ろしていくのである。

Column 4

# 天正遣欧使節と『安土図屏風』

一五八二（天正一〇）年、イエズス会の主導により、日本のキリシタン大名の名代という名目で伊東マンショほか四名の少年が、ローマ教皇およびポルトガル国王への使節としてヨーロッパに派遣された。これが天正遣欧使節であり、一六世紀における日本とヨーロッパの交流の歴史のうえで、画期的な出来事であった。ここでは、この天正遣欧使節一行がローマ教皇への献上品として日本から携行した『安土図屏風』という屏風絵に注目し、その歴史的意義について考えてみたい。

『安土図屏風』は、一五八〇（天正八）年に織田信長が狩野永徳に命じて、自らの城下町である安土を屏風絵として描かせたものである。狩野永徳は、安土桃山時代を代表する絵師であり、『上杉本洛中洛外図屏風』などの作品で知られている。信長は当初はこれを手元において愛用していたが、一五八一（天正九）年に安土を訪問したイエズス会東インド巡察師アレシャンドゥロ・ヴァリニャーノに贈呈してしまう。その目的は、この屏風絵を通して、自らの城下町の姿と自身の名声をヨーロッパ世界に知らしめることにあったと考えられる。『安土図屏風』は、その後ヴァリニャーノが立案した天正遣欧使節の手により遥かヨーロッパまで運ばれ、ローマ教皇に献上されることになる。

一五八五（天正一三）年三月二三日、天正遣欧使節一行は、ヴァチカン宮殿内の「帝王の間」において、最大の目的であったローマ教皇グレゴリウス一三世との公式謁見を果たした。そして四月三日に再び教皇に謁見し、『安土図屏風』をはじめとする日本からの携行品を献上した。当時のヨーロッパの史料には、『安土図屏風』に関する記述がしばしば登場し、「Nobunanga（ノブナンガ）という日本の主要な都市を描いた絵」と記した史料、Nabunanga（信長）やAnzuchiama（安土山）という都市名を記した日本地図などを見出すことができる。『安土図屏風』によって、ローマ教皇をはじめとするヨーロッパの人々は初めて日本の都市の風景を目にするとともに、信長と安土の名は多少の錯誤はあったものの、ヨーロッパ世界に広く知られることとなったのである。『安土図屏風』を贈呈した信長の目的は、ここにほぼ達成されたと評価されよう。

献上された『安土図屏風』は、ただちに教皇の指示により、ヴァチカン宮殿内の「地図のギャラリー」に陳列された。しかし、その後おそらくあまり時を経ずしてここから運び出されており、残念ながら現在は所在不明となっている。『安土図屏風』が再びその姿を現す日が来ることを期待したい。

Column 5

## 銀と銅

銀は近世における世界貿易の潤滑油であった。銀が回ることで、様々な商品が世界各地で生産され、国際的に流通し、消費されることが可能になったのである。一六世紀には従来の陸路のほか、海上ルートでもヨーロッパはアジアと連結され、さらに世界経済に南北アメリカが組み込まれた。

近世に銀を多量に生産したのは、スペイン領であった南米ボリビアのポトシに代表されるラテンアメリカと日本である。ポトシ銀山の開鉱は一五四五年、日本の石見銀山に鉱石から銀を精錬するための灰吹法が伝えられたのが一五三三年と、ほぼ同時に大規模な銀生産が始まった。中南米銀はひとつにヨーロッパに運ばれた。多量の銀流入はヨーロッパ経済に価格革命を引き起こしたとされてきたが、近年では価格革命説は疑問視されている。ともあれ、ヨーロッパに入った銀の一部はアジアへとさらに流出した。また、アメリカ大陸から直接、太平洋を渡りスペイン領マニラに運ばれた銀もあった。

いずれにせよ、アメリカ銀の行き着く先はアジア、特に中国とインド亜大陸であった。日本銀もまた、中国に流入し、一部は主にインドに達した。当時、中国の生糸、絹織物やインド産綿織物への需要がアジア内外で高く、こうしたアジア商品はヨーロッパ人が胡椒・香辛料を入手するにも必要となったため、結局、銀が中国やインドに向かったのであった。

しかし、一七世紀後半には、世界的に銀生産が低下した。日本の長崎貿易での銀輸出量は減少し、特にオランダとの貿易では一六六八年に銀輸出が禁じられた。対馬藩・朝鮮経由で日本銀は中国へ流出し続けたが、一八世紀半ばには途絶える。また、マニラ経由の銀の流入も減少した。かくして、アジアへの銀流入量の減少をもって一七世紀の危機を主張する者もいる。経済の潤滑油である銀の流入が減り、アジア経済全般も停滞したというのである。だが、オランダやイギリスの東インド会社などが海路でヨーロッパからアジアへもたらした銀は一概に衰退しておらず、一七世紀の危機論は今後の詳細な実証研究が待たれる状態にある。

一方、一七世紀末以後、日本から多量の銅が中国とインドに輸出された。この時期に銅需要がアジアで高まったことは注目に値する。なぜなら、銅は銅銭・銅貨といった庶民の貨幣の鋳造原料であり、そうした小生産者層が経済の発展とともに小額貨幣を必要としていったと推定できるからである。一七世紀後半以後、長崎での輸出品の中心は日本銅となった。この日本銅こそアジア経済の成長を下から支える物質的条件のひとつであったともいえるかもしれない。

# 第3章

# エンゲルベルト・ケンペルの時代
## ——1648〜1763年

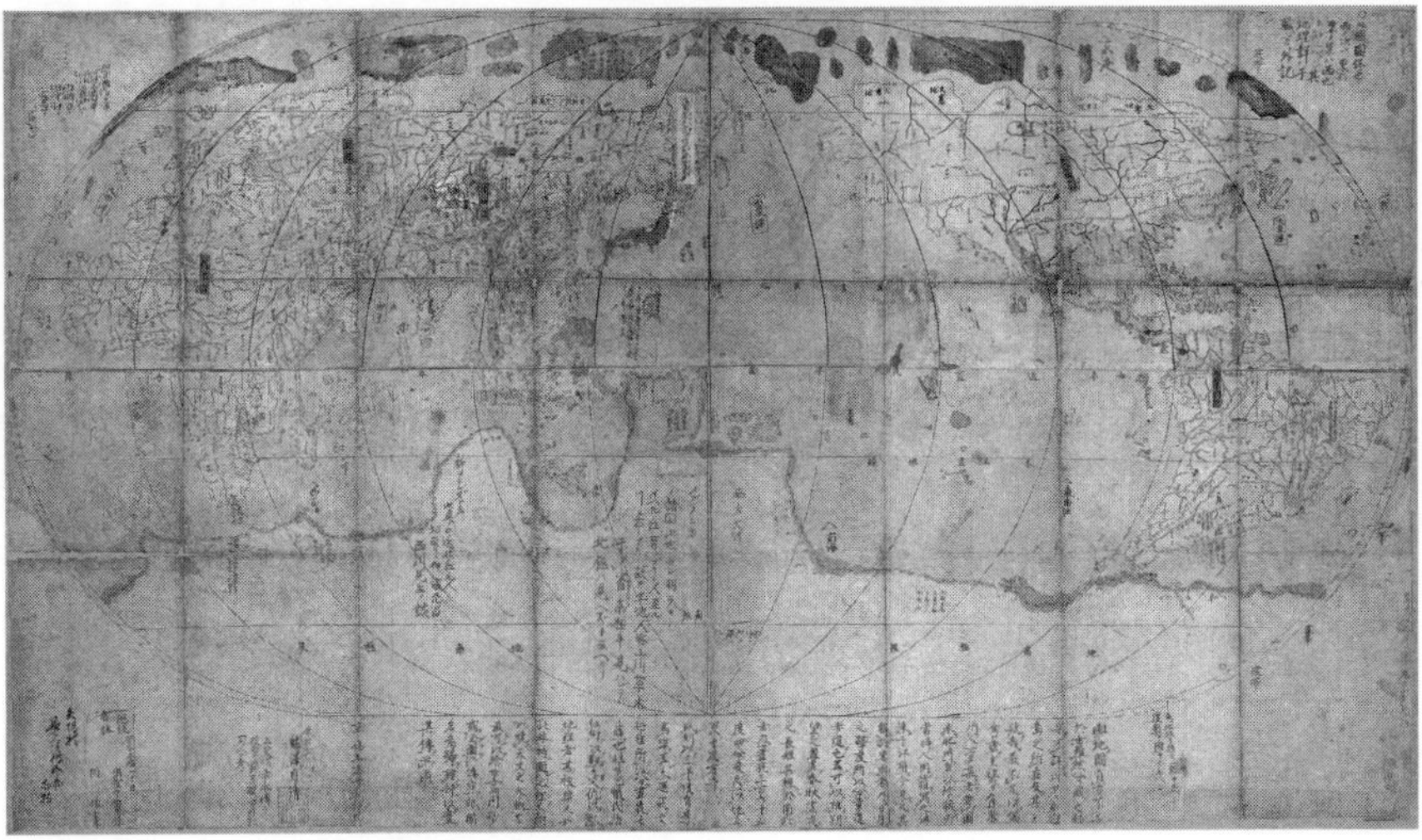

輿地圖（原目貞清作？，1720年）（明治大学図書館所蔵）

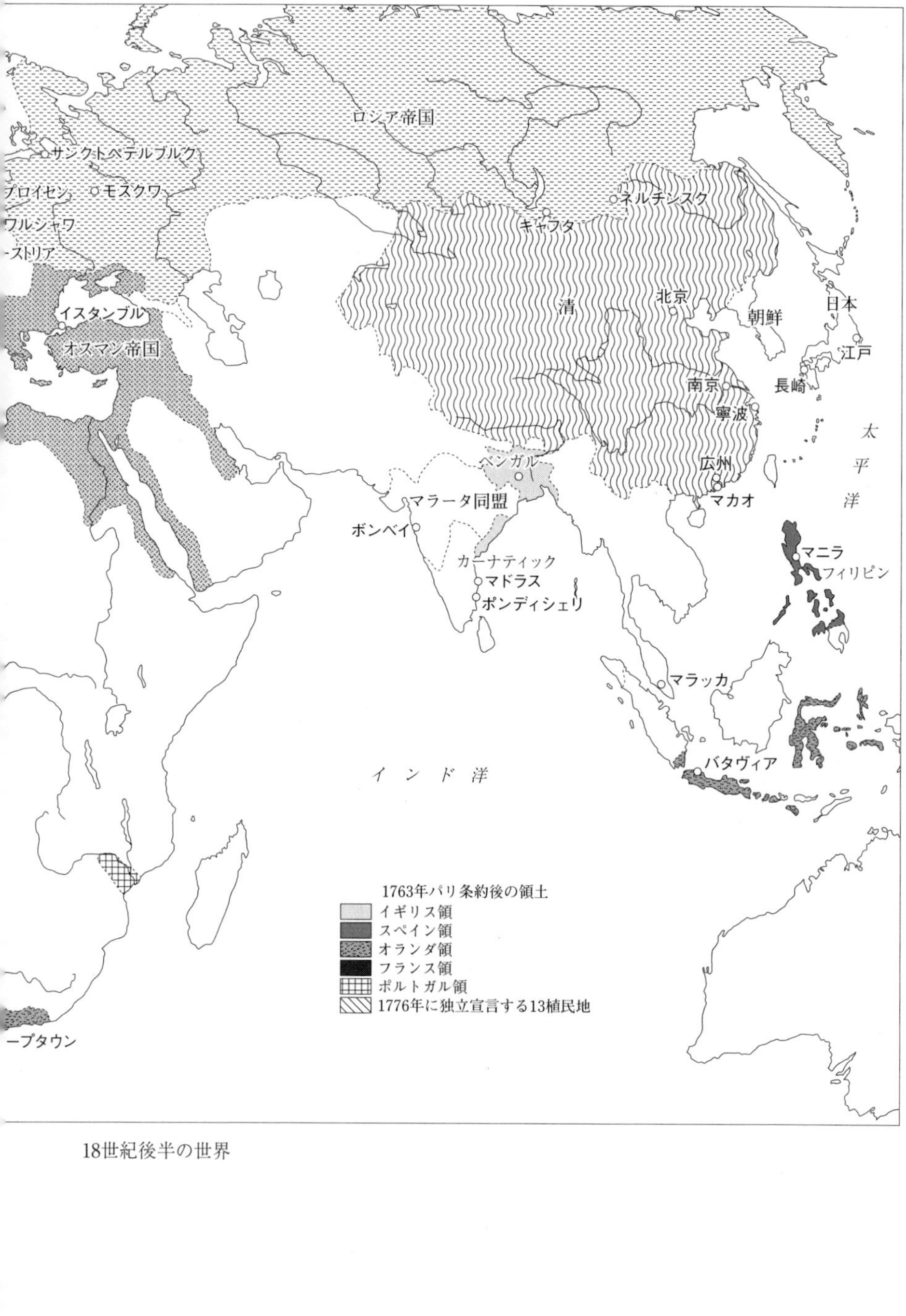
ロシア帝国
サンクトペテルブルク
プロイセン
モスクワ
ワルシャワ
ーストリア
イスタンブル
オスマン帝国
ネルチンスク
キャフタ
清
北京
朝鮮
日本
江戸
長崎
南京
寧波
広州
マカオ
太平洋
ベンガル
マラータ同盟
ボンベイ
カーナティック
マドラス
ポンディシェリ
マニラ
フィリピン
マラッカ
バタヴィア
インド洋
ープタウン
1763年パリ条約後の領土
イギリス領
スペイン領
オランダ領
フランス領
ポルトガル領
1776年に独立宣言する13植民地

18世紀後半の世界

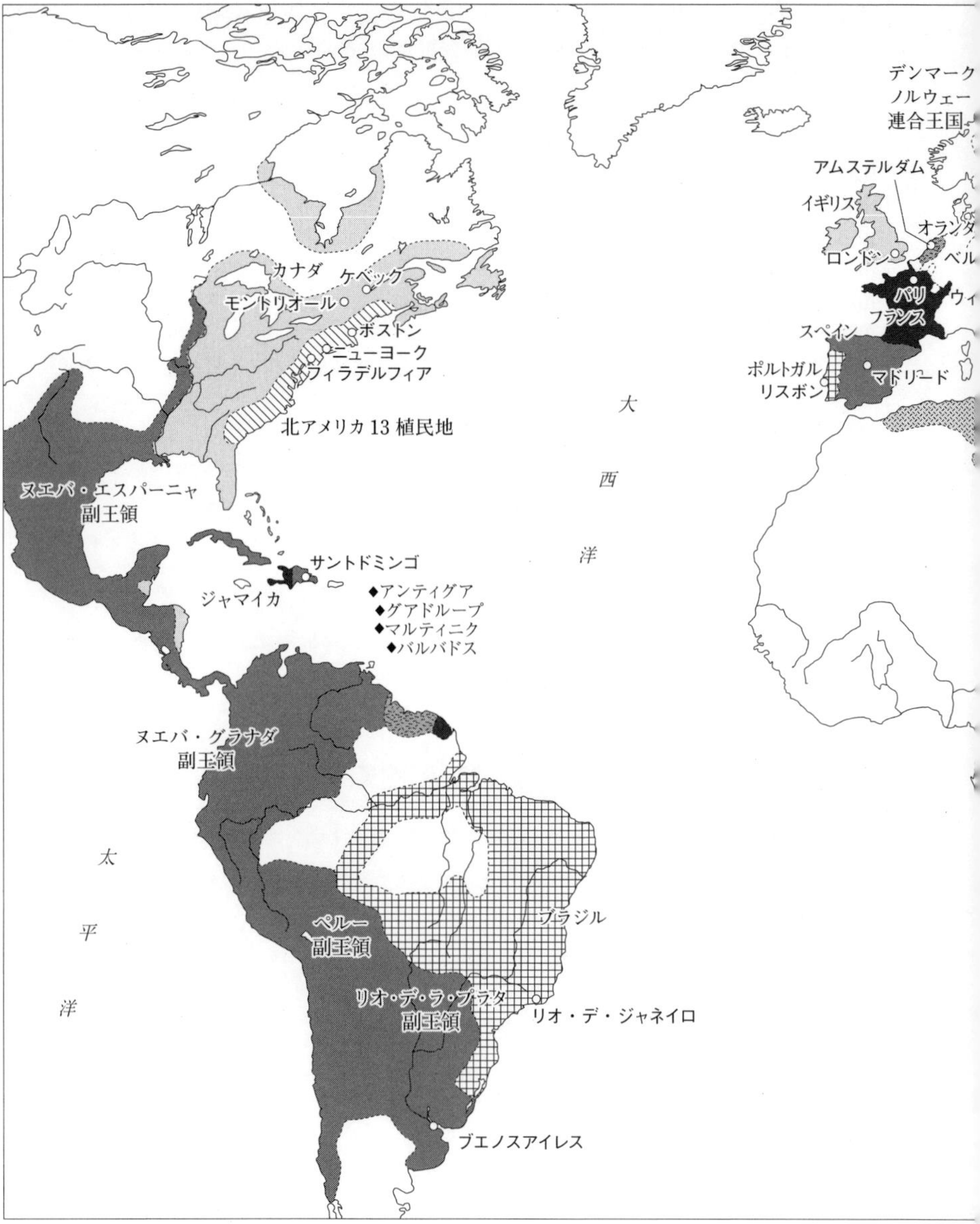
デンマーク
ノルウェー
連合王国
アムステルダム
イギリス
オランダ
ロンドン
ベル
パリ
フランス
ウィ
スペイン
ポルトガル
リスボン
マドリード
カナダ
ケベック
モントリオール
ボストン
ニューヨーク
フィラデルフィア
北アメリカ 13 植民地
大
西
洋
ヌエバ・エスパーニャ
副王領
サントドミンゴ
ジャマイカ
◆アンティグア
◆グアドループ
◆マルティニク
◆バルバドス
ヌエバ・グラナダ
副王領
太
平
洋
ペルー
副王領
ブラジル
リオ・デ・ラ・プラタ
副王領
リオ・デ・ジャネイロ
ブエノスアイレス

| 年 | 主な出来事 |
|---|---|
| 1648 | **10.** ウェストファリア（ヴェストファーレン）条約，三十年戦争終結 |
| 1649 | **1.** イギリス王チャールズ１世処刑。**1.**（露）会議法典発布 |
| 1651 | **10.**（英）航海法制定 |
| 1652 | **5.** 第一次英蘭戦争（～54年） |
| 1653 | **12.**（英）クロムウェル，護国卿に就任 |
| 1660 | **5.**（英）王政復古 |
| 1661 | **3.** マザラン死去。フランス王ルイ14世，親政を開始 |
| 1665 | **2.** 第二次英蘭戦争（～67年）。**11.**（仏）コルベール，財務総監就任 |
| 1666 | **12.**（仏）科学アカデミー設立 |
| 1672 | **3.** 第三次英蘭戦争（～74年） |
| 1683 | **7.** 第二次ウィーン包囲（～**9.**） |
| 1688 | **9.** アウクスブルク同盟戦争（～97年）。**11.**（英）オラニエ公ウィレム，イングランド上陸 |
| 1689 | **5.**（英）寛容法。**8.** ネルチンスク条約。**12.**（英）権利章典 |
| 1694 | **7.** イングランド銀行設立 |
| 1697 | **3.** ロシア皇帝ピョートル１世，使節団を派遣 |
| 1699 | **1.** カルロヴィッツ条約 |
| 1700 | **8.** 北方戦争（～21年） |
| 1701 | **1.** プロイセン王国の成立。**9.** スペイン継承戦争（～14年） |
| 1703 | **5.** サンクトペテルブルク創建 |
| 1707 | **5.** イングランド・スコットランド合同 |
| 1709 | **7.** ポルタヴァの戦い |
| 1713 | **4.** ユトレヒト条約。（墺）国事詔書 |
| 1721 | **8.** ニスタット講和条約，北方戦争終結 |
| 1725 | ベーリング，最初の探検（～30年）。**12.**（露）科学アカデミー設立 |
| 1727 | **8.** キャフタ条約。ケンペル『日本誌』出版 |
| 1733 | ベーリング，２度目の探検（～42年）。**10.** ポーランド継承戦争（～35年） |
| 1740 | **12.** オーストリア継承戦争（～48年） |
| 1744 | **5.** カーナティック戦争（～61年） |
| 1751 | 『百科全書』出版開始 |
| 1754 | **3.** フレンチ・インディアン戦争（～63年） |
| 1756 | **8.** 七年戦争（～63年） |
| 1757 | **6.** プラッシーの戦い |
| 1760 | **1.** ヴァンダヴァッシュの戦い |

## 序論 「交易の時代」後のアジアとヨーロッパ人

### 「交易の時代」の後に

一七世紀半ばのユーラシアは、「長い一六世紀」の後の沈滞への局面転換を迎えたといわれる。東アジア・東南アジアにおいても、「交易の時代」と呼ばれる海上貿易の活況が終息に向かい、世界的気候変動により深刻な飢饉が発生するなど、経済的危機が存在したという。その中で日本では、江戸幕府が厳しく対外関係を管理しつつ政治的・経済的統制力を強化し、中国では一六四四年に明朝が滅亡、満洲人の清朝が満洲・蒙古・漢民族の帝国として支配を確立し、ともに今日につながる個性をもつ伝統社会の形成へと向かった。

東南アジアでは、ヨーロッパでの胡椒《こしょう》価格低落、日本銀の流入減少等の影響を受け、港市国家の衰退が見られた。島嶼部ではオランダ東インド会社が領土支配を伴う流通の独占を図り、ヨーロッパ市場に向けたコーヒーや砂糖の生産が展開した。大陸部の諸国は経済基盤の中心を貿易から農業へ移したが、その盛衰は一様ではなかった。清朝の海禁解除後は再び中国帆船による貿易や中国人の移住も活発化した。

### 朝貢と互市

清朝は海上交易を基盤とする鄭氏一族の財源を断つため海禁政策をとったが、一六八三年に鄭氏が降伏すると翌年海禁を解除し、四つの海関を設けて海外との貿易を管理させた（一七五七年以降はヨーロッパ船の交易地は広州に限定された）。内陸ではロシアとの国境を画定し、一八世紀半ばには清朝の支配はモンゴル・東トルキスタン・チベットに及ぶ。生糸、絹製品、茶など豊かな物産の交易による安定的な銀の流入が内陸への拡大を支えた。

清朝は、華夷《かい》思想に基づく伝統的な国際関係の枠組みである冊封・朝貢関係と民間の貿易関係である「互市」を並立させた。漢人の明朝から夷狄の清朝への明清交替は華夷観の多様化をもたらし、日本や朝鮮は自国を華とする小中華意識を育みつつ、領域と構成員を掌握し、海禁的政策をとって対外関係管理の体制を築いた。清朝を中心にそれらが衝突を避けつつ相互に利用し合う形で、東アジア世界の国際秩序は再編された。

日本のいわゆる「鎖国」は厳しいキリスト教の禁止と沿岸防備体制、民衆の海外渡航の厳禁、徹底した貿易統制による経済の自立性の高さなどの特質をもつ対外関係管理体制だった。国内では幕府は、将軍と大名・旗本らの主従関係を世襲的なものへと強化し、官僚機構、天皇・朝廷への統制機構など、統治の制度を確立した。開発による耕地面積と生産量の増加、人口の増加が見られ、権力の基盤となる農村では小農の自立が進んだ。年貢米を軸とする領主的商品経済が確立する一方、商品作物の生産・加工が広がり始めていった。中国の動乱が解消すると、国内外の平和と安定の下で、武威に頼る権力構造を脱し、儀礼を整え、身分秩序を明確にすることで、将軍の権力と権威の維持が図られた。一六九〇年、五代将軍徳川綱吉の時代に来たエンゲルベルト・ケンペルは、日本が世界に対して国を閉ざし、強力な君主の下に平和と繁栄を維持していると見ている。

#### ケンペルの見た日本と新井白石の「西洋」観

新井白石は一七〇八年日本に潜入した宣教師シドッティの取調べやオランダ人との対話に基づき、『采覧異言《さいらんいげん》』と『西洋紀聞』を著した。これは、現在の用法に通じる「西洋」という言葉の使用と世界地理叙述の早い例である。その中で白石は、キリスト教を批判しつつも、物質的・技術的面においては西洋の学術の価値を認めていた。こうした見方は、財政危機に対応し、中国の知識・技術とともに漢訳洋書等によってヨーロッパの知識の獲得を目指した八代将軍吉宗の実学奨励政策にも共通している。

#### アジアにおけるヨーロッパ人

西南アジアでは、ムガル朝、サファヴィー朝、オスマン朝が衰退しつつあった。ムガル朝は一七世紀末に最盛期を迎えた後求心力を失い、地方勢力が自立していった。ヨーロッパ諸国の東インド会社は、ヨーロッパで需要の多い綿織物の貿易を拡大し、競争の中で地方勢力と結託するようになる。一七六〇年代にはイギリスはベンガル地域で所領と徴税権を獲得し、植民地支配へと向かう。サファヴィー朝は、一七世紀前半の最盛期以降も比較的平和で安定した社会を保ち、ケンペルが訪問した首都イスファハーンは、出自も言語も宗教も異なる多様な人々が共存する国際都市として繁栄していた。一八世紀に入ると各地で反乱が頻発し、一七二二年イスファハーンは陥落、イラン周辺は分裂の時代に入る。

東南アジアやインド洋沿岸の王朝は、ヨーロッパの主権国家とは異なり領域の内外を区別せず、王権に服従し貢献する限りヨーロッパ人を含め外来者を比較的柔軟に受容した。東アジアでは各国の華夷意識による対外関係の枠組みの中で外来者の位置づけが定められた。この時期は、アジアの諸地域が自身の側の論理に従いヨーロッパ人を扱っていた最後の時期といえよう。

## 総論　主権国家の時代へ

遠く日本に旅したケンペルは、一六五一年、神聖ローマ帝国の小領邦に生まれた。ウェストファリア条約が三十年戦争を終結させた三年後である。この条約は、神聖ローマ帝国の枠組みを維持する一方、諸領邦にはより大きな自立性を認めた。オランダとスイスは、完全な独立を獲得する。皇帝権と教皇権を突き破るように、領土に対して主権を主張する諸国家（主権国家）群が形成されていき、これら諸国家間の同等性を原則とする新たなヨーロッパ国際秩序の礎石が据えられた。このシステムの中で大陸の覇権を握ったのは、仇敵ハプスブルクを追い落としたフランスである。またスウェーデンは、神聖ローマ帝国の一等族としてバルト海南岸に領土を獲得し、北欧・北東欧はヨーロッパの諸国家システムの中に組み入れられる。ケンペルは、バルト海の覇者スウェーデン王の使節団の一員として、ロシアからペルシアに向かうのである。他方、ブランデンブルク＝プロイセンは、東ポメルンなどを獲得し、東方の雄として発展する足がかりを固める。かたやハプスブルク家は、皇帝レオポルト一世の下でオーストリア世襲領の国内体制を整備し、二度にわたるオスマン帝国の攻撃をかわして、強大なオーストリア・ハンガリー連合君主国を率いていく。

### ウェストファリア体制

### 海洋国家オランダとイギリス

一六〇九年にスペイン・ハプスブルクとの休戦によって事実上の独立を勝ち取ったオランダは、黄金期を迎えていた。宗派化を強める当時のヨーロッパにおいて桁違いの宗教的自由を実現したこの共和国は、海運業と外国貿易に支えられていた。母なる商業であるバルト海貿易に加えて、オランダ商人たちはロシア交易でも首位の座を占めていた。ヨーロッパ化を急いだロシアのピョートル一世（大帝）がオランダ語を解したのも、彼らの継続的な活動があったからである。他方、一六〇二年に設立されたオランダ東インド会社は、外交権、自衛権、貨幣鋳造権などをもち、アジアの地でポルトガルの拠点を次々と奪っていった。ケンペルはイスファハーンでオランダの東インド会社に採用されたことで、はるか日本へと旅することができたのである。一七世紀のオランダは、世界の物産の集散地として世界システムのまさに中核に位置していた。

この海洋国家オランダの前に立ちふさがったのが、イギリスである。イギリスは一六五一年、中継貿易を握るオランダ船舶の排除を目的に、植民地と本国の輸送をイギリスと当事国の船舶に限定する航海法を発布した。イギリスの重商主義政策は、三度の対オランダ戦争を引き起こし、オランダの海上覇権を突き崩していく。名誉革命は宿敵であった英蘭の同君連合を実現させたものの、自由貿易を奉じたオランダがかつての中核的地位を取り戻すことはなかった。

**覇権をめぐって**　主権を主張するこうした諸国家に同等性を認めることは、他国を尊重する平和な体制が生まれたことを意味するわけではない。むしろ植民地をめぐり、あるいはヨーロッパ内の覇権をめぐって戦争が繰り返され、戦争のために国家が凝集力を強めていく時代に突入する。その中心にあったのは、ヨーロッパ随一の人口を擁するフランスである。ルイ一四世の長きにわたる治世は、ほとんど戦争の中にあった。フランドル戦争、オランダ戦争を経て一六八八年からはアウクスブルク同盟戦争が始まる。名誉革命によって国王に迎えられたウィリアム三世の下でイギリスは、オランダ、スペイン、神聖ローマ皇帝、スウェーデン、ドイツ諸侯間で結ばれた対仏同盟に加わる。フランスとイギリスがヨーロッパの内外で常に相対峙する時代の幕が開く。

スペイン王位に孫を推すルイ一四世と、これを恐れたオーストリア、オランダ、そしてイギリスが激突したのが、スペイン継承戦争である。英仏の間には新大陸を舞台とした植民地争奪戦争も同時に進行した。ヨーロッパ諸国を巻き込んだ次の大戦が、オーストリア継承戦争である。マリア＝テレジアがハプスブルク家の王位と領土を継承することにスペインやプロイセンらが異を唱え、これらとフランスが結んだのに対し、オーストリア側にはイギリス、オランダがついた。この戦争でオーストリアからシレジア（シュレージェン）を奪った新興プロイセンは、圧倒的軍事力を知らしめることになる。英仏の対抗関係とともに、プロイセン対オーストリアという新たな対抗軸が、ヨーロッパ国際政治に加わる。この対立が七年戦争の起点であった。オーストリアは、宿敵フランスとの同盟をも厭わず（外交革命）、新たな敵プロイセンと戦うが、ついにシレジアを回復することはなかった。プロイセンはヨーロッパ列強の一角に食い込み、他方イギリスは海外領土を広げて第一次イギリス帝国を確たるものとする。

この間、ピョートル一世率いるロシアは、バルト海でスウェーデンの覇権に挑む。北方戦争が終わったとき、北東ヨーロッパの覇権は、新首都サンクトペテルブルクをバルト海沿岸に建てたロシアの手に握られていた。

**絶対王政と議会王政**

熾烈《しれつ》な戦争を勝ち抜くために、諸国家は軍を増強し、徴税強化に腐心する。いち早く王権の強化を図って大陸諸国のモデルとなったのは、絶対王政の道を歩んだフランスである。一六一四年を最後に身分制議会（全国三部会）が開かれることはなく、国王主権論に立つ王は、諸身分の同意を得ることなく統治を行った。とりわけルイ一四世の親政期は、絶対王政の典型といわれる。壮麗なヴェルサイユ宮殿で王の権威は強められ、大貴族は王への依存を強め、中央集権化が進む。広範な権限をもつ地方長官が各地に送られ、臣民から様々な名目で重い税を取り立てた。アウクスブルク同盟戦争の頃には、各教区から兵士を徴集する国王民兵制も導入される。ルイ一四世の絶えざる戦争は、こうした行財政制度の改編によって支えられていたのである。

しかし、絶対王政が常備軍と官僚制の整備に努めたからといって、この時期の国家を一体的な政治空間と考えてはならないし、ケンペルの足跡が示すように人の移動が厳しくコントロールされていたわけでもない。王位継承が戦争の主因であったように、ヨーロッパの諸国家の多くは王朝的原理で結ばれた諸地域の複合体であった。それぞれの地域は、多様な法や慣習をもっており、王権はこれらを伝統的特権として認めることで統合していたのである。臣民に服従を説き新たな秩序を創出しようとする絶対王政の努力は、こうした複合性との相克として理解すべきであろう。

かたや名誉革命後に議会王政の途を進むイギリスは、独自の仕方で戦争遂行能力の強化に努めた。例えば一六九四年、イングランド銀行が設立され、戦費調達を目的とした国債引き受け業務を担うのである。発券銀行としての機能も果たすようになり、財政軍事国家イギリスを財政面から支えていくのである。

若きケンペルが故郷を後にした頃、彼の町は魔女狩りの嵐の中にあった。この町が魔女裁判の不当性を公的に認めたのは、その半世紀後、ようやく一七一五年のことである。この間、人々の感じ方や考え方は確かに変わり、理性を重んじる啓蒙の時代が始まろうとしていた。ケンペルの『日本誌』を最初に出版させたのは英国博物館の父ハンス・スローンであったように、ケンペルが長い旅で得た知見は、啓蒙が花開くイギリスからヨーロッパの知的世界に広がっていくのである。

Section 1

# フランス絶対王政とその限界

一六四八年は、三十年戦争を終結させたウェストファリア条約が結ばれた年である。フランスは、この戦争に一六三五年から加わったが、その目的は、もはや宗教的なそれではなく、長年の政敵ハプスブルク家に対抗し、ヨーロッパの覇権争いに勝利することであった。一六六一年から親政を開始したルイ一四世は、この目的のために、国制の整備と経済政策の具現化を進めた。

## 地図の作製と住民の把握

支配の対象である土地と人に関する情報の集約は、中央集権的な統治のために必要不可欠である。国境と沿岸地域の地図作製は、一七世紀初頭から始められたが、科学アカデミー（一六六六年設立）は、さらに内陸部を測量して、一六八四年に全国地図を完成させた。また「河川・森林王令」（一六六九年）は、国土の調査を命じ、治水・植林政策を策定するための行政組織の設置を定め、国土の利用と保護の根拠になる。一方「民事王令」（一六六七年）は、各教区の司祭が記録する教区簿冊（教区民の名前、誕生、結婚、死亡の記録）の「戸籍」化を保証したので、王国政府は、住民を把握するための手段を獲得した。

## 官僚の配置と常備軍の整備

土地と住民を管理するためには、国王の意思を執行する役人が必要である。ルイ一四世期には、財務、司法、内務、宗教といった国務会議の役割分担が明確化され、中でも財務国務会議の権限が強化された。一六六五年、この職に就くのがコルベールである。地方行政では、国王直属の地方長官（アンタンダン）が全国に配置され、司法・財政・治安維持に関する権限を有した。しかし、この直轄官僚制度は、各管区内の名望家との連携によって保証される部分が大きいので、中央集権化に対するその貢献を過大評価することはできない。この時期には、軍制も整備された。陸軍卿ルーヴォワは、国王が直接任命する士官職を増やし、その昇進制度を定めて、国王と陸軍卿を軸とする指揮系統を確立しようと試みた。また一六八八年に導入された国王民兵制は、恒常的な兵士供給のための制度として期待された。

## 税制改革と重商主義政策

官僚制と常備軍を強化するためには、財政の立て直しが急務である。そこで財務総監コルベールは、徴税システムの合理化を図った。一六八一年に、間接税の総括徴税請負制度を定め、これによって国庫の赤字が一部解消したとされるが、直接税徴収の不徹底は、王国が財政危機から脱することを許さなかった。例えば、一六九五年に新設されたカピタシオンは、全住民に課される直接税であるが、課税基準や徴収方式が流動的で、免除特権を排除できなかったので、財政の健全化には寄与しなかった。

税収による財政改善が困難だった時代に、コルベールは、重商主義政策を実施した。この経済政策は、まず保護関税措置を徹底し、国内産業の保護と育成を基盤におく。特に特権マニュファクチュアを創設して、精錬業や奢侈品産業を発展させ、輸出商品の生産を拡大する。完成した商品を輸送するためには、所有船舶数を増やして海運力を高める必要があり、さらに特権会社を設立して、貿易を独占的に展開する必要がある。貿易が促進され、輸出が増えれば、国外の貴金属貨幣が王国内に流入するので、貿易収支は好転し、貨幣流通量が増える。その結果、国内経済は成長し、税収が増えるので、財政は改善され、国制の基軸である官僚制と常備軍を強化できる、という仕組みである。しかし、経済活動に対する国家の強力な統制は、イギリスやオランダとの対立を生み、「重商主義戦争」と呼ばれる経済戦争を引き起こした。

### 七年戦争とフランス

一八世紀の「重商主義戦争」のうち、七年戦争は、フランスが覇権国家となることを阻み、イギリスの優位を保証した戦争として知られる。この戦争の結果フランスは、北アメリカとインドの領域支配権を失い、アフリカの商館と停泊地のいくつかを譲渡したので、海上貿易は壊滅し、国際貿易の進展によって国力を強化する政策は破綻した、と理解されている。しかしフランスが、カリブ海の砂糖植民地とカナダ近海の漁業権を保持し、インド商館の返還を受けたことを思い出せば、七年戦争による経済的得失を早急に判断するのは控えるべきである。

それでも七年戦争は、フランスに大きな負担を強いた。この戦争は、オーストリアとプロイセンを中心とする大陸での戦争でもあったので、フランスは東部国境を防衛するために重要な兵力を常に配置しなければならなかったからである。海上と大陸における戦争を同時に進めたフランスの財政は、急速に悪化した。

陸軍卿セギュールの言葉は、ヨーロッパにおけるフランスの位置をよく示す。「わが政府は、もはや威信をもたず、財政にはなんらの秩序もなく、政策指揮には一貫性もなかった。（中略）ウェストファリア条約で樹立された勢力均衡は崩壊した。フランスの王政は第一級の強国たることをやめたのである」。

Section
## 2 イギリス帝国の拡大

### 一七世紀の革命と「複合国家」

一七世紀中葉のブリテン諸島では、「ピューリタン革命」と称される内戦や反乱など政治危機が相次いで起こった。一六四二年に始まった内戦は、オリヴァ・クロムウェルを指導者とする議会派の勝利に終わり、一六四九年には国王チャールズ一世を処刑し、王制・貴族院・国教会を廃止して共和国が成立した。その後、護国卿に就任したクロムウェルは、国王を支持したアイルランドとスコットランドを征服したのである。その結果、議会とプロテスタント多元主義を軸とする「複合国家」が成立したものの、アイルランドでは植民地化が進行することになった。

一六六〇年の王政復古によりステュアート朝が復活するも、国王チャールズ二世、続くジェイムズ二世は、カトリック擁護の姿勢から、議会との対立を深めていった。その一方で、ジェイムズの娘メアリ（のちの二世）を妻とするオランダ総督オラニエ公ウィレム（のちのウィリアム三世）は、フランス王ルイ一四世の勢力伸長を警戒し、イギリスも含めた対仏同盟を模索していた。一六八八年、イギリス議会の招請を受けたウィレムは軍勢を率いてイングランド南西部のトーベイに上陸し、ジェイムズはフランスに亡命した。翌年、ウィレムとメアリは権利宣言に署名し、共同統治の国王として即位した。この事件は、イングランドでは大きな武力衝突が起こらなかったことから、名誉革命と呼ばれている。

名誉革命と権利章典によって、議会主権が確認され、議会王政＝立憲君主制が成立したほか、その後議会が毎年開催されるようになった。また、非国教徒への寛容も法で認められた。これらは、長い一八世紀の「名誉革命体制」の根幹をなす原則であった。

その後、一七〇七年にイングランドとスコットランドの議会が合同して、グレートブリテン王国が成立した。アイルランドとは対照的に、スコットランドでは宗教や法、教育などの点で独自性が維持された。また合同を契機にして、イギリス（ブリテン）国民という帰属意識が次第に形成されていくことになる。

## 財政軍事国家の成立

一六八八年の名誉革命は、ヨーロッパの国際政治へのイギリスの復帰を告げる事件でもあった。アウクスブルク同盟戦争が始まった一六八八年から、ワーテルローの戦いでナポレオンが最終的に打倒された一八一五年までの英仏間の度重なる戦争は、「第二次百年戦争」とも呼ばれる。それは、ヨーロッパの戦争というだけではなく、両国の植民地争奪戦争の様相も呈していた。例えばイギリスは、スペイン継承戦争における勝利から、ユトレヒト条約（一七一三年）において、カナダのニューファンドランドとノヴァスコシア、地中海の戦略拠点ジブラルタルとミノルカを得たうえに、スペイン領アメリカ植民地への奴隷供給独占権（アシエント）の獲得が認められたのである。

アメリカ独立戦争（一七七五〜八三年）を例外にして、イギリスは、長い一八世紀の戦争ですべてフランスに勝利した。その理由は、他のヨーロッパ諸国よりも効率的で強力な財政軍事国家が成立し、赤字財政をたくみに運営できたことに求められよう。一六九四年にイングランド銀行が設立され、戦費調達のための国債を引き受けるようになった。これにより、ロンドン証券市場が成立したことは、のちのロンドン・シティを作り出したのである。しかし、国家財政の大半を占めた軍事費に加えて、国債の利払いと元金の償還のために、イギリス人一人あたりの税負担は大陸諸国よりもはるかに重くなった。当初、税の中心は土地税だったが、イギリスの海外貿易が成長するにつれて、次第に関税、消費税が重要な位置を占めることになった。

## 帝国の拡大と商業革命

ブリテン諸島で政治危機が続いた一七世紀中葉から後半は、帝国の基礎が築かれた時代でもあった。隣国オランダの海運業に対抗するため、一六五一年には航海法が制定され、イギリスの商業や海運業の保護が図られることになった。しかし、これが契機になって、第一次英蘭戦争が勃発した。一六五五年には、スペイン領ジャマイカの占領にも成功した。続く王政復古期でも北アメリカの植民地は拡大していった。一六六四年にオランダからニューアムステルダムを奪い、ニューヨークと改称したほか、一六八一年にはペンシルヴァニア植民地が成立した。その後も南北カロライナ、ジョージアと植民地は増加し、一七三二年にはのちに独立することになる北アメリカ一三植民地が成立したのである。

帝国の形成と連動して、イギリス本国と植民地との貿易も大きく成長した。一七世紀後半から一八世紀後半にかけて、イギリスの貿易量が劇的に増大したことは、「イギリス商業革命」と呼ばれている。また、北アメリカとカリブ海の植民地では、西アフリカから黒人奴隷が導入され、プランテーション形態でサトウキビやタバコなどの商品作物が栽培された。こうした作物は、後述する茶や綿織物のようなアジア物産と並んで、イギリス人の生活スタイルや社会のあり方を一変させたのである。同様に北アメリカでも、植民地経済の発展に伴い、本国の消費文化が普及することになる。

**イギリス東インド会社とアジア**

一六二三年のアンボイナ事件を契機にして、イギリス東インド会社は日本や東南アジア海域より後退し、次第に活動の範囲をインドやイランに移すことになった。一六三九年にマドラス港の特権が認められた後も、ボンベイ（ムンバイ、一六六八年）、カルカッタ（コルカタ、一六九〇年）に拠点を築くなど、商事会社として、イギリス東インド会社はインド亜大陸における地歩を固めていったのである。

会社の組織形態も、一七世紀後半から一八世紀初頭に大きな変化が見られた。一六五七年の東インド会社特許法更新によって、従来のように航海ごとに資本金を募り、すべての利益を分配するのではなく、永続的な資本を持ち、収益分のみを株主に配分するという本格的な株式会社になったのである。しかし一七世紀末には、会社は危機に陥ることになった。一六九八年、対仏戦争に伴う大規模な借款《しゃっかん》引き受けを条件として、イギリス政府は東インドとの貿易独占権を新規会社に与えたからである。最終的には一七〇九年に新旧の東インド会社が合併することで、問題は解決された。その後会社は、イングランド銀行や南海会社と並んで、戦費調達のための国債を引き受け、財政軍事国家の柱石のひとつとなった。

活動の範囲や拠点をインドに移すに伴い、東インド会社が扱う商品も大きく変化した。胡椒や香料の取引量が次第に減少する一方で、代わって中国産の茶やインド産の綿織物が数多くヨーロッパに運ばれたのである。特に綿織物は重要だった。一七世紀後半から一八世紀半ばにかけて、イギリス東インド会社がヨーロッパに運んだアジア産の商品の中で、インド産綿織物は常に大半を占めていたのである。

こうして運ばれた綿織物は、キャラコと呼ばれ、安価で質が良く、プリントなど加工しやすかったことから、イギリスで大人気を博すことになった。ただし、毛織物や麻織物など他の織物と競合したため、キャラコの輸入を制限する「キャラコ禁止法」が議会でしばしば制定されたものの、その需要が止まることはなかった。さらには、インドから綿織物を輸入するのではなく、国内でそれを生産しようとする試みも出てきたのである。紡績機の発明や改良など、綿織物の国産化を目指すこうした動きこそが、産業革命の重要な前提条件になった。

七年戦争と帝国の変容

一七五六年八月に始まった七年戦争において、プロイセンと同盟したイギリスは、序盤では苦戦続きだったが、大ピットによる戦争指導と積極的な帝国拡大政策によって、劣勢を挽回することに成功した。中でも一七五九年は、ラゴス沖とケベロン湾でフランス海軍を撃破し、カナダのケベック、フランス領西インド諸島の砂糖植民地であるグアドループを陥落させたことから、「驚異の年」と呼ばれた。それ以外にも、西アフリカのセネガル、カナダのモントリオール、西インド諸島のマルティニク、フィリピンのマニラをイギリスは占領し、非ヨーロッパ世界において圧倒的な優位を確立したのだった。

インドでも、オーストリア継承戦争と連動して始まった英仏間のカーナティック戦争（一七四四〜六一年）が、イギリスの勝利で決着した。まず、ヨーロッパの諸勢力を嫌うベンガルのナワーブ（太守）がカルカッタを占領したため、救援として派遣されたロバート・クライヴ指揮下のイギリス東インド会社軍が、一七五七年六月のプラッシーの戦いにおいてナワーブの軍隊に勝利した。その後、一七六〇年一月のヴァンダヴァッシュの戦いでフランス東インド会社軍が敗北し、翌一七六一年には同会社の拠点ポンディシェリが陥落したことで、フランスの勢力がインドから事実上駆逐されたのである。この結果、インドにおけるイギリスの勢力は大きく拡大したものの、やがてイギリス東インド会社は、商事会社からインドの統治権力へとその性質を大きく変貌させることになる。

かくてイギリスは、一七六三年のパリ条約によって、カナダ、ルイジアナ、フロリダに領土を獲得し、インドでも植民地を拡大するなど、世界帝国としての基盤を固めることになった。ここに、第一次イギリス帝国が成立したと見てよいだろう。しかしイギリスは、他のヨーロッパ諸国と同様に、膨大な戦費から深刻な財政問題を戦後かかえることになった。さらに、北アメリカとインドでの植民地の拡大は、カナダのフランス系カトリック信徒やインド人など、言語や宗教、民族などの点でイギリス本国とはあきらかに異質な人々を支配することを意味したのである。このような戦後の問題をめぐる本国と植民地の見解と対応の相違が、のちの北アメリカ一三植民地の独立という重大な帰結を導くことになる。

Section 3

# 「ドナウ帝国」の出現

## 一七世紀後半の東中欧の混乱

一六四八年の三十年戦争の終結を契機に、ウィーンのハプスブルク権力の重心は東方へと移っていった。この傾向は、ハプスブルク家によるボヘミア王位とハンガリー王位の継承（一五二六年）、カール五世の退位によるハプスブルク家のオーストリア系とスペイン系への分枝によってすでに一六世紀から見られたものの、皇帝権の脆弱《ぜいじゃく》化とドイツ諸領邦の自立化を決定的にしたウェストファリア条約を受けてさらに顕著になった。一六二〇年のビーラー・ホラの戦いで貴族軍を潰走させ、二七年に「改訂領邦条例」を施行してボヘミアの世襲領化をすでに進めていたハプスブルク家にとって、カトリック化と貴族勢力の弱体化を通じて君主権を確固たるものにするための戦いの舞台は、より東方へ、三分割下のハンガリーへと移った。

こうした重心の移動は、カルパチア山脈の南北で一七世紀後半に続いた戦乱を経ることで定まった。北側のポーランドでは、コサックの蜂起、ロシア、スウェーデンとの戦争、貴族層と国王の対立が続いていた。南側のハンガリーでは、ポーランド侵攻に失敗したトランシルヴァニア侯の勢力が著しく弱まったことで、トランシルヴァニアとハプスブルクの間で均衡を保ちながらオスマン帝国に対峙していたハンガリー貴族勢力とウィーンとの対立が深刻化した。ハンガリー大貴族による反ハプスブルク陰謀の鎮圧、プロテスタント聖職者への過酷な弾圧に端を発したハンガリー貴族の反乱は、一六八三年のオスマン軍によるウィーン包囲を誘発した。ポーランド軍などの援軍によって二カ月に及ぶ包囲からウィーンが解放されると、ハプスブルク軍は攻勢に転じて、ハンガリーのほぼ全土を制圧し、トランシルヴァニアを宗主権下に収めた。こうして東方に一気に拡大したハプスブルクの勢力圏は、一六九九年にオスマン帝国との間で結ばれたカルロヴィッツ条約で確定し、その後二〇〇年にわたってほぼ維持されることになった。また、スペイン継承戦争の結果、スペイン王位を失ったハプスブルク家にとって、ドナウ流域の諸邦の政治的一体性を創出していくことが至上命題となった。

## 君主権と貴族

ハンガリーにおける軍事的成功の過程で、ハプスブルク君主権と貴族勢力との力関係は大きく変容した。レオポルト一世はハプスブルク家男系のハンガリー王位世襲継承権を貴族層に認めさせ（一六八七年）、フェレンツ・ラーコーツィに率いられた貴族勢力の抵抗は一七一一年のサトマールの和約で終結した。オーストリア諸邦、ボヘミア諸邦、ハンガリー王国などからなるハプスブルク家世襲諸領の一体性は、カール六世が一七一三年に発した国事詔書によって強化された。これにより、世襲継承権が女系にも拡大し、諸領の不可分性も明確になったが、一方で、ハンガリーの独自の国制とそれに伴う貴族の権利の護持も批准の過程で定められたため、一九世紀後半にオーストリア＝ハンガリー二重君主国として形をとる二重性をすでに内包することになった。ハプスブルク領の東方拡大は、貴族勢力との緊張をはらんだ妥協を常に必要としていたのである。そのことを如実に表しているのが、カール六世の死後に勃発した、オーストリア継承戦争である。マリア＝テレジアによる世襲諸領の一括相続に異を唱えたバイエルン選帝侯を支持したボヘミア貴族に対して、国王はハンガリー貴族の支援に頼ることで初めて危機を乗り切ることができた。この戦争で世襲領で最も豊かなシレジアをプロイセンに奪われ、ドイツにおけるオーストリアの主導的立場の喪失とプロイセンとの二元主義が決定的となった。貴族層との妥協の必要性、諸領の多元性を国力の停滞の原因と認識したマリア＝テレジアは、七年戦争を経て、中央権力の整備を目指した改革に着手していくことになる。

## 農村と都市の変容

オスマン帝国が後退し、ハプスブルク家の支配が安定していくというこの一〇〇年余りの政治状況の変化は、人々の生活に大きな影響をもたらした。ハンガリーやクロアチアの農村部では、オスマン支配下で現れていた領主権の形骸化と農民自治の発展という趨勢がハプスブルク支配下でいったん反転し、領主支配の再建と農奴搾取の強化が進められた。その一方で、オスマン期に発達した市場町（農村部に発達した農民を主な住民とする町）を核にして地域経済が活性化し、それにより、一八世紀中頃からは農民共同体の自律性が再び高まっていった。こうした村落や町は、オスマン帝国から到来したギリシア商人やアルメニア商人によって外界と結びつけられた。また、広大な帝国を支配するハプスブルク家の宮廷都市としてのウィーン、バルカンとヨーロッパを結ぶ交易都市としての（ドナウ河畔の）ペシュトと（アドリア海岸の）トリエステといった拠点都市が本格的な発展の道を歩み出していった。

Section 4

# プロイセン軍事官僚国家の発展

## ヨーロッパ列強への飛躍的な上昇

一六四八年から一七六三年までのプロイセンは、絶対主義的統治の貫徹と、対外的地位の飛躍的上昇とによって特徴づけられる。もともとこの国は、大国として発展するにはおよそ不利な状況にあった。例えば領土は、東部・中部・西部の各地域が互いに離れており、この時代を通じてずっと飛び地状態のままであった。加えて中核地域のブランデンブルクは、三十年戦争の終結した一六四八年時点では、戦禍で激しく荒廃していた。それだけに、わずか一〇〇年あまりでこの国が成し遂げた急成長は、瞠目《どうもく》すべき歴史的過程であったといえよう。

この成長は、一六四〇年に即位したフリードリヒ＝ヴィルヘルム（大選帝侯）の治世から始まる。その息子フリードリヒ三世（国王としては一世）は、一七〇一年に東プロイセン（プロイセン公国）を王国へ昇格させ、形式上とはいえ対外的地位を高めた。続くフリードリヒ＝ヴィルヘルム一世（軍人王）は、プロイセン国家の構造を変革し、その性格を決定づけた「偉大なる内治の王」である。そして、彼が育てた軍隊でプロイセンを名実ともに強国へ押し上げた者こそ、息子のフリードリヒ二世（大王）にほかならない。特に七年戦争では、彼は大陸の列強三国を相手にほぼ一国で戦い、負けなかった。その結果プロイセンは、ヨーロッパ第五の強国として認知されたのである。加えて彼の内政では、当時広く要望されていた宗教的寛容や言論の自由がいち早く認められたことから、この哲人王の治めるプロイセンは「最も啓蒙の進んだ国」として内外多数の知識人によって賞賛された。

## プロイセン軍事官僚国家

三十年戦争で大国に翻弄・蹂躙《じゅうりん》された苦い経験から、大選帝侯は権力国家の形成を目指した。彼は常備軍の建設に着手し、その維持のために必要な恒常的租税の導入を断固推進したのである。それは当然、地方の支配者であった貴族たちの激しい抵抗を呼び起こしたが、大選帝侯は時には武力に訴えてでもこれを抑え、課税を承認させた。さらに彼は、これらの軍や租税を管理する官僚機構を整備して、中央集権化の端緒を開いた。

大選帝侯が据えたこの基礎の上に、プロイセン独特の絶対主義を確立させたのが、孫の軍人王である。彼は軍隊を急激に増強しただけでなく、それに新たな生命をも与えた。国内貴族と将校の一体化、新兵調達制度（カントン制度）など、プロイセン特有の軍隊の特質の多くは、この国王に由来するものである。同時に彼は、祖父の始めた行財政の集権化をいっそう推し進め、当時のヨーロッパ諸国の中では最も集権的で、合理的と思われる行政機構を整えるとともに、国家財政を黒字に転換し、外国からの援助金に頼らない軍隊の維持と自主外交を可能にした。大王時代の対外的成功は、これらの父の業績に多くを負っていたのである。このようにプロイセンでは、全体としてはなお身分制的な社会秩序に立脚していたものの、軍事力の強化をてこにしながら国家行政の一体化が強力に進行した。ゆえにプロイセン絶対主義国家は「軍事官僚国家」とも呼ばれる。

### 文化と国家形成

第二次世界大戦後長らく、プロイセンは負の歴史像を背負うことになった。貴族領主がのさばり、近代を担う市民層が未成熟な「後進国」、あるいは、近現代のドイツに権威主義的臣民根性を流布させた「軍国主義の発祥地」というレッテルがそれである。しかし近年の研究の進展は、これらの否定的見解を相対化しつつある。プロイセン絶対主義についていうなら、その本質的特徴が軍事官僚国家であることに変わりはないのだが、近年では従来プロイセンの対極と見なされてきた一八世紀のイギリスが財政軍事国家と理解されるに至っている。軍事国家は決してプロイセンの専売特許ではなく、大なり小なり近世ヨーロッパ諸国の共通現象だったということである。

こうした研究動向に対応するかのように、近年のドイツ歴史学では、文化と国家形成という観点からのプロイセン史研究が、注目すべき成果を見せている。それによれば、軍事および行財政という根幹領域以外、プロイセン絶対主義国家の凝集力はおよそ限定的であり、文化（学問芸術や教育）の領域では近世のあいだ常に、地域の文化が国家の影響をほとんど受けず、強力かつ自立的であり続けたという。一八世紀後半には、この文化的地域主義を基礎にして、都市では市民層が、農村では開明的な領主（政治的に保守派の者も含めて）が、時流に合った教育を自領へ積極的に導入した。そして、地域社会によるこの「下からの」教育環境の整備こそが、一九世紀初頭の「上からの」プロイセン教育改革の重要な前提になったと説明されるのである。このように、プロイセン絶対主義については、その歴史像だけでなく国家と社会の関係もまた、従来とは異なる視点から見直しが進められている。

Section 5

# ロシアの拡大と国際化

## 初期ロマノフ朝の時代

一五九八年のリューリク朝の断絶に加え、凶作、さらにはバルト海の覇権を争うポーランド・スウェーデンの介入により「動乱」と呼ばれる政治的・社会的混乱を経験したロシアは、一六一三年のロマノフ朝の成立後、次第に安定化の途を辿った。同朝二代目のツァーリ、アレクセイ・ミハイロヴィチの治下、一六四九年に制定された「会議法典」においては、逃亡農奴の捜索期限が撤廃され農奴制が法的に確立されるなど、後世まで規定的な影響を及ぼす動きも生じた。彼の治世には、キエフ神学校（一六三一年設立）でラテン神学や近代科学を学んだ人材に媒介される形で、西欧の文化・知識の流入が活発化するとともに、ロシア正教会でも総主教ニコンによる典礼改革の試みなど国際化の気運が顕著となる（他方でこの教会改革は、旧来の正教的伝統の遵守を求めた「古儀式派」や「分離派」と呼ばれる分派も発生させた）。こうした国際化の傾向は、対ポーランド戦争の勝利に伴う一六六七年のアンドルソヴォ講和条約による左岸ウクライナの獲得後、さらに強まる。

とはいえロシア外交の主な関心は、一六五〇年代に完成するベルゴロド防衛線に象徴されるように、依然南方からの遊牧民族の侵入にあったため、ヨーロッパの軍事革命に適応する新式軍隊の編成は十分には進まなかった。一六八七、八九年のクリミア遠征の失敗、スウェーデンを相手にした北方戦争初期の劣勢など、軍事的苦境におかれる頻度も高かったのである。

## ピョートル改革

ヨーロッパ化を基調にロシアの強国化を意図したピョートル一世は、最大時で参加者二〇〇名超を数えた大使節団を一六九七年にヨーロッパ諸国に派遣し、外交関係を構築する一方で、ロシア人エリートの教育および外国人専門家の雇用に努める。こうした外国人登用は、ヨーロッパ諸都市における宣伝活動を命じた一七〇二年の勅令など、その後も積極的に推進され、後述する参議会の成員にも最初から外国人枠が設定されたり、科学アカデミー（一七二五年設立）の教授陣を非ロシア人が独占したりする事例が見られた。

この大使節団にはピョートル自身も身分を偽って同行し、とりわけオランダやイングランドの造船技術には強い関心を示したが、こうした経験はロシア初の外洋艦隊として日本ではバルチック艦隊の名で知られるバルト艦隊創設の基盤となった。また常に国家事業の先頭に立つピョートルの行動様式は従来のロシア君主と大きく異なり、君主と国家とを分離し、君主もまた率先して国家に奉仕すべき存在とする新たな君主観を生み出す。このように国家などの形で体現される公共善に対しての奉仕は、国内の全臣下・臣民にも強制され、ロシア貴族層（改宗ムスリムの家系を含む）も国家勤務を終身義務とされた。彼らの多くは諸連隊の兵士として勤務を開始し段階的に経験を蓄積するよう求められ、過酷な軍務の中で心身を消耗する者も少なくなかった。農民や都市民においても北方戦争の過程で徴兵が恒常化するとともに、常備軍の給養を目的として一七二四年に新たに確立された人頭税は過大な負担を強いることになる。

一七〇九年のポルタヴァの戦いでの勝利により北方戦争の趨勢がロシアに有利に傾くと、ピョートルは国内における制度化・組織化の動きを本格化させる。中央行政機関を一一の参議会に再編するとともに、それらを統括する組織としての元老院の役割が定められた。一七〇三年に創建された都市サンクトペテルブルクも一七一二年頃から首都の機能を帯び始め、ヨーロッパ化・社会的紀律化のモデルとしての働きを期待された。さらにバルト海沿岸地域の獲得を約した一七二一年のニスタット講和条約を機に、ロシア君主は「皇帝（イムペラートル）」という新たな称号を名乗り始め、国号も多民族性を反映する「ロシア帝国」へと変化する。これらピョートル改革の基本方針は以降の皇帝政府にも継承され、七年戦争を契機としたロシアのヨーロッパ列強参入に寄与することとなった。

### アジアとの関係

サファヴィー朝の混乱に乗じた一七二二年のペルシア遠征のような積極的進出の試みも見られたものの、一八世紀前半にオスマン帝国との間で二度の困難な戦争を経験するなど、ロシア南部の安全保障は依然不安定な状況にあった。これに対し一六八九年のネルチンスク条約、一七二七年のキャフタ条約締結を通じ、東方の清朝とは国境の画定とともに経済関係が強化されている（ただし両国間に位置するカザフをめぐる綱引きなども続く）。日本人初の漂流民として知られる伝兵衛を一七〇一年にモスクワへと連れ帰ったコサックらのカムチャツカ探検も主として経済的動機によるものだったが、一七二五〜四二年に二度にわたって派遣されたベーリング探検隊のように、知性に基づき世界をありのまま理解しようとする啓蒙主義的な関心に則った調査旅行も次第に活発化するのである。

Section 6

# オスマン帝国のバルカン

### オスマン帝国の拡大

一四五三年、スルタン・メフメト二世の軍勢によってコンスタンティノープルが陥落し、ビザンツ帝国は消滅した。続く一五世紀後半には、オスマン帝国はセルビア、ペロポネソス半島、ボスニア、アルバニアを相次いで併合し、ルーマニア両侯国（ワラキアとモルドヴァ）を従属国として、バルカン半島全域を手中に収めた。アナトリアとバルカンを両翼としたかつてのビザンツ帝国の領域は、イスタンブルと名を変えたその首都とともに、スルタンの統治下に入ったのである。さらに、一五二〇年に即位したスレイマン一世は、一五二六年のモハーチの戦いでハンガリー軍を潰走させ、その後ハンガリー中央部を併合した。一五二九年に敢行したウィーン包囲戦は不首尾に終わったものの、これによってハプスブルクとオスマンという二大帝国がヨーロッパ南東部で直接対峙する状況が生まれた。また、東地中海の海上や沿岸部では、オスマン帝国はヴェネツィア、スペインと覇権を争い、一五七一年のレパント海戦で敗れたあとも、制海権を掌握し続けた。このように拡大したオスマン帝国は、もはや東の彼方にある遠い脅威としてではなく、ヨーロッパ世界の一大国として国際関係上で重要な役割を担うようになった。その中でバルカンは、巨大都市イスタンブルを養う食糧供給地となるとともに、帝国を機能させる人材を輩出する地となったのである。

### パクス・オトマニカ

オスマン帝国のこのような急速な拡大の背景には、イェニチェリ軍団・カプクル軍団等と呼ばれるスルタン直属の常備軍の存在と、封土を与えられた騎士（スィパーヒー）が軍役・行政・司法の各面で県（サンジャク）を単位に編成され、それが州（エヤーレト）を通じてスルタンに掌握されるという高度に中央集権化された地方統治システムがあった。同時期に貴族層の勃興と王権の弱体化に伴う分権化が進行していたヨーロッパに、この帝国に対抗する力はなく、イスタンブルから一夏の遠征で到達できる範囲すべて（ウィーンの手前まで）がスルタンの軍門に下ったのである。

オスマン帝国の拡大は、スルタンを頂点とする一元的な支配システムの拡張であったと同時に、バルカンをはじめとする各地の多様な言語・文化・宗教を包摂するシステムを適用していく過程でもあった。オスマンの支配はムスリムの優位性を大前提とするものであったが、同時に、イスラーム法の中で庇護民（ジンミー）として位置づけられたキリスト教徒やユダヤ教徒との共存を可能にする、あるいはそれを織り込んだシステムであった。同じ頃のキリスト教ヨーロッパで、ユダヤ人の弾圧・追放が繰り返され、カトリック・プロテスタント諸派の間での宗教戦争が続いていたことを念頭に置くと、その違いは際立っている。ヨーロッパを去った大量のユダヤ人はオスマン帝国の社会に吸収され、バルカンの正教徒とともに商業の主要な担い手となっていった。また、一七世紀から帝国の通訳官として重用され、一八世紀になるとルーマニア両侯国の侯として派遣されるファナリオテスと呼ばれる人々のように、帝国の支配システムに強く組み込まれたギリシア系正教徒も存在した。このように、「パクス・オトマニカ（オスマンの平和）」は多様性を容認するだけでなく、それを活用することによって成り立っていたのである。

### 共生の世界の変容

一六四五年からのヴェネツィアとの断続的な戦争、一六六〇年代のハプスブルクとの戦争で、再びバルカンで領域の拡大をはじめたオスマン帝国だったが、一六八三年にウィーン奪取を試みて失敗すると一転して劣勢に立たされ、一六九九年に締結したカルロヴィッツ条約でハンガリー、クロアチア、ペロポネソス半島などから手を引いた。この一七世紀末の力関係の転換は、オスマン帝国が衰退したことではなく、ヨーロッパとオスマンの間の対峙関係が一連の戦争を通じて安定化したことを意味している。しかし、ハプスブルクとオスマンの間でバランスをとって立ち回るトランシルヴァニア侯国のような緩衝地帯が失われたことで、この二者関係はより二元化した。この変化は、オスマン社会の変容（ティマール制の形骸化と大土地所有・請負制の拡大）を伴っていたが、最も大きく変容したのは、帝国内外のキリスト教徒社会であった。露土戦争を受けて結ばれた一七七四年のキュチュク・カイナルジャ条約で、オスマン帝国はキリスト教徒の保護を義務づけられ、これはロシアに介入の口実を与えることになり、ハプスブルクはこれを契機に国内のオスマン商人に対する関税優遇措置を廃止し、防疫を名目とする保護貿易政策に転じた。また、資本を蓄積したセルビア家畜商人、ウィーンやペシュトを拠点に西欧社会との結びつきを強め、啓蒙思想にも触れるようになるギリシア商人は、一八世紀末からパクス・オトマニカを外と内から突き崩していくことになる。こうして、バルカンを舞台に機能していた共生の世界は、終焉に向かって動き始めるのである。

Column 6

# 啓蒙の世紀

エンゲルベルト・ケンペルによる日本論が発表され、ヨーロッパに広く知られるようになったのは、一八世紀、「啓蒙の世紀」であった。理性と批判の精神によって無知蒙昧を啓くというこの思想は、博物学的関心の高まりと相まって、世界各地の未知なる地域に光を投じ、人々はその知識の蓄積に熱心であった。ベーリングやブーガンヴィル、クックらによる大規模な学術探検が挙行され、旅行家たちの記録が次々に出版された。モンテスキューは『法の精神』の中で日本をはじめ世界各地の法と風土について論じ、ヴォルテールは『歴史哲学序論』において聖書的歴史観を打破して世界文明史を展開した。カントは長年にわたって大学で地理学や人類学を講じ、「人種の概念規定」にまでペンを走らせた。こうした思索は、飛躍的に増大した非ヨーロッパ世界の情報あってのことであった。

確かに、人間の理性という光は輝かしかった。キリスト教による思想支配や神授された王権という名の下に行使された権力支配は、その不条理が糾弾され、これに抵抗すべく、自由な人格と理性をもつ自律的な自己が追求された。魔女裁判に代表される宗教的迷信とそれがもたらす悲劇に、この世紀は終止符を打つ。宗教的差異を乗り越えた寛容の精神が高らかに称揚された。ユダヤ教徒の市民的平等を訴え、ヨーロッパのユダヤ解放思想を主導したクリスチャン・ヴィルヘルム・ドームが、若い頃、新たに発見されたケンペルの遺稿をまとめ、ケンペルの母語であるドイツ語で『日本誌』を発表した人物であったのは、単なる偶然ではない。異教徒への寛容の精神も、異文化への学術的関心も、ともに啓蒙という土壌で培われた理性の産物であった。

しかし、啓蒙の光源はただヨーロッパにのみ認められ、世界はヨーロッパから照らし出される対象にすぎなかった。「啓蒙の世紀」に到達したヨーロッパ人の自負は、知の所有者としての冠位を自らに授けた。例えば、ヨーロッパの文明を頂点とする進歩史観は「アジアの停滞」を含意した。『日本誌』に編集の手を加えたドームにも、その姿勢が目に留まる。また、この世紀に黎明を告げた「人種」学からは、「美しいコーカサス人種」に対して「醜いモンゴル人種」という発想が生まれた。知は権力と結びつく。進歩主義や人種主義が、帝国の時代を経て、二一世紀における現代にまで抗いがたい威力を発揮していることを考えると、一八世紀ヨーロッパの思想をバラ色に描くのは大いなる誤《ご》謬《びゅう》である。

光と闇の関係を逆転させ、非ヨーロッパの立脚点から「啓蒙のヨーロッパ」に理性と批判のまなざしを投じてみる。そうすることにより、これまでになく鮮明で多面的な西洋史の叙述が可能となるであろう。

## Column 7 奴隷貿易

「砂糖を好んで食したため、エリザベス女王の歯は虫歯で真黒になった」という逸話は、急増する砂糖の輸入量と消費量を示すために、たびたび紹介される。一六七三年にヨーロッパは、ブラジルから約三万トン、バルバドス島から約七〇〇〇トン、フランス領カリブ海諸島から約五四〇〇トンの砂糖を輸入した。このうちフランスは、サン・ドマング島の領有（一六九七年）後、一七二一年には一万トンを超える砂糖を輸入し、革命前夜には八万六〇〇〇トンを輸入している。この驚異的な砂糖生産の拡大を支えた労働力が、アフリカから輸送された黒人奴隷である。

これまでの研究によって、一五世紀半ばから一九〇〇年までにヨーロッパ人は、約一一七〇万人の黒人をアフリカから連れ出し、そのうちの約九七八万人を南北アメリカ地域で取引したとされている。当初、鉱山労働力として利用された黒人は、一五七〇年代から、サトウキビ栽培のための労働力として活用された。ヨーロッパ人は、砂糖という有力商品を調達するために、ヨーロッパとアフリカ、アメリカを結ぶ奴隷貿易をいとなみ、のちの「大西洋システム」の基盤を構築する。

さて、この貿易について、私たちがすぐに連想するのは「奴隷狩り」と呼ばれる行為だろう。つまりヨーロッパ人は、アフリカ沿岸地域を転々としながら、黒人を「狩り」、それを船に積み込んで輸送する、というものである。しかし例えば、一八世紀に約八二万人の黒人を取引したとされるフランスは、単純に計算しても、一日あたり二二人の黒人を入手しなければならない。「奴隷狩り」という不確実な活動だけで、この数字を達成できるだろうか。

確かに貿易を始めた頃は、「奴隷狩り」によって多くの黒人を調達したものの、フランスは、一六五九年にセネガル川河口付近に商館を設け、ポルトガル人と黒人との混血人を通訳や仲買人として活用し、黒人有力者との商取引を恒常化させた。さらに一七一四年には、セネガル川中流域にサン・ジョゼフ商館を建設し、内陸の遠距離交易商人と直接結びついた。ジュラやジャカンケと呼ばれる現地商人は、ニジェール川の西からセネガル川上流域までを活動範囲として移動し、黒人諸王国間の戦争の結果生じる捕虜を輸送して、「生きた商品」を定期的・安定的にフランス商館に供給し続けた。こうして形成された西アフリカにおける商業圏は、一八九五年に建設されるフランス領西アフリカの礎石となり、フランスによる植民地支配の基盤を形成することになる。

Column 8

# 東インド会社

一七世紀初頭、ヨーロッパ各国に東インド会社が設立された。ポルトガルとスペインのアジア貿易の独占を打破するため、各国内の資本統合が行われたのである。イギリスは一六〇〇年、オランダは一六〇二年、フランスは一六〇四年に東インド会社を設立させた。ただし、フランスの場合は一六六四年の再組織後、本格的に活動した。また、デンマーク（一六一六年設立）、オーストリア領ネーデルラント（現ベルギー）のオステンド（一七二二年）、スウェーデン（一七三一年）などにも東インド会社が設立されている。

これらの東インド会社は、本国とアジアとの海上貿易を独占的に行った。本国からの輸出商品は特に見当たらず、主に銀が輸出され、この銀を元手にアジアでヨーロッパ市場向けの商品を購入したのだった。例えば、胡椒やナツメグ、クローブ、シナモンなどの香辛料、のちには砂糖や綿織物、コーヒー、茶が主要取扱商品となった。

様々な東インド会社のうち、オランダとイギリスの東インド会社の活動が顕著であった。オランダ東インド会社は一七世紀に全盛を極め、一八世紀にも依然抜群の勢力を誇った。南アフリカ、アラビア、ペルシアから南アジア、東南アジアを経て日本まで商館網を構築し、このネットワークを利用して広範囲なアジア間貿易から巨利を得た。

だが、イギリスの勢力増大でアジア内の地位は次第に低下し、第四次英蘭戦争（一七八〇～八四年）で南アジアのオランダ商館をイギリスに奪われ、一七九九年に会社としての命運は尽きた。

一方、イギリス東インド会社は当初は弱小だったが、クロムウェルの改革（一六五七年）で制度的・資本的基盤を整え、インドとの貿易に集中することで成功した。一七五七年のプラッシーの戦いで勝利し、一七六五年にはベンガル等の徴税権を獲得するなど、インドの領域支配者としての地位を徐々に確実とした。また、中国の広東貿易では茶貿易を主導した。もっとも、本国での自由貿易運動の高まりで、一八一三年にはインドでの貿易独占権が否定され、一八五八年にはインドの領域支配者としての地位も失い、インドは直接、本国が植民地として支配するに至ったのである。

なお、日本の平戸や長崎での貿易はオランダ東インド会社によってなされた。日本の輸出品である銀や銅は会社のアジア間貿易で重要な商品であった。また、日本に輸入される商品もシャム（タイ）産の鹿皮や蘇木、ジャワ産の砂糖など、オランダとの貿易とはいえ、オランダ本国との貿易というよりはむしろオランダ東インド会社を通じたアジア間貿易が中心だった。会社の解散後には、基本的にはバタヴィア（ジャカルタ）のオランダ東インド総督府が日本との貿易を幕末まで継続させたのである。

# 第4章

# 蝦夷の彼方
## ——1763～1815年

魯齊亜之図（江戸時代後期，18世紀末）（明治大学図書館所蔵）

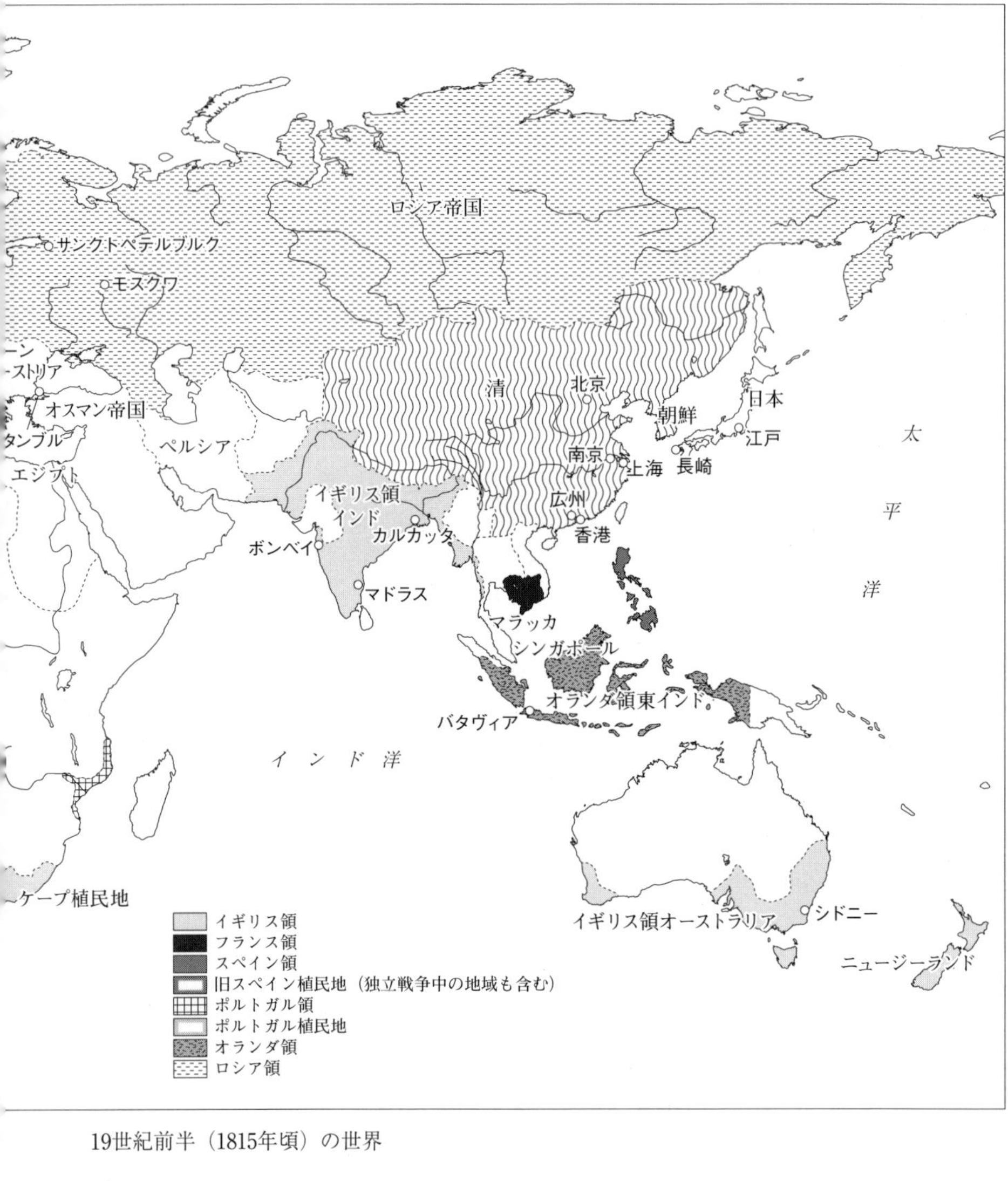


19世紀前半（1815年頃）の世界

イギリス領カナダ
モントリオール
ニューヨーク
ワシントン
アメリカ合衆国
メキシコ
メキシコシティ
キューバ
ハイチ
ジャマイカ
グラン・コロンビア
ペルー
ブラジル
ボリビア
リオ・デ・ジャネイロ
アルゼンチン
チリ
ブエノスアイレス
太平洋
大西洋
プロイセン
オランダ
イギリス
ロンドン
パリ
スペイン
ポルトガル
リスボン
マドリード
アルジェリア
セネガル
シエラレオネ

| 年 | 主な出来事 |
|---|---|
| 1763 | 2. パリ条約，七年戦争終結 |
| 1765 | 3. 印紙法。8. イギリス東インド会社，ベンガルの徴税権を獲得 |
| 1768 | パラスによるシベリア探検（～74年）。9. 露土戦争（～74年） |
| 1772 | 8. 第一次ポーランド分割 |
| 1773 | 9. プガチョフの反乱（～75年）。12. ボストン茶会事件 |
| 1774 | 6. ケベック法。7. キュチュク・カイナルジャ条約 |
| 1775 | 4. アメリカ独立戦争（～83年） |
| 1776 | 7. アメリカ大陸会議，独立宣言の採択 |
| 1781 | 10. ヨークタウンの戦い |
| 1783 | 9. パリ条約・ヴェルサイユ条約，アメリカ独立戦争終結。12.（英）ピット，首相に就任 |
| 1787 | パラス『全世界言語比較辞典』（～89年）。5. アメリカ，憲法会議（～9.） |
| 1788 | 7. アメリカ合衆国憲法，公式に批准される |
| 1789 | 3. アメリカ，第1回連邦議会開催。4. ワシントン，大統領に就任。7. フランス革命始まる。8. フランス人権宣言 |
| 1791 | 8. ハイチ革命（～1804年） |
| 1792 | 4. フランス革命戦争（～1802年） |
| 1793 | 1. ルイ16世処刑。1. 第二次ポーランド分割。2. 第1回対仏大同盟の結成。9. マカートニー，清の乾隆帝に謁見 |
| 1794 | 2. フランス，奴隷制廃止。7. テルミドールのクーデタ。11. ジェイ条約 |
| 1795 | 10. 第三次ポーランド分割 |
| 1799 | 11. ブリュメール18日のクーデタ。12. オランダ東インド会社解散 |
| 1801 | 1. グレートブリテンおよびアイルランド連合王国成立 |
| 1802 | 3. アミアンの和約。8. ナポレオン，終身統領に就任 |
| 1804 | 1. ハイチ共和国の成立。3.「フランス人の民法典」（のちの「ナポレオン法典」）発布。5. ナポレオン，皇帝即位。9. レザーノフ，長崎に到着 |
| 1805 | 10. トラファルガルの戦い。12. アウステルリッツの戦い |
| 1806 | 7. ライン同盟の結成。8. 神聖ローマ帝国解体。11. ベルリン勅令，大陸封鎖開始 |
| 1807 | 3. イギリス帝国内での奴隷貿易廃止。7. ティルジット和約 |
| 1808 | （英）シエラレオネ建設 |
| 1812 | 6. 米英戦争（～14年）。6. ナポレオン，ロシア遠征 |
| 1813 | 7.（英）東インド会社特許法改正（インド貿易の自由化）。10. ライプツィヒの戦い |
| 1814 | 9. ウィーン会議始まる |
| 1815 | 6. ワーテルローの戦い，ナポレオン戦争終結 |

# 序論　シベリアがつなぐ東西

シベリアとはウラル山脈以東太平洋までのアジア北部地域を指し、ソ連成立後は東西シベリアと極東に区分された。冬ともなると酷寒の地となり、針葉樹林と立木のないツンドラ地帯の厳しい気候であるにもかかわらず、シベリアは多様な環境を人類に提供してきた。ロシア人が到来する以前、先住民の間には採取や遊牧牧畜をはじめとする様々な生活様式があったが、それはシベリアの風土に適応していた。またシベリアは分水嶺が南に動いており、北極海までが一帯に低地で、その間をオビ川、エニセイ川、レナ川などの世界でも十指に入る大河が北に流れ、森林とステップで覆われている。人口の大部分はシベリア鉄道沿線に集中し、人口密度は極めて低い。この地域はまた天然資源が豊富である。

## シベリアの地誌

西欧とは異なり、ロシアの植民地は川伝いに陸続きの土地を進んで拡大した点に特徴がある。しかしシベリア併合は決して平和的自発的に進んだわけではなく、それどころか他の植民地で征服者が行ったように、国家の支援を得た軍事活動と暴力により、多くの先住民の犠牲の上に進められた。史料はロシア人の出現とともに至る所で発生した土地略奪の実態、侵入者から生活を守ろうとする先住民の抵抗の様子を描き出している。

## 征服と植民の歴史

この地域はすでに一一世紀にノヴゴロドの商人たちに知られていたが、ロシア国家の本格的な進出は一六世紀のイヴァン四世による軍事植民である。製塩業者ストロガノフ家配下のイェルマークらコサックは、ツァーリからシベリア開発を委ねられ、その征服と開発を進めた。拠点としてトボリスクが建てられた。その狙いは毛皮をはじめとする魚、塩、銅、銀等の豊富な天然資源の獲得である。

シベリア先住民にはヤサークと呼ばれる毛皮税が課せられた。一七世紀には毛皮がロシア最大の輸出品となったためである。ここで重要なのは、ヤサーク徴収がロシア正教会による布教・洗礼、およびコサックによる労働力確保を目的とする先住民の奴隷化と一体となって遂行されたという点である。しかしシベリアへ派遣された行政官たちは地方住民からヤサークを可能な限り徴収し、そのため一八世紀に入ると毛皮獣の枯渇を招いた。ただ教会による布教活動と先住民の奴隷化はいっそう進展することになる。毛皮獣を求めて猟師や商人がシベリアを移動し、またコサックが軍事拠点を作るとほぼ同時に農業植民が始まった。これには領主による農奴の入植の他に多くの農民を抱えていた修道院も少なからず役割を果たした。また逃亡農民による非合法な移住もあった。

一八世紀に毛皮貿易が衰えると、その後は鉱山開発が盛んになった。まず鉄や銅の鉱石、それに続いて金やダイヤモンド、さらにのちには石油、石炭、天然ガスなどの豊富な地下資源が発掘された。この労働力には農民以外に流刑囚も使用された。一八世紀末から一九世紀初めにかけて東シベリアのネルチンスクの銀山が、一九世紀に入るとレナ川流域の金山の開発が始まった。その間、一七世紀以降、清国との間で国境が画定された。

## 学術探検から流刑地へ

西欧の啓蒙主義は中国に至る道の開拓をシベリアに求めていた。最初の学術的探検は、ピョートル一世の命により、主として薬草と鉱物の調査のために派遣されたドイツ人メッサーシュミットによって行われた。その後、ピョートルが哲学者ライプニッツの要請を受けてアジア大陸とアメリカ大陸の北部における海峡の有無を調べる目的で行われたベーリングによる探検は、シベリアの大きさがほぼ明らかになるという意味で画期的な出来事であった。一八世紀後半のエカチェリーナ二世時代には、ドイツ人パラスによるシベリア探検が行われた。彼はバイカル湖東部までの自然と民俗に関する多くの資料を集めた。特に『全世界言語比較辞典』には二七〇余りの日本語の単語が含まれており、これは当時サンクトペテルブルクに滞在していた伊勢の漂流民、大黒屋光太夫が監修を依頼されたものである。

またシベリアは帝政時代に政治犯の流刑先として定着するが、すでに早い段階からシベリアのロシア人集落では囚人たちが重要な役割を果たしていた。一七世紀中頃のアレクセイ帝時代までにシベリア流刑の制度が確立し、流刑者の中から国家の農民となる者や町で職人となる者も現れたが、多くはコサック兵として編入された。ピョートル以降の帝政時代には、流刑制度は法制的に整えられ、シベリアは刑事犯以外にも政治犯の流刑先となった。その中にはデカブリストの乱の参加者をはじめ、ポーランド蜂起の参加者、ナロードニキ革命家、マルクス主義革命家たちもいた。

初期の日露関係でいえば、シベリアは漂流民が辿り着いた場所でもある。彼らを通してロシアは日本を知り、また日本もロシア認識を一挙に深めたのである。

# 総論　ヨーロッパの近代へ

## 分岐点としての一七五〇年代

西洋の歴史における近代はいつ始まるのか。フランス革命以降だとする見解もあれば、移行期としての前近代と近代の撓《たおり》が一八世紀半ばから一九世紀半ばにかけて長く続くのだという人もいる。諸説がある中で、一七五〇年代を分岐点とする立場が一定の支持を得ている。そこには、秩序と安定の維持を志向する古典的絶対主義国家から効率性と生産性の高い社会を目指す啓蒙専制の国家への移り変わりを見ることができる。プロイセンが台頭し、オーストリア、フランス、ロシア、イギリスとともに、ヨーロッパ政治外交の主役を担い始めたのはこの時期である。一七五六年に始まる七年戦争は、北米とインドにおけるイギリスの優位を決定づけ、「パクス・ブリタニカ」への途を用意した。農業生産性の向上、人口増加、工業化への流れが北西ヨーロッパで明確化したのもこの頃である。それはまた、一五〇人以上の執筆者を動員した『百科全書』の出版開始（一七五一年）が示すとおり、一握りのエリートの枠を超えてより多くの人々が、人類の運命や社会の状態について議論するようになるときとも重なる。

こうした様々な変化が始まった一八世紀後半は、一九世紀前半とあわせて、「二重革命の時代」と呼ばれる。そこでは、イギリス発の社会経済の変化（産業革命）とフランスにおける政治変革（フランス革命）の影響が各地に波及した。すでに南北アメリカや西アフリカと結びついて環大西洋世界を形成していたヨーロッパは、アメリカ独立やハイチ革命を経験した。アジアとの交渉の場では、国家と協同してその中核を担ってきた独占商事会社（東インド会社）が社会の変化や自由貿易に連なる潮流に飲み込まれ、フランスでは世紀半ばに、日本にとっての西洋情報源オランダでも世紀末までに活動を停止した。他方、イギリスのそれはインドにおける領域支配機構へと変質した。また、中東欧では対オスマン関係がヨーロッパ優位へと傾いた。この時期、非ヨーロッパとの関係には全般的変化が現れ、その後二〇世紀まで続く近代世界形成の画期となった。

## 経済社会と政治外交

ヨーロッパの拡大は、一七世紀の調整局面を経て再開した経済成長が一八世紀後半までに安定持続に入ったことと無関係ではない。新作物の導入や農業技術の改良は食糧事情を好転させ、黒死病の流行が下火になったことも重なって、一七〇〇年に約一億人であったヨーロッパの総人口はその後の一〇〇年間でほぼ倍増した。余剰人口は工業を支える労働力を生みだし、消費物資やサービスの需要を増した。一八〇〇年までには、ロンドン（九五万人）を筆頭に、パリ（五五万人）、ナポリ（四三万人）、モスクワ（三〇万人）、ウィーン（二五万人）などの大都市が現れた。この拡大成長の過程にヨーロッパ文明への自信が生まれる契機があった。そうした中、植民地反乱から誕生したアメリカが離反せずに「文明」の理想を掲げたことで、ヨーロッパ人は自らの価値観と制度がやがて世界を包むのだという確信を得た。

頻発した継承戦争に明らかなように、当時の国家のほとんどは君主を戴き、統治や権威における正当性は血統に基づく相続に依った。ハプスブルク家は一五世紀以来フランス王家と対立してきたが、一七五〇年代にイギリスと結んだ新興のプロイセンとの対抗のために仇敵と結んだ（外交革命）。その結果、政治外交の基本構図は、パリ、ロンドン、ウィーンの勢力均衡から「パリ、ウィーン」対「ロンドン、ベルリン」へと変わり、マリ＝アントワネットとのちのルイ一六世の結婚も可能となった。世界史的に見て重要なのは、パリ条約（一七六三年）をもって、英仏による世界規模での商業・海上覇権闘争の潮目が変化したことだろう。北米のフランス植民地は消滅し、イギリスは東西インド、西アフリカ、西地中海で、グローバルな植民地帝国の形成を進めることになる。外交団の上席権はフランスからイギリスに移り、失地回復を目指すフランスは無理を重ねつつアメリカの独立を支援し、やがては革命による混乱の中で植民地帝国としての崩壊へと至る。他方、東方拡大と並行して西欧化を進め、婚姻政策によってヨーロッパの王家とつながったロシアはエカチェリーナ二世の下で大国宣言を行うに至るが、選挙王政の下で国家による権力独占を果たせなかったポーランドは三次に及ぶ分割によって地図上から消滅することになった。

### 変化と持続

一八世紀には、北西欧を中心に、メディアを通じた情報交換の広まりや余暇と消費社会の発達が見られた。こうした現象は身分や地域の枠を超えてつながる公衆や公論の存在感を高め、世紀後半にはフランスの美術批評家ラ・フォン・ド・サン＝ティエンヌや出版統制局長マルゼルブをして、公衆が物事の評定者であるといわしめた。しかし、新しい動きは限られた人々によるもので、大多数はそうした変化とはほぼ無縁であった。ヨーロッパは規模や社会構成が異なる多様な国家や共同体に分節化され、複合的な王朝国家にひとつの言語や国民感情による統合はなく、雑多な地域や集団が既存の政治や法、経済や宗教の網の目によって複雑に関係づけられていた。近代以前と近代の混在もこの時期の特徴である。

Section 1

# アメリカ革命・ハイチ革命

## 帝国統治強化の波紋

七年戦争に勝利して北米大陸のほぼ東半分を獲得したイギリスは、一七六三年に国王宣言でイギリス系白人の入植区域を制限して内陸の先住民に配慮し、またケベック法（一七七四年）でケベック住民のカトリック信仰や法体系の維持を認めた。広大な北米新領土の異文化異民族住民と帝国の関係づけを図ったのである。また常備軍の北米配備を決定し、経費を捻出しようと植民地への課税法（印紙法、タウンゼンド諸法）を制定した。これは名誉革命以来の議会主権の植民地への適用であったが、イギリス系白人中心の大西洋岸一三植民地は実力で法の施行を阻止したほか、本国議会の課税権を認めず、帝国の構造をめぐる原理的対立に立ち至る。本国議会は茶への課税を除いてこれらの法を撤廃した後、破産に瀕した東インド会社を援助すべく一七七三年、同社に北米植民地での茶の独占販売を認めたが、茶を積んだ船が入港すると植民地人は船に侵入し茶を海に投棄した（ボストン茶会事件）。態度を硬化させた本国側は軍を派遣してボストンを占領、植民地側も大陸連盟を組織して不買運動を徹底する。七五年にレキシントン・コンコードで両者は武力衝突した。

## 独立から合衆国憲法へ

一三植民地の代表が集った大陸会議は一七七六年にトマス・ジェファソンらによる独立宣言を採択し、のちに連合規約を成立させて政治組織を整えた。ジョージ・ワシントン率いる大陸軍は当初しばしば敗走したが、アメリカは七七年にサラトガで勝利して翌年にフランスとの同盟を勝ち取り、スペインもイギリスに宣戦した結果、西インド諸島もイギリスの戦場となる。大陸での戦闘は、イギリス軍が一七八一年ヨークタウンで敗れて終結した。二年後にアメリカ独立が承認され、イギリスの重商主義規制から外れたアメリカ船舶は北太平洋まで進出し、交易を行っていく。だが課税権をもたない連合会議（大陸会議が改組）は、独立後求心力を失っていった。法的に主権をもつ各邦政府が邦内地域利害に左右されたため戦争負債の返済が混乱し、負債の強制執行延期を求めた農民によるシェイズの反乱も起きた。こうした状況が体制を不安定化させ、外国の介入を招くと恐れたジェイムズ・マディソン、アレクサンダー・ハミルトンらは、一七八七年、連合規約に代えて、共和制を守りつつ、課税権をもつ中央政府を設置するアメリカ合衆国憲法を起草した（なお、その条文は奴隷制度を暗黙裡に肯定していた)。連邦政府は一七八九年に発足する。

**ハイチ革命とアメリカ**

アメリカ合衆国では一七九〇年代、合衆国銀行を創設し、ウィスキーへの課税に反発する反乱を鎮圧するなど連邦政府の指導力を重視するハミルトンらフェデラリストと、これに反対するマディソン、ジェファソンらリパブリカンが対立した。フランス革命とナポレオン戦争もそこに大きく作用した。一七九一年に奴隷反乱が起きていたフランスの重要植民地サン・ドマングでは、ヨーロッパでの開戦により島東部のスペイン軍が侵入し、本国の革命政府が奴隷制を脅かすのを恐れた島内白人層の内通によって、イギリス軍も介入した。王政廃止・国王処刑のため同島のフランス軍は統率が乱れ、白人層の多くも離島すると、本国は植民地維持のため奴隷を戦闘に動員しようと、九四年に奴隷制廃止を決議する。アメリカは中立国として英仏双方との西インド貿易を求めていたが、対英関係を重視し、同年ジェイ条約を結んで限定的に対英領西インド貿易を始め、また国内内陸部に駐留し続けていたイギリス軍を撤退させた。フランスはこの条約に反発し、米仏関係は悪化した。フェデラリスト政権は九八年に対仏禁輸を実施、また親仏的なリパブリカンを取り締まろうと治安法・外国人法を制定して批判を浴びた。サン・ドマングでは黒人指導者トゥサン・ルヴェルチュールが頭角を現し、九八年イギリス軍を撤退させ、翌年アメリカとの貿易も獲得し、一八〇一年には島東部スペイン領にも侵攻した。トゥサンはフランスへの忠誠を口にしつつ、独自の憲法を制定して終身総督となる。

この間、奴隷反乱がアメリカに連鎖することを危惧するジェファソンは、一八〇一年に大統領に就任するとサン・ドマングとの交易を絶ち、前政権末期に改善していた米仏関係の安定に努めた。ナポレオンはサン・ドマングに奴隷制再導入を図って軍を派遣(トゥサンは捕えられてフランスで獄死する)、また同植民地への食糧供給地としてルイジアナを再領有した。だが黄熱病などで兵士を多数失い、またサン・ドマングの黒人の全面的反抗に直面すると、ナポレオンは失敗を悟ってルイジアナの処分を図り、一八〇三年これを購入したアメリカは領土を倍増させた。その翌年、世界初の黒人共和国ハイチが成立する。その後もアメリカの中立貿易は英仏の干渉に苦しみ、後継のマディソン政権は一八一二年にイギリスに宣戦するが、カナダ遠征は失敗し、首都ワシントンを焼かれるなど苦戦した。両国は一八一四年末に実質引き分けとする講和を結び、アメリカ領土に対するイギリスの影響力は弱まった。一八二三年、アメリカはモンロー宣言で西半球へのヨーロッパの介入を牽制している。

## Section 2 フランス革命とその影響

革命の始まりとされる一七八九年七月一四日のバスティーユ襲撃自体は偶発的要素が絡んだ事件であったし、牢獄を陥落させたパリ民衆に当初から旧体制の打倒、自由と平等、普遍的理念の実現といった主体的政治意志が明確にあったわけではない。しかし他方で、革命は必然の産物でもある。

### フランス革命の推移

革命前のフランスは社団編成国家だった。しかし一八世紀になると、社団内部の成員が多様化し、また従来の社団からこぼれ出る周縁的社会層が増大して、社団はもはや均質性や共同性を保持する社会の基本細胞の役割を果たせなくなっていた。また宿敵イギリス、新興国プロイセンを前に、フランスはその国力を効率的に集約して国際社会でのプレゼンスを維持する必要があった。ところが社団とはもともと多様な地縁的、職能的な社会的結合関係を、王権がその支配に組み込む際にそれぞれ特権を認めるかたちで形成されたものだけに、こうした課題に応える中央集権的システムと適合しない。

新しい政治文化の誕生も指摘すべきだろう。全般的好況や行政・司法機構の発達を背景として存在感を高めるブルジョワジーと、啓蒙思想に開明的な一部の貴族とが、カフェやフリーメーソン、文芸協会といった空間で国家的な諸問題を議論し、国政の向かうべき方向性について判断を下す公衆を形成するようになる。彼らの意見表明は、世紀後半にかけて急激に普及する新聞やパンフレットなどのメディアの力も借りながら、公論として影響力を増し、唯一の主権者として王国の政治空間を形式上独占してきた国王すら、徐々に公論の支持獲得をめぐって相争う政治参加者のうちの一人にすぎなくなる。

一七八九年五月に招集された全国三部会の目的は王国財政の改善にあったが、当初から投票方式をめぐって空転する。六月、膠着状態打開のため第三身分代表が中心になって、身分という社団の代表である全国三部会ではなく、「国民議会」を名乗ったことは、上述の革命の背景を考えれば極めて重要である。結果として社団的編成原理から自由に、また選挙によって公論の支持を得た国民代表であるという正当性のもと、国家の諸問題解決を進めることができるからである。実際、国民議会はその後一七九一年にかけて、王権政府には到底不可能だった様々な改革を実行する。封建的諸特権の廃止、教会財産国有化とアシニア紙幣発行による財政改革、聖職者の公務員化、行政・司法機構の再編と中央集権化、経済活動の自由、全国統一の直接税体系確立、度量衡統一、中間団体の廃止と禁止といった諸改革を通して、社団的編成の解体、中央集権的近代国家の創設を目指した。その集大成が一七九一年九月の憲法である。しかしこの頃、すでに革命は新たな段階に突入しつつあった。六月に起きた国王ルイ一六世一家による逃亡事件が、立憲王政を根本原理とする憲法の正当性を大きく損なっていた。パリでは王政の廃止と共和政の樹立が公然と主張されるようになる。

### 対外戦争と恐怖政治

さらにフランスは、一七九二年四月の対オーストリア宣戦を契機に、革命の圧殺を図ろうとする周辺の君主国との間で戦争を開始する。開戦直後からのフランス軍の相次ぐ敗戦は強い社会不安、恐怖心をパリ住民の間に生み出した。八月一〇日、パリを守るために上京していた地方の義勇兵の参加を得た蜂起は、守備隊との戦闘を経てテュイルリ宮殿を占拠し、これを受けて議会は王権停止を宣言する。カペー朝創始から数えて八〇〇年、クロヴィスの戴冠を起点とすれば実に一三〇〇年続いたフランス王政の実質的な終焉であった。

一七九二年九月新しく国民公会が招集され、共和国を宣言する（第一共和政）。しかし情勢はむしろ緊迫の度合いを強めていた。国内外の反革命勢力は活動を維持し、西部のヴァンデでは農民たちを中心とする蜂起が勃発、拡大する。一二月から翌一七九三年一月にかけて行われた国王の裁判と処刑は、周辺諸国の態度をさらに硬化させた。二月の対英開戦、九月にかけて結成される第一回対仏大同盟によって、フランスはヨーロッパの君主国を相手に全方位的な戦争を余儀なくされる。一方、二月にパリで大規模な食糧暴動が起きるなど、パン価格高騰は再び民衆運動の圧力を強めていた。革命を主導してきた議会穏健派のジロンド派はこうした内外の危機への対処に失敗し、革命の徹底を求めるモンターニュ派が議会で権力を握る。モンターニュ派は共和政下初の憲法を成立後すぐに停止し、反革命勢力への監視体制や集権的な行政・司法システムの整備を行い、経済統制を実施して民衆層の不満を抑えながら、社会秩序の再構築を行う。また前線への指揮・統制の徹底、軍制改革に努め戦況の好転を図った。

ロベスピエールらが中心となり、強力な権力行使と統制を必要としたこの時期の政治は、結果として「恐怖政治」と呼ばれる独裁体制と多数の犠牲者を生む。マリ＝アントワネットら王侯貴族はもちろん、最初期の革命を主導したバイイやバルナーヴといった革命家たちもギロチンの犠牲となった。当然革命政府に対する反発は強く、一七九四年七月末、国内外の危機が一時的に解消したあとロベスピエールらは失脚する。

### ナポレオンの台頭と革命の終焉

この後の数年、政情は混乱を極める。一七九五年王党派の武力蜂起、一七九六年バブフの陰謀で幕を開けた総裁政府は左右両派の突出をおさえる中道路線をとったが、数度にわたって国政選挙の結果を無視するなど自ら憲法を蹂躙し、誕生したばかりの共和政の安定を導くことができなかった。この間隙を縫ってその影響力を伸張したのが軍隊である。中でも一七九七年のイタリア戦役で名を上げたナポレオン・ボナパルトは政情安定を優先したシィエスらと組み、一七九九年一一月軍隊の力を背景に議会を解散する。このブリュメール一八日のクーデタをもって、革命はひとまずの終焉を迎える。

フランス革命のひとつの帰結がナポレオン帝政、独裁権力の誕生というのは皮肉にも見える。革命は総じて近代国民国家の創設を目指しただけに、政治や経済の変革のみならず、暦の変更、広場や街路、市町村の改称といった日常の時間と空間の改編、さらに、家族制度や教育制度の改革、キリスト教の否定と新しい宗教の創造といった人々の日常のメンタリティや価値観を形成していた文化の領域にまで侵入し、そこから人間の「再生」と国民統合を試みた。巨大な変動は社会を当然のように混乱に陥れたし、秩序回復を担う勢力の台頭はいわば必然でもあった。しかしフランス革命が作り出そうとした近代国民国家の実質は、半世紀を超える苦闘を経て一九世紀後半以降徐々に実現していく。そして革命と革命が掲げた理念は、第五共和政下にある現在のフランスとも、今なお分かちがたく結びついている。

### フランス革命の影響

フランス革命はまた国境を越えて影響を及ぼした。衝撃はまず周辺のヨーロッパ各国を揺さぶる。例えばドイツでは革命の最初期からすでに、特に国内の政治改革に行き詰まりを感じていた知識人層に好意的に受け止められた。ニュルンベルクやアウクスブルク、ザクセンやシレジアでの民衆暴動や、ライン川周辺、南ドイツにおけるドイツ・ジャコバンの動きを誘発したのもフランス革命だった。リエージュ司教領では一七八九年八月に勃発した運動が共和国を宣言する。この運動のさなかにはフランス革命のそれをモデルとした「人権宣言」が採択された。一七九五年には現在のオランダにバタヴィア共和国が成立する。旧来の封建的な州区分を背景とする連邦制を支持する人々と、近代国家設立を目指す中央集権制を主張する勢力との対立に革命の理念的影響を見ることができる。

革命期の対外戦争でフランス政府は「革命の輸出」をスローガンとした。専制的な君主政下にあった地域で実際にフランス軍が歓呼をもって迎えられることもあった一方で、フランス側の主体性と直接関係なく、時にはその意図に反する形で革命が影響を及ぼす場合も見られた。植民地サン・ドマングの黒人奴隷蜂起とハイチ独立はその典型だろう。フランス本国の議会は植民地喪失を根本的に怖れていたし、その観点から奴隷制廃止についても消極的だった。「人権宣言」や一七九一年憲法がその適用対象から黒人を排除していたことは明らかであり、紆余曲折を経た後の一七九四年二月の奴隷制廃止宣言も、イギリスなどとの対立の中で植民地そのものの喪失を怖れた本国議会の政治的思惑抜きに理解することはできない。しかしその一方で、ハイチ独立の父トゥサン・ルヴェルチュールが主体となって起草した独立前の憲法には、植民地ゆえの特殊性を見ることもできるが、人間一般の自由、法の下の平等、所有権の尊重といった近代憲法の理念が明示されている。

視野を日本に広げてみよう。日本がフランス革命の情報に初めて触れるのは一七九四年七月だが、議論に値する革命の影響は一九世紀後半にならないと見ることはできない。明治維新後に巻き起こる自由民権運動において新聞、詩、唄、講談、演説会などを通してある程度広範な層の人々がフランス革命の知見を手にすると同時に、革命の理念が運動の正当性を支える役割を果たす。一方、特に一八七〇年の福澤諭吉の『西洋事情第二編』以降、オリジナルの革命史が複数書かれている。革命は、欧米の圧力を受けて近代国家への脱皮を図る日本にとって様々な意味でのモデルであった。例えば普通選挙運動の高まりの中で出された奥田竹松の『仏蘭西革命史』は、世紀転換期の日本の現状への問題意識が濃厚であり、革命を一般民衆への過信故に「覆天の大罪」を犯したネガティブモデルとして描いている。一方箕作元八《みつくりげんぱち》の『フランス大革命史』は、奥田ほど露骨な価値判断は慎みつつも、革命に関わるイデオロギーや制度、事件や事象を歴史的文脈の中に位置づけることで、革命を近代日本のリファレンスとすることを企図していたと考えられる。

このようにフランス革命はフランス一国、一時代の事件にとどまらない。国境を越え、時代を超えて影響を及ぼした世界史的事件なのである。

## Section 3 ナポレオンのヨーロッパ

### ナポレオンの時代

近世ヨーロッパの諸国は、中世から築かれてきた諸都市や諸侯領を一君主が緩やかに統轄するモザイク的国家であった。他国の領土併合というものも、同君連合ないし複合国家的編成にすぎなかった。一七・一八世紀にかけて諸国、中でもフランスは支配領域の統合性を高めていくが、近代的・中央集権的国家の実現には、フランス革命とナポレオンの登場を待たねばならなかった。

ナポレオンが権力の座にあったのは、一七九九年（ブリュメール一八日のクーデタ）から一八一五年の約一五年にすぎない。しかしこの間に彼は、内にあっては中央集権的国家編成を、外にあっては国家領土の拡張を推し進めて、ヨーロッパ国際関係のありようを改変してしまう。競合する諸国の近代化・合理化と領土拡大・対外膨張の動きは、ナポレオン失脚後に本格化する。

ナポレオンの軍事的侵攻は、イギリスによるジャワ（バタヴィア）支配という形で、アジアにも波及した。オランダがフランスに併合されたために、イギリスはオランダの海外基地に攻撃を加えたのである。イギリスのジャワ統治は五年間だが、強制栽培や奴隷制の廃止などを行って、のちの植民地行政に大きな影響を与えた。

近代化・領土拡大という意味では、日本も当時、同じような動きをとっていた。領土の合理的統治のために伊能忠敬の測量が開始され（一八〇〇年）、ロシア人の蝦夷《えぞ》地接近を前に全蝦夷地を幕府の直轄化におき（一八〇七年）、間宮林蔵に樺太探検を実現させている（一八〇八年）。この半世紀後に日本は、ヨーロッパ列強の要求に屈して開国し、「富国強兵」の改革を進めることになる。

### 大陸封鎖と大帝国

革命後の混乱と対仏大同盟に抗する中、フランスでは軍部が大きく台頭した。クーデタで「革命は終わった」と宣言したナポレオンは、一八〇二年に終身統領に、その二年後には皇帝に即位して、国家元首と軍最高司令官を兼ねる独裁的権力を掌握した。彼は、自らが任免権をもつ県知事を各県において中央集権的行政機構を確

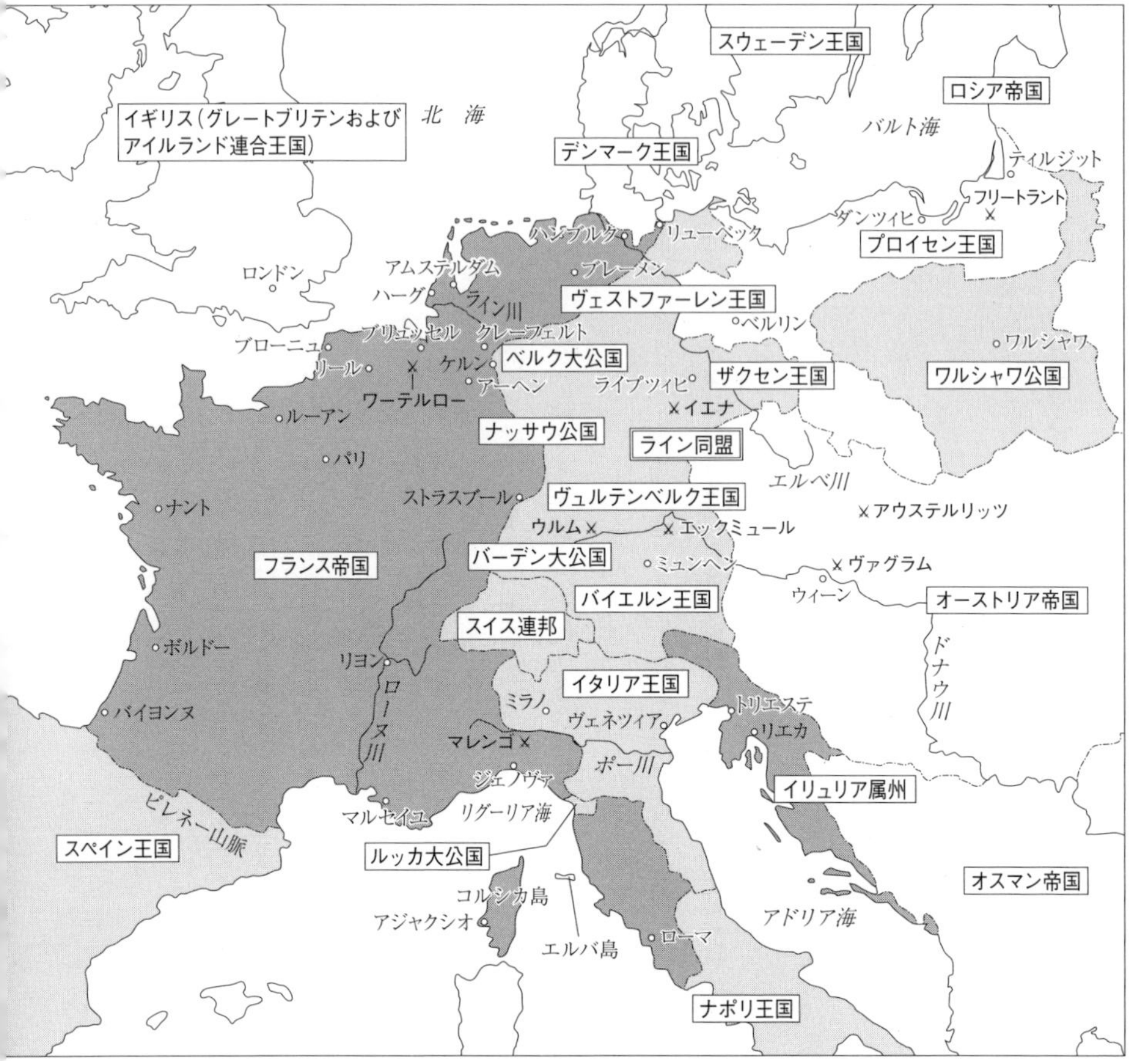


最盛期のフランス帝国（1811年）

立し、財政を整理してフランス銀行を設立し、国家統制を柱とする公教育制度を整えた。一八〇四年には「フランス人の民法典」（のちの「ナポレオン法典」）を完成し、近代市民法原理を確立した。もっとも、家族の長に大きな特権を与えるなど、国家権力が家族を通して国民全体を把握しようとしていた。また、一八〇六年にベルリン勅令を発して、ヨーロッパ市場からイギリスを締め出すと同時に、自国産業の大陸支配を実現しようとした。

「大陸封鎖」の遂行には、ヨーロッパ諸国を軍事的に支配する必要があったことはいうまでもない。機動力・戦闘力の高い大陸軍（グランド・アルメ）を組織したナポレオンは、自然国境説に

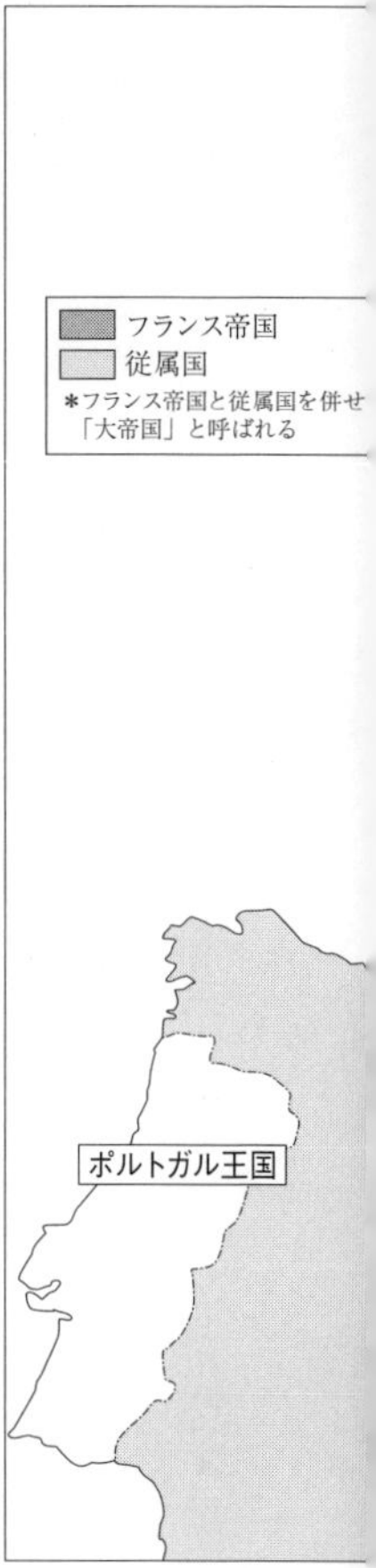


基づく地域（ライン川、アルプス山脈、ピレネー山脈に区切られる）の併合と、そのフランス国民化を推進し、国境線の外側に、フランスに従属する衛星国を配することで「大帝国」を完成しようとした。一八一一年に絶頂期を迎えたフランス帝国は、衛星国を加えると、かつてのシャルルマーニュ（カール大帝）の版図に匹敵するに至ったのである。

だが彼は、この広大な領域すべてを近代的・合理的に支配する術をもたなかった。基盤となったのは、衛星国の王位に一族成員をつけることで「一家を成す」という危うい政策であり、占領地での土地贈与によって受贈者たる軍人たちの忠誠を勝ち取っていたのである。大陸封鎖は、イギリスとの交易を断たれた諸国を苦しめてフランスへの反抗を招いた。ナポレオンがスペインでの民衆のゲリラ戦に消耗し、モスクワ遠征に失敗したとき、対仏大同盟は、一八一三年、ライプツィヒの戦いでナポレオン軍に決定的な勝利を収めた。その後、「百日天下」があったものの、ワーテルローの戦いに敗れたナポレオンは、セント・ヘレナ島に流されて、一八二一年、むなしくそこで世を去った。

### ヨーロッパ諸国の動揺

ナポレオンの軍事的侵攻は、ヨーロッパ諸国に大きな影響を及ぼした。何よりも大きな出来事は、複合国家的支配に基づく歴史的帝国つまり神聖ローマ帝国が、八〇〇年のときを経て一八〇六年に解体したことである。帝国が包摂していた数百の小国は数十にまとめられ、ナポレオンの作ったライン同盟の諸国はナポレオン法典を導入して近代化を進めた。新興プロイセンはティルジットの屈辱的な和約をフランスと結ぶが、ナポレオンと対抗するために、上からの近代化のための改革に着手することになった。イタリアでも教会所領の没収などの措置が行われ、世俗的改革が進行した。スペインでは、傀儡《かいらい》政府に抗して自由主義政府が樹立されて、近代化が推し進められようとした。

以上、ナポレオンの侵攻によって古いヨーロッパ諸国は、旧体制の動揺・解体を余儀なくされた。しかし、フランス帝国による収奪からの防御に腐心する中、諸国は、同じく中央集権的で権威主義的な国家形成に着手せざるをえなかった。人権宣言というフランス革命の理念が諸国において実現されるには、さらに時間を要することになる。

## Section 4 イギリス財政軍事国家とその帝国

七年戦争後のパリ条約（一七六三年）からウィーン会議の開催（一八一四〜一五年）までの半世紀、イギリスはグローバルな戦争に没頭した。その最大の敵対国はフランスとその同盟国であった。その結果、当該期のイギリスでは、財政軍事国家の肥大化、戦時経済・社会の強化、植民地帝国の拡大が急速に進行した。一九世紀における工業化の進展や「パクス・ブリタニカ」の実現は、一八一五年以前での上記過程の産物であったのだ。

### 「再建」期

七年戦争直後、イギリス政府が直面した国家的急務は、膨大な赤字を抱えた国家財政の再建問題であった。そのため、間接税のさらなる拡大や陸海軍予算の大幅削減が遂行されることとなった。これと並行して、アメリカ支配の強化と本国財政負担の軽減を目的とした課税が強制された。その結果がアメリカ独立戦争の勃発であり、イギリス財政をさらに悪化させた。国内世論は政府の重税政策への不満で満ち溢れていた。国王ジョージ三世の悪政を批判して議会改革を訴える急進主義運動の萌芽も見られ、政治的・社会的な不安定化を助長した。アメリカの独立を承認するパリ条約後に誕生したピット政権の至上命題も、国家財政の再建であった。ピットは、新貴族の増設により支持者を固めることによって、贅沢税の引き上げ、減債基金の創設、人員削減を目指した官僚・海軍改革を行った。さらにピットは、関税の部分的引き下げに連動させた英仏自由貿易条約の締結にも成功し、輸出貿易の拡大をもくろんだ。

### 戦時社会・経済の強化

しかし、フランス革命、革命戦争、ナポレオン戦争の勃発は、イギリスを再び「戦時体制」へと導いた。「旧体制」を崩壊させたフランス革命は、議会改革を訴える急進主義運動の展開に拍車をかけ、都市の熟練工や職人たちを中心にした通信協会がロンドンやマンチェスターなどで結成された。しかし、ピット政府は急進主義や反政府的な運動を弾圧し、徹底した社会統制の強化に力を注いだ。他方で、ピットは、反プロテスタント運動が高揚するアイルランドがフランス革命政府に接近することを恐れていた。そこで彼は、カトリック信徒の解放を条件に、一八〇〇年にアイルランドを併合して「連合王国」を成立させ、強力な帝国国家の統合を図った。

むろん、財政や経済の諸政策も「戦時体制」に対応するように決定された。対仏戦争は政府の負債を危機的水準にまで膨張させた。そのため、イギリス政府は、イングランド銀行の金兌換の停止、贅沢税の強化、所得税の導入、茶関税の引き上げ等で、この難局を乗り切ろうとした。とはいえ、イギリスの貿易、特に輸出の規模は着実に増加していた。「戦時経済」の最大受益者はロンドン・シティであろう。長引く対仏戦争はシティの繁栄を一時的に妨げる要因ではあったものの、とりわけ政府金融を手がけたマーチャント・バンカーには大きな利益をもたらした。ロイズ保険組合はイギリス海軍へのサービス提供によって、一八一五年までには海上保険界での不動の地位を得たのである。かくして、対仏戦争は「ジェントルマン資本主義」の興隆を促進したといえよう。

## 財政軍事帝国主義

一九世紀初頭、「旧《ふる》き腐敗」と嘲笑された政官財の癒着構造が問題となった。そのひとつがイングランド国教会であり、その組織的「腐敗」を強く批判したのが教会内部の改革派集団であった。福音主義に強く影響を受けたその集団はクラパム派と呼ばれ、様々な改革運動に深く関与していった。彼らが特に激しく「改善」を求めたのは大西洋奴隷貿易であった。社会改革・道徳改善運動にも熱心だったピットとも親交があったウィルバーフォースらが反奴隷貿易運動を展開し、一八〇七年にイギリス帝国内での奴隷貿易の廃止を実現した。しかし他方で、彼らの活動は、貿易の拡大と社会統制の維持と「文明化の使命」を目指した帝国改善運動ともいえ、例えばシエラレオネの建設（一八〇八年）を推進した。クラパム派の福音主義活動は、決して反帝国主義的なわけではなく、財政軍事国家の帝国主義を強化するものであった。賄賂《わいろ》や私的取引による不正な蓄財の象徴と評されたのは、東インド会社、とりわけ私腹を肥やしたインド帰りの同社社員であった。イギリス政府は、財政難で苦しむ会社経営を干渉・統制する法律を制定した。ベンガル総督に起用されたコーンウォリスは、「腐敗」の元凶と考えられた現地社員の私貿易を禁止した。彼はベンガルに永代地税（ザミンダーリー）制度を導入してインド財政の再建に努め、アヘン貿易を含む会社のアジア貿易経路を通じて、その収入の一部をロンドン本社に還流させる本国送金制度を確立した。この制度はヨーロッパ私商人やアジア人商人のアジア域内貿易に大きく依存するものとなっていた。彼らの活動を促進したインド貿易の自由化（一八一三年）は、まさに財政軍事帝国主義に基づく経済政策の一環であり、自由貿易帝国主義の文脈に置くことができない。

## Section 5 ロシアの膨張と帝国建設

### 未曾有の領土拡張の時代

一八世紀前半にロシアは、ヨーロッパとアジアの地理学上の境界をウラル山脈に定め、その後半に、ヨーロッパ部の領土を確定した。まず北西部ではスウェーデンとの戦争で、一七〇九年に沿バルト地域を、一〇〇年後にはフィンランドを獲得、西部では三度にわたってポーランドを分割した。南部では一七八三年にクリミア・ハン国を併合、北コーカサスにも侵攻し、黒海の東西両岸でオスマン帝国と対峙した。当時、世界最大の製鉄業があったウラル山脈南部では、バシキール人の反乱がことごとく制圧された。しかし、プガチョフの反乱（一七七三〜七五年）で地方政府は無力さを露呈し、一七七五年に政府は、行政単位の細分化と地方貴族への権限委譲を目指す改革に着手した。概してロシア帝国は、周辺諸民族・国家内部の親露派や宗教を同じくするロシア籍の仲介者に頼りながら拡大した。政府は、周辺地域の抗争に介入すべきか否かを、国益を最優先に合理的な観点から判断し、親露派に肩入れすることで、周辺地域を吸収したのである。

ロシアは毛皮を求めて千島列島にまで至ったが、これは江戸幕府に「赤蝦夷《あかえぞ》」への警戒を引き起こした。一七八五年には、田沼意次が蝦夷地に探検隊を派遣した。ロシアの南下で日本人は、国境という考え方を明確にもつようになったのである。一八世紀末までに、千島列島では両国の勢力圏が錯綜するようになり、両者の搾取に対してアイヌが反乱を起こした。一八〇四年、日本との交易をアラスカ経営改善のてことすべく、ニコライ・レザーノフが長崎に到着するが、当時の幕府は鎖国を固持したので、交渉には至らなかった。

### 多宗派帝国へ

エカチェリーナ二世期のロシアは、領土拡張に伴い、カトリック、ユダヤ教徒、ムスリムを大規模に取り込むことになったので、正教会優位の下で寛容に各宗派を組み込む国家構造をとり始めた。そこには、信徒の日常まで統制することで、宗教を同時代の革命に対する道徳上の防波堤にする意図もあった。こうして、ピョートル大帝が正教会の上に宗務院をおいたように、エカチェリーナ二世は一七八九年に、帝国全土のイスラーム指導者を統轄する組織を南ウラルのウファに開設した。この制度のモデルは、正教会だけでなく、クリミア・ハン国の併合を通じて学んだ、オスマン帝国のイスラーム指導者の位階制にもあった。ポーランド分割でロシアは、ヨーロッパ最大のユダヤ人の集住地を内包することになった。一八〇四年の法令で政府は、ユダヤ人を居住指定地域の都市に住まわせ、国家にとって有益な臣民に「矯正」しようとした。ユダヤ人には、伝統的な宗教学校の維持も許されたが、大学、ギムナジア、初等学校など普通教育機関の門戸も開かれた。これは、一八〇二年に国民教育省設置、一八〇四年に大学令と、アレクサンドル一世の初期の改革の中で、本格的に近代的教育システムの創出が始まった時期と重なっていた。

### 東方問題の登場

一七六八年の露土戦争は、一七世紀後半から展開してきたポーランド、オスマン、ロシアの三つ巴の国際関係の最終局面だった。ロシアのポーランド侵攻を契機としたこの戦争の結果、ヨーロッパの列強は、まずポーランドを分割して勢力均衡を図り、続いてオスマン帝国領に触手を伸ばし始めた。この「東方問題」の嚆矢《こうし》が、一七七四年にロシアとオスマン帝国の間で結ばれたキュチュク・カイナルジャ条約である。これによりロシアは、ボスポラス＝ダーダネルス海峡の自由航行権やオスマン宗主下からのクリミア・ハン国の独立を獲得した。また、オスマン帝国にキリスト教徒臣民の保護を要求した条項は、のちにロシアによって拡大解釈され、内政干渉の口実となった。

ナポレオンが台頭すると、アレクサンドル一世期のロシアは、ヨーロッパだけでなく、オスマン帝国とイランの国境地域にも軍を展開した。フランスがイギリスのインド貿易独占を崩すべく、一七九八年にエジプトに遠征したことで、ロシアはオスマン帝国に接近すると同時に、南コーカサスの重要性を認識した。折しも、群雄割拠の状態にあったイランを統一したガージャール朝は、東グルジアを脅かし、当地の同じく正教を奉じる王国はロシアの保護を求めていた。こうしてロシアは、一八〇一年にこの王国を併合、続いてカスピ海方面にも侵攻した。イランはフランスと同盟を結んで戦ったが、一八〇七年にフランスがヨーロッパ戦線でロシアとティルジット和約を結ぶと、イランは孤軍奮闘を強いられた。他方、その前年には、ヨーロッパでのフランスの優勢を見たオスマン帝国が、黒海の東西両岸でロシアと戦闘に入っていた。しかし、再び露仏関係が緊迫すると、ロシアは一八一二年にオスマン帝国と停戦し、同年祖国戦争でナポレオン軍を撃退すると、翌年にはイランとも条約を結び、コーカサスを一時安定させた。一八一四年三月のパリ入城でロシアは、アジアとヨーロッパ両方面にわたる驚異的な軍隊の展開能力だけでなく、誰が将来のヨーロッパ国際秩序を牛耳るのかを列強にまざまざと見せつけた。

Section 6

# 中央ヨーロッパの再編

## 神聖ローマ帝国の終焉とポーランド分割

オーストリア継承戦争と七年戦争は、プロイセンとオーストリアがヨーロッパ中央部における二大勢力として並び立つ時代の到来を告げていた。この二元主義の出現は、ハプスブルクの主導権が失われたというよりもむしろ、神聖ローマ帝国という枠組みのもつ重みが決定的に失われたことを意味していた。継承戦争序盤にいったんバイエルンのヴィッテルスバッハ家に移った皇帝位は、一七四五年にマリア＝テレジアの夫、フランツ＝シュテファン（フランツ一世）が選出されることで再びハプスブルク家（以後、正確にはハプスブルク＝ロートリンゲン家）の手に戻った。しかし、プロイセン王が帝国軍と公然と交戦したことと並んで、ハプスブルク世襲諸邦の君主が皇帝を兼ねない状態が生じたことが、帝国と皇帝の求心力を内側から蝕《むしば》んでいった。この状態はヨーゼフ二世治下で解消したものの、彼が進めようとする国内統治システムの構築は、すでに神聖ローマ帝国ではなく世襲諸邦の統合を目指すものであった。また、一八世紀に帝国内外で領域を拡大したプロイセンが進めた統治の近代化も帝国の存在意義を著しく減じさせていった。ナポレオンの影響下で一八〇六年、西南ドイツ諸領邦がライン同盟を結成して帝国からの離脱を通告すると、すでに一八〇四年にオーストリア皇帝を称していたフランツ二世（オーストリア皇帝としてはフランツ一世）は神聖ローマ皇帝を退位し、九六二年以来存在した この帝国を自ら終焉させた。

これと並んで、中東欧の勢力配置を劇的に変化させたのは、三次にわたって行われたポーランド分割（一七七二、九三、九五年）である。一七世紀末にヤン三世ソビエスキの下で軍事的な成功を収めたポーランドだったが、北方戦争・ポーランド継承戦争（一七三三〜三五年）などの近隣諸国による干渉と内戦、王権の動揺と議会の機能不全のために体制として疲弊していた。最後の国王、スタニスワフ・アウグストによる改革の試みによっても、ロシア、プロイセン、オーストリアによる分割を妨げることはできなかった。その結果、これら三国が緩衝地帯を挟まずに国境を接するという二〇世紀初頭まで続く状態を生じさせたとともに、プロイセンとオーストリアのドイツ的性格が希薄化し、多民族国家としての性格が強化された。

## 啓蒙絶対主義

プロイセンの台頭は、強力な常備軍と整備された官僚制をもつ中央集権的な国家体制の創出を伴っていた。国王即位間もないフリードリヒ二世が軍事的成功を収めることができたのは、一七世紀中頃以来のこの過程があったからである。それに対して、脆弱性《ぜいじゃく》が顕《あらわ》になったオーストリアにとっての課題は、諸邦・貴族の権力と君主権の均衡の上に立った分権的な国家体制を中央集権的な体制に転化していくことにあった。マリア＝テレジアは、すでに一七四〇年代に軍事と行政の集権化に着手していたが、その後、啓蒙主義の影響を強く受けた官僚を重用することで改革を本格化させていった。フリードリヒ二世、マリア＝テレジア、そして、父フランツ一世の死を受けて一七六五年に皇帝に即位し、一七八〇年の母マリア＝テレジア死後に単独統治者となったヨーゼフ二世は、伝統的な特権社団の権限を制限し、中央行政・司法制度を整備し、マニュファクチュアなどの産業振興、農民保護政策、教育の整備を推進したことで啓蒙絶対君主の代表格とされる。ヨーゼフは、国家の中央集権化を妨げる特権社団を代表するカトリック教会に対しては、イエズス会の解散・宗教寛容令の発布・修道院の解散をもって、貴族に対しては、諸邦議会の招集拒否・免税特権の廃止などをもって臨んだ。また、民法典・刑法典の整備と統一宮廷庁の設置による行財政の一元化を進めたほか、ハンガリーを含めてドイツ語を公用語とすることで、中央政府による統治の効率性を高める試みを次々と行っていった。ヨーゼフ改革は、伝統的特権層の強い反発をまねき彼の死後に大きく後退することになるが、啓蒙絶対主義期の社会の変化は、フランス革命の衝撃と相まって一九世紀の中欧の近代化の土壌を用意することとなった。

## 公共圏の萌芽

この時期の社会の変化は、「公共圏」の芽生えとして現れた。伝統的な特権社団の枠組みと身分差を乗り越える性格をもつ団体が組織され始め、活字メディアが飛躍的に発展した。西欧に起源をもつフリーメーソンのロッジは、すでに一七三〇〜四〇年代にドイツやオーストリア各地に現れていた。また、プロイセンで「一般ラント学事通則」（一七六三年）、オーストリア・ハンガリーで「教育令」（一七七三年）が制定され、初等義務教育が法制化されたことは画期的であった（現実には学校の設立や教師の派遣には著しい地域差があり、義務教育が徹底されたとはいいがたい水準だった）。識字率の向上の結果であり、かつ、推進力でもあったのは、雑誌・新聞といったメディアの普及である。一八世紀後半には、ドイツ語をはじめ、チェコ語、ハンガリー語などによる文芸誌、新聞が複数発刊され、各地に読書協会が設立されていった。オーストリアでは、ヨーゼフ二世が発した検閲を大幅に緩和する勅令（一七八一年）を契機に、膨大な量の冊子やパンフレットが巷に流通した。ヨーゼフを批判する内容のものも含むこうした安価な印刷物や、諸邦の議会議事録の印刷・出版といった言論をめぐる状況の変化が、「公共圏」、公論を生み出していったのである。

### バルカンとの新たな関係

一七世紀末から一八世紀を通じての、プロイセンとオーストリア（ハプスブルク君主国）の東方への拡大と領土の一体化は、重商主義的かつ重農主義的経済政策の遂行に好都合であった。プロイセン西部やオーストリア、ボヘミアの諸都市ではマニュファクチュアが増加し、工業製品の輸出が奨励された。一方、プロイセン東部やハンガリーでは新規入植・開墾、ジャガイモやトウモロコシなどの新規作物の導入を通じて農業生産の向上が目指された。ハプスブルク諸邦で一七七〇年代に行われた土地台帳整備、一七八〇年代の世襲農奴制の廃止は、こうしたより一体的な経済圏の創出という文脈の中で実施されたのである。その結果、市場としての西欧やロシアとの関係が強まっていった一方で、それまで織物をはじめとする工業製品の供給元だったバルカンとのつながりは、オスマン商人の定住化や防疫地帯の設置などの政策によって強引に断ち切られていった。「バルカン」やその先の「オリエント」をヨーロッパとは異質な、後進的な世界として捉えるまなざしの境界線が、こうして作り出されたのである。

### ベニョフスキとハンベンゴロ

一八世紀後半の中央ヨーロッパの変容のかすかな余波は、遠く日本まで届き、この島国と西洋の新たな関係の幕開けを告げることになる。天明八年六月（一七七一年七月）、一隻のロシアのガレー船が四国、ついで奄美大島に現れ、乗員が一時上陸したうえ、長崎オランダ商館長宛ての手紙を現地の藩役人に手渡したのである。この手紙を書いたのはモーリツ・ベニョフスキという名のハンガリー貴族で、ポーランドでロシア軍の捕虜になり、カムチャツカに流刑されていた人物だった。他の流刑囚とともに反乱を起こし、奪い取った船での逃亡中に起きた偶然的な日本との遭遇であった。ベニョフスキはその後、台湾、マカオを経てフランスへ行き、フランスによる植民地化の先兵として赴いたマダガスカルで客死することになるが、彼が日本で記した書簡は出島で翻訳され（その際、彼の名は誤ってハンベンゴロと表記された）、一七八三年に書かれた工藤平助の『赤蝦夷風説考』に始まる海防論の交流のきっかけとなり、その後の日本の対外関係を大きく変えていくことになる。

## Column 9 革命史研究のスタートとゴール

箕作元八がフランス革命や第一帝政の重要性を紹介して以降、わが国においてフランス革命史研究は、国家の来し方行く末を論ずる際の参照系となった。それは常に時代を吹いていた風と呼応した研究テーマであった。

戦前、フランス革命は、「日本資本主義論争」における明治維新の位置づけをめぐって検討された。明治維新は絶対王政の成立か、それともブルジョワ革命か。来るべき革命はブルジョワ革命か社会主義革命か。当時の知識人にとって、それは政治信条と結びついた現実的課題であった。論争はしばらく続いたが、戦後になってフランス革命に関する実証研究が進展するにつれて、明治維新は上からの改革ないしは未完のブルジョワ革命であったと理解されるようになる。

しかし日本が本格的な革命抜きに高度経済成長に突入すると、そもそもブルジョワ革命を語ることの意味が大きく変わってしまった。もはや革命と経済的発展段階論は「単一・不可分」の関係とはいえなくなったのである。世界システム論、国民国家論また社会史研究の興隆は、革命の意義をいっそう相対化し、さらに一九八〇年代末の社会主義陣営の内部崩壊によって、その淵源たるフランス革命への懐疑は決定的になった。

とはいえ、わが国のフランス革命史研究が下火になったというわけではまったくない。近年では①政治文化論、②地方史、③公共圏・世論、④総裁政府期また革命の中期的影響、といった分野で研究の進展が目覚ましい。これらは、文化と人間の関係の捉え直し、国民国家の「地方」に対する圧迫、近代民主主義への疑念、そして認識論的世界観の広がりといった、現代の歴史家の意識、世界へのまなざしを反映している。ただ問題がないわけではない。例えば経済史の低調は、フランスにおける研究動向とは乖離している。しかし一九九〇年代以降、低空飛行を続ける日本経済を思えば、この分野の研究に対する要請は高まっているはずである。となれば、この動向は単に流行ではなく、現代日本において経済史を問題史として扱うことの難しさ、そしてバブル後の「没落」という現実を正視できない弱さ、いわば文化史への「逃避」を示しているのかもしれない。

日本の革命史研究の水準は、こと実証に限れば、フランス本国と比肩するところまで来た。おそらく今後の課題は、それらをフランス語で発信することだけではない。むしろ個別研究を基にして、日本から見たフランス革命像をモデルとして提示すること、いうなれば日本独自の解読格子をもって近代世界を捉えることにあろう。それが、日本においてフランス革命研究を行うスタート地点であり、常に更新されるべきゴールなのではあるまいか。

Column 10

## ロシアの毛皮貿易とアジア市場

古来、毛皮はロシアの重要商品であり、一〇世紀にキエフが、一三世紀のモンゴル侵攻以後はノヴゴロドが輸出拠点だった。ノヴゴロドはヴォルガ川経由でアジアへ、またハンザ同盟経由でヨーロッパへ毛皮を輸出したが、一四七八年にモスクワ大公国に併合され、北ドヴィナ川流域の諸都市が新たな毛皮流通拠点となった。このうちソリヴィチェゴツクの製塩業者アニカ・ストロガノフはウラル以東の毛皮情報を知り、一五五八年イヴァン雷帝からカマ川、チュソヴァヤ川流域の開墾を許可された。逃亡コサックのイェルマークはここでストロガノフ家に雇われ、一五八一年にシビル・ハン国に遠征して首都を占領した。以後、コサックが先住民を征服してヤサークを徴収し、狩猟業者、商人たちが後に続く形でロシアのシベリア征服が進んだ。この時期毛皮はロシア国庫の重要財源だったといわれる。

一七世紀にロシアの毛皮輸出先はヨーロッパから中国に移りつつあり、ロシア人のアムール川（黒龍江）進出が清朝を刺激して戦争が起こったが、一六八九年のネルチンスク条約により北京貿易が始まった。その後ロシア政府は北京貿易を国庫独占としたが、民間商人の排除には成功しなかった。一七二七年にキャフタ条約で自由貿易が、一七六二年に北京貿易廃止と民間毛皮輸出解禁が定められると、キャフタの毛皮輸出が増大した。北太平洋の毛皮事業もキャフタ貿易成長を促した。一七四三年ニジネカムチャツク要塞守備隊長バソフはモスクワ商人らと共同でベーリング島を探検し、ラッコなど大量の毛皮を持ち帰った。

以後、民間業者はアリューシャン列島からアメリカ北西沿岸部へ毛皮事業を拡大した。この中から頭角を現したのがルィリスク商人グリゴリー・シェリホフである。キャフタ貿易停止の頻発は業者間の提携を促しつつも、一七九五年のシェリホフ急死で彼らの争いが表面化した。しかしムィリニコフらイルクーツク商人グループとシェリホフの遺族が妥協し、一七九八年に合同アメリカ会社が、翌年に同社を母体にロシア初の特許株式会社「ロシア・アメリカ会社」が成立する。ロシア・アメリカ会社はロシア領アメリカ（アラスカ）の経営を行い、広東で毛皮貿易を行うイギリス、アメリカと強力なライバル関係にあった。

その一方、ロシアの毛皮輸出は一八三〇年代から衰退し、キャフタ貿易は清朝中国から「茶を輸入するため」にロシアから「工業製品を輸出する」貿易へと変貌した。ロシア・アメリカ会社はアラスカ支配人バラーノフ引退後に経営の官僚化が進み、毛皮が世界商品でなくなりつつある中で毛皮事業に固執した。一八六一年同社は特許更新を拒否され、二年後営業を停止した。アラスカがアメリカに売却されるのは一八六七年のことである。

Column 11

## 蘭学と近世ヨーロッパの学知

江戸時代の日本の対外政策は長らく鎖国という言葉で説明されてきた。確かに日本からの出国は厳しく制限され、通商関係は明朝・清朝の中国、李氏朝鮮、琉球、オランダに限定された。しかし、近世の東アジア世界では領民の渡航や貿易を禁止して国家が対外交流を独占する海禁が一般的であり、鎖国という言葉自体が江戸時代当初の日本にあったものともいいがたい。それは、オランダ通詞を務めた蘭学者の志筑忠雄が、医師としてオランダ東インド会社に雇われた博物学者ケンペルによって記された『日本誌』の一部を『鎖国論』として翻訳したときに生み出されたものであり、後年の開国論との対比の中で流布した言葉だった。

江戸幕府による対外交流の独占が行われていた時期、ヨーロッパ側の貿易相手はオランダ東インド会社に限定されていたが、社員として訪日した人物はオランダ出身者に限られなかった。オランダ東インド会社へはバルト海・北海世界に拡がるネットワークを背景に様々な地域の出身者が集った。とりわけ近世日欧の文化交流を考える際、若き日にスウェーデンで学問的研鑽を積み、オランダ東インド会社に出仕した者の事績は看過できない。彼らの多くは、新たな商品として利用できる有用植物や観賞植物を求めるプラントハンタとしての知識をもった者だった。例えば、今日「出島の三学者」として知られるケンペル、テューンバリ、シーボルトのうち、前二者はともにスウェーデンのウップサーラ大学出身者である。彼らはオランダ商館医として訪日し、日本固有の植物の標本や情報を送ることでプラントハンタとしての役目を果たすだけでなく、博物学的観点から日本を観察してヨーロッパへ日本の情報を的確に伝えた。それはヨーロッパにおける日本イメージ創造の主たる源泉となった。こうした業績を挙げた者は、博物学を方法としてスウェーデンを中心とした世界把握に熱心だったウップサーラ大学で世界観察の方法を学んでいた。啓蒙期にはその中核に動植物の分類体系を考案したリネーがおり、テューンバリをはじめ自らの弟子を世界中へ派遣して情報を収集した。

江戸時代の日本も、そうした世界観察の知見をもつ知識人との交流から近世ヨーロッパの学知が生み出した世界把握の方法を学びつつあった。テューンバリやシーボルトらと交わった蘭学者はオランダ語を学び、実学に資するヨーロッパの学知の翻訳活動に従事した。例えばシーボルトから植物学を学んだ伊藤圭介がテューンバリの『日本植物誌』を『泰西本草名疏』として翻訳し、リネーの分類体系に従った日本の植物相を伝えたように、蘭学は近代以降にグローバル基準とされていくヨーロッパの学知をもって日本を把握しようとする態度も育んだのである。

# 第5章

# 「アヘン戦争」の時代
## ——1815～1848年

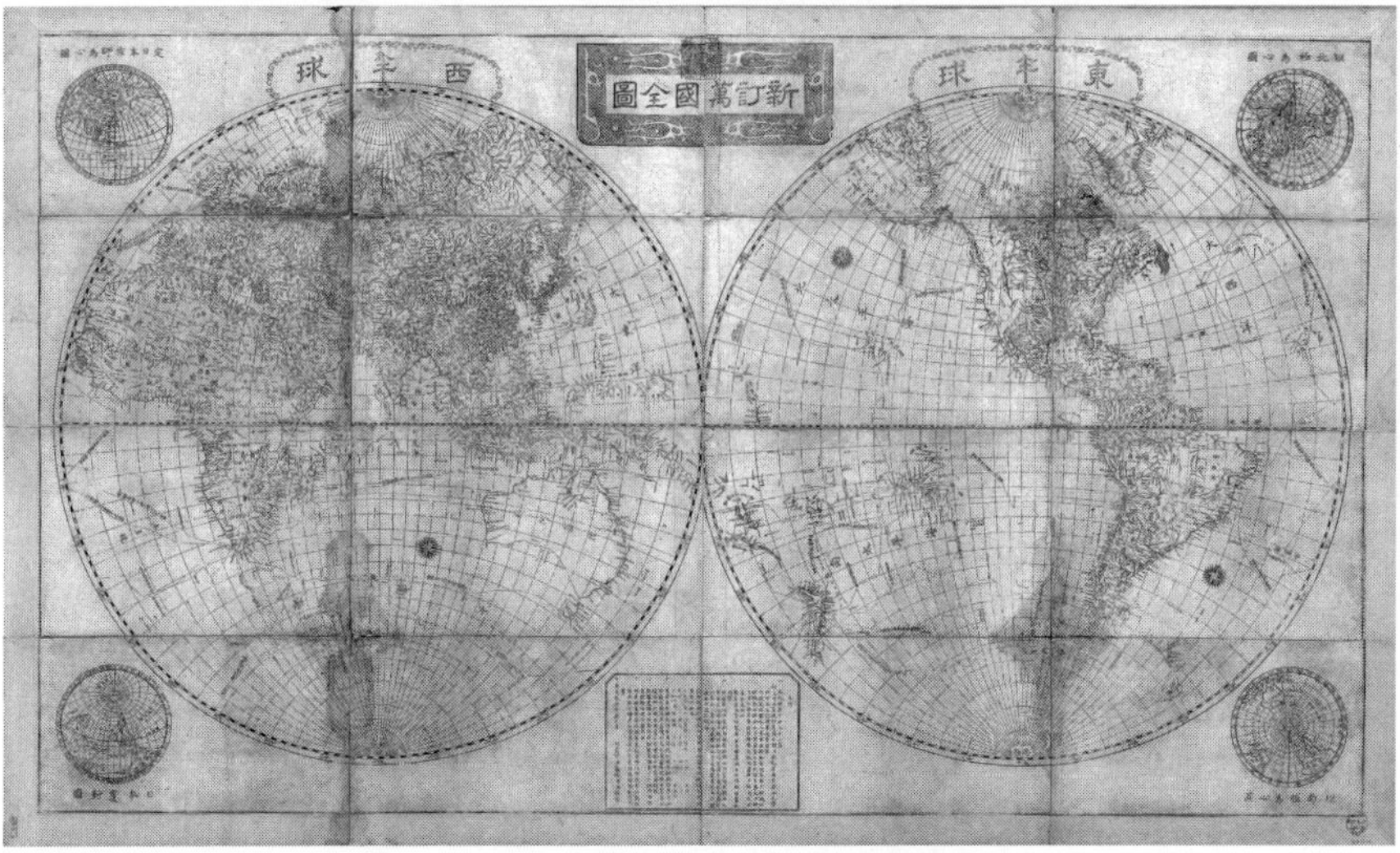


新訂萬國全圖（1810年）（明治大学図書館所蔵）

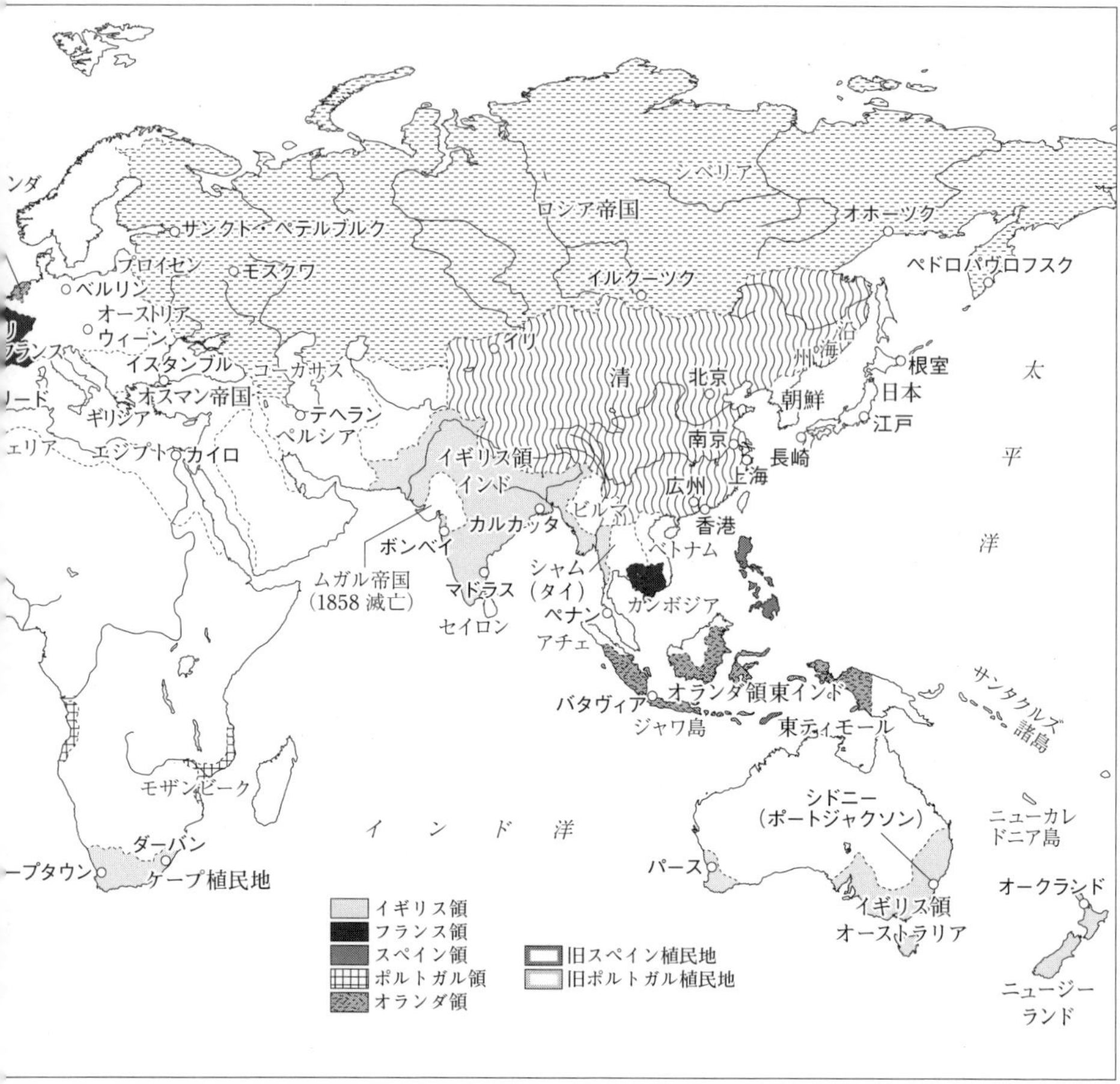

ロシア帝国
シベリア
サンクト・ペテルブルク
モスクワ
プロイセン
ベルリン
オーストリア
ウィーン
イスタンブル
オスマン帝国
ギリシア
エジプト
カイロ
テヘラン
ペルシア
コーカサス
イルクーツク
オホーツク
ペトロパヴロフスク
イリ
清
北京
沿海州
朝鮮
根室
日本
江戸
長崎
南京
上海
広州
香港
イギリス領インド
カルカッタ
ボンベイ
ムガル帝国
(1858 滅亡)
マドラス
セイロン
ビルマ
シャム
(タイ)
ベトナム
カンボジア
ペナン
アチェ
バタヴィア
オランダ領東インド
ジャワ島
東ティモール
サンタクルズ諸島
ニューカレドニア島
シドニー
(ポートジャクソン)
パース
イギリス領
オーストラリア
オークランド
ニュージーランド
モザンビーク
ダーバン
ケープ植民地
太平洋
インド洋
イギリス領
フランス領
スペイン領
ポルトガル領
オランダ領
旧スペイン植民地
旧ポルトガル植民地


19世紀中葉の世界

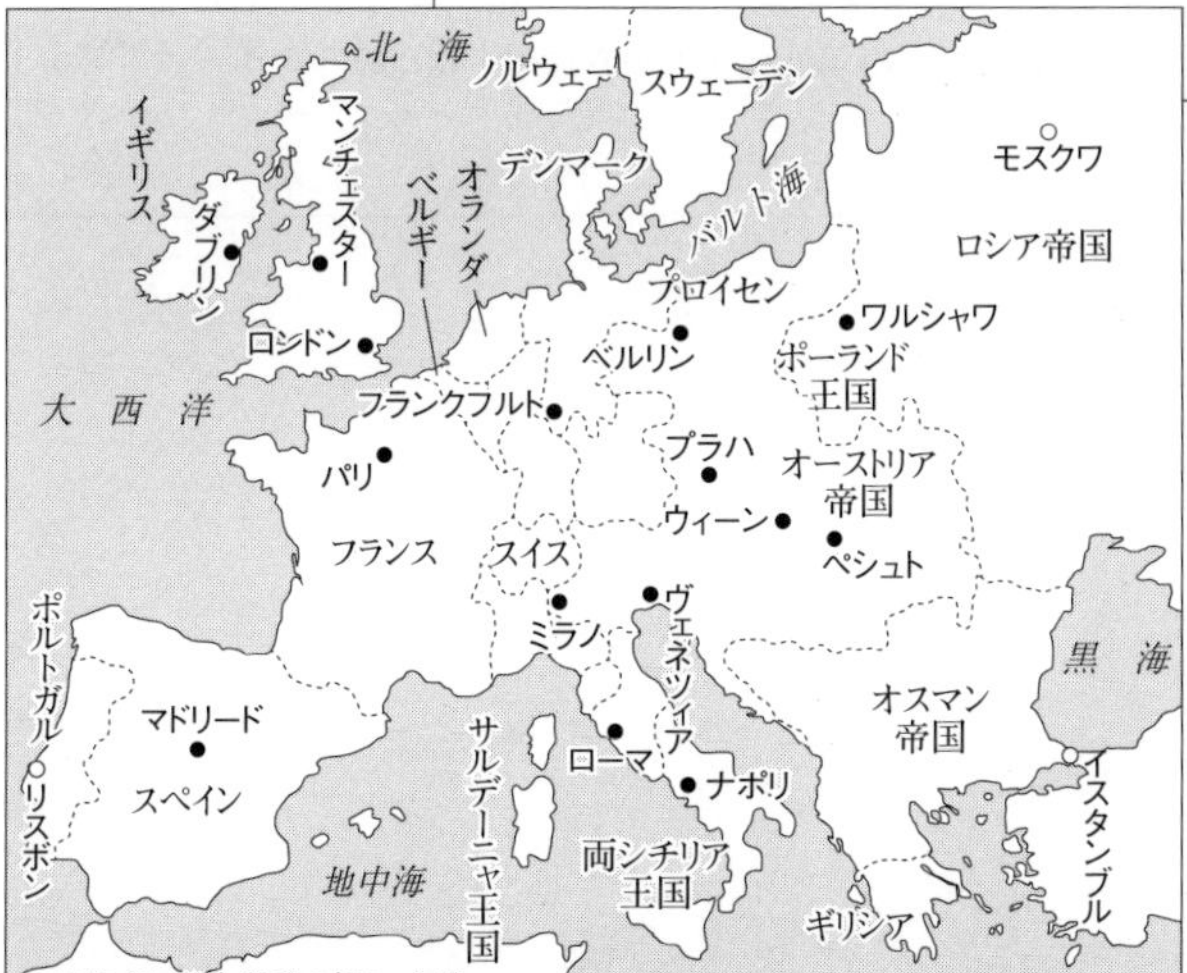


1848年のヨーロッパ

| 年 | 主な出来事 |
|---|---|
| 1814 | 4.（仏）ナポレオン退位。9. ウィーン会議（～15年6.） |
| 1815 | 3.（仏）ナポレオン復位（～15年6.）。（英）穀物法制定。7.（仏）ルイ18世即位，復古王政 |
| 1816 | 7. 英使節アマースト訪清。（南米）リオ・デ・ラ・プラタ独立宣言 |
| 1818 | 1. チリ独立宣言 |
| 1819 | 9.（独）カールスバート決議 |
| 1820 | 3.（米）ミズーリ妥協。7.（伊）ナポリ，パレルモ革命（～21年） |
| 1821 | 3.（伊）ピエモンテ革命。6.（南米）ボリバル軍ベネズエラ解放。8. メキシコ独立 |
| 1822 | 1. ギリシア独立宣言。（仏）アジア学会発足。9. ブラジル独立宣言 |
| 1824 | 12.（南米）アヤクチョの戦い，南米独立戦争終結 |
| 1825 | 2.（日）異国船打払令。12.（露）デカブリストの乱。8.（南米）ボリビア，ウルグアイ独立宣言 |
| 1828 | 4. 露土戦争（～29年9.）。10.（日）シーボルト事件（～29年9.）。（英）審査法廃止 |
| 1829 | 4.（英）カトリック解放法 |
| 1830 | 2. ギリシア独立承認。5.（仏）アルジェリア侵攻開始。7. 七月革命。8. セルビア自治公国承認。10. ベルギー独立。11. ポーランド十一月蜂起（～31年） |
| 1832 | 6.（英）第一次選挙法改正 |
| 1833 | 4.（独）フランクフルト武装蜂起。8.（英）奴隷制廃止，工場法制定 |
| 1837 | 2.（日）大塩平八郎の乱。6.（日）モリソン号事件。11.（独）ゲッティンゲン七教授事件 |
| 1838 | 5.（英）チャーティスト「人民憲章」発表 |
| 1839 | 11. オスマン帝国ギュルハーネ勅令，タンジマート開始 |
| 1840 | 4. アヘン戦争（～42年） |
| 1842 | 7.（日）薪水給与令。8.（英・清）南京条約 |
| 1844 | 7.（米・清）望厦条約。9.（仏・清）黄埔条約 |
| 1845 | アイルランド・ジャガイモ飢饉（～49年） |
| 1846 | 5. 米墨戦争（～48年2.）。6.（英）穀物法廃止 |
| 1848 | 2.（仏）二月革命・第二共和政。3. ウィーン，ペシュト，ベルリンなどで革命勃発。5.（独）フランクフルト国民議会開幕。6.（仏）パリ労働者蜂起。12.（仏）ルイ＝ナポレオン大統領選出 |
| 1849 | （米）ゴールドラッシュ開始 |

# 序論　アヘン戦争と世界史

アヘン戦争は、世界的に人気のあったいくつかの商品のグローバルな流れを背景に、その流れを促進して利益を得ようとしたイギリス帝国と清朝中国が衝突して起こった。一九世紀半ばまでイギリスが中国からの輸入に頼った世界商品は、茶である。一七世紀半ばにイギリスにもたらされた茶は人気を博し、一八世紀後半には、イギリス人全員が毎日一～二杯の紅茶を飲むのに十分な量の茶葉が輸入されていた。この対価としてイギリスから中国に銀が流れ込んだ。この銀の流れを逆転させたのがアヘンを介在させた三角貿易である。アヘンはイギリスにもオスマン帝国などから持ち込まれ、一九世紀半ばまで鎮静薬として使われていた。中国でもアヘンは唐宋の時代から薬として使用されていた。一七世紀にはアメリカ大陸原産の煙草に混ぜて、のちにはアヘンのみを長い煙管を用いて吸うようになっていた。ただし、清朝は一八世紀前半以来アヘンの吸煙や密輸を禁止していた。

**茶と銀**

**三角貿易**

一方、イギリス東インド会社はインド支配を進めていた。一七七三年にベンガル・アヘンの専売権、九七年にはその製造権を取得し、ケシ栽培・アヘンへの加工の独占によって税収を得ていた。また、清朝との貿易独占権をもっていたのはイギリス東インド会社だったが、一九世紀初めからイギリスの地方貿易商人などがさかんにアヘンの密貿易を行った。この結果、インド産アヘンが中国に、中国の茶がイギリス本国に、本国からインドには、産業革命を経て大量に生産できるようになった綿製品が運ばれた。この三角貿易はイギリス帝国の意思決定によって実現したものではなく、アヘン取引も私商人による密貿易であったが、結果的にこれによって銀の流れは逆転したのである。

地方貿易商人は、広州でアヘンを売って得た銀で東インド会社が発行する為替手形や、アメリカの商人が持ち込んだロンドン宛手形を手に入れて本国へ送金した。独立を果たしたアメリカは東インド会社の拘束からも離れ、アメリカ商人も茶を買い付けに広州に来ていた。その際に彼らはロンドン宛手形をもってきた。アメリカはイギリスの紡績業に対し綿花の供給も行っていたので、その支払いをロンドンで受けるよう出されていた手形である。この頃の中国では、アヘンの密貿易増大により吸煙がますます広がっていた。その結果、次第に手形での決済だけでは不足し、一八二〇年代後半には銀が中国から流出し始めた。銀と銅は中国経済の根幹であり、銀の流出は経済を揺るがす大問題であった。一八三三年、イギリス東インド会社が中国貿易の独占権を喪失するとより多くの商人が中国貿易に参入し、アヘンの中国への密輸はますます増加した。独占の廃止は、イギリス本国で自由貿易が重視されるようになった結果であった。

### アヘン戦争

清では銀の流出の他にも多様な理由からアヘンが問題視されていた。嘉慶帝はアヘン中毒の危険性を認識していたという。アヘンが兵士に広まることによる軍事力の低下、原料となるケシ栽培の中国国内での広まりによる穀物生産の減少という問題もあった。そこで清はアヘンの厳禁策をとり、一八三九年三月、林則徐を広州に派遣して取り締まりにあたらせた。彼は二万箱以上のアヘンを没収廃棄処分にした。このアヘン没収およびイギリス商人が広州の商館に閉じ込められたというニュースは九月にイギリスに伝わり、一〇月にパーマストン外相は遠征軍派遣の準備を始めた。イギリス議会で軍派遣が議論されたのは翌四〇年四月であった。この議論の際、若きグラッドストン（のちの首相）がアヘン密輸に端を発する戦争の正当性に疑問を呈したことは有名である。しかし、パーマストン外相は、自由貿易、イギリス商人の通商上の利益擁護を重視した。清朝がアヘンを認めていくのではないか（弛禁《しきん》策）と思わせる状態から急激に変化したこと、イギリス臣民への圧迫を問題視する者もいた。採決の結果、九票という僅差で遠征軍の派遣が認められた。

### 変容する東アジア世界

清はインド軍を主力とするイギリス帝国の軍に敗れ、一八四二年に南京条約を、翌四三年には領事裁判権・関税自主権の喪失・最恵国待遇などを認める五港通商章程・虎門寨追加《こもんさいついか》条約を結んだ。これらの条約は、西欧を起源とする規範を東アジアの国々が受け入れていく第一歩となった。四四年には、アメリカやフランスも清と条約を結び、イギリスと同等の権利を得た。大国清の敗北は、オランダ風説書、唐風説書によって日本に伝えられ、大きな衝撃を与えた。徳川幕府は異国船打払令を薪水供与令に改めた。また、佐久間象山は藩主より海外事情の研究を命ぜられ、四二年には西洋砲術を学び始めた。四三年には昌平黌《しょうへいこう》の儒者斎藤竹堂《ちくどう》が『鴉片《あへん》始末』を著し、利益をむさぼるイギリスに清が敗北した理由を考察した。四九年には儒学・洋学ともに学んだ嶺田楓江《みねたふうこう》が挿絵入りの『海外新話』を著した。嶺田は投獄され、のちに上総国に退去したが、この書も新しい時代に備える必要を広く訴えようとしたものである。

# 総論　ウィーン体制のヨーロッパ

**「二重革命の時代」後半**　本章で扱う、ヨーロッパにおけるウィーン会議から一八四八年革命に至る時期は、「二重革命の時代」（ホブズボーム）の後半にあたる。イギリス産業革命とフランス革命によって始まった社会と国家の大きな変化の波は、ヨーロッパ諸地域において複雑な展開を見せた。

**「世界の工場」イギリスと自由貿易体制**　産業革命が進んだイギリスは、「世界の工場」と呼ばれるような工業力をもつに至り、世界経済の中心に位置するようになった。この工業力を背景に、次第に自由貿易政策をとるようになった。このイギリスからの経済的圧力を強く受けた大陸諸国では、繊維工業などの産業部門がイギリス製品との競合によって苦境に陥った。他方、これらの地域のうち西欧・中欧では、領主制の解体を中心に農業構造の転換が進み、多くの国で営業の自由が定着し、一八三〇年頃から工業化も開始するなど、変化が始まった。これに対して、西欧向け穀物輸出への依存度が高かった東欧・ロシアでは、領主制・農奴制が存続し、この時期には工業化はまだ進展しなかった。

**プロレタリアートとブルジョワジー**　産業革命の進行は、新しい工場労働者層を生み出し、また、手工業者の没落をもたらした。社会経済的な変化は、民衆にとっての既存の生活秩序の不安定化を意味した一方で、新しい工業は必ずしも生活水準の向上をもたらさず、急激な人口増大ともあいまって、各地に「大衆的貧困」と呼ばれる社会的危機状況が広がった。この状況に対応して、機械破壊運動や食糧暴動など民衆による抗議行動がこの時期に多く起こった。また、旧来の手工業ギルドの世界と連続性をもちつつも、新しい事態に対応する新しい運動の形態が現れた。イギリスでいち早く始まった労働組合運動や協同組合運動がその代表である。大陸においても手工業職人などによる、労働者組織の動きが見られた。こうした動きの中で、各国の労働者、手工業職人などの間では、次第に「労働者」として連帯する意識が育まれ、次第に労働者階級（プロレタリアート）が形成される。他方、経済の拡大の中で産業資本家や銀行家など、企業家層の勢力は、特に西欧、これに次いで中欧においても増大した。また、この時期に進んだ新聞など出版産業の拡大、教育機関の発達などによって、知識人層が増大した。こうした層は、旧来の支配層である貴族と並ぶエリート層となった。この階層を概括して「ブルジョワジー」と呼ぶこともあるが、最近の研究ではこれに慎重な場合が多い。「労働者」運動と結びつく形で、社会主義思想も生まれた。当時様々な社会主義思想を唱える論者が現れたが、彼らはほぼ共通して、私有財産制度や新しい資本主義的生産様式を問題視し、これらの改革または廃棄、それによる労働者の地位向上もしくは解放を目指した。ロバート・オーウェンが活動し、プルードン、マルクス、エンゲルスが社会主義者として活動を開始したのは本章の時期である。

**ウィーン体制**

一八一四～一五年のウィーン会議によって、ナポレオン体制崩壊後のヨーロッパにおける新たな国際政治体制が築かれた。ウィーン体制と呼ばれるこの体制の主導権を握ったのは、イギリス、ロシア、オーストリア、プロイセン、および、ブルボン朝の王政が回復されたフランスであった。これら五大国は同盟を結成し（五国同盟）、相互に協調しつつヨーロッパ国際政治を主導した。ウィーン会議は、正統主義、すなわち、フランス革命前の秩序の回復という原則を掲げてはいた。しかしながら、その内実はむしろ現実主義と現状維持といった方がよく、革命とナポレオン体制によってもたらされた社会構造の変動や領土の変更はかなり維持された。その一方、ウィーン体制の下で革命運動や、社会的・政治的変革を進めようとする動きは厳しく封じられた。

**自由主義とナショナリズム**

そのような変革運動の中心的な理念となったのは、自由主義とナショナリズムであった。自由主義は、個人の自由と法の前の平等、立憲体制と議会を通じての政治参加の保障などを求める思想である。はじめのうちは、共和主義や民主主義の運動も自由主義運動と連なって存在した。ナショナリズムとは、ひとつの政治的共同体としてネイションが存在することを前提とし、このネイションの政治的統一や自立を求めるものである。一九世紀前半においては、ナショナリズムと自由主義は、互いに結びつきながら発展した。

ウィーン体制を主導する五大国はこれを抑制することで一致し、特にオーストリア、ロシア、プロイセンは、時に軍事干渉に及んで政治変革運動を抑圧した。しかし、三〇年代に入る頃から、イギリスで自由主義的な改革が進み、フランスでは七月革命が起きるなど、こうした抑圧体制は崩壊し始め、一八四八年には、自由主義・ナショナリズムを掲げる運動と、民衆の社会的抗議が各地で合流し、ヨーロッパ大陸を覆う革命の波となった。その結果、ウィーン体制は崩壊に向かうのである。

## Section 1

# 「勝者」イギリスの模索

### 帝国の拡大と維持

一七九二年にイギリスの植民地は二六あったが、一八一五年、その数は四二に増えた。「帝国」の重心は北米大陸と西インド諸島から広義の東インドへと移った。第二次英仏百年戦争に勝利したイギリスは、折から進行していた「産業革命」も手伝って、軍事的にも経済的にも、世界に圧倒的な影響力を行使しうる強国となった。一八一五年、イギリス海軍が保有する五〇〇トン以上の戦艦の総トン数は、スペイン、フランス、オランダのそれを合わせた数を上回っていた。その海軍力を、イギリスは「人道的」な目的と「実利的」な目的の双方に用いた。前者については、バルバリア海賊の根絶と捕囚の解放のためにオランダ海軍と協力したアルジェ艦砲射撃（一八一六年）や、一八〇七年の奴隷貿易廃止と三三年法による奴隷制度の段階的撤廃とに並行した、艦隊、国際裁判所、条約を駆使した奴隷貿易の取り締まりが挙げられる。後者については、新生エジプトにクレタと北シリアの権益放棄を迫るためのベイルートとアッコへの艦砲射撃（一八四〇年）、また、対中貿易赤字補塡《ほてん》の目的で英領インドからアヘン密輸を続けるべく清朝と戦い香港を割譲させたこと（アヘン戦争）などを指摘できる。外交では、ロシアと並ぶ二大強国のひとつとして列強の合議で「ヨーロッパ協調」を図るウィーン体制の維持に腐心した。独立したギリシアを旧宗主国オスマン帝国から守るため、両国は歩調をあわせることもあったが（一八二七年）、総じてイギリスは大陸の正統主義と距離をおく自由主義の大義を掲げ、ギリシアやベルギーの独立支援で独自路線を貫いた。

### 工業化と「改革」

工業化と制海権の確保の結果、世紀前半を通じて製造と海運（蒸気船も徐々に普及）は著しく伸び、貿易は拡大を続けた。一九世紀中葉には、工業製品の世界シェアは実に四割を占めた。「世界の工場」は実質を伴ったラベルであった。ただし、女性や子どもを含む不熟練労働者が大工場で大量生産を行うというイメージは一面的である。確かに、「産業革命」の立役者であった綿工業や二〇年代から始まった鉄道敷設に関わる産業においては、ギャスケルやエンゲルスの描いたような単調で過酷な労働、劣悪な生活環境、不安定な雇用、高い死亡率が認められるが、成人男性の熟練労働者を中核とする伝統的な中小の製造業も強靱《きょうじん》であった。とはいえ社会構造の変動は大きく、一八一五年から二〇年代初頭は「民衆ラディカリズムの英雄時代」といわれるほど活発な急進主義運動が展開した。寄生的で肥大化した国家や特権的な富裕層に寡占された議会、東インド会社をはじめとする特権会社、統治機構の一部と化した国教会などを「旧《ふる》き腐敗」と見なして「改革」を求めるうねりが生じた。この「改革」は特に三つの成果をもたらした。第一は公職や大学教育から事実上締め出されていた非国教徒への差別を規定した審査法の撤廃（一八二八年）、第二はアイルランドの多数派住民を長らく苦しめてきた宗教差別を大幅に緩和したカトリック解放（二九年）、そして第三は、混乱を極めたまちまちな選挙資格と制度の斉一化を図った第一次選挙法改正（三二年）である。こうして、国教会に忠実な大地主層による伝統的な支配の土台の一部が掘り崩され、前世紀の間に成長してきた中間層が「ミドルクラス（中産階級）」となり、台頭した。

## 階級社会の生成

一九世紀前半の大きな特徴は、この「階級」という言葉が世界にさきがけて広く流通するようになった点にある。旧来の貴族・大地主層は「上流階級」と目され、彼らは政治権力の維持と穀物法（一八一五年）による農業保護に固執するなどした。他方の中間層は「ミドルクラス」として政治的発言力を強め、重商主義やモラル・エコノミーではなく自由貿易やポリティカル・エコノミーの原則の適用を迫った（一八三四年の新救貧法制定、四六年の穀物法撤廃、四九年の航海法撤廃など）。そして、第一次選挙法改正によっても政治的権利を得ることができず、現状を不当に思うようになった人々は、「労働者階級」として、議会外で政治的平等を求めた（チャーティスト運動）。しかし、この新しい階級社会は、階級間闘争を過度に高じさせることはなかった。大陸の一八四八年革命はイギリスにほとんど影響を及ぼさなかった。ミドルクラスの上層部をなす金融利害と大地主層が結びついて産業界に資金を流し、利益の一部を回収するいわゆるジェントルマン資本主義が機能したこと、福音主義の影響でこの時代に共有された主要なモラルが宗教的なものであり続けたこと、そして様々な回路で供される無数のチャリティがなされたこと、この三つが社会を結びあわせていたからである。危機があったとすれば、一八四五年に始まるアイルランドのジャガイモ飢饉がそれにあたるが、イギリス政府はこれを基本的に対岸の火事と見なして場当たり的に対処した（その結果、アイルランド人の海外移民は加速し、世紀後半からイギリスを悩ませるアイルランド自治の運動を準備することとなった）。一八五〇年を迎える頃、自由放任（レッセ・フェール）を根本原則とするイギリスの路線は明確なものとなり、その繁栄はもはや誰にも阻止できないかのごとき段階に至ったのである。

## Section 2 ロマン主義とオリエンタリズムのフランス

### 王政復古

エルバ島からパリに戻ってきたナポレオンはワーテルローの戦いで連合軍に敗北し、大西洋の孤島、英領セント・ヘレナ島に流され、再びブルボン王朝が復古する。一八一四年にルイ一八世が定めた憲章は、明治政府が憲法作成の上で参考にした憲法のひとつといわれている。フランス革命による経済的社会的改革を基本的に認めながらも、欽定憲法であり、非常大権も存在した。カトリックが国教とされ、国民主権は否定され、王権神授説が採用された。国旗も三色旗から白旗に変えられた。イギリスをまねて世襲議員からなる貴族院と、高額納税者に選挙権を限定した代議院の二院制をとった。だが、貴族とブルジョワジーの対立だけでなく、貴族の内部も一様ではなく、政治は安定しなかった。特に一八二四年にシャルル一〇世が即位してからは、復古的反動が強化され、カトリック教会が勢いづいた。だが政治反動は長くは続かず、選挙では野党が躍進した。議会と王権の対立は一八三〇年についに頂点に達し、シャルル一〇世は、七月に緊急大権に基づいて、自分の意にそわない議会を解散し、出版の自由の停止、選挙法改正などを命じた勅令を出した。

### 七月革命

このシャルル一〇世のクーデタの企てに、パリ民衆は武装蜂起で応えた。バリケード戦で敗北したブルボン王家は亡命し、代わってオルレアン家のルイ＝フィリップが王位に就いた（七月革命）。改正された憲章では、カトリックは「フランス人の多数派の宗教」と、フランス革命期の地位に戻された。普通選挙は実現せず、厳しい制限選挙制であることに変わりなかったが、緊急大権条項の廃止など、王権に対する議会の優位と国民主権の原理が確立した。三色旗と自由の女神の復活に象徴されるように、体制はフランス革命の原理に立ち戻ったのである。だが、神のご加護を失い、ナポレオンのようなカリスマもいない七月王政は権力の正統性の確保に苦労し、ルイ＝フィリップはカリカチュアでは西洋梨に描かれて風刺の対象になり、政府への批判はやむことがなかった。

革命戦争とナポレオン戦争をへて多くの海外領土を失ったフランスであるが、七月王政期には植民地帝国再建の動きが活発化した。アフリカで植民活動を展開し、太平洋に浮かぶタヒチなどの島々を征服し、黄埔《こうほ》条約（一八四四年）で中国からイギリスと同じ便宜を引き出している。最大の植民地事業は、アルジェリア征服である。一八三〇年五月に始まったフランスによる征服戦争は原地住民の抵抗を制圧し、一八四七年一二月に終結している。

## 文化遺産とオリエンタリズム

文化の面では、新聞連載小説が登場し、アレクサンドル・デュマ、バルザック、ジョルジュ・サンドなど流行作家が活躍した時代であるが、中世など過去の歴史とオリエントへの関心が広がった時代でもある。一八三〇年代には歴史記念物の保存行政が本格的に始まっている。歴史記念物視学総監に任命されたプロスペル・メリメはローマ時代の遺跡や中世のゴシック建築の視察のために、全国を旅行した。荒れ果てた状態にあった多くの歴史的建造物を救ったのは、この時期から始まる保存行政のおかげである。

ナポレオンのエジプト遠征を契機にしてフランスの東洋学は大きく発展する。シャンポリオンによるロゼッタストーンのヒエログリフ解読（一八二二年）が有名であるが、古代エジプト研究だけでなく、サンスクリット、中国語などのアジアの言語、仏教研究も盛んになり、一八二二年には、ヨーロッパで最初の東洋学研究の学会であるアジア学会が発足している。東洋への関心は文学や美術にも及び、アルジェリアなど北アフリカの風景がドラクロワなどロマン主義の画家の創作意欲をかきたてた。ルーヴル美術館は古代エジプト、古代オリエントなどのコレクションの数を増やし、多数の入場者を数えた。こうして、美術鑑賞がパリ市民の新しい娯楽となったのもこの時代のことである。

他方では、この時代は、工業化が本格化し始め、都市問題、社会問題が深刻化した時代でもある。特に農村からの流入で人口が急増したパリはスラム化し、公衆衛生の面で危機的な状況にあった。このような中で初期社会主義あるいはユートピア社会主義と呼ばれる一群のユニークな社会思想が開花する。産業に最適な組織に国家を再編しようと考えたサン＝シモンと、生産と消費の協同組合を理想共同体としたフーリエは、その先駆け的な存在である。また、サン＝シモンの弟子のアンファンタンは東洋と西洋の融合を夢見てスエズ運河建設を提案し、それはレセップスに着想を与えることになった。七月王政末には、労働運動が盛んになり、共和派の運動も活発化していった。厳しい制限選挙の下では改革は不可能であった。一八四七年七月には王政支持の野党が選挙制度と議会改革を求めて運動を開始し、一八四八年二月を迎えるのである。

Section 3
# ラテンアメリカの独立とスペイン

### ナポレオン戦争の余波

一八世紀にスペインを引き継いだブルボン朝は税制改革、開墾、道路・運河の整備など、上からの改革により国力増強を図った。植民地との貿易による国内産業の活性化もその一環で、一七六〇年代以降、帝国内の自由貿易が順次認められる。だがフランス革命のためイギリスとの関係が悪化すると、優勢なイギリス海軍を前に、植民地貿易は困難になった。新大陸ではベネズエラ、リオ・デ・ラ・プラタなど、農業や牧畜を主産業とする地域が成長し、都市のクリオーリョ（新大陸生まれの白人）商人は中立国との貿易を求めた。だが独立の機運は乏しく、フランシスコ・デ・ミランダが一八〇六年にベネズエラの独立を図ったが、支持を得られなかった。

だがナポレオンが軍をイベリア半島に進めて王父子を国外に留め置くと、一八〇八年以降スペインは大きく揺れた。ほぼ全土がフランス側に掌握される中、イギリス海軍に守られたカディスで開かれた制憲議会は、主権在民、三権分立、カトリックの国教化を謳った自由主義的なカディス憲法を一八一二年に制定した。植民地は同議会に代表を送り、本国との対等を想定して統治改革を求めたが、会議では統制貿易を求めるカディス商人の主張が強く、憲法も中央集権体制下に帝国を置いた。その間植民地では、都市クリオーリョが植民地統治機構に反旗を翻し始める。リオ・デ・ラ・プラタのブエノスアイレスは一八一〇年五月に副王を追放し（五月革命）、チリでも自治評議会が発足した。ベネズエラのカラカスは翌年に独立を宣言した。

### 植民地の独立運動

ラテンアメリカの独立運動は一枚岩ではなく、また先住民・奴隷とクリオーリョの相互不信のため内戦になりやすく、迷走を重ねた。パラグアイは一八一一年リオ・デ・ラ・プラタから離脱した。一七八〇年のトゥパク・アマルー反乱の記憶が残るペルーは独立を望まず、逆にアルト・ペルーとチリの離反運動を鎮圧した。メキシコのミゲル・イダルゴが先住民を動員して一八一〇年に起こした反スペイン出身者蜂起は、無差別殺戮に発展してクリオーリョを敵に回し、イダルゴは翌年逮捕、処刑される。ベネズエラの都市も後背地リャノの王党派に敗れた。だが本国からフランス軍が退却すると、一八一四年にスペインに帰国したフェルナンド七世はカディス憲法の無効を宣言して絶対主義を打ち出した。また彼は新大陸に軍を派遣して独立運動の鎮圧を図ったが、これは逆に運動を再燃させた。亡命先からベネズエラに戻った独立運動家シモン・ボリバルは、リャノの騎兵を味方につけてヌエバ・グラナダに進軍し、軍に加わる奴隷の解放にも踏み切った。一八一六年に独立を宣言したリオ・デ・ラ・プラタの遠征軍も、ホセ・デ・サンマルティンの指揮下、アンデス山脈を越えて一八一八年にチリを解放し、ペルーへ北上した。ボリバルとの協議ののちサンマルティンは退いたが、ボリバル派は一八二四年にアヤクチョで王党派に勝利し、南米の独立を決定的にした。

## 体制不安定の継続

異端審問所を再設置し、領主裁判権を回復して、検閲を強化するといったフェルナンド七世の統治はスペイン各地でクーデタ宣言を招き、王は一八二〇年にカディス憲法の再施行を余儀なくされる。三年後にフランスが軍事介入して反動的統治が回復したが、フェルナンドの治世末期から、後継のイサベル二世の正統性が争われた第一次カルリスタ戦争(一八三三〜三九年)にかけて、スペインでは自由主義が定着し始める。メキシコではカディス憲法再施行を知った王党派が蜂起側と手を結び、君主制をとって一八二一年に独立した。王党派指揮官アグスティン・デ・イトゥルビデが即位したがのちに追放され、メキシコは共和制に移行する。

独立後のラテンアメリカ諸国は集権・分権をめぐる勢力間対立が解消されず、ボリバルが発足させたグラン・コロンビアは一八三〇年にエクアドル、コロンビア、ベネズエラに分裂した。対立と内戦の結果、政治は軍事に従属し、リオ・デ・ラ・プラタのファン・マヌエル・デ・ロサス、メキシコのアントニオ・ロペス・デ・サンタアナなど、カウディーリョ(軍事に秀でた個人)のカリスマ支配が各国に生じた。ポルトガルのブラガンサ朝宮廷はフランス軍侵攻の際にブラジルに移転して体制を継続したが、一八二〇年、ポルトガルの立憲革命政府はジョアン六世の帰国を求めた。ジョアン六世の帰国後もブラジルに残っていた摂政王子ペドロはその後、自身への帰国要請を拒否して一八二二年にブラジル独立を宣言、ペドロ一世となる。だがペドロが制憲議会を解散して欽定憲法を公布して以降、リオ・デ・ジャネイロへの権力の集中に対する反感が表面化し、国内北東部や南部で反乱が多発した。リオ・デ・ラ・プラタと接するバンダ・オリエンタルの支配を図る試みも失敗し、一八二八年にはウルグアイが独立した。ペドロ一世は一八三一年に退位する。保守党・自由党が成立してブラジルの政治が安定するのは、ブラジル生まれのペドロ二世が一八四〇年に一四歳で即位してからである。

## Section 4 三つの名前をもつ時代のドイツ

オランダ経由で来日したドイツ人医師フィーリップ・フォン・シーボルト。彼は鎖国中の日本に西洋医学をもたらす一方、日本についての豊富な知識をウィーン体制期のヨーロッパに持ち帰る（日本地図などの「禁制品」の持ち出しが発覚したシーボルト事件は一八二八年）が、ドイツ史ではこの時代を「メッテルニヒ体制」時代、「三月前期」、あるいは「ビーダーマイヤー時代」と呼ぶ。以下では、これらの呼称を手がかりに同時代のドイツの特徴を見ることにしたい。

### メッテルニヒ体制

ウィーン会議後のドイツとは、三〇余の君主（オーストリア皇帝はもとより、イギリス、オランダ、デンマークの国王も含まれる）と四自由都市によって構成されるドイツ連邦のことである。この複雑な国制をもつドイツ連邦の顔ともいえるのが、ウィーン会議の主唱者クレーメンス・フォン・メッテルニヒであった。生育の地であるドイツのライン河畔を生涯心の故郷としつつ、オーストリアの政治家としてドナウ河畔のウィーンで采配をふるったメッテルニヒは、連邦における「ドイツ」と「オーストリア」の力関係を巧みに操り、連邦の現状維持に腐心した。それゆえ彼は、統一国家の形成を目標に掲げて自由の抑圧を批判する新しい学生団体ブルシェンシャフトを危険視し、彼らの逸脱行為（ヴァルトブルク祭の余興としての反ドイツ的な書物の焼き捨て、ロシアのスパイと見なされたアウグスト・フォン・コッツェブーの暗殺）には、ブルシェンシャフトの禁止を含む大学への監視強化、煽動的政治活動を取り締まるための中央審問機関の設置、事前検閲導入などを盛り込んだカールスバート決議（一八一九年）で応酬した。以後も、デマゴーグ（煽動政治家）に対する抑圧はことあるごとに繰り返され、メッテルニヒ体制とは反動・抑圧の時期と見なされる。

### 三月前期

こうしたメッテルニヒ体制に対置されるのが、三月前期（一八四八年の三月革命の前の時期）という呼称である。ドイツ連邦内でもパリ七月革命（一八三〇年）を契機に、ドイツ統一と出版の自由を求めるハンバッハでの集会（一八三二年）、民主主義革命を目指したフランクフルトでの武装蜂起（一八三三年）、国王の憲法破棄に立ち向かったゲッティンゲン七教授事件（一八三七年）など、既存の政治体制への反発が重ねて見られた。それゆえ、一八三〇年までを反動の時代、以後を三月前期として通時的に対置する見方が生じる。しかし、一八三〇年以降にメッテルニヒがまったく力をもたなかったわけでも、一八三〇年以前に既存の体制を掘り崩す動きがまったくなかったわけでもないことから、三月前期をメッテルニヒ体制と共時的に対置する見方も説得力をもつ。つまり、ドイツ諸邦はメッテルニヒ体制の枠内で立憲化を進め（プロイセン王国とオーストリア帝国を除くほとんどの邦国では三月前期に憲法が制定された）、とりわけバーデン大公国に代表される西南ドイツでは議会活動が活発になり、自由主義の砦ともいわれることになった。こうした動きを支持したのは、大学生を含む教養市民層（大学教育を受けて官公職に就いた人々）という特殊ドイツ的とされる集団を中心とする都市市民層であった。彼らは、各都市の社交団体や、体操協会、合唱協会などの市民結社に集い、検閲を乗り越えて豊富に提供された出版物を通じて情報交換しつつ、近代市民社会の展開に寄与することになった。

さらに、メッテルニヒ体制を揺るがす要因となったのは、鉄道（一八三五年開通）業に象徴される工業化の進展であった。例えば連邦内の関税障壁は旧時代の遺物と批判され、経済学者フリードリヒ・リストの提唱で域内を統一市場とするドイツ関税同盟が発足した（一八三四年）。また、産業構造の変化と人口増加の不均衡は、新しい社会問題としてのパウペリスムス（大衆的貧困）を生み出した。それは、一方で対策としての社会主義思想を培い、他方で貧困化した民衆の暴動（一八四四年のシュレージエンでの織工蜂起が有名）を招いた。ドイツ連邦は政治的統一に先立ち経済的統一を果たしたといわれるが、工業化の遅れていたオーストリアは関税同盟にも参加せず、メッテルニヒ体制は幾重にも揺さぶりをかけられることになった。

三月前期の民衆暴動の多くは、最終的には武力で鎮圧されたものの、メッテルニヒ体制は相対的に平和であった。このイメージに適合するのが、本来は文化史上の概念とされるビーダーマイヤー

### ビーダーマイヤー時代

（「愚直な凡人」などの意）時代という呼称である。少なくとも表面上は非政治的で内向的な文芸作品や、簡素かつ素材の魅力を引き立てる実用的な家具調度（典型は棚や小引き出しの付いた開閉式の書き物机ゼクレテーア）、ロマン派の音楽作品などは、同時代の多数派の、安穏を是とする小市民的態度と関連づけられ、時代そのものが「小春日和のようなつかの間のひととき」と特徴づけられる。すなわち、当該時期のドイツ連邦は、フランス革命戦争からナポレオン支配を経て解放戦争に至る激動と、一八四八～四九年の諸革命の騒乱とに挟まれた、政治・軍事活劇の幕間期にあったと見なすこともできるのである。

Section 5

# ロシアのヨーロッパ協調路線

### ウィーン会議後のアレクサンドル一世

アレクサンドル一世はウィーン会議で旧ポーランド国家の核地域を獲得し、自らを王とする王国を形成した。ロシアはいまや内陸ヨーロッパの覇者として、沿岸ヨーロッパの覇者イギリスと並び立った。一八一五年に彼が提唱し、キリスト教原則に従った国際的友好と国内統治を謳った神聖同盟条約には、イギリス王と教皇を除く全ヨーロッパ君主が署名した。

一八一二年にヨーロッパの大軍が押し寄せてきた経験によって、彼は教派を越えた内面的信仰に目覚めていった。一方、神聖同盟条約の草案には立憲君主主義的傾向もうかがえる。信仰と憲法、そして、ヨーロッパの国家連合は、ロシアがヨーロッパで影響力を拡大する手段でもあったが、何より、ヨーロッパとロシアを再生し、弾圧策によらずに革命を回避し抑制する道であった。彼は実際に、すべてのヨーロッパ諸国が一八一五年の領土と主権を相互に保障する体制を築こうとした。フランスや南ドイツ諸国での立憲君主制導入を支持し、ポーランド王国に憲法を与えてもいる。もっとも、彼はよい立憲君主であったとはいえない。

一八二〇年のスペインやナポリの革命とポーランド議会での政府批判を契機に、彼は革命の弾圧策へ舵を切った。とはいえ、イギリスとオーストリアは沿岸ヨーロッパの問題にロシア軍を関与させなかった。一八二一年にギリシアがオスマン帝国に対して蜂起すると、彼は前者のために介入することを望みながらも、ヨーロッパ協調を優先した。

内政では彼は一八一八年頃から、立憲君主主義的なものではないが、帝国憲法案を作成させた。また、宗教政策と教育政策を統合し、ロシアの知的生活の土台に超教派的信仰を据えようとした。だが、一八二〇年前後から、ここでも強圧策への歯止めは失われていく。憲法案は放置され、宗教＝教育政策は破綻し、大学での粛清が広がり、正教会が力を取り戻した。詩人プーシキンは追放され、厳しい検閲が導入された。元陸相で寵臣のアラクチェーエフが帝国を支配した。エリートが戦後公然と自主的に行っていた社会的活動は禁じられた。シベリアに関しては、アレクサンドルはその総督であったスペランスキーを首都に呼び戻して改革案を作成させた。一八二二年七月、公正さと合理性を主眼とする新制度が導入された。

## ニコライ一世の治世

一八二五年に即位したニコライを迎えたのは青年将校たちの決起である。このデカブリストの乱の参加者は厳しく処罰された。一八三〇年に蜂起したポーランドは憲法を奪われ、ロシア帝国の不可分の一部と宣言された。彼は専制の維持のために臣民の生活と思想を監視した。秘密警察として皇帝直属官房第三部が設置され、検閲は峻厳化した。大学は厳格な統制下に入った。もっとも、この抑圧的状況の中でロシア文学は花開いたといえる。文学の領域で活動する反体制派的知識人、インテリゲンツィアは、ロシアをいっそう西欧化すべきか、固有の伝統を重視すべきか、という問題を追究し、西欧派とスラヴ派の論争を生んだ。

改革は体制の範囲内に留まり、工業化は十分に促されず、鉄道敷設は限定的であった。それでも、一六四九年以来初の法典がスペランスキー（皇帝官房第二部長官）によって編纂され、官僚制度の拡充が図られ、法学など技術的実務的専門教育が進展した。これらはとりわけ中堅官僚層の専門性と遵法意識、職業意識を向上させ、次の治世の大改革を準備することになる。

外交でも彼は「ヨーロッパの憲兵」として一八一五年体制の維持を目指した。一方、ロシアは確たる計画をもたないまま、長いアジアの周辺地帯の随所で版図を広げた。前治世に始まった北コーカサス山岳民に対する平定作戦は、泥沼のコーカサス戦争と化していた。また、ロシアの勢力はペルシアと中央アジア両面から英領インド方向へ拡大していた。一八二八年二月にはペルシアと条約を結んでその軍艦をカスピ海から排除している。一八三七年には同国を促しヘラートを征服させたが、イギリスに反撃され、放棄した。すでに一八一六年に、ネッセリローデ（一八一六～五六年外務省長官）が、ロシアのアジア外交はヨーロッパ外交と異なり、他国の干渉を受けない、と述べたものの、それは基本的にはヨーロッパ外交に従属していた。

オスマン帝国に対しては、一八二八年四月にロシアはこれに単独で宣戦し、翌年ドナウ下流域を併合した。三三年に同国と結んだウンキャル・スケレッシ同盟条約の秘密条項は、ロシアの軍艦にダーダネルス・ボスポラス両海峡の独占的通行権を与えたと解釈し得た。オスマン帝国の中核地域を保護下に置く試みである。これにより、一八一六年以来のロシア脅威論が激しさを増した。しかし、三九年のエジプト危機に際しニコライが重視したのは、イギリスとの関係改善とフランス七月王政の孤立化である。一八四〇年の四大国間の協定で、両海峡はロシアを含むすべての外国の軍艦に閉ざされることとなった。

Section 6

# 東欧・南欧におけるナショナリズムの萌芽

ウィーン会議後にオーストリア皇帝フランツと宰相メッテルニヒによって主導された復古体制は、王朝正統主義に基づき啓蒙改革を否定することを基調としていた。検閲の強化と議会の解散によって公論世界の拡大を抑制しようとしたこの体制は、逆説的にも、啓蒙改革によって養われた官僚機構を介した中央集権化を志向していたがゆえに、伝統的な特権層（貴族）を核にした反対派の形成を伴うことになった。ハンガリーでは一八二五年に招集された議会を契機に、イシュトヴァーン・セーチェーニ伯ら大貴族から地方の中小貴族までを含む幅広い貴族層が、王国の歴史的権利に依拠しながら君主権と対峙し、議会とそれをめぐるメディアにおいて公論世界を創出していった。歴史的権利を再解釈しながら貴族が主導した「国民」の創出は、チェコ人やスロヴァキア人においても見られた。この貴族的ナショナリズムを特徴づけるのは、西欧に比べて市民層が未熟だった中欧においては、貴族が、言論活動の活性化や産業振興、農民解放といった自由主義改革の担い手となっていたことである。プラハやペシュトに設立された博物館、アカデミーや劇場は、その象徴的存在だった。

## 「国民」の誕生

諸国民の言論活動の道具としての諸「国民語」が確立されていったのもこの時期である。ドブロフスキーによるチェコ語文法書、カラジッチのセルビア語文法書の刊行をはじめ、ハンガリー語、ルーマニア語、スロヴァキア語などの標準化と文章語化が進められた。ハンガリー議会でのハンガリー語公用語化立法のような伝統的国制に親和的な動きから、国制上の権利を基盤としないルーマニア語やスロヴァキア語メディアの出現まで、この時期に形成された国民それぞれの公論の枠組みは、一九世紀後半にさらに重要性を増すことになる。また、国民の起源への関心の高まりは、ハンガリー人の祖先を求めて内陸アジア探検を行ったシャーンドル・ケーレシ＝チョマの『チベット語・英語辞典』（一八三〇年刊）によって本格的なチベット研究の礎が築かれるといった成果ももたらした。

## ウィーン体制のイタリア

ナポレオン戦争下の一八〇五年、皇帝フランツはイタリアに対する神聖ローマ皇帝の宗主権を放棄した。しかし、ナポレオン後のウィーン体制下のヨーロッパにおいて、最もメッテルニヒのオーストリアによる介入を受けたのもまたイタリアであった。一八一五年に成立したロンバルド・ヴェーネト王国はフランツを国王とすることで、直接的にハプスブルク君主国の枠内に入ったほか、トスカーナ大公にはフランツの弟であるフェルディナンドが復位した。また、一八二〇〜二一年に南部の両シチリア王国ナポリと北部のサルデーニャ王国ピエモンテで相次いで勃発した立憲革命や、一八三一年に中部のモーデナ公国、パルマ公国、そして教皇国家のボローニャで起こった革命は、いずれもハプスブルク軍の介入によって鎮圧された。しかし、カルボネーリアをはじめとする秘密結社が主導したこれらの革命の試みとその失敗は、自由主義的な近代化を通じてイタリアの「リソルジメント（再興）」を志向する多様な勢力を各地に浸透させることになった。

**バルカンの動揺**

伝統的国家を根拠にしたナショナリズムの芽生えは、オスマン帝国支配下のバルカン諸地域においても現れた。古典古代・ビザンツの継承者としてのギリシア人意識や、中世セルビア王国を拠り所としたセルビアの国家理念がその典型である。ただ、バルカンにおいては、こうした国民の枠組みは、オスマン支配からの自治・独立獲得の原動力となったというよりも、むしろ自治・独立獲得後に形成されていった。一八〇四年から二次にわたる蜂起の末に一八一七年に自治公国となったセルビアだが、蜂起の原因はオスマン帝国そのものに抗するものではなく、帝国による統制を逸脱した地方支配に対する異議申し立てであった。その意味で、ルーマニア国民意識がオスマン従属下で国制を持続させていたワラキアやモルドヴァではなく、ハプスブルク領トランシルヴァニアで形成されたことは示唆的である。

一八二一年に勃発したギリシア独立戦争は、多様な民族的出自をもつ「ギリシア商人」層を基盤に、オスマン支配下の正教徒全体の解放を目指す秘密結社フィリキ・エテリアが主導した点で、国民の枠組みよりも宗教を軸とした動きだった。一八三〇年に国際的に承認された独立ギリシアの領域は、エテリアに呼応して在地支配層が蜂起したペロポネソス半島とその周辺に限られ、当時のギリシア文化・商業の中心イスタンブルやテッサロニキはそこに含まれなかった。それゆえ、ギリシア国民意識は首都アテネのもつ古代文明の揺り籠としての性格を核にして、独立後に創り上げられる必要があったのである。また、セルビアとギリシアの自立は、地中海東部へのロシアをはじめ、英仏など列強の影響力が本格的に登場したことも意味していた。「東方問題」の種はすでに撒かれたのである。

Section 7

# 一八四八年革命

## 「最も成功しなかった革命」

イギリスの歴史家ホブズボームは、著書『資本の時代――一八四八―一八七五年』において、一八四八年革命の特徴を次のように記述した。「これほど急速・広範に、国境を超え、諸国を駆けめぐり、大海原をも越え、あたかも燎原の火のごとく広まった革命は、これまでひとつとして見られなかった」。その意味でこの革命は「潜在的には最初のグローバル革命」であったが、一方で、「最も成功しなかった革命でもあった」と。

確かに、一八四八年革命の初発と結末との落差はあまりにも大きい。その差は歴然としている。実際に、同年二月のフランスにおける共和制宣言から始まり、三月以降はベルリン、ペシュト、ヴェネツィア……というように、革命は一国に留まらず烈火《れっか》のごとく他国の各地域に伝播《でんぱ》した。しかし、やがて諸革命の敗北が濃厚になり、一年半後にはそのほとんどが潰えた。ヨーロッパで最後まで続いたハンガリー革命も、一八四九年八月、ロシア軍と国内少数民族の協力を得たオーストリア軍によって鎮圧され、執政コシュートが亡命した結果、終結へと至った。この一八四八年革命の顛末は遠く箕作麟祥《みつくりりんしょう》にも注視され、開国後の日本の国民国家構想に影響を与えた。

## 課題の重層性

なぜ、一八四八年革命にはこのような特色があったのだろうか。なぜ、一気に国境を越え広がり、一気に敗北したのだろうか。この問いに対する解答は、フランス革命後から一八四八年革命直前までの、約六〇年間におけるヨーロッパ諸地域の状況を理解することによって導き出せるであろう。当時、各地域の有した課題は重層化していた。また、そうした課題は他の地域の課題とも密接に連関していたため、地域・集団間に協調の可能性が生まれる一方で、逆に対立を助長する危険性をもはらんでいた。各地域が抱えた課題は、ライン川の東西で二つに分けることができる。

ライン川以西（フランス、イギリスなど）では、先行するブルジョワ革命と産業革命の結果、資本主義の発展とともにブルジョワジーの支配はほぼ確立されていた。同時に労働者階級も大きく成長していた。つまり以西の革命は、基本的にブルジョワジーと労働者の対立に端を発しており、多くの場合、労働者大衆が革命の担い手となった。例えばパリでは、一八四八年二月、労働者大衆の蜂起が七月王政を倒し、臨時政府の樹立とともに共和制が宣言された（第二共和政）。入閣したルイ・ブランは国立作業場の設置など社会主義政策を実行した。大衆はポーランドなどの被抑圧民族の独立運動や政治権の拡張を求める民族運動に、労働者や農民の要求を重ねあわせ共感を示した。ライン以西の革命はブルジョワ革命の範疇を超えていたのである。しかし四月の男性普通選挙では、社会主義の拡大を恐れた農民がブルジョワジーを支持、社会主義者の惨敗を受けて政府は保守化した。国立作業場の廃止措置に反発して社会主義者と労働者が起こした六月蜂起も政府によって鎮圧され、やがて一二月にはルイ＝ナポレオンが大統領に選出され、四年後には第二帝政へと移行した。

一方のライン川以東（プロイセン、オーストリア、ハンガリーなど）の革命は、抱えた課題の重層性をより明示的に表していた。第一に、以東はフランス革命のようなブルジョワ革命を経験していない地域であり、ブルジョワ革命の課題を残していた。第二に、それにもかかわらず労働者・農民大衆の社会変革の課題が同時に現れていた。第三に、これらを内包する民族運動が先鋭化していた。例えばベルリンでは、パリ革命の報を受けて、三月に市民と労働者が封建的諸特権の廃止、国民議会の開催を求めて一斉に蜂起した。これに譲歩したフリードリヒ＝ヴィルヘルム四世は自由主義内閣を成立させたほか、男性普通選挙による国民議会の開催も約した。実際、国民議会は五月にフランクフルトで開会したが、議員は主に官僚、大学教員、ブルジョワジーから構成されていた。翌年三月の憲法制定の頃には、労働者大衆の勢力拡大を嫌ったブルジョワジーが封建領主のユンカーと妥協したため、次第に反革命が優勢となった。ドイツ各地の革命運動は分断され、やがてプロイセン軍によってことごとく鎮圧された。ベルリン革命と同じ頃、三月のウィーン革命によりメッテルニヒが失脚すると、ほどなくペシュトで革命が起こった。フェルディナント五世は自由主義的な貴族を中心とする内閣の設置を認め、ハンガリーは以後、強力な国民統合政策をも実施する。しかしこれに対抗して、多くが「歴史なき民」と称された国内少数民族は封建的諸負担の全廃や民族自治の実現など、伝統を順守しつつもより急進的な社会変革を標榜した。この国内の亀裂に着目したハプスブルク朝は、一八四九年八月に少数民族の指導者およびロシアと協力して革命を鎮圧するに至った。

一八四八年革命は、課題の重層性ゆえに錯綜し矛盾を生んだ。この重層性は、革命の担い手として新たに労働者、農民、歴史なき民を歴史の舞台に登場させた一方で、革命勢力の分断をも容易なものにしていたのである。

Section 8

# 市民社会

## 「人権宣言」の革命性

フランス革命の「人権宣言」は、正しくは「人間と市民の権利宣言」という表題をもっている。ヨーロッパ史で理解される「市民」とは、領主支配から独立した都市の住民のうち、都市に家屋をもち、家族と下僕を支配して、都市自治に参加することができる人々のことであった。公的な議論に参加し、決定を下すことのできる「市民としての権利」は、都市の家長の特権であった。都市だけではない。ポーランドでは、国家の公事に関わる権利が「市民権」として捉えられた。ここでは「市民権」の根拠となるのは、シュラフタ（貴族）身分の一員であることであり、いかにシュラフタの数が多かったとしても（その数は選挙法改正前のイギリスの議会選挙の有権者数に比肩しうる）、「貴族の共和国」への参加は特権として捉えることができる。

他方、近世には二つのことを契機として「私人としての権利」の観念が発展した。ひとつは、宗教改革・宗教戦争を経て、信仰の自由が問題となったことである。宗教改革後、社会が宗派（カトリック、プロテスタント諸宗派）別に再編成される過程で、多くの人々が信仰のゆえに迫害されたり、亡命を余儀なくされたりした。そのため、信仰・良心の自由が、個人の内面的な権利として考えられるようになった。もうひとつは、商業活動の展開の中で、経済的利害を追求する人々が大きな役割を果たすようになっていったことである。この人々が最大限の富を獲得するためには、何よりも個人としての安全が確保され、私有財産が脅かされないことが重要であった。これらは、私人としての「奪われない権利」として構想された。

「人間と市民の権利宣言」が革命的なのは、特権として定義されてきた公的事柄への参加の権利（市民の権利）と万人に認められる「私人としての権利」（人の権利）とを融合させ、人一般の権利から政治的共同体としての市民たちの社会を導き出した点にある。近代の市民社会は、さしあたり、そのような政治的共同体として定義することができる。

## 一八四八年革命の矛盾

市民社会の建設は、ヘーゲルの歴史哲学の枠組みによって、歴史の進歩を体現するものと見なされた。一八四八年革命は、歴史上初めての「予告された革命」であった。あらかじめ、「世界史の流れ」が想定されており、市民社会の建設が時代の課題として意識されていたからである。ヨーロッパ大陸全域に広がったこの革命運動において、諸都市で提出された要求は驚くほど共通していた。革命運動の指導者たちは、その渦中において、誰が、世界史の「進歩と反動」のどちらの側に立っているのか、常に考えていた。

しかし、「人一般の権利」から導き出されたはずの市民社会が、明確な境界と排除を伴っていたことが明らかになったのが一八四八年革命の一連の出来事であった。一八四八年革命の当時、市民社会を担うべき人々は、現実には、資産をもつか、教養を備えるかする都市の人々であった。市民社会は、教養と財産によって根拠づけられ、政治参加の権利もそれに応じて配分されていたのであり、階級的な構成をもっていたのである。市民社会は、「奪われるべき何物か」をもつ人々すべてに開かれていたはずだったが、四八年革命では、その「何物か」すらもたない人々の抗議行動が露《あらわ》となった。労働者であり、ルンペン・プロレタリアートと呼ばれる人々である。市民たちは、これらの人々に対して、冷淡であるどころか、敵対的であった。また、普遍的に定義されるはずの市民社会は、公の事柄を論じる言論が、規範化された国民語を媒体として成立していたため、否応なく国民主義的境界をもっていた。市民社会は、歴史的にはネイションの社会として成立したのである。こうして、一八四八年に際しては、ネイションとして権利を要求するいくつもの市民社会が、互いに圏域をめぐって争うことになった。

## 市民社会の可能性

一九世紀から現在まで、市民社会は、その境界を拡大し、かつてそこから排除された人々を包摂し続けてきた。労働者、女性、植民地をはじめとする異郷の出身者などである。しかし、市民社会は、公的な事柄に参加するための判断力と責任能力を備えた「自立した市民」を常に想定している。自立性をめぐる文明的表象は変化しても、そこには絶えず境界が生成されているのである。政治的共同体の意志決定を、市民の権利と自由という普遍的原理に基づいて構想することができるか否か、という問題は依然として解かれていない。それに加えて、大衆社会という状況を迎えた二〇世紀には、市民たちの公的なコミュニケーションははたして可能か、という問題も現れた。現代では、インターネットやＳＮＳが新しい市民社会の圏域をひらく可能性が論じられている。市民社会をめぐる問いは、一八四八年革命を祖型として、現在も、世界史の中で問われ続けているのである。

Column 12

## 自然と人間

ヨーロッパの産業革命と対外進出が、自然と人間との関係にどのような影響を及ぼしたのか、次の三つの論点から考えてみよう。

最初の論点は、帝国と科学である。「啓蒙の世紀」を経て、科学的な観察技術や分類体系が発展すると、自然は以前にも増して資源と見なされ、それを合理的に収集して、利用する方法が追求された。一九世紀にヨーロッパ各国で誕生した動植物園は、そうした野心の産物である。特に、一八六〇年設立のパリ気候順化園（現ヴァンセンヌ動物園）は、生息環境の異なる海外産動物の繁殖を進め、フランス本国と植民地のネットワークを駆使した動物資源の活用を目指した。しかし、その試みが失敗に終わったことからも明らかなように、一九世紀後半には自然を管理する人間の能力の限界が露呈する。英領インドでは森林保護が始まる一方、世紀転換期ドイツでは有機的な全体として自然を捉える考え方が現れ、環境思想の多様化を促した。

この論点が二〇世紀以降のグローバルな環境問題を考える視座を提供するのに対し、次の論点が着目するのは都市というローカルな文脈である。一九世紀に入ると、工業化によって都市内部から自然が失われるという不安が増し、様々な対応策が採られた。大気浄化や健康増進のために公園や遊歩道が各都市で設置され、ドイツでは日本の市民農園の原型となるクラインガルテン（小区画園芸用地）が普及した。世紀後半には、鉄道網の発達とレジャーの大衆化により、都市住民が訪れる海浜保養地が流行する。こうした動きは、社会制度、経済活動、生活様式の変革を通じて、自然と人間との調和を実現するという理念に支えられ、世紀転換期イギリスの田園都市構想に結実することになる。

最後の論点は、一九世紀都市の自然を論じる際に見過ごされがちな、動物との関係である。労働力と食料を提供する動物は、拡張し続ける都市の生活基盤を支える身近な存在だった。しかし、そうした認識は、動物が人間に搾取されているという問題意識に変わり、イギリスでは動物虐待防止協会（一八二四年設立）による活動の結果、家畜の人道的処遇を定めた動物虐待防止法が成立した。一八七〇年代には、実験動物の生体解剖に反対する市民運動の高まりを受け、研究目的の動物利用に関する法案も成立した。公益法人の活動や市民運動によって、動物福祉の問題が立法や政策に反映されるようになったのである。動物擁護運動は、その後、擁護対象とする動物や目的を達成する手段の違いによって分岐しながら、今世紀まで影響力を保ち続けている。

これら三つの論点について理解を深めることは、地球温暖化から捕鯨まで現代日本を取り巻く環境問題を、多面的に考察する一助となるだろう。

Column 13

# ヨーロッパの脅威と海防

アダム・ラクスマンやニコライ・レザーノフといったロシア使節の来日やナポレオン戦争の余波を受けた長崎でのフェートン号事件など、一八世紀末から相次いだ目に見える形でのヨーロッパ諸国の日本への接近を受けて、江戸時代後期のヨーロッパ受容は、日本の国のあり方をめぐる議論を刺激しつつ、新たな局面を迎えた。

蝦夷地問題を契機に工藤平助の『赤蝦夷風説考』などが著された当初は蝦夷地を開発してロシアと貿易を図ろうとする開国論が登場し、本多利明や佐藤信淵《のぶひろ》らはヨーロッパ諸国への対抗策として積極的な殖産貿易を提唱するほどだった。その一方で、中国・朝鮮・琉球・オランダ以外との交易は祖法として禁じられているとする鎖国論が登場し、海外貿易を日本有益の品と外国無用の品を交換するものとして批判する貿易有害無益論やヨーロッパ諸国を夷狄と見なして打ち払う対象とする攘夷論などが主張された。

こうした開国論と鎖国論が拮抗する状況は、アヘン戦争の報せとともに急変する。中国に流入したアヘンの惨禍とアヘン戦争での中国の敗北に関する情報は、斎藤竹堂《ちくどう》の『鴉片《あへん》始末』をはじめ様々な書物を通じて全国に流布し、ヨーロッパ諸国への警戒心を高めた。そして、林子平の『海国兵談』以来の海岸防備を目的とした軍備充実論が国内の議論の大半を占めるようになり、蘭学からもたらされた知識を基としながら、西洋砲術の導入や反射炉の建設、台場の建造など、軍事技術を中心とする新たなヨーロッパ受容が進んだ。

ヨーロッパ諸国への脅威にヨーロッパ由来の技術を援用しながら海岸防備を強化しようとする海防論は、新たな国の形をめぐる議論を刺激することにもなった。例えば、『大日本史』編纂で活躍した豊田天功《とよだ》の『防海新策』などを通じて北方防備と鎖国打払の必要を主張した水戸藩は、一方でヨーロッパ由来の軍事技術の導入に積極的でありながら、他方では対外危機に対応するという建前から、弛緩しつつあった幕藩体制を天皇を頂点として再編する議論として尊王論を唱えた。また、蘭学や洋学を通じてヨーロッパの学知に触れた者の中からは、『海防八策』を上奏した佐久間象山や『国是三論』を記した横井小楠《しょうなん》など、水戸学の主張する攘夷論の限界を指摘しつつ、人材登用方法や言論方法を刷新して、外交や通商を通じた富国強兵を模索する議論も登場した。

このように、江戸時代後期、とりわけアヘン戦争以降の日本では、海防論を契機とした議論から、幕藩体制の下で長らく複合的な政治編成を維持し続けてきた日本の国のあり方を、新たな単一の政治体制へと再編するような意識が刺激され、そうした議論の中から、明治国家を準備する新たな国家理念が陶冶されていったのである。

# 第6章

# 「開国・維新」の時代
## ——1848〜1873年

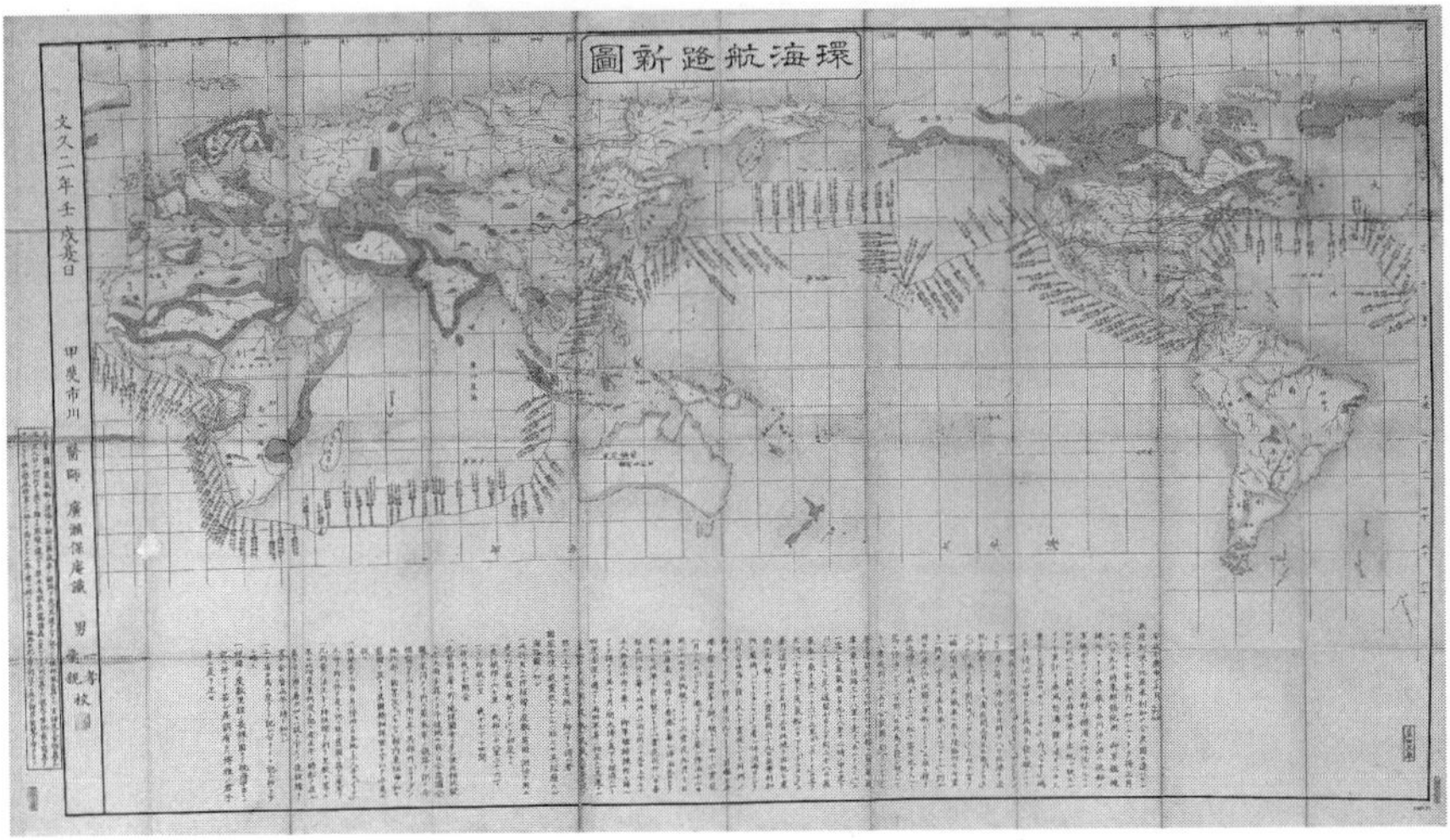


環海航路新圖（1862年）（明治大学図書館所蔵）

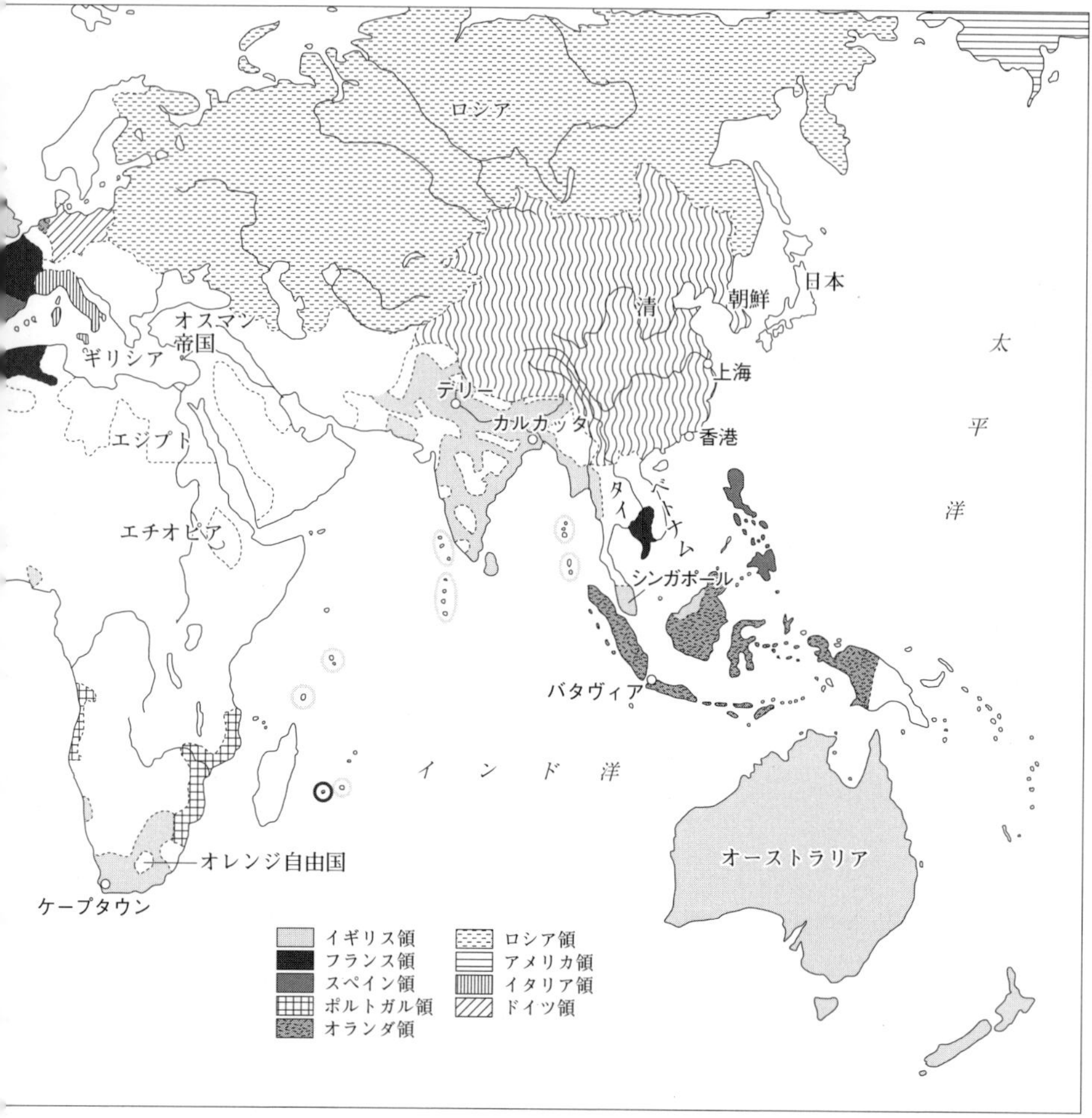


植民地化していく世界（1870年代）

1871年のヨーロッパ

| 年 | 主な出来事 |
|---|---|
| 1851 | **1.**（清）太平天国の乱勃発。**5.**（英）第1回万国博覧会開幕。**12.**（仏）ルイ＝ナポレオンのクーデタ |
| 1852 | **12.**（仏）ナポレオン3世即位，第二帝政（～70年**9.**） |
| 1853 | **7.**（日）ペリー浦賀来航。**10.** クリミア戦争（～56年**3.**） |
| 1854 | **3.** 日米和親条約。**11.** 日英和親条約 |
| 1855 | **2.** 日露和親条約 |
| 1856 | **3.** パリ条約，クリミア戦争終結。**10.** 第二次アヘン（アロー）戦争（～60年**10.**） |
| 1857 | **5.** インド大反乱（～59年**10.**） |
| 1858 | **1.** メキシコ内戦勃発（～60年）。**5.**（露・清）璦琿《あいぐん》条約。**7.** 日米修好通商条約。**8.** 日蘭，日露，日英，日仏修好通商条約 |
| 1859 | **4.** サルデーニャ・墺戦争（～**7.**） |
| 1860 | **3.**（日）桜田門外の変。**10～11.** 北京条約 |
| 1861 | **1.** 日普修好通商条約。**2.**（墺）二月勅令。**3.**（露）農奴解放令。**3.** イタリア王国成立。**4.**（米）南北戦争（～65年**4.**）。**10.**（西・英・仏）メキシコ干渉決議 |
| 1862 | **6.**（仏）コーチシナ（ベトナム南部）併合 |
| 1863 | **1.**（米）奴隷解放宣言。ポーランド1月蜂起。**8.**（仏）カンボジア保護国化。**8.**（日）薩英戦争 |
| 1864 | **3.**（日）長崎隠れキリシタン発見。**4～11.**（仏）パリ万国博覧会。**4.** ハプスブルク家のフェルディナント・マキシミリアン，メキシコ皇帝即位（～67年）。**8.** ジュネーヴ条約（国際赤十字発足）。**9.**（日）英米仏蘭軍長州下関砲台占領。**11.** 第一インターナショナル発足。（南米）パラグアイ戦争勃発（～70年**3.**）。**12.** ローマ教皇，誤謬《ごびゅう》表発表 |
| 1866 | **3.**（日）薩長同盟。**6.** 普墺戦争（～**8.**） |
| 1867 | **3.**（米）アラスカ購入。**5.** アウスグライヒ，オーストリア＝ハンガリー二重君主国成立。**7.** カナダ内政自治権。**9.** K. マルクス『資本論』第1巻刊行。**11.**（日）大政奉還 |
| 1868 | **1.**（日）明治維新 |
| 1869 | **5.**（米）大陸横断鉄道開通。**11.** スエズ運河開通 |
| 1870 | **7.** 普仏戦争（～71年**5.**）。**9.**（仏）共和制宣言，第三共和政。**9.**（伊）ローマ併合 |
| 1871 | **1.** ドイツ帝国成立。**3～5.**（仏）パリ・コミューン。**7.**（独）文化闘争開始。**8.**（日）廃藩置県。**9.**（ブラジル）新生児解放令。**12.**（日）岩倉使節団横浜出発（～73年**9.**） |
| 1872 | **7.**（日）ペルー船マリア・ルス号事件 |

# 序論　アジアにおける西洋

### 東アジアの「西洋」認識

「西洋」や「ヨーロッパ」という言葉が東アジアに登場したのはそう古いことではない。イエズス会の宣教師マテオ・リッチが一七世紀初め、北京で『坤輿《こんよ》万国全図』を出版した。この世界図には、「歐羅巴《ヨーロッパ》」の文字が「亜細亜《アジア》」や「利未亜《リビア》」（アフリカ）・「亜墨利加《アメリカ》」と並んで書き込まれている。もと南シナ海を指した「西洋」という語がヨーロッパについて使われ始めたのは、その少し後であった。この用法は日本にも輸入され、例えば一八世紀初頭の儒者新井白石《はくせき》は、日本に潜入した宣教師シドッティの尋問録に『西洋紀聞』と名づけた。ただ、中国でも日本でも、「西洋」の対になるはずの「東洋」は長く使われなかった。オクシデントに対するオリエントにあたる「東洋」が登場したのは、ようやく一九世紀になってからである。

一八世紀の清朝では、イエズス会の宣教師たちの手により西洋の天文学や地理学が導入され、乾隆帝は北京郊外に壮麗な西洋建築群からなる円明園を造った。しかし、中国人は科挙官僚制を支える儒教に抵触する精神文明には無関心で、西洋世界自体への関心も希薄だった。他方、朝鮮では、西洋への関心はキリスト教に向けられた。一九世紀初頭に大弾圧を受けても、繰り返し宣教師が潜入し、信徒の数は着実に増えていった。これに対し、同時代の日本では、キリスト教が厳しい禁制下におかれる反面、知識人たちは長崎からオランダ語書籍を取り寄せ、自ら天文学・地理学・医学などを熱心に研究し、実用化した。

### 一九世紀日本の世界地理

一八世紀後半の日本では、『坤輿万国全図』や西洋書籍をもとにした世界図がしばしば刊行された。一八〇二年には蘭学者山村才助が『訂正増訳　采覧《さいらん》異言《いげん》』という包括的な世界地誌を著した。そこには「歐羅巴」という部に西洋諸国が列記されるが、トルコが含まれる一方で、ヨーロッパという地域の説明はない。この特徴はアヘン戦争後に最新の地理情報を基礎に作られた箕作《みつくり》省《しょう》吾《ご》の『坤輿図識』（一八四五年）でも踏襲された。幕末の日本人は「西洋諸国」の脅威に敏感であったが、その文化的・地域的一体性への関心はほとんどなかったようである。

### 脅威としての西洋

西洋による世界支配の運動の受け止め方は、東アジアでは多様であった。中国の政治家はアヘン戦争後も、西洋よりは太平天国などの民乱をより大きな脅威と見ていた。ただし、西洋の軍事的優越は認め、洋務による利器の導入を図っている。これに対し、日本では一八世紀後半にロシア人が蝦夷地に出没し始めるとロシアへの関心が生まれ、一九世紀初頭に小規模の軍事衝突が発生した後には、西洋一般の脅威と対策を論ずる海防論が盛んに著されるようになった。水戸の会沢正志斎の『新論』（一八二五年）や、公儀の古賀侗庵《どうあん》の『海防臆測』（一八三八～四〇年）が代表的なものである。前者はロシアが世界制覇を企てていると見て尊王と攘夷戦争により国内改革を起動させよと主張し、後者は海外への航海進出を提唱した。二度目の日米条約を機に大政変が生ずると尊王攘夷論が風靡したが、王政復古によるドラスティックな国内改革に見通しがついた頃には主流は積極開国論に変わった。一方、朝鮮はロシアが清朝から沿海州を割譲させ、国境を接するようになっても、西洋への態度を変えなかった。しかし、国内のキリスト教徒の迫害を機にフランス艦隊が訪れ、ついでアメリカ艦隊も来ると、戦争によってこれらを撃退し、いったんは鎖国政策を強化した（一八六六、七一年）。しかし、日本の新政府と紆余曲折の末に国交を更新した後には、清朝の媒介により、西洋への開国に踏み切っている。

### 交通・通信革命の波及

アヘン戦争は東アジアをグローバルな交通・通信網に巻き込んだ。一八五三年にアメリカ使節が来日したのは中国との太平洋横断航路を開くためで、それは一八六七年に実現したが、その二年後にはアメリカの大陸横断鉄道が完成し、『八〇日間世界一周』（ジュール・ヴェルヌ）が可能になっている。岩倉使節団はこのルートを東に向かったが、帰国前にはユーラシア大陸を横断する電信線が長崎に到達していた。この世界ネットワークに対し、中国人はもっぱら商業的観点から臨んだが、日本人は「文明」招来の道という観点から接し、国内の大改革に使った。

### 「アジア」の生成

西洋の関与の深まりは、東アジアに国民国家の形成を促し、さらに「アジア」を生んだ。アジアは元来、西洋人がキリスト教世界の東方を総称した空虚な言葉にすぎなかった。それが一体性のある地域概念に変わったのは一八八〇年の日本である。日本と清朝は日本の琉球併合によって生じた危機を緩和するため、白人国家ロシアを共通敵と見なし、その朝鮮支配を防ぐため、「同文同種」を基礎とする「亜細亜」連帯というイデオロギーを創り出した。こうして登場したいわゆる「アジア主義」が、その後、東アジア以外にも拡張されていったのは周知の通りである。

# 総論　開国時の世界

## 開かれた扉の向こう

一八四八年革命の嵐がヨーロッパで吹き荒れていた頃、日本はまだ「泰平のねむり」から覚めきってはいなかった。五年後、浦賀沖合にペリーの艦隊が姿を現す。それから二〇年後、明治政府が派遣した岩倉使節団が二年近くにわたる欧米諸国歴訪を終え、横浜港に降り立った。本章が対象とするこの四半世紀は、まさに日本の開国期にあたる。日本が見た世界は、どのようなものだったのか。

開国は欧米列強の世界進出への対応だったが、開国の経緯にも列強間の争いが絡んでいた。ペリー来航の翌五四年、日本はアメリカについでイギリスとも和親条約を締結する。このときイギリスは、クリミア戦争（一八五三〜五六年）の敵国ロシアと極東でも戦っており、和親条約は、イギリスが日本近海に派遣した艦隊の司令官との間で、なかば偶然に調印されたのだった。一方のロシアも、翌五五年に日本と和親条約を結ぶ。

## ヨーロッパ国際秩序の変動

クリミア戦争は、黒海からボスポラス、ダーダネルス両海峡を経て地中海へと南下を試みるロシアとオスマン帝国との間で始まったが、ロシアを警戒する英仏がオスマン帝国側に立って参戦したことで、ヨーロッパ列強の戦争の様相を呈した。敗れたロシアにとっての誤算は、盟友であるはずのオーストリアが中立を貫いたことである。メッテルニヒ失脚後のオーストリアは、ロシアとの友好関係よりもバルカン半島での勢力拡大を優先するようになっており、ロシアの南下政策に手を貸そうとしなかった。クリミア戦争を経て、両国は次第に疎遠になる。やがて起こる第一次世界大戦の端緒は、バルカン半島をめぐるオーストリアとロシアの対立であったことを想起しておきたい。

クリミア戦争は、ヨーロッパの勢力地図を描き換えるきっかけにもなった。戦争には、「東方問題」に直接の利害がないサルデーニャ王国がオスマン・英仏側で参戦していた。それによりフランスの後ろ盾を得たサルデーニャは、間もなくオーストリアと戦ってこれを破ったのち、イタリア統一を達成する（一八六一年）。そのオーストリアは、プロイセンとの戦争にも敗れ（一八六六年）、東側のハンガリーと二重君主国を形成する。一方プロイセンは、オーストリアに続いてフランスをも打ち破り、ドイツ帝国を樹立する（一八七一年）。こうして、かつて五国同盟を構成していた国々は、二〇年足らずの間に次々と戦火を交えたのである。その中で、プロイセン＝ドイツの台頭は明らかであった。開国した日本も、そこから多くを学ぼうとする。

### アメリカ大陸の自立と苦難

戦乱や紛争は、大西洋の対岸でも絶えなかった。アメリカは、南北戦争（一八六一〜六五年）により一時、国が二分されるまでになった。南米では、一八六〇年代後半にパラグアイとアルゼンチン、ブラジル、ウルグアイとが交戦状態に陥った（パラグアイ戦争）ほか、局地的な戦争や国境紛争が頻発していた。

旧宗主国をはじめとするヨーロッパ諸国の干渉も続いた。一八六一年、内政の混乱に乗じてスペイン、イギリス、フランスがメキシコに出兵した。イギリスとスペインの撤兵後もフランスは残って傀儡政権樹立を画策するが、南北戦争を終えたアメリカがメキシコ支援に乗り出したこともあり、失敗に終わった。一八六六年には、独立時の損害賠償問題を口実に服従を迫るスペインと、ペルー、チリ、ボリビア、エクアドルとの間に戦争が勃発し、南米諸国側は激戦の末にスペイン軍を撃退した。

ヨーロッパの政治支配をようやく退けたアメリカ大陸諸国も、内部では様々な問題や矛盾を抱えていた。アメリカは、内戦を乗り越え国力を強めていくものの、解放奴隷の境遇に見られるように、人種・民族と結びついた階層構造は強固だった。ラテンアメリカ諸国では政治体制の安定がおぼつかないことも多く、アルゼンチンでは内戦が生じた。

### 近代の受容と拒絶

政治を離れて社会全般に目を転じると、「世界の工場」となっていたイギリスに続き、欧米他国でも工業化が進展していた。この時期には、科学技術が発明家の仕事場や最新鋭の工場を出て、人々に広く知られるようになった。一八五一年、第一回万国博覧会がロンドンで開催され、以後数年おきに当時の先進国を巡回する。万博が可視化した「進歩」は、ひとつの思想と化していた。西欧で唱えられた実証主義は、はるか遠くブラジルでも受け止められ、その国旗に「秩序と進歩」という文言を刻みこむ。社会制度の近代化も進み、ロシアでもクリミア戦争を経て農奴解放が実現した（一八六一年）。

しかし、「進歩」は万人に自明のものではなかった。ローマ教皇庁が発した「誤謬《ごびゅう》表」（一八六四年）は、近代的と思われる思想や文化をことごとく難じるものであった。資本主義へのアンチテーゼも練り上げられ、マルクスは『資本論』（一八六七年に第一巻が刊行）を著し、労働者たちはインターナショナル（国際労働者協会）の下に結集した。

## Section 1

# 自由貿易帝国主義のイギリス

### 強者の論理としての自由貿易主義

穀物法や航海法の廃止など、イギリスにおける一八四〇年代からの自由貿易の要求は、一八三〇年代からの奴隷制の廃止などとともに、それまでの重商主義帝国を擁護する利害にとって、その特権が一掃される脅威となった。しかし、この時期の国内の経済的社会的発展は、帝国には敵対的ではなかった。それどころか、これらの国内の発展による経済と社会の形態転換は、帝国を築く上で死活的だった。本国と帝国は一体となった。すなわち、自由貿易主義は、世界システムのヘゲモニー国家としての強者の論理として働いた。この自由貿易帝国主義の過程で、イギリスは海外に公式帝国（法律上の帝国）ばかりか、非公式帝国（経済や外交などの手段による事実上の帝国）にもわたる膨張を遂げた。この過程の典型的な一例は、中国に対する一八五六〜六〇年の第二次アヘン戦争（アロー戦争）であり、その講和条約で、天津など開港場の増加、外国公使の北京駐在、九龍半島の一部の割譲などが定められた。

### モノとカネを世界に

イギリスは国内を源泉として、モノ、カネ、ヒトを世界にもたらした。イギリスは、自由貿易の採用とともに開放経済となった。自由貿易は、世界の主要なモノの集積所としてのイギリスの役割を強化した。自由貿易により、イギリスの商人は世界のいかなる地域との通商関係も結べるようになり、ロンドンの取引所を通じて、各地域のあらゆる生産品を買い手に提示できるようになった。

イギリスの対外投資収入は、一八四八年の九〇〇万ポンドから一八七五年の五八〇〇万ポンドと六倍半に増加し、投資経済となった。「鉄道熱」によって促進されていた投資は、国内の繁栄ばかりか、海外投資の資金を作った。海外投資は、最初は政府債、ついで、インド、アメリカ大陸、大洋州などの鉄道や他のインフラ建設への投資となった。ジェントルマン資本主義の担い手としてのロンドンの金融街シティは、世界経済の眼と耳となり、世界経済の株式取引人、銀行、保険会社として発展した。

### ヒトと動植物の移動

イギリスからの最初の移民ラッシュは、一八三〇年代に始まり、一八七〇年代半ばまでに八〇〇万人（その四分の三はブリテン島、アイルランド出身）の人間がイギリスの諸港から出国した。移民はその全員が白人植民地に行ったのではなく、三分の二はアメリカに向かった。一九世紀は移民の世紀で、イギリスは移民を送り出したヨーロッパで唯一の国ではなかったが、その規模と継続性はより早いうちから他のヨーロッパの国を凌いだ。

移民は、法や制度を携えて、本国に似せた植民地を創設して運営したばかりか、異なる文化をもつ地域にも、布教や教育を通じてイギリスの価値観・言語を広めていった。それは、インドの教育機関で英語使用政策を進めたマコーリーのいう「血と肌の色はインド人でも、趣向、意見、知性ではイングランド人であるような階級」を形成することであった。

移民はまた身体に病原菌を携行して、免疫のない先住民を罹患させては死に至らしめたばかりか、ニュージーランドに見られたように、豚、羊、牛とその餌となる草の導入による動植物相の転換など、ミクロとマクロの両レベルの自然の生態系に影響を与えた。

### 勢力範囲の拡大と本国への影響

これらのモノ、カネ、ヒトの広がりを通じて作り上げられたイギリスの勢力範囲は、一八四〇年代以前には、インドなどアジアにいくつかの前哨基地をもちつつ、せいぜい大西洋規模にとどまっていたが、一八七〇年代までには、太平洋、東アジア、東南アジア、東アフリカ、ラテンアメリカに及んだ。これは、何らかのイギリスの干渉から免れている地域は、ヨーロッパとアメリカをのぞけば世界のどこにもないことを示した。

これら海外からの影響は、本国イギリスに跳ね返り、それは文化面（例えば東洋趣味としてのオリエンタリズム）でも社会面でも見られた。特に社会面では、本国はより多様かつ自由主義的で開放的な社会への転換を余儀なくされたほか、土地所有者と投資家は、田園に広がる騒擾の安全弁、投資先として、製造業者は新しい市場として、労働者は移民先として、すべての社会階級が海外に期待を寄せ、利害関係をもった。

## Section 2

# 開国日本とフランス

### 第二共和政

一八四八年二月パリで起こった民衆運動によって七月王政は崩壊し、第二共和政が成立した（二月革命）。二月革命で男子二一歳以上の普通選挙が実現し、有権者は二五万人から一挙に九〇〇万人へと膨れ上がった。だが、五月の国民議会選挙で勝利したのは、カトリックの司祭や地方名望家に依拠した王党派など保守派であり、社会改革を唱える左派（社会的共和派）は敗北を喫した。さらに六月に起こったパリの労働者の蜂起を共和派の将軍カヴェニャックが武力で弾圧したため、共和派は都市民衆の信頼を失うことになった。

一二月の大統領選挙では、ルイ＝ナポレオンが圧倒的な勝利を収めた。ナポレオン一世の甥という知名度もさることながら、秩序党と呼ばれる保守派が適当な候補を立てられなかったことも、大勝の要因のひとつであった。秩序党が多数を占める議会が左派の進出を恐れて、選挙法を改悪し、多数の出稼ぎ労働者から選挙権を奪うと、これをルイ＝ナポレオンは巧みに利用し、一八五一年一二月二日クーデタを敢行し、普通選挙の復活と議会の解散を行い、戒厳令をしいた。翌年、帝政の復活が人民投票にかけられ、圧倒的多数で承認され、一年後の一八五二年一二月二日に第二帝政が成立し、ルイ＝ナポレオンは「ナポレオン三世」を称することになった。共和派の指導者は追放され、新聞は厳しい検閲の下におかれ、集会だけでなく居酒屋や劇場など広く市民生活に警察は監視の目を光らせた。

### 第二帝政下のアジア進出

第二帝政はアフリカやアジアを侵略して植民地帝国の基礎が築かれた時代である。第二共和政でフランスの奴隷制は廃止されたが、逆に植民地化は「文明化の使命」という理屈で合理化され、積極的に推進されていった。アフリカではアルジェリアへの植民が進められ、セネガルで植民活動が展開された。レセップスによるスエズ運河建設（開通は一八六九年）もこの時代のことである。アジア・太平洋ではニューカレドニアを植民地化し、一八五六年のアロー号事件の際にはイギリスとともに中国に出兵し（アロー戦争）、一八六二年にはコーチシナ（ベトナム南部）を併合し、翌年にはカンボジアを保護国としている。

日本とは一八五八年に日仏修好通商条約を結んで、横浜などを開港させた。横浜からリヨンに向けて輸出された日本の蚕《かいこ》と生糸は、当時伝染病で養蚕《ようさん》業が壊滅的な打撃を受けていたフランスの絹織物業を救うことになった。日本とフランスは軍事面でも関係を深め、ナポレオン三世によって派遣された軍事顧問団は幕府陸軍の軍事教練を行い、明治政府に代わってからもしばらくの間、陸軍の近代化はフランスに任されることになる。

第二帝政とカトリック教会は、一八六〇年頃までは良好な関係にあり、体制の支援を受けて、修道会、特に女子修道会は大きく発展した。修道会は教育や看護など社会的活動に進出し、社会の中で活躍の場を求めていた女性に開かれていた数少ない進路のひとつであった。修道会の活動はフランスの植民地拡大とも結びついて、トルコ、シリア、中国などで慈善事業と一体化させた海外布教を活発に展開した。幕末の日本にはパリ外国宣教会が布教に来て、長崎で隠れキリシタンと出会い、このニュースは西欧世界を驚かすことになった。日本で学校を経営している女子修道会にはフランスから渡ってきた修道女によって設立されたものが少なくないが、これは第二帝政期の活発な修道会運動が背景にあった。

### 幕末のパリ万博

第二帝政は工業化が進展し、全国的な鉄道幹線網など公共交通が整備され、植民地の拡大と、一八六〇年からの自由貿易への転換によって、経済的な繁栄に沸いた時代であった。主要な都市では上下水道の整備など公共事業が推進されたが、その中で最も有名なのは、セーヌ県知事オスマンによるパリ大改造である。薄暗く、不潔で、治安の悪いパリが、文字どおり「花の都パリ」に生まれ変わったのは、オスマンのおかげである。第二帝政の繁栄を世界に示した一八六七年第二回パリ万国博覧会には、幕府、佐賀藩、薩摩藩が出品し、ジャポニスムの契機になったといわれる。そのパリ万博には労働者代表が選出されていた。一八六四年には労働者の団結権が認められており、同じ年にイギリスとフランスの労働者が中心となって結成された第一インターナショナルが労働者の間に次第に影響力を広げていた。第二帝政末にはストライキが頻発し、共和派などによる反帝政運動が活発化していった。

一八七〇年九月、プロイセンとの戦争（普仏戦争）によって、あっけなく第二帝政は崩壊し、第三共和政が成立する。仮講和条約が翌年三月に締結されるが、これに反発するパリ民衆が蜂起し、革命派が中心となって自治政府を成立させた（パリ・コミューン）。だが、五月末に政府軍は市街戦でパリを制圧し、自治都市の夢はついえることになった。

Section 3

# ロシアの「大改革」と東西拡張

## クリミア戦争と「大改革」

一八五六年、ロシアはクリミア戦争で敗北を喫し、ヨーロッパにおける大国としての威信を失墜させた。この状況から帝国を立て直すため、農奴解放をはじめとして、国家や社会の大規模な改革に着手した。のちに「大改革」と呼ばれる時代が始まった。

「大改革」は、明確な指導者や思想・理念に導かれたものではなく、各部署の実務派の開明的官僚が、相互に緩やかに連携しながら、個々の制度を改変していく過程の総体であったといえる。しかし全体として目指されていたのは、国家・社会の西欧化であった。新しい官僚たちは、西欧諸国を範としながら改革案を作成し、改革議論を喚起して社会を活性化した。そして、君主の大権を維持しつつも、悪弊としての農奴制を廃止し、諸制度を近代化することで、大国ロシアの再生を目指したのである。

## 農奴解放と諸改革

一八六一年三月三日（ロシア暦二月一九日）、農奴解放に関する勅令が発布された。それ以前、地主の所有物であった農民は、人格的に解放され、「自由村落民」身分に昇格した。これ以降、農民は、一定の権利の主体として、司法機関や地方自治会に代表者を送り、土地を所有し、商業を営むことが可能となった。

農奴解放に続く社会制度の改革は、人工的ではあれ、ロシアに社会の自治をもたらした。特に重要な改革は、地方制度改革と司法制度改革である。両制度とも、社会の代表者の参加を原則とした。地方自治会は、社会の各層から選出された議員によって運営された。そして、地域社会の福祉事業に責任を負い、独自の地方税を徴収して、インフラ整備、医療、教育などの分野で大きな役割を果たすことになった。同年の司法制度改革は、司法の独立、裁判の公開を原則としながら、陪審制や選挙による治安判事制を導入し、社会から選出された代表者を司法制度に参画させることに成功した。さらに、検閲が大きく緩和されたことで出版が活性化し、教育制度の改革によって、エリートへの道筋も幅広い階層へと開かれていった。

こうした新制度は、帝政末期にかけて、紆余曲折を経ながらも漸進的に帝国全体へと拡大していった。その結果、農民も含め、全住民が公的活動に関与する機会を得ることとなり、彼らの間に公共意識が次第に涵養されていった。

### 文明化の使命

クリミア戦争後、ロシアはヨーロッパとの戦争を避け、国内の制度を西欧化することに集中した。しかし、戦争での損失を埋め合わせ、イギリスのアジア支配に対抗するため、アジアへの拡大は日露戦争で日本に敗北するまで続いた。西欧の大国を自負するロシアは、アジアの遅れた人々の文明化を使命として、多言語・多宗教の異民族の世界へと拡張した。コーカサスでは、山岳地域東部で対ロシア抵抗運動を率いた宗教指導者シャミールが一八五九年に投降し、ついで六四年には、北西コーカサスのチェルケス諸部族が征服された。インドとアフガニスタンに権益をもつイギリスへの対抗意識から、一八六四年以降中央アジアの本格的な併合も始まった。一八六四年にはチムケントとアウリエ・アタ（現タラス）、六五年にはタシュケントが攻略された。続いてコーカンド・ハン国が滅び、ブハラ・アミール国とヒヴァ・ハン国が保護国となった。それ以前は、現地のエリートを通じた間接統治が主流であった辺境に、次第に帝国の統治機構が構築され、多様な諸民族が直接その管理下に組み込まれ始めた。そして、彼らを臣民に教育していくという新しい課題が認識されていった。

### 東西への支配の拡張

シベリアから極東においても、ロシアの存在感が増した。一八五八年の瑷琿《あいぐん》条約、六〇年の北京条約によって、ロシアは日本海に臨む沿海州の広大な土地を清から獲得した。さらに一八六〇年には、日本海沿岸の中露国境地帯にウラジオストクを建設し、サハリン島にも進出した。一八五三年以降、日本にも来航し、五五年に日露和親条約を結んだ。さらに一八七五年には、日本に千島列島の権益を認める代わりに、サハリン全島の領有を認めさせた。こうして極東に勢力を拡大したロシアは、イギリスの中国での権益に対抗し、中国との交易を拡大し、太平洋への地歩を得た。

西部辺境地域の支配は、アジアへの進出よりもはるかに多くの困難を伴った。バルト諸国や旧ポーランド・リトアニア共和国では、ロシアは、当地の支配層であるバルト・ドイツ人やポーランド人に対して、彼らが自らよりも高度な文明をもつがゆえの脅威を感じていた。それゆえに、西部辺境地域の支配の強化は、ドイツ人やポーランド人の支配下におかれた被支配民族であるエストニア人、ラトヴィア人、リトアニア人、ベラルーシ人、ウクライナ人らを、「ロシア人」（あるいは親ロシア的）であると捉え、彼らを保護するという方法で進んだ。特に、一八六三年のポーランド蜂起以降は、ポーランド人を徹底的に排除しながら、その支配下の諸民族をロシア化するという政策に力を入れた。こうしてロシアは、東西の辺境で支配を強化することで、身分・宗教・言語をめぐる諸問題や衝突を内部に抱え込むようになっていった。

## Section 4

# イタリア統一と明治維新

### リソルジメント

一八六一年三月一七日、イタリア王国成立の布告が出された。それまでイタリアには、サルデーニャ王国、ロンバルド・ヴェーネト王国、パルマ公国、モーデナ公国、トスカーナ大公国、教皇国家、両シチリア王国など多くの国家が存在していた。一八世紀末のフランス革命とそれに続くナポレオン支配の時期から、リソルジメントと総称されるイタリア諸地域の政治的・文化的再興を求める運動が広がり、その最終的な帰結として新しい統一国家が誕生したのである。もっとも、一九世紀前半のリソルジメント期に、イタリアに単一の国家を形成することを強く希求したのはジュゼッペ・マッツィーニをはじめとしてごく少数の人々にすぎなかった。結果的にイタリア統一を担うことになったサルデーニャ王国にしても、オーストリア支配地域の領土を奪取して「北イタリア王国」を形成することを狙っていたのであり、イタリア全域を併合する意図はもっていなかった。

実際、サルデーニャ王国の領土拡大は、一八五九年に始まった対オーストリア戦争でロンバルディアを獲得し、さらに中部イタリアも併合したことにより終止符を打つはずであった。ところが、マッツィーニのイタリア統一の思想に共鳴していたガリバルディが、地元の民主派の人々の要請を受けてシチリアへの軍事遠征を行い、シチリアと半島南部を制圧した。ガリバルディはイタリア統一の大義のために、不本意ながら自らの制圧した領域をサルデーニャ王国に譲り渡した。こうして、サルデーニャ王国が他の地域を併合するという形で、イタリア王国が成立したのであった。

### 自由主義国家の成立

イタリア王国は、憲法（アルベルト憲章）、二院制の議会、地方行政制度、税制、軍制、教育制度など、諸制度の基本的な枠組みをサルデーニャ王国から踏襲した。しかし、これまで異なる国家に属し、異なる制度や機構の下で生活していた人々にとって、サルデーニャ王国の制度の導入はしばしば違和感をもって迎えられた。とりわけイタリアの北中部においては中世以来の都市国家の伝統により、住民のアイデンティティの拠り所が都市におかれていたため、「イタリア人」としての帰属意識を形成するのは容易なことではなかった。イタリアが国民国家の形成という困難な課題に直面する中で、国民統合に向けて重要な役割を果たしたのが、全国から選出された議員によって構成された議会であった。この時期のイタリア下院で圧倒的多数を占めていたのは、「自由主義者」と自称する人々である。彼らは選出された地元の利益を体現しながらも、議会で様々な議論を交わすことを通じて、ナショナルな政治階級を形成していった。

### イタリア統一と明治維新

イタリアの国家統一は、日本の明治維新とほぼ同時期の出来事である。日本が明治維新によって封建的な体制を一新したのに対し、イタリアはすでにナポレオン支配期に封建的な特権の多くを撤廃していたこと、また日本はひとつの国家としてそれなりに長い歴史をもっているのに対し、イタリアは一九世紀半ばになって初めてひとつの国家を形成したことなど、日本とイタリアとの間には大きな相違点が存在する。しかし、一九世紀半ばの両国は、イギリスやフランスといった列強が中核に位置する世界システムの中で半周辺的なポジションを占めたという点で、似通っていたことは確かである。両国の政治指導層は、刷新された国家体制を整備し、農業に従事する人々が人口の過半を占める中で産業を発展させ、列強と肩を並べる国家にするという課題を共有していた。

もっとも、当時の日本から見れば、ヨーロッパは近代化のためのモデルとなるべき対象であった。日本と似た状況にあるということは、日本にとってのモデルとしての魅力に欠けるということを意味した。その点が、同じ時期に国家統一を果たしたドイツとイタリアの間の相違点である。先進的な列強への挑戦という点では、ドイツも同様の課題を抱えていたとはいえ、工業化の進展や軍事力という点でドイツはイタリアとは比べようもないほど強国であった。

統一間もない時期のイタリアが、当時の日本人にとってどのように映っていたのかは、岩倉使節団の報告書『特命全権大使米欧回覧実記』が参考になる。岩倉使節団は一八七三年五月にイタリアに入り、約ひと月滞在してフィレンツェ、ローマ、ナポリ、ヴェネツィアなどを視察した。その滞在日数や『米欧回覧実記』に割かれた紙数はそれなりに多く、イタリアに対する関心が低かったとは決していえない。しかし、『米欧回覧実記』に描かれたイタリアは、ヨーロッパ文明の揺籃《ようらん》の地でありながら、かつての栄光を失い、いまや至るところに貧民の姿を見かける新興国の姿であった。ここに、近代の日本におけるイタリア認識の原型が存在しているといえるだろう。

Section 5

# ドイツ統一の世界的まなざし

**政治的反動の中の工業化**

一九世紀前半に国民経済学者リストが鉄道建設による国民経済統合と保護貿易を主張したが、それは将来的に世界経済の中で「先進国民と自由競争する」ための産業育成論であった。ドイツ統一と世界強国への渇望は別個の問題ではなかった。一般に、一八四八年革命後の五〇年代は、ドイツ連邦の社会にとって、政治的反動の時期と位置づけられている。ハプスブルク帝国とプロイセンが主導して設置された連邦機関「反動委員会」が各邦国の内政を監視し、事前検閲制も復活され、さらに革命派や民主派の人々は監視下におかれるか、スイスやアメリカへの亡命を強いられた。しかし、この五〇年代に本格的に軌道に乗った工業化がリストの描いた将来像を準備することになる。

一八五〇〜七三年のドイツの経済成長率は二・五％と推計されるが、これは半世紀前や一八七三〜九六年のそれを上回るものであった。鉄道網の拡充はこの経済的活況を牽引した。五〇年代以降の二〇年間にドイツ連邦内の鉄道総延長距離は三倍以上も伸び、それとともに製鉄業・石炭業・機械工業などの関連工業部門が発達した。さらに、工業部門だけではなく、この時期は農業部門にとっての「黄金の時代」であった。封建的諸負担の最終的な消滅、鉄道網の整備、都市化による国内市場の拡大や好調な国外輸出の好調により、農業の資本主義化が促された。プロイセンでもハプスブルク帝国でも、政治的反動の時期を含めて、自由主義経済政策による強国化の路線が覆されることはなかったのである。

**「ドイツ統一」への対外的契機**

一八五三年一〇月、バルカン半島への勢力拡大を目指したロシアがオスマン帝国に対して宣戦を布告し、これに対してフランス、イギリス、サルデーニャが介入したクリミア戦争が勃発した。ハプスブルク帝国はロシアを考慮して中立を保ちながらもモルドヴァ、ワラキアに軍を進駐させたが、実質的に何も得ることができなかった。さらに、五九年六月にイタリア統一を目指すサルデーニャとの戦争で敗れ、ロンバルディアなどの領土を失った。このイタリア戦争での敗北は、ハプスブルク帝国での政治的再編をもたらすことになり、六一年の二月勅令によって再び立憲政治への模索が始まった。プロイセンでも、五八年一〇月に新たにヴィルヘルムが摂政に就任し、プロイセンによるドイツの「道徳的征服」が目標に掲げられた。言論活動への統制が緩和され、またイタリア統一の刺激を受けて、ドイツ統一を目指す自由主義者たちは再び政治運動を活発化させていく。

かつて一八四八年革命の際に、音楽家リヒャルト・ヴァーグナーが共和政とともに「世界強国政策」の熱弁をふるい、またフランクフルト国民議会が連邦艦隊計画を策定したように、統一を目指すドイツ自由主義者は世界の動向を強く意識していた。六〇～六二年のプロイセンの東アジア遠征は、この脈絡の中でこそ理解できる。すでに五〇年代末にハプスブルク帝国が派遣したフリゲート艦は、世界周航の途上の上海で、中国沿岸で地歩を固めていたドイツ系商人の熱狂的な歓迎を受けていた。ハプスブルク帝国とのドイツ統一をめぐる主導権争い、そして日本の開国、第二次アヘン戦争の知らせを受けたプロイセンはドイツ関税同盟を代表して、日本、清、シャム（タイ）との通商条約の締結に向かったのである（日本とはプロイセン単独の条約締結）。

### 二つの中欧帝国の成立

一八六四年のシュレースヴィヒ＝ホルシュタインの帰属をめぐる対デンマーク戦争、実体はドイツ連邦の「内戦」であった六六年の普墺戦争、そして最後にまた事実上のドイツとフランスの戦争であった一八七〇～七一年の普仏戦争という三度にわたる戦争を経て、ドイツ統一問題は決着をみた。自国領土とドイツ諸邦をあわせた「七〇〇〇万人の帝国」を掲げたハプスブルク帝国は、一八六六年の敗戦後、翌年のアウスグライヒ（妥協）によってオーストリア＝ハンガリー二重君主国へと再編され、「オーストリア」帝国とハンガリー王国それぞれに異なる統治形態を通じて、多様な言語・文化集団を内包する帝国の枠組みの維持が図られることになった。七一年に「ドイツ人」の国民国家となるべく成立したドイツ帝国も、多くのドイツ系の人々を「国外」に残し、国内にポーランド系、スラヴ系などの多くの少数者（マイノリティ）を生んだ。

国民とは誰か、また王権か議会か、という四八年革命以来のドイツ統一問題は、一八六二年にプロイセン首相ビスマルクが「鉄と血」によって解決されると演説したように、工業化による強国化と戦争を通じて、二つの立憲君主制の帝国が成立することによって幕を閉じた。東アジア遠征に見られるように、この帝国創建は世界的な視野をもつものであった。それは普仏戦争でも、陸海軍はもちろんドイツの強国化を渇望する市民層がサイゴンをはじめとしたアジアのフランス植民地の割譲を要求したことに現れている。

## Section 6 アメリカ大陸諸国の体制変革

### 大陸国家化の波紋

一九世紀前半、アメリカ合衆国南部はイギリス綿産業向け綿花の産地となり、その栽培を黒人奴隷の労働に頼った。北米では、大西洋奴隷貿易の非合法化後も奴隷の人口が増えていった。アンドルー・ジャクソン大統領はチェロキー族など南東部の先住民五部族をミシシッピ川対岸に強制移住させ、綿花栽培地を拡大する。他方、中国との交易や太平洋捕鯨も手がける北部では奴隷制が廃止され工業化も始まるが、ごく少数だった自由身分の黒人への差別は激しかった。この時期に各州で一般化した白人成年男子の普通選挙制は、こうした排除と表裏の関係にある。

一八四〇年代、アメリカは南部からの移住者がメキシコから独立させていたテキサスを併合し、大陸大の領土拡張を神の意思とする「明白な天命」論が語られる中、メキシコとの戦争（一八四六～四八年）で太平洋岸まで領土を拡張した。うちカリフォルニアでは金が発見され、中国人を含め各地から採掘者が殺到した。中国市場に太平洋経由で到達しようと大陸横断鉄道建設を望む声も上がる。これら新旧の太平洋進出志向を受けて、石炭や水の補給地として日本の開国を図ったのが、マシュー・ペリーの浦賀来航（一八五三年。喜望峰・インド洋・琉球経由で来航）だった。他方、新領土の獲得は南部と北部の対立を激化させた。両者の境界を定めた一八二〇年のミズーリ妥協が大陸横断鉄道建設をめぐる政治取引で一八五四年に廃され、三年後、奴隷主の財産権の不可侵を強調する最高裁ドレッド・スコット判決が出た。西部への奴隷制拡張反対を旗印に共和党が出現していた北部は、南部が連邦政府の行政・司法を壟断《ろうだん》していると危惧した。一八六〇年大統領選挙で共和党のエイブラハム・リンカンが勝つと南部州の連邦脱退が始まり、翌年南部連合が結成されて南北戦争（一八六一～六五年）が勃発する。

### 転換点としての南北戦争

予想に反して戦争は長期化し、近代兵器・技術の影響もあって南北双方は死者計六二万人を出した。リンカンは一八六三年、南部側の実効支配地域を対象に奴隷解放宣言を公布、戦争目的を南部の連邦復帰から奴隷制廃止に切り替えた。物量に勝る北部がその後優位に立ち、南部は六五年に降伏する。連邦に残った奴隷州も含め、同年の憲法修正第一三条で奴隷制は廃止された。また脱退州の扱いをめぐる議会とジョンソン大統領（リンカン暗殺で昇任）の対立から連邦政府がアメリカ出生者に市民権を保障する憲法修正第一四条が生まれ、連邦政府の権限を強めた。脱退州は軍政下におかれ、連邦復帰の一要件として解放奴隷の男子は投票権を得たが、大半は土地など生活の基盤を得られず、白人の土地で綿花を栽培する小作人になっていく。また連邦政府は開戦後、高率関税による工業保護、大陸横断鉄道建設の援助、入植者に限った連邦公有地の無償化など、南部が反対していた経済開発政策を実行した。大陸横断鉄道は中国人労働者の手も借りて一八六九年に開通し、アジア交易に流れていた資本も鉄道建設と工業に回っていく。なお、南北戦争に際して親南部的中立をとったイギリスとアメリカとの関係が緊張したのを受け、北米英領植民地は体制強化を図ってカナダ自治領を結成、太平洋への版図拡大を打ち出し、一八六七年には本国から内政自治権を得た。同年、アメリカもロシアからアラスカを購入している。

### ラテンアメリカの国家統一

ラテンアメリカ諸国は内紛と欧米の介入に苦しみつつカウディーリョ体制からの脱却を図った。アメリカ合衆国との戦争で領土の約半分を失ったメキシコでは、サンタアナの政権が一八五三年に倒れ、ベニート・フアレスら自由主義派が内戦を勝ち抜く。君主制を望むメキシコ保守派と結んだフランスのナポレオン三世は派兵し、ハプスブルク家のフェルディナント・マキシミリアンをメキシコ皇帝に据えた。だがフランス軍は六七年に撤退、フアレスは勢力を回復してマキシミリアンを銃殺、西部の地域勢力も鎮圧して統一を達成した。ペルーとボリビアは共に内部抗争が絶えず、また四〇年代まで相互に軍事介入を繰り返した。両国とチリ、エクアドルは一八六〇年代、スペインの威嚇攻撃も受けた。また硝石を産するチリ・ペルー・ボリビア国境地域をめぐる太平洋戦争（一八七九～八三年）ではチリが勝利して同地域の多くを獲得、ボリビアは内陸国になる。リオ・デ・ラ・プラタではロサスの支配が一八五二年に倒れ、一八八〇年のブエノスアイレス港連邦領化まで、アルゼンチンでは地域勢力の蜂起が繰り返された。またパラグアイは、ウルグアイの政争に関係して同国、アルゼンチン、ブラジルを敵に回し、パラグアイ戦争（一八六四～七〇年）で人口の過半を失う大敗北を喫した。

### 経済開発の開始

各国は資本と労働力を国外に求め、自由主義を掲げて経済開発を図った。ペルーは一八五〇年代に先住民貢納と奴隷制を廃止し、七〇年代にかけてグアノ（海鳥の糞《ふん》が固形化した肥料）の採掘・輸出委託で莫大な国庫収入を得て、一部は鉄道建設に充当された。またグアノ採掘、農業、鉄道建設の労働力として一八四九年移民法で中国人労働者（苦力）を導入したが、横浜に停泊中のペルー船から苦力が逃亡して国際裁判に発展した一八七二年のマリア・ルス号事件など、ポルトガル領マカオ発の渡航船内での虐待は国際的批判を集め、ペルーと清朝は合意を結び、渡航を自由意志によるものに限った。アルゼンチンでは一八五三年制定の憲法が、フアン・バウティスタ・アルベルディの主張に沿って奴隷制廃止、外国人を含めた経済活動の自由、移民奨励を定め、また政府は国内の大平原パンパの開発を図って先住民を駆逐した。一八八〇年以降、イギリス資本がパンパに敷いた鉄道が輸出品の搬送を容易にし、また冷凍船が発明されて以降はヨーロッパへの牛肉輸出が本格化した。さらにイタリア・スペイン等からの移民による小麦やトウモロコシなど輸出用作物の栽培が定着して、二〇世紀初頭にかけてアルゼンチンに南米有数の経済成長をもたらす。メキシコでも軍人・聖職者の法的特権の廃止、教会所有不動産の永代相続禁止が立法化され、一八五七年憲法やレフォルマ（改革）諸法で個人の権利が広く認められた。一八七六年からはポルフィリオ・ディアスの連続政権の下、米英仏資本などが鉄道建設や地下資源開発を進めていく。ただし教会などが所有していた土地は少数者に買い占められ、新たな大土地所有が発生した。

**ブラジルの奴隷制廃止と体制転換**

ペドロ二世のブラジル政府は一八五〇年、イギリス海軍の圧力に屈して、黙認してきた非合法大西洋奴隷貿易の取締りに転じる。国内資本はこの後社会インフラ整備に流れ、イギリス資本も流入、他方で奴隷価格は高騰して、奴隷制は社会進歩の阻害要因と見られていく。だが主要輸出品コーヒーの産地リオ・デ・ジャネイロや、サトウキビを産する北東部は、奴隷労働と伝統的な加工法に頼り続けた。ブラジル軍でパラグアイ戦争を戦った奴隷が自由を得るなど、一八六〇年代には反奴隷制の圧力が高まったが、一八七一年の新生児解放令は、奴隷主の政治力により漸進的な解放令にとどまった。奴隷制廃止運動は八〇年代に再燃・先鋭化し、奴隷の集団逃亡が手引きされ、軍も捕縛を拒否する。その間、地味豊かな県西部でコーヒー栽培が発展したサン・パウロは、コーヒー栽培労働力としてヨーロッパ移民の誘致助成に本格的に乗り出す。サン・パウロはまた、自県への議会議席の配分が少なく、経済力に比して帝国政府における政治力が小さいことに不満だった。そして帝国政府は、一九世紀前半に軍とは別に国民軍という民兵組織を創設し、大地主層を中心とする国内地域秩序の維持に重用していたが、逆に冷遇されていた軍では一九世紀後半に不満が高まり、共和主義を奉じる軍人が増えていた。一八八八年に黄金法で奴隷制度は即時廃止され、翌年の軍のクーデタでブラジルは連邦共和制に移行する。

## Section 7 ネイション

### ネイションの二つの側面

近代のネイションは、共和国の場合には、国家の完全な主権者、立憲君主国であれば、君主と主権を分かちもつ政治的主体として捉えられる。フランス革命に際して、ネイションとは、「共通の法の下に暮らし、同じ立法機関で代表される同胞たちの集団」（シィエス『第三身分とは何か』）と定義された。貴族の政治参加の特権が否定され、ネイションとは、身分的差異、宗派的分断を越えて、平等な市民たちが構成する政治的共同体と考えられたのである。ネイションが「国民」と訳されるのは、市民社会の政治的枠組みとしての性格を重視する場合である。

他方、主権者としてのネイションに正統性を与えるのは、過去からの来歴であり、未来を担う文明性であった。そのような歴史的連続性を表現しようとする人は、ネイションを文化や歴史的経験を共有する共同体として考える。そのような場合、ネイションは「民族」と訳される。

### 西欧型のネイションと東欧型のネイション？

ネイションのそのような二つの側面は、長らく「市民的ネイション」、「民族的（文化的・言語的）ネイション」という二つの類型として考えられてきた。さらにその二つの類型をそれぞれヨーロッパの「西」と「東」に配置し、開放的・包括的な西欧のネイションと、排他的・閉鎖的な東欧のネイションに分ける議論もあった。第三共和政のフランスで、エルネスト・ルナンは、ネイションを「日々の人民投票」である、と位置づけた。それは、政治的共同体としてのネイションへの帰属は、市民たちの政治的合意によるものだという主張を端的に表現したものであった。ルナンは、普仏戦争によって、プロイセンがアルザス＝ロレーヌ地方を領有したことを非難したが、それはそのようなネイション観に由来していた。その住民はゲルマン系のアルザス語を話すが、言語の共通性という自然な与件を根拠にこの地域をドイツに編入することは、ドイツ国家の文明史的な後進性を示している、というのである。それに対して、この地域の人々がフランス国民であったのは、フランスという政治的共同体を主体的に選び取った結果なのだ、とルナンは主張した。

しかし、フランスで、フランス国民という政治的共同体への合意が成立したのは、第一にフランス語とフランス文化が当時のヨーロッパで「普遍的」な優位を誇っていたからであり、第二に、フランス国民の一員であることは植民地帝国の中心に位置することを意味したからであった。どちらの場合も、フランス国民の境界は、文明と未開の境界として機能していたから問題にならなかったにすぎない。他方、ドイツをはじめ、中・東欧地域でも、言語や文化は無媒介に国民を構成したわけではない。ここでは、政治的共同体への合意と参加を可能とするために、言語の標準化や国民文化の創造が行われたのである。どの言語を通じて、公的生活に参加し、どの国民文化によって、自己を社会的・政治的に定義するのかは、時として、極めて選択的であった。つまり、「東」と「西」のどちらの場合も、ネイションの市民的帰属の側面と、民族的表象の側面とは、表裏一体のものとして構成されたのである。

### 「同胞たちの共同体」の境界

さて、ヨーロッパ諸地域で、身分的・宗派的差別、隔離が法的に消滅するのは、フランス革命からロシア革命までの約一世紀の間のことである。それは、「同胞たちの共同体」としてのネイションが成立する前提条件だった。宗派をもとにひとつの身分を構成していたユダヤ教徒に対する差別法も、「長い一九世紀」を通じて次々と撤廃されていった。それまで、ユダヤ知識人の多くは熱心なネイション形成の擁護者であった。ネイションの一員、平等な市民の一人となることで、宗派の違いに由来する社会的差別が解消されるはずだったからである。ところが、市民としての解放が進むに伴って、宗派的差別に代わって、人種主義的な「ユダヤ人差別」が強まっていった。フランス第三共和政下で起こったドレフュス事件はそのことを明瞭に示していた。

明治維新によって身分差別が廃止されたのが一八六八年のことだから、日本でのネイション形成は、ヨーロッパとほぼ同時代性をもっている。その日本でも、身分制、非人制度の廃止の後に、「新平民」差別が深刻化していった。

「同胞たちの共同体」として想像されるネイションは、少数者を生成し、排除するダイナミズムを通じて、構成員の平等を実体化しようとするのである。ネイションは、内側に階級、ジェンダー、地域、そして人種主義的な排除と階層化とを不断に進めながら構成される。帝国主義の時代を迎えて、人々の政治的動員が国家にとって不可欠のものとなるとともに、ヨーロッパ諸地域のネイション形成は新しい段階を迎えた。ネイション相互の競合、植民地諸地域との関係の中で、ネイションは、ますます凝集力を高め、かつ排除と階層化を複雑に深化させていくことになるだろう。

Column 14

# ルイ・フュレの日本体験

ルイ・テオドール・フュレ（一八一六～一九〇〇）は、アジアでの布教を目的として一七世紀に設立されたパリ外国宣教会のフランス人宣教師である。一八五五年の琉球滞在を皮切りに、一八六九年まで函館、長崎、横須賀、横浜など日本の各地を訪れた。

フュレが、他の宣教師と同様、まず琉球を訪れたのは、一八五八年の日仏修好通商条約以前には来日が不可能であったためである。その後、条約により拠点を日本に移すことはできたが、布教活動は一八七〇年代まで正式に許可されず、フュレは最後まで、宣教師としては身動きのとれない鬱屈した日々を送った。そのような中、ある出来事が起こる。同じく宣教目的で来日していた同僚のプティジャン神父と長崎を散策していたとき、少数ながら隠れキリシタンらしき人々に遭遇したのである。もっとも、その後、彼らがかつての改宗者の子孫であることが判明したとき、フュレはフランスに一時帰国していたため、隠れキリシタン発見の功績はプティジャンに譲ることとなってしまった。だがいずれにせよ、注意すべきは、フュレが先鞭をつけたこの隠れキリシタンの発見は、ヨーロッパ人主導の一方的な現象ではなかったということである。それは、一七世紀の弾圧にもかかわらず信徒の末裔が日本に残っているはずだというヨーロッパ側の夢と、いずれ真のキリスト者が自分たちの前に現れるはずだという隠れキリシタン側の夢の、一大邂逅事件であった。

フランスに一時帰国の際、フュレは長崎に建設予定の教会のために、鐘やオルガンなどを購入している。しかし設計から携わった大浦天主堂の建設においても、その栄誉はフュレに帰されることはなく、フュレはその苦い思いを書簡で吐露するよりなかった。このようにフュレは、プティジャンや、駐日公使の通訳になったり、幕府側の要人と親密な関係を結んだりして活躍した同僚のメルメやジラールなどと比べ、日本ではほとんど知られていない。だが、彼もまた日仏交流史において確かな役割を果たしていたのだった。実現はしなかったものの、琉球滞在中のフュレが島津斉彬の要請でフランスからの軍艦購入計画を進めたことも、最近になって明らかにされている。

しかしまたフュレの日本での滞在が歴史学にとって意味深いのは、その日仏交流史上の功績ゆえだけではない。フュレの宣教師としての生活は、単なる日仏の二国関係に収斂しない、多様な人間関係に彩られていたのである。フュレは、イギリスのプロテスタントの宣教師、ロシアやドイツの軍人などヨーロッパ各国の来訪者や居留民と日常的に接触していたし、さらに聖職者として、フランス国家の意志を体現する公使とはときに激しく対立し合った。その様子は、書簡や『回顧録』にいきいきと描かれている。日本人に対しては、フュレは生来の好奇心の強さと日本語能力を生かし、できる限り住民の中に入り込んで観察を続けていった。中でも注目すべきは、カトリックの尖兵としての性質上その記述は神の摂理に対する揺るぎない確信に満ちているものの、それがフュレの文章を硬直させなかったことである。信仰は強制されてはならないという価値観もさることながら、長崎の精霊流しや凧揚げなどの「異教徒」の風俗・風習を語るときのフュレの落ち着いた、温かみのある筆致からもそれを知ることができる。

加えて、フュレの場合、異文化について「真実を語る」という姿勢がひとつの規範として確立していた。民族学協会の通信会員でもあったフュレがカトリック系雑誌の編集者に宛てた書簡はまさに「日本在住外国人に関する真実を語る民族誌」と題されているが、その意味するところは大きい。歴史を振り返れば、ヘロドトス以来、歴史家は旅行者であった。しかし、同時代の見聞を絵画のように生彩に描写することで真実効果を担保しようとしてきたヨーロッパ歴史叙述の伝統は、そうしたレトリカルな要素をできるかぎり排して客観的な実証科学の立場に徹しようとする近代的学問としての歴史学の成立とともに衰退し、その一部は、萌芽期の民族誌によって担われることになる。フュレが、自分を歴史家ではなく、民族誌家だと見なしたのには、そのような歴史的な経緯がある。その点で、フュレのテクストは、当時の日本社会のありようを探る貴重な史料というだけでなく、歴史学の学問的成立を反省する手がかりともなりうるのである。

**大浦天主堂（創建時）**
出典：『日本の美術』No. 446，2003年。

Column 15

# 『佳人之奇遇』と世界の小国史

会津藩士の家に生まれた柴四朗（一八五二～一九二二年）は、明治維新で会津藩が消滅した後、一八七九年にアメリカに留学し、一八八五年に留学を終えて帰国すると、東海散士という筆名で『佳人之奇遇』という政治小説を著した。これは、一八八五年に初編が刊行されたのち、一八九一年に第五編が刊行され、数年の期間をおいて一八九七年に第六～八編が刊行された。この間、柴四朗は一八八六～八七年に欧州視察（オーストリア＝ハンガリー、オスマン帝国、ギリシア、イタリア、イギリス、アイルランドなど）を行っており、また一八九一年に衆議院議員に当選したり、一八九五年の閔妃殺害事件に連座して入獄したりしている。

この『佳人之奇遇』に描かれる世界は、すべてが抵抗する亡国の民の歴史である。主役として登場するのは、スペインのカルロス党の女性闘士、アイルランドの独立運動の女性闘士、清朝に滅ぼされた明朝の遺臣、そして会津藩という亡国の遺臣である。欧州視察前の「前半」で扱われる小国史は、アイルランド、スペイン、清はもちろん、ポーランドの分割史、ハンガリーの一八四八年革命、イタリアの統一史、日本の自由民権運動、サントドミンゴの革命、エジプトのオラービーの戦い、ギリシアの独立、メキシコ、インド、朝鮮の歴史である。「後半」では、エジプトのほか、マダガスカル、リベリア、スーダン、オスマン帝国、ブルガリアの歴史を扱い、特に、コシュートのバルカン連合構想や、アイルランド独立運動を詳しく論じ、最後にまた朝鮮を論じている。

全体を通して流れる一本の筋は、ハンガリーの一八四八年革命の指導者ラヨシュ・コシュートである。コシュートとその娘を通じて、ポーランドのコシチューシコ、イタリアのガリバルディ、ブルガリアのスタンボロフ、ウィーン革命、バルカン連合などが語られる。だが、散士の真の狙いは、朝鮮論であって、「前半」では、朝鮮を「アジアのスイス」にすべきだと主張したが、「後半」では、朝鮮を日本が「指導」するべきであると論じていた。

散士は、独立を達成するまでの「小国」については、民権論的立場で論じており、大国に対する小国への同情、小国の独立への支持を表明し、大国に依存しない小国内部の結束、国内の人民の自由の声を重視した。だが、独立を達成した後の「小国」については、国権論的議論を展開し、小国が強くなって大国として他の大国と対等に処していくための道を説く。そのための愛国心、国内の自由より外の自由が求められる。「方今焦眉の急務は十尺の自由を内に伸ばさんより寧ろ一尺の国権を外に伸ぶるに在り」（巻二）という言葉は、そのようなものとして理解される。散士の議論は、権力者による自由のはきちがいなどを批判するが、視線は指導者にあって、民衆のレベルの視点がなく、比較的容易に国権論に傾くことになった。

Column 16

## タンジマート

オスマン帝国では、一八三九年のギュルハーネ勅令公布によってタンジマート（編成、秩序化）と呼ばれる、国家制度の多方面にわたる改革が始められた。一連の改革は、地方勢力の中央政府への挑戦および諸外国による干渉と侵略という内外の危機を克服し、帝国を再建することを目的としていた。中央集権化はその最大の目標であり、各地の在地勢力の排除によって直接統治が拡大され、地方行政制度の整備を通じて国家権力の地方社会への浸透が図られた。改革を指導したのは西洋の事情に通じた官僚グループであり、彼らは最高評議会、のちに国家評議会を通じて改革政策を実行した。この間、刑法、商法、徴兵制、警察、土地登記、制定法裁判所、学校制度など、多くの新しい法令や制度が作られた。しばしば西洋のモデルが参照されたが、土地法や民法はイスラーム法やカーヌーン（スルタンの法）の伝統を発展させたものであり、西洋化は折衷的・選択的だった。

拡大する国家を支える「オスマン国民」を創出することはタンジマートの重要な課題であった。教育はその手段として重視され、エリート養成および臣民教化のための新式学校が多数設立された。学校教育と官僚組織の発達によって、多くの地方名望家がオスマン・エリートとして国家体制に統合された。非ムスリムは改革当初より地方レベルで行政参加を認められていたが、一八五六年の「改革勅令」は、全臣民の法的な平等を明文化した。これによって非ムスリムの「ジンミー（庇護民）」としての地位が解消され、宗教に関わらない「オスマン人」という国民概念が生み出された。改革勅令の平等規定はムスリムの反発を引き起こしたが、一九世紀末までには非ムスリムが官庁、会議、学校、法廷などでムスリムと席を並べることは普通の光景になった。一八六〇年代後半には、若手ムスリム官僚たちの間でより広い政治参加を求める動きが現れた。新オスマン人と呼ばれた彼らは、出版を通じて自由や愛国、そして立憲制を訴えた。

タンジマートの主眼のひとつは財政改革であったが、官僚・軍事組織の肥大化の一方で、徴税請負制廃止策の挫折、紙幣導入の失敗などにより財政はますます悪化した。累積する対外債務に対して政府は一八七五年に支払不能に陥り、のちに徴税権の一部を国内外の資本家の代表からなる債務管理局に譲渡する結果になった。政府の中央銀行も英仏資本が経営するなど、国家財政は外国資本に支配された。

オスマン帝国は長らくヨーロッパ国際関係の主要な一アクターであったが、力関係の逆転した一九世紀には西洋諸国間の対立関係を利用して帝国の領土保全を図るほかなかった。これを西洋側から見ると「東方問題」となる。改革は列強諸国と対等な地位を得るためにも必要であり、しばしばキリスト教徒保護を名目とする列強の介入と圧力によって強制された。一八七五年に始まるバルカン危機とそれに伴う列強の圧力強化は、政局の急転を招き、結果として翌年末にオスマン帝国憲法の制定に至った。これはタンジマートの到達点であったが、当時列強諸国はオスマン帝国の現状維持政策を放棄しており、帝国は新たな危機の時代に入ることになった。

タンジマート期のオスマン帝国は、列強諸国の干渉と圧力に対して極めて脆弱であったが、その一方で、この時期に中央政府の権力が及ぶ範囲は、かつてないほどに拡大した。すでに一八一〇年代から三〇年代にかけて、アーヤーンと呼ばれた強力な地方勢力は制圧されていたが、タンジマート期には新たにクルディスタン、アルバニア、キリキアなどが直接統治体制下に組み込まれ、また、ヨルダン地方、イエメン、リビア内陸部などにも支配領域が拡張した。オスマン帝国は外国勢力の脅威に対抗するために、辺境支配を確固たるものにする必要に迫られていたのである。

こうした一連の改革からなるタンジマートは、近代化、西洋化としてしばしば明治日本と比較されるが、最後の約一〇年間を除けば江戸時代末期と同時代であることにも注意が必要である。たしかに一八六〇年代の地方行政改革や教育法制定などは、明治維新後の新体制と比較可能かもしれないが、むしろ、その後のスルタン・アブデュルハミト二世時代の諸政策にこそ、明治日本の国家主義的な改革と多くの点でパラレルな関係を見出すことができる。

**ドルマバフチェ宮殿（1856年完成）**
スルタンの命によりアルメニア人建築家によって建設された。
出典：筆者撮影。

# 第7章

# 日清・日露戦争の時代
## ——1873〜1910年

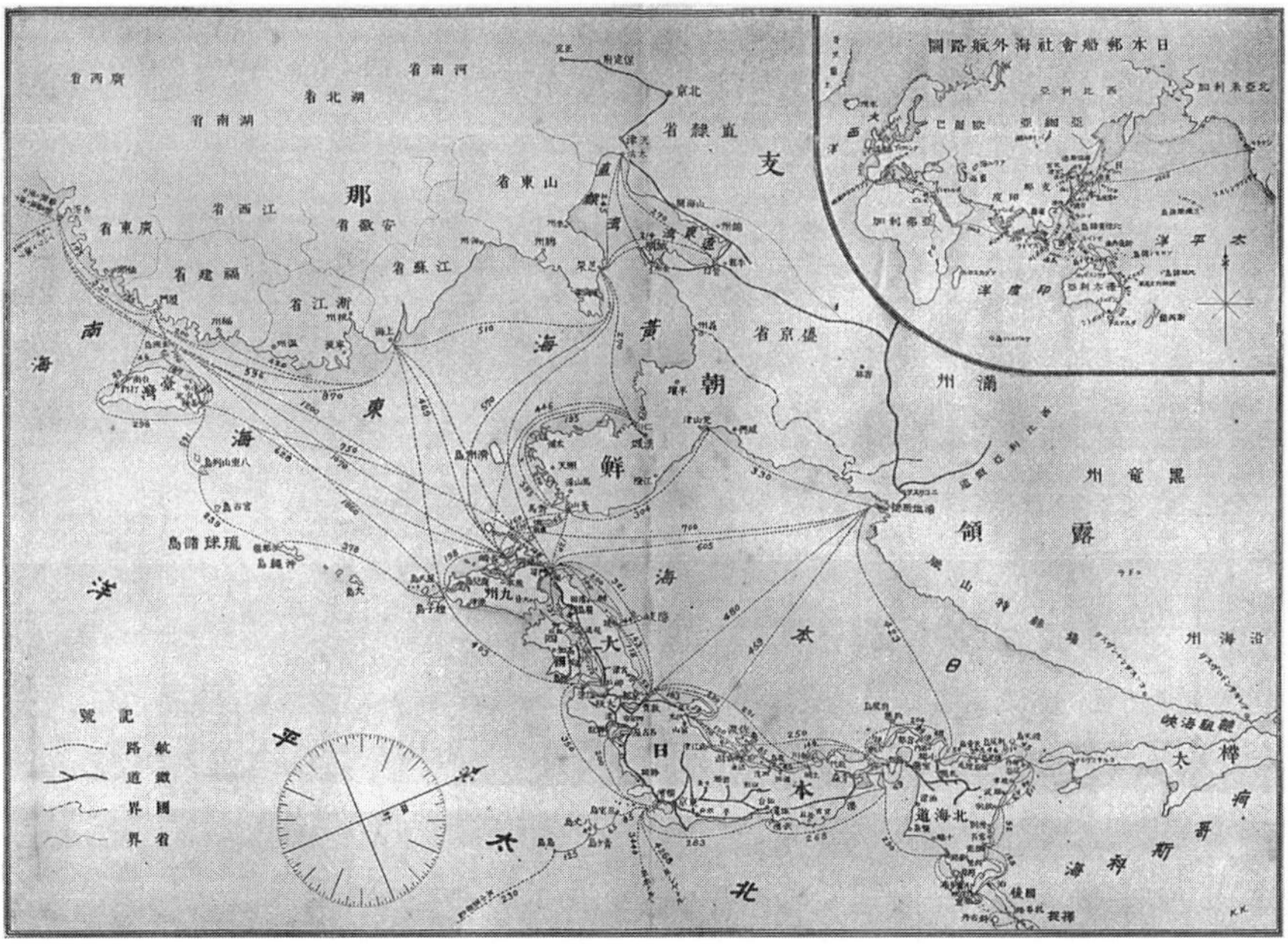


日本沿海航路全図

『太陽』第８巻第８号（1902年６月，臨時増刊「海の日本」）付録。帝国主義の時代に，日本が東アジア，さらに世界と海で結ばれていったことを示している。

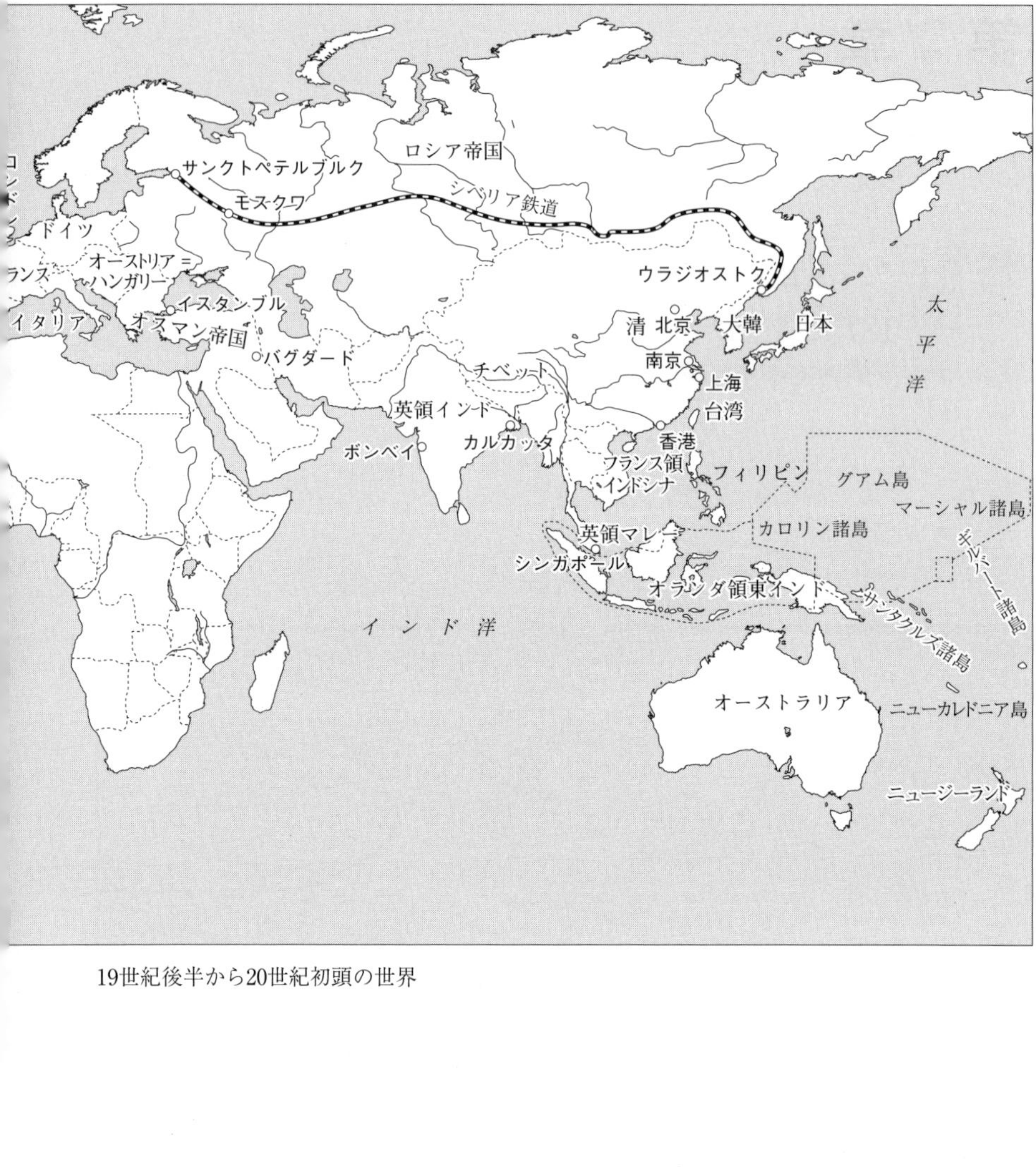


19世紀後半から20世紀初頭の世界

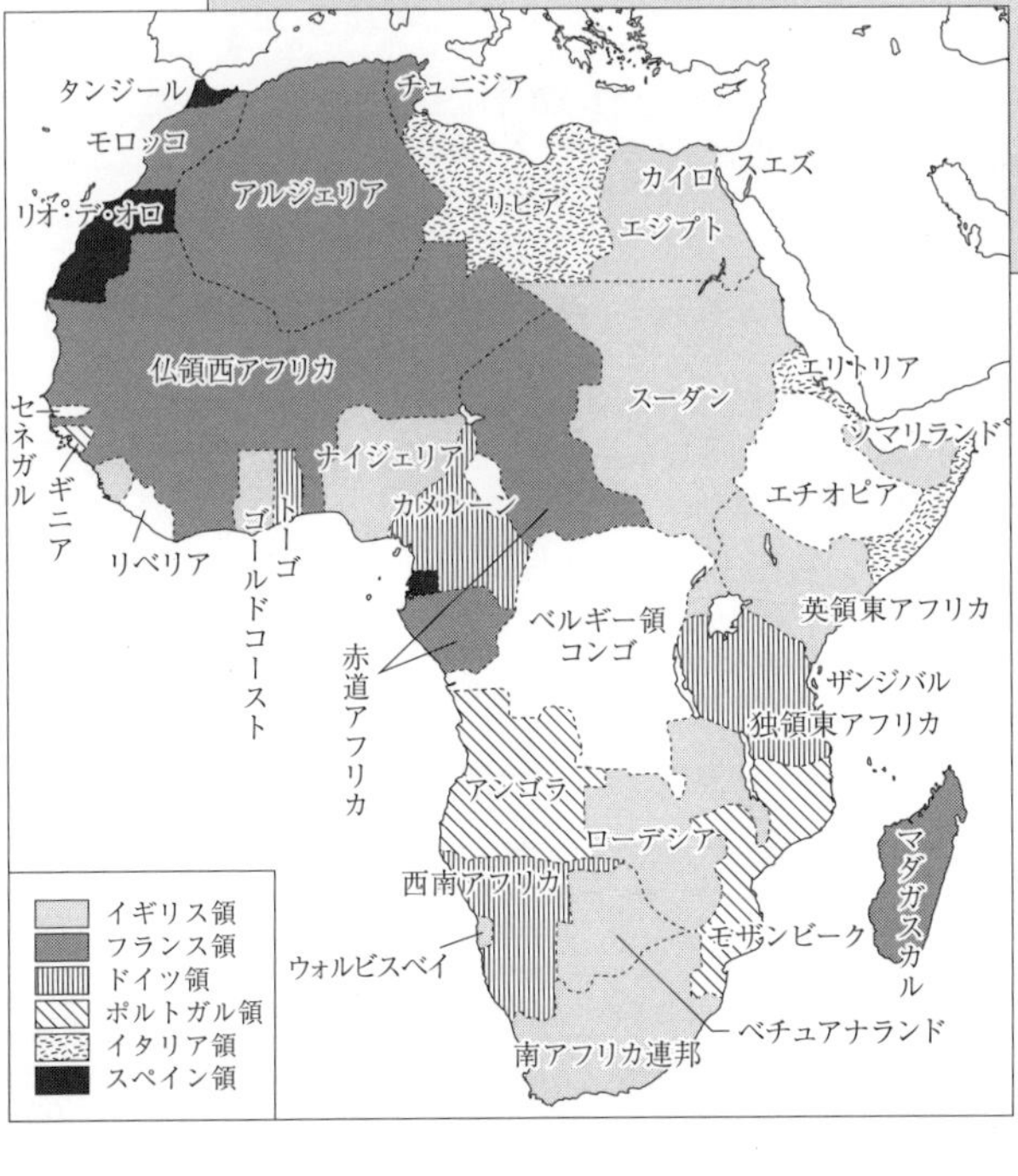


帝国主義列強による
アフリカ分割

| 年 | 主な出来事 |
|---|---|
| 1873 | 5. ウィーン証券取引所「暗黒の金曜日」(「大不況」の開始，～96年) |
| 1874 | 1.（露）徴兵令。2.（日）台湾出兵（～10. 撤兵） |
| 1875 | 5.（日・露）千島樺太交換条約。ドイツ社会主義者労働者党（後の社会民主党）設立。7. ヘルツェゴヴィナ蜂起。11.（英）スエズ運河株買収 |
| 1877 | 1.（英）ヴィクトリア女王，「インド女帝」宣言。4. 露土戦争（～78年3.） |
| 1878 | 3. サン＝ステファノ講和条約。6. ベルリン会議（～7.）。7.（墺）ボスニア＝ヘルツェゴヴィナ出兵（～10. 占領）。10.（独）社会主義者鎮圧法成立 |
| 1879 | 7.（独）保護関税の導入。10. 独墺同盟 |
| 1881 | 2.（露）清とイリ条約締結。3.（仏）チュニジア派兵（～83年6. 保護領化） |
| 1882 | 5.（米）排華移民法の成立。5. 独墺伊三国同盟。9.（英）エジプト占領。9. ロシア系ユダヤ人のパレスチナ移住開始 |
| 1883 | 11. 清仏軍の衝突（清仏戦争，84年8. 清の対仏宣戦布告～85年6. 天津条約） |
| 1884 | 1.（英）フェビアン協会の結成。11. ベルリン会議（～85年2.「アフリカ分割」） |
| 1886 | 4.（英）アイルランド自治法案（6. 否決）。5.（米）ヘイマーケット事件。9. ジェロニモ降伏（アパッチ戦争終結）。10.（西）キューバ奴隷制の最終的廃止 |
| 1888 | 5.（ブラジル）奴隷制廃止 |
| 1889 | 1.（仏）セーヌ県補欠選挙，ブーランジェ当選。11.（ブラジル）連邦共和制への移行 |
| 1890 | 3.（独）ビスマルク罷免（「新航路」政策開始）。10. 社会主義者鎮圧法の失効。（露）ニコライ皇太子のアジア諸国歴訪（91年5. 大津事件） |
| 1891 | 3.（米）移民管理局設置。5.（露）シベリア鉄道着工（～1904年全線開通）。8. 露仏政治協定締結（露仏同盟へ） |
| 1894 | 8. 日清戦争（95年4. 露独仏の三国干渉）。10.（仏）ドレフュス事件 |
| 1896 | 5.（米）最高裁，人種差別州法の合憲判決 |
| 1897 | 中国分割危機（～98年，独露英仏，中国沿岸各地に租借地獲得） |
| 1898 | 4. 米西戦争（～12.）。6.（米）ハワイ併合。9. ファショダ事件 |
| 1899 | 5. 第1回ハーグ平和会議（～7.）。9.（米）中国門戸開放宣言。10. 南アフリカ戦争（～1902年5.） |
| 1900 | 義和団戦争（6. 八カ国連合軍の共同軍事行動，～1901年9. 北京議定書）。6.（独）第二次艦隊法制定（英独建艦競争へ） |
| 1902 | 1. 第一次日英同盟。5.（仏）下院議員選挙，左翼連合勝利 |
| 1903 | 11.（パナマ）コロンビアからの分離独立（翌年，パナマ運河建設開始） |
| 1904 | 2. 日露戦争（～05年9. ポーツマス講和条約）。4. 英仏協商 |
| 1905 | 1.（露）「血の日曜日」(革命へ)。3. 第一次モロッコ事件（06年1～4. アルヘシラス会議）。7.（日・米）桂・タフト協定。8. 第二次日英同盟 |
| 1906 | 10.（仏）労働総同盟，アミアン憲章採択 |
| 1907 | 1.（墺）男子普通選挙法。6.（露）ストルイピン，六月三日法制定。第2回ハーグ平和会議（～10.）。6. 日仏協約。7. 第一次日露協約。8. 英露協商 |
| 1908 | 2. 日米紳士協約。7. 青年トルコ人革命 |

# 序論　帝国主義の時代

## 帝国主義時代の到来と日清戦争後の世界

一八九四年、朝鮮の甲午農民戦争をきっかけに起きた日清戦争は、翌年日本の勝利に終わった。この敗戦で「眠れる獅子《しし》」ではないことが判明した中国には、西欧列強が利権を求めて競って進出した。この時期ヨーロッパを中心に帝国主義の時代が始まっていた。一八九一年に締結された露仏同盟がその象徴であった。この同盟は、一八八二年に締結されていたドイツ、オーストリア＝ハンガリー、イタリアの三国同盟とは違い、ロシアのフランスへの金融的従属を基礎にした帝国主義的同盟であった。当時の最新の金融資本国フランスが、前近代的なツァーリのロシアと手を結び、それに近代的な存在意義を与えたのである。ここに、露仏同盟と三国同盟と「光栄ある孤立」を守るイギリスとの鼎立関係が成立し、この鼎立関係の中で、列強の対立は敗戦後の中国に求められたのである。

日清戦争後、ロシア、ドイツ、フランスは日本に対して三国干渉を行い、遼東半島を返還させた。この三国干渉に続いたドイツの膠州湾占領事件は、列強による「中国分割」危機を生み、ロシア、イギリス、フランスが相次いで租借地を獲得した。その一方で、三国干渉は日本での愛国心を燃え上がらせ、対外強硬的世論を生んだ。幸徳秋水が『帝国主義』を著したのは一九〇〇年のことであった。幸徳は帝国主義を愛国主義と軍国主義の結合に求めていた。

日清戦争後、一八九八年九月、アフリカのファショダで軍事危機が生じたが、この危機はイギリスとフランスの妥協によって回避された。この妥協の後、列強対立の焦点は再び東アジアに戻った。だが、南アフリカでの戦争が、イギリスを制約していた。一八九九年に勃発した南アフリカ戦争において、イギリスは苦戦を強いられ、四五万人もの軍隊を投入した。これがイギリスの勝利に終わるのは、一九〇二年を待つ。同年、ホブソンの『帝国主義論』が著されたのは、この南ア戦争を批判するためであった。ホブソンは、帝国主義の原因を資本輸出に求めていた。

## 義和団戦争から日英同盟へ

東アジアでは、日清戦争後に激化した列強の中国勢力圏・利権獲得競争に反発した義和団が、「扶清滅洋」を掲げて一八九八年に蜂起し、一九〇〇年、義和団戦争が勃発した。日露など八カ国が出兵し、一九〇一年に清朝を犠牲にした北京議定書を結んだ。この出兵で示された日本の軍事力にイギリスが注目し、翌年に日英同盟が締結された。これは当時最も近代的なイギリスと前近代を残す日本との同盟で、露仏同盟のアジア版であった。しかも日英同盟は日本とイギリスが朝鮮と中国で「勝手に」勢力範囲をきめた帝国主義的同盟の見本であった。一方で、東清鉄道を建設し、旅順・大連を租借していたロシアは、満洲に一七万人あまりの兵力を維持し続け、日清戦争後に朝鮮支配を進める日本と対峙した。

### 日露戦争から帝国主義的同盟網へ

一九〇四年二月からの日露戦争は、ロシアの後ろにドイツ・フランス、日本の後ろにイギリス・アメリカが立つという「代理戦争」であった。しかし、ロシアは一九〇五年一月に起きた革命によって戦力が低下し、日本も外債に頼る戦費が枯渇した。また、列強も、戦争の継続を望まなかった。結局、アメリカの調停によって一九〇五年九月にポーツマス条約が締結された。

こうして、東アジアでの列強対立が妥協すると、対立の舞台は、今一度アフリカ・中東に求められた。ここでは、日露戦争が始まって間もない一九〇四年四月、英仏協商が結ばれ、アフリカのみならず、世界の広範囲な地域での英仏の利害の調整を「勝手に」行っていた。これに対し、世界政策を掲げるドイツのヴィルヘルム二世は、一九〇五年三月、モロッコのタンジール港に上陸し、モロッコの独立を承認したが（第一次モロッコ事件）、イギリスとフランスは、アルヘシラス会議においてドイツの野望をかろうじて抑えた。中東でもドイツはすでに一八八八年からアナトリア鉄道の建設に着手していたが、一九〇三年にはバグダード鉄道会社を設立し、一九〇六年からバグダード鉄道建設を本格化した。このドイツの東方進出に加えて、イランでは、日露戦争の影響も受けて、一九〇五年八月から立憲革命が始まっていた。このような背景の下に、一九〇七年八月、英露協商が結ばれた。それはイランにおける利害をイギリスとロシアで南北に分割することなどを「勝手に」定めていた。ここに三国協商が成立し、帝国主義的同盟網が世界的に形成された。

イギリスとロシアの妥協の後、列強の緊張関係はバルカンに移動した。日露戦争後活動を活発化した青年トルコ人（統一と進歩委員会）の蜂起が一九〇八年に起きると、一〇月、オーストリア＝ハンガリーはそれまで占領していたボスニア＝ヘルツェゴヴィナ二州を併合した。この後の一九一〇年、オーストリアのヒルファーディングは『金融資本論』において、大銀行と大産業資本の融合した金融資本こそが帝国主義の根源であることを説くのである。

# 総論　一九世紀末の欧米とアジア

**「大不況」とグローバル化の進展**

一九世紀半ばに「世界の工場」として経済的に繁栄したイギリスは、一八七三年から一八九六年まで長期にわたる「大不況」から回復できなかった。この時期に、アメリカとドイツでは急速に工業化が進展して資本財の生産でイギリスを凌駕《りょうが》した。一八九〇年代には、ロシア、イタリア、日本などの半周辺資本主義諸国が工業化に着手し、世界経済は、消費財生産で複数の後発資本主義諸国が工業化を競う段階に移行した。一八六九年にはスエズ運河とアメリカ大陸横断鉄道が完成しており、欧米向けの食糧・原料輸出を媒介として、ラテンアメリカ諸国、インド、オーストラリア、カナダなどの第一次産品生産諸国が世界市場に本格的に編入されて、世界の一体化（一九世紀型のグローバル化）が促進された。

その過程で、イギリス農業は海外からの安価な農産物の大量輸入にさらされて「農業大不況」に直面した。同時に工業の国際競争力も低下し、アメリカ・ドイツからの鉄鋼・非鉄金属製品・機械の輸入が急増し、両国との貿易摩擦が生じた。イギリスの貿易収支は赤字の急増により悪化したが、海運料収入、海上保険料、貿易商社手数料、利子配当収入からなる貿易外収支の黒字は急増した。特に、二〇世紀初頭には、激増する資本輸出（約三〇億ポンド）を反映して、利子・配当金のみで貿易赤字を補塡できるまでになった。世界経済自体は、アメリカ・ドイツの工業化と第一次産品生産諸国の経済発展に支えられて成長を続け、イギリス経済は「世界の工場」から「世界の銀行家・手形交換所」へと変容し、ポンドが世界中の貿易決済で使われる国際通貨となり、ロンドン・シティが世界金融の中心地になった。

**社会帝国主義政策の遂行**

「大不況」はヨーロッパの労働者階級の生活にも影響を及ぼし、新たな政治的思潮が生まれた。失業問題への関心が高まる中で、一八七五年に結成されたドイツの社会主義者労働者党（のちの社会民主党）や、一八八四年のイギリスのフェビアン協会など社会主義的な諸団体が結成された。同時期に、不熟練・半熟練労働者を中心とした新たな労働運動も展開された。

こうした社会主義勢力に対抗して、全国民を結集して国家と帝国の防衛にあたらせる社会統合の手段として、帝国主義と社会福祉を同時に追求する社会帝国主義政策が展開された。その典型は、ドイツのビスマルクが一八八〇年代に制定した疾病保険法・災害保険法・養老保険法の社会立法である。イギリスではやや遅れて、ジョゼフ・チェンバレンが同様の政策に着手したが、南アフリカ戦争による財政難で挫折を余儀なくされた。本格的な社会帝国主義政策は、一九〇八年に成立したアスキス自由党内閣の下で推し進められ、同年に老齢年金法、一九一一年に健康保険と失業保険からなる国民保険法が制定された。こうした社会政策は、イギリス・ドイツ間での海軍大拡張計画、いわゆる英独建艦競争と並行して展開された。その過大な経費膨張政策は国家財政を圧迫し、イギリスでは大土地所有制に対する新たな課税（人民予算）と貴族院の拒否権をめぐり「憲政の危機」を引き起こした。

### アジア間貿易の形成と反植民地主義運動の萌芽

「大不況」期のアジア世界は、イギリスを中心とした世界経済に第一次産品の輸出地域として包摂されたが、アフリカやラテンアメリカ諸国と異なり、アジア諸地域間を相互に結ぶ地域間貿易（アジア間貿易）が形成された点で、世界経済内で極めてユニークな地位を占めていた。その基軸となったのが、英領インドの綿花生産、ボンベイと大阪の機械製綿糸生産とその中国市場への輸出、中国現地での手織土布《どふ》生産と消費という、綿関連製品（モノ）の輸出入と、それを商った華僑や印僑などのアジア商人（ヒト）の活躍であった。植民地でありながら一八七〇年代より発展したボンベイ綿紡績業は、中国市場をめぐり新興工業国の日本製品と激しい競争を展開した（アジア間競争）。このアジア間貿易は、貿易額では対欧米向け貿易に及ばなかったが、成長率ではそれを上回り地域経済発展の牽引車になった。

他方、インドではイギリスの植民地主義を批判する政治思潮と経済理論が生まれた。一八八五年に誕生したインド国民会議と、その初期の穏健派指導者D・ナオロジに代表される「富の流出」論がそれである。ナオロジは、鉄道建設の利払い・軍事費・官僚給与などインドからイギリスへの膨大な送金（財政的収奪）を、「富の流出」として経済学的に批判した。彼の議論は、のちに法廷弁護士として南アフリカでのインド人商人や農業労働者の権利擁護に奔走したM・ガンディーにも有益であった。萌芽期のインド・ナショナリズムは、「帝国臣民」の論理を逆手にとって、植民地主義・帝国主義を批判したのである。

Section 1

# 内憂外患と苦闘するロシア帝国

## 汽船と鉄道の時代

一八六九年のスエズ運河開通は、ロシアにとっても海洋時代の幕開けだった。一八七〇年代末から二〇世紀初頭には、黒海岸のオデッサから地中海、紅海、インド洋、南シナ海、東シナ海、日本海を経てウラジオストクに至る道が全盛期を迎えた。その象徴が、のちの皇帝、ニコライ皇太子による一八九〇年一〇月から翌八月までのアジア諸国歴訪だった。道中の挿話としては、英仏の圧力に呻吟《しんぎん》していたシャム王国から仲裁者としての役割を期待されたこと、滋賀県大津で巡査に襲われたこと（大津事件）が知られている。当時のロシアの汽船は、往路で移民と囚人を運び、帰路で茶を運んだ。日露戦争後、移民はシベリア鉄道を利用したので、汽船会社は、北米に渡るユダヤ人とメッカ巡礼者を顧客とした。

鉄道の敷設は戦争と不可分だった。ロシアは中央アジア征服の最終段階で、トルクメン人の制圧に加え、英領インドをうかがうために、一八八〇年代、カスピ海東岸からサマルカンドにザカスピ鉄道を建設した。一八九一年に着工したシベリア鉄道も、海上交通を支配するイギリスへの対抗手段だった。日清戦争後、日本が南満洲にも野心を向け始めると、極東の鉄道網拡充が焦眉の課題となった。ロシアは清朝に接近し、満洲を横断する中東鉄道の敷設権を得て、三国干渉で日本から清に返還させた遼東半島の旅順・大連を租借した。一九〇〇年春、外国人排斥を掲げる義和団運動が本格化すると、鉄道の保護を理由にロシア軍は満洲での兵力を増強した。シベリア鉄道が全通するのは、日露戦争の最中、一九〇四年のことである。

## 帝国秩序の維持と国民化の狭間で

多宗派の集団を個別に統合してきたロシア帝国も、同時代の列強との競争力を高めるために、臣民を国民化（ロシア化）する必要に迫られた。しかしその帰結は一義的ではない。例えば、ロシア語教育の普及を狙った政策が生み出したのは、高等教育を修め、西欧化した民族知識人だった。政府は、これらの人々がロシアの一体性を脅かすのではないかという強迫観念に駆られるようになった。一八七四年の徴兵令もまた国民化政策の重要な柱だったが、どの民族が国民軍に入れるのかは論争の的になった。

一八九八年に起こったアンディジャン蜂起は、中央アジア統治に自信を深めていたロシア当局に、寛容に基づく従来のイスラーム行政の見直しを迫った。しかし、アジア諸国との通商拡大を目指した蔵相ヴィッテは、国内の政策がイスラーム世界で反発を生んではならないとの立場をとった。

一九〇五年革命の結果、開設された国会では、諸民族の代表も集まった。しかし、そこにロシア人の利益の侵食をみた首相ストルイピンは、一九〇七年の「六月三日法」で、「公民意識」の未発達を口実に、多くの非ロシア人の選挙権を奪った。同時期、イランとオスマン帝国でも革命が起こり議会が設置されたが、ロシア政府はそれらとムスリム臣民との連帯を警戒し、「汎イスラーム主義者」の摘発を行った。そこには、欧米で流行していた黄禍論も影を落としていた。

### 国際関係

この時代に最大版図を誇ったロシア帝国は、バルカン半島から朝鮮半島に至るユーラシア大陸の中心部で列強と勢力圏を競った。一八七七年の露土戦争でロシアは、バルカンの新しい国々の庇護者として振る舞い、アルメニア人居住地域の改革を口実にアナトリアに介入する足がかりを得た。これにはイギリスとオーストリアが反発し、翌年、ドイツのビスマルクの仲裁で調印したベルリン条約でロシアは、バルカンでの野望を一部挫かれた。その後、ドイツはオスマン政府にますます接近したので、ロシアはクリミア戦争で失った黒海の海軍力の復興を進められなかった。また、中央アジアでの快進撃も退潮を余儀なくされた。ロシアはアフガニスタンに軍事支援を約束して接近したが、一八七八年の第二次アフガン戦争の結果、アフガニスタンはイギリスの保護下に入った。一八七〇年代には、新疆《しんきょう》のムスリム反乱に乗じてイリ地方を占領したが、清朝が再征服を果たすと、一八八一年のイリ条約で、交易上の優遇措置を除き、新疆からも撤退した。

日清戦争後の清朝との接近は、満洲での勢力拡大に道を開いたが、日露戦争に敗れて結んだポーツマス条約で、サハリンの南半分と中東鉄道の旅順‐長春間を失った。その後、「内外二〇年間の平静」を掲げたストルイピンは、対日・対英関係の改善に努め、事実、帝政崩壊までの日露関係は、歴史上、例外的に良好だった。両国は、一九〇七年と一九一〇年の協約で満洲における勢力圏を分割した。その結果、日本は朝鮮を併合し、南満洲鉄道を根幹とする植民地経営の基礎を作った。ロシアは、辛亥革命後の外蒙古の独立で影響力を行使できた。また、一九〇七年には英露協商でイランにおける勢力圏も分割され、イラン北西部にはロシア軍が進駐した。こうして、アジアで緊張をはらんだ勢力均衡を作り出したロシアにとって、バルカン半島を焦点とするヨーロッパ情勢の比重が再び高まるのである。

Section 2

# 共和政フランスの内と外

### 遠くて近い国

徳川幕府が、第二帝政の下にあったフランスから軍事顧問団を招聘していたのに対し、明治政府は、フランスとの戦争に勝利したプロイセン＝ドイツ帝国から多くを学び取り入れようとした。フランスはむしろ、中江兆民の自由民権論やボアソナードが起草した民法（旧民法）と結びつけられてイメージされた。のちに萩原朔太郎が「ふらんすへ行きたしと思へどもふらんすはあまりに遠し」（初出は『朱欒』一九一三年、『純情小曲集』所収、一九二五年）と詠んだ詩は、近代日本の文化人がフランスに抱いた憧憬を凝縮している。しかし現実のフランスは、疑いもなく列強の一角をなしていた。アジアでも、清仏戦争（一八八四～八五年）での勝利をてこにフランス領インドシナ連邦を形成したし、義和団戦争（一九〇〇～〇一年）でも派兵を怠らなかった。フランスは、「あまりに遠し」どころか、日本の眼前に迫っていたのである。

もっとも、フランス国内が常に一丸となってアジア進出を後押ししたわけではない。植民地獲得よりも、アルザス＝ロレーヌを併合したドイツへの「復讐」を優先させるべきだとの意見は、急進派（共和派左派）を中心に根強かった。しかし、一八九〇年にドイツで宰相ビスマルクが辞任し、皇帝ヴィルヘルム二世みずから「新航路」と呼ばれた政策に乗り出すと、フランスは植民地をめぐってドイツと衝突するようになり、植民地獲得と対独復讐は、次第に矛盾しなくなった。二度のモロッコ事件（一九〇五、一一年）は、そのことを示している。

### 内政の動揺

内政に目を転じると、ナチス・ドイツに敗れるまで七〇年続くとはいえ、第三共和政は安定した体制だったとはいいがたい。一八七〇年九月に共和政（第三共和政）が宣言されるが、当初は王党派が議会と大統領府をおさえ、「道徳秩序」をスローガンに王政復古と伝統社会への回帰を夢見ていた。しかし、王党派内の争いもあって王政復古は実現せず、七五年、二院制などを定めた憲法が成立して、ようやく共和政に法的な根拠が与えられた。

初め野党の座に甘んじていた共和派は、選挙を重ねるにつれて支持を拡大し、一八七九年には上下両院を掌握して、王党派の大統領を辞任に追い込んだ。政権をとった共和派は、言論の自由を保障し、労働組合の結成を承認し、さらに市町村の権限を拡大するなど、一連の改革を行った。ただし、社会政策には及び腰であり、急進派から「日和見主義者」との批判を受けた。

共和派政権が樹立されてからも、体制を脅かす出来事が何度も起こった。一八八〇年代後半、国民的人気を誇ったブーランジェ将軍をシンボルにして起こった大衆政治運動「ブーランジスム」も、そのひとつである。この運動は、「議会解散・新たな制憲議会・憲法改正」という、具体性はないが明快なスローガンを掲げて広範な支持を得ようとする点に特徴があった。九四年、機密漏洩の嫌疑でユダヤ系将校が逮捕された「ドレフュス事件」も、完全な冤罪《えんざい》ではあったが、世論を二分し、各地で反ユダヤ暴動を引き起こすなど、世紀末のフランス社会を大きく揺るがせた。このドレフュス事件の余波で、政権の軸は急進派に移る。急進派は、社会政策では期待されたほどの成果を挙げられなかったが、反教権的政策には熱心であり、一九〇五年には政教分離法を成立させた。

### 一体感と格差

国民国家の形成は、一九世紀のヨーロッパ諸国にとって大きな政治課題だった。しかし、もともと文化的な多様性が強いフランスでは、フランス語を日常的に用いない人々が一九世紀半ばでも人口の半数近くに及ぶなど、課題の実現は容易ではなかった。言語学者エルネスト・ルナンが、「国民とは何か」と題した講演（一八八二年）で、国民は国家理念への同意によって人々が自発的に形成するものだと述べたのも、このような事情が背景にあった。

国という枠組みが現実に意味をもつには、交通網の存在が不可欠であった。鉄道は都市部から離れた地域にも達するようになり、二〇世紀初頭には総延長五万キロを数えた。また道路の建設も進められ、文字通りの道路網が全土を覆った。このような基盤整備と並んで、思考の次元でも人々の地平を広げる必要があった。教育は第三共和政がとりわけ力を注いだ分野であり、義務化された初等教育で、国語としてのフランス語が広められ、歴史・地理教育を通じてフランスの偉大な歴史や誇るべき地位が教えられた。

もっとも、国民意識が浸透しても、差異や格差は残存していた。一八九〇年頃から第一次世界大戦開始までの時代は、のちに「ベル・エポック（美しき時代）」とよばれる繁栄期だったが、貧富の差は大きく、人口のわずか二％が全個人資産の半分以上をもっていた。食生活が改善していたとはいえ、労働者家族の平均的なエンゲル係数は六〇であった。

Section 3

# 世界強国を目指すドイツ

### 帝国の政体と国民統合

新たに成立したドイツ帝国の政治体制は、戦争を通じて「上から」統一された歴史的経緯を如実に示していた。プロイセン国王を兼任したドイツ皇帝は、軍事、外交、人事に広範な専権を有した。立法府は不平等選挙を維持した各邦国政府の代表によって構成される連邦参議院と、二五歳以上の男性普通選挙制に基づく帝国議会の二院制からなり、法の成立には双方の一致が必要とされた。帝国議会には予算審議権しか認められず、帝国宰相を長とする行政府の優位は明らかであった。また、官庁・軍部での貴族層の優位も続いた。しかし、帝国議会に男性普通選挙制が導入されたように、新しい国家体制は「下から」の国民主義的な運動への対応を含むものであった。

植民地帝国フランスを破る軍事力を備え、かつ旧来の支配層の優位を保持した立憲君主制の新興国家の登場は、これまで欧米列強の圧力に対応を迫られていた日本、清、オスマン帝国の改革派エリート層の注目を集めた。日本の明治憲法体制や陸軍への影響、洋務運動の指導者李鴻章やアブデュルハミト二世によるドイツ製兵器の導入や軍事顧問の登用がそれを例示する。

どの国民国家もそうであるように、ドイツ人の国民国家であることが期待された新生国家も、宗派・言語・文化・政治信条の異なる多様な人々から構成されていた。しかし、初代帝国宰相に就任したビスマルクは強圧的に国民統合を図った。カトリックに対しては政教分離政策による教会の政治的影響力の弱体化をねらい（「文化闘争」）、ポーランド系などのように異質と見なされた言語・文化をもつ人々に対しては公共機関や授業言語のドイツ語以外の禁止によって同化政策を推進した。社会主義者に対しては、社会主義者鎮圧法によって社会主義労働者党を非合法化した。しかし、そのような圧力を受けることによって、かえってそれらの政治的組織化が進んでいく。

### 世界経済の中のドイツ

一八七三年五月のウィーン証券取引所から始まった株価暴落は、帝国創建時にフランスからの多額の償金に刺激されて過熱した投資・会社設立ブームを消し去った（「大不況」）。以後、一八九〇年代半ばまで、ドイツ経済は低成長期に入った。危機に陥った農工業界の要求を受け、ビスマルクは一八七九年に保護関税の導入に踏み切った。前年の社会主義者鎮圧法の成立とあわせて、これは保守的転換と呼ばれる。だが、この低成長期を経てドイツは工業国へと変貌を遂げた。一八八〇年代末から世紀転換期にかけて生産額・就業人口のいずれにおいても鉱工業は農業を抜いた。一八八〇年代にピークに達した海外渡航者数は九〇年代以降激減し、ドイツは移民受け入れ国へと転じた。また、増加する工業労働者に対しては、国内秩序の安定化を目的として社会保険制度が整備されていった。

一九世紀末から二〇世紀初頭にかけて、イギリスを上回った鉄鋼生産のような重工業部門だけではなく、ドイツ企業は電機・化学のような知識基盤型の「新産業」分野でも世界市場で指導的な地位を獲得した。一八九〇年に社会主義者鎮圧法の失効をめぐってビスマルクが宰相職を解任されると、後を継いだカプリーヴィはドイツ工業製品の輸出市場拡大を目指し、中東欧、ロシア、スペインなど各国と新たに通商条約を締結した。ドイツ国内生産に占める輸出の割合はいっそう高まり、工業国として世界経済のグローバル化に積極的に参入した。第一次世界大戦まで、ドイツの貿易収支は輸入超過分を常に拡大させ、それを海外投資が補塡し黒字化する構造が常態化した。一九〇二年以降、保守層・農業界の要求によって穀物関税が引き上げられたとしても、輸出工業国への道は世界市場からの工業原料・食料輸入の増大を止めることはなかった。

### 世界強国を目指して

帝国創建後、ビスマルクはヨーロッパ列強間の勢力均衡、現状維持を志向した。しかし、その彼でさえ一八八四・八五年にアフリカ植民地および太平洋植民地の獲得に踏み切ったように、世紀転換期には工業大国にふさわしい原料供給地・輸出市場と世界強国の地位を求める積極的な対外拡張論が強まった。ビスマルク解任後、皇帝ヴィルヘルム二世の下で、世界政策が推進された。東アジアでは日清戦争後にフランス、ロシアとともに日本に対して遼東半島の中国返還を認めさせ（三国干渉）、一八九七年に膠州湾を占領し、「中国分割」危機を引き起こした。義和団戦争ではヴァルダーゼー指揮下の遠征隊を中国に派遣し、掃討戦を繰り広げた。また日露戦争と同時期に、西南アフリカ・東アフリカ植民地で大規模な殲滅作戦・焦土作戦によって現地の抵抗運動を鎮圧した。この植民地戦争への賛否を問う一九〇七年帝国議会選挙では、植民地支配に原則的に反対の立場をとった社会民主党は議席を大きく減らし、党内に改革的な植民地政策への賛同者も現れた。植民地戦争は、帝国主義世界体制とドイツ国内政治体制の双方を維持する作用をもたらしたのである。

Section 4
# 世紀転換期のヘゲモニー国家イギリス

イギリス国内では、保守党と自由党の二大政党による安定した政党政治が揺らぎはじめ、アジア・アフリカ各地の植民地で帝国・植民地問題に直面した。

### 帝国・植民地問題とアイルランド問題

保守党のディズレーリは、一八七五年のスエズ運河株買収、一八七七年一月のヴィクトリア女王の「インド女帝」宣言、一八七八年のベルリン会議とキプロス島獲得の積極的な東方外交政策を通じて、英領インドを中核とする帝国の一体性を強めようとした。しかし、アフガニスタン（第二次アフガン戦争）や南アフリカ（ズール戦争）での植民地戦争の敗北と一八七九年恐慌による経済危機で支持を失い、選挙で敗北した。

自由党のグラッドストンは、ヨーロッパの協調、自由主義、平和主義を掲げて当初、好評を博した。国内では、一八八三年の腐敗および不法行為防止法、一八八四年の第三次選挙法改正、一八八五年議席再配分法により、厳しい選挙規範と人口比例の小選挙区制が導入され、議会制民主主義の大枠が固まった。だが、一八八二年のエジプト単独占領、翌年スーダンにおけるマフディー教徒の反乱とその鎮圧の失敗により、グラッドストンの意に反して結果的に「アフリカ分割」を促進することになった。一八八六年には、本国（連合王国）の一部を構成したアイルランドに対する自治権付与をめざした法案が、チェンバレンら党内急進派の反対で否決され、自由党は分裂し、グラッドストン流の自由主義は完全に破綻した。

### 南アフリカ戦争（第二次ボーア戦争）と義和団戦争

一八九〇年代から二〇世紀初頭の帝国拡張政策は、植民地相に就任したチェンバレンら保守党により推進された。その舞台になったのが、南回りの「帝国連絡路《エンパイア・ルート》」の戦略的拠点で、一八八六年の金鉱発見から鉱山開発の有力な投資先として注目を集めた南アフリカである。チェンバレンは、現地のケープ植民地首相ローズと協力して、オランダ系白人（ボーア人）国家トランスヴァール共和国とオレンジ自由国を併合すべく圧力を加え、一八九九年一〇月に南アフリカ戦争が勃発した。戦争は、当初の予想に反して長期化し、大規模な植民地戦争に発展した。ほぼ同時期の一九〇〇年に中国で義和団戦争も勃発し、イギリスは反帝国主義勢力に対して世界的規模での同時対応を余儀なくされた。南ア戦争は、最終的に約四五万人の兵員（自治領諸国からの義勇軍を含む）と巨額の戦費（二億三〇〇〇万ポンド）を要し、二年半後の一九〇二年五月、ボーア人両国の併合により終結した。だが、イギリス本国の国家財政は危機的苦境に陥り、その打開のためにチェンバレンは関税改革＝保護主義に転じた。また、戦争時の国際的孤立を打開するために、イギリス政府は伝統的な「光栄ある孤立」政策を破棄して一九〇二年日英同盟を締結して、以後、同盟・協商政策を採用するに至った。

**ジェントルマン資本主義とアジア**

世紀転換期のイギリスは、公式帝国を超えて地球的規模での圧倒的な経済力と軍事力、文化的な影響力を行使したヘゲモニー（覇権）国家であった。その影響力は、世界的規模での自由貿易体制、ポンドを基軸通貨とする国際金本位制、鉄道・蒸気船・海底電信網による運輸通信網、イギリスを基準とする国際郵便制度や国際標準時、国際法、強力な王立海軍に支えられた安全保障体制、世界言語としての英語などの国際公共財により支えられていた。それらは、国際秩序における「ゲームのルール」の形成に直結していた。

とりわけ、ロンドン・シティの金融・サービス利害が重要であった。シティは、一八世紀の商業革命期から一貫して資本主義的発展を支えてきた「ジェントルマン資本主義」（伝統的エリートである土地貴族と金融富豪を核とする政治経済体制）の中心地であった。この時期に、世界貿易で主要な決済手段となったポンド（スターリング）手形を通じて、ポンドが世界中に流通する仕組み、いわゆるイギリスを中心国とする「多角的決済機構」が確立された。この機構を有効に機能させるためには、イギリス本国の自由輸入体制と、英領インドからの年間六〇〇〇万ポンドに及ぶ巨額な本国への送金（貿易黒字の強要と植民地統治に伴う「本国費」の収奪）が不可欠であった。

その恩恵を最大限に享受したのが、新たにイギリスの同盟国になった日本である。日本は日清戦争で得た賠償金をロンドンに預託して一八九七年に金本位制に移行した。日露戦争に際しては、逼迫する財政難を打開するために、ロンドン金融市場での外債発行による戦費調達を試みた。日銀副総裁高橋是清の尽力により、シティ金融資本家の助力を得て、欧米の金融市場で総額一億七〇〇〇万ポンドの外債発行を実現した。国際金融センターであったシティにとっても、日本の旺盛な資本需要を取り込むことはその繁栄を維持するために不可欠であった。

## Section 5　オーストリア＝ハンガリー二重君主国

### 二重制

普墺戦争での敗北によってドイツから締め出されたハプスブルク君主国は、一八六七年の「妥協（アウスグライヒ）」によってオーストリア＝ハンガリー二重君主国として再出発した。これは、オーストリア皇帝にしてハンガリー国王であるフランツ＝ヨーゼフが君臨し、外交と軍事、それに関する財政の三部門を共通業務とする一方、内政はオーストリアとハンガリーそれぞれの内閣と議会が担う体制であった。この体制は、ハプスブルクの王朝的正統性を堅持しつつ、自由主義者の要求する立憲制を実現し、かつ、ハンガリーの独自性を容認するというものであり、複合的な意味で「妥協」の産物であった。近世以来の長い歴史に位置づけるなら、二重君主国という政体は、一六世紀以降、中欧諸邦の君主権がハプスブルク家のもとに統合されつつも、諸邦の国制が統合されえなかった（ハプスブルク君主のもとにある諸邦をまとめて名指す国名さえもたなかった）この政治体が、ようやく獲得した国家統合の形であった。オーストリアでは、憲法が施行され、帝国議会が設置されたことで、上下オーストリア、チェコ諸邦、旧ポーランドのガリツィアなど一七に上る近世以来の多様な国制単位が初めて一つの政治的な核をもった（それにより「オーストリア皇帝」が実質的な領域をもつ称号に脱皮した）。

一方で二重君主国の成立は、ハンガリーのオーストリアへの完全な統合が断念されたことを意味していた。伝統的国法に議院内閣制を接ぎ木する形で内政面でのオーストリアとの対等な立場を確立したハンガリー王国がこの国家の一翼を担うようになったために、この国家は帝国でも王国でもなく（あるいは帝国でありかつ王国である）という曖昧性を帯びたまま約半世紀の間機能していくことになる。

それぞれに初等教育の拡充とカトリック教会の影響力の排除、諸国民の（特に母語の使用に関する）権利の法制化が行われたことは、私有財産と自由競争に基づく経済政策とともに、成立当初の二重君主国の自由主義的性格を色濃く反映していた。しかし、二重制がハンガリー人とオーストリア・ドイツ人の優位を前提とするものであったため、自由主義政策はチェコ人やスロヴァキア人、ルーマニア人などによる権利要求との間で矛盾を生じさせることになった。

## 自由主義の挫折

二重君主国成立からの数年間、企業設立ブーム、金融資本の確立、陸水運インフラの整備、工業・農業生産物の輸出拡大によって活況を呈した経済は、一八七三年に一転して「大不況」に陥った。これを契機に、ハンガリーでは極端な制限選挙を通じた地主層主導の政治運営が確立するとともに、スロヴァキア人をはじめとする少数派言語・文化・教育の抑圧とハンガリー化政策が進められていった。オーストリアでは、地主層と教会とチェコ人、ポーランド人保守派による政権が樹立され、自由主義者の影響力を排除しつつ、チェコ人の自治要求も拒否する体制ができた。この自由主義の後退により、二重制は二〇世紀初頭までの約半世紀にわたり根本的な改変を伴わずに存続することになった。一方で、曲がりなりにも議会制が機能した（オーストリアでは一九〇七年に男子普通選挙制が実現）この時代には、都市化と産業構造の変貌を背景として政治の大衆化も進行した。キリスト教社会運動、農民運動、社会民主主義運動が大衆的基盤を獲得していき、女性運動も社会的に一定程度認知されるようになった。また、都市部を中心にユダヤ系住民が企業家・法律家等として経済的・社会的な影響力を増していった。このような中で、「国民資産」というスローガンの下に人々を「ドイツ人」「チェコ人」といった国民単位に編成していく社会的圧力が生まれ、「人種防衛」の名の下に文化や言語の純化を要求する言説が誕生していった。これらが、第一次世界大戦の敗戦の中での君主国の瓦解、さらには戦間期の権威主義・全体主義体制を準備することになる。

## 人の移動と対外関係

産業構造の変化と交通手段の発達は、人間の移動の範囲を格段に拡大した。二重君主国からは、特にガリツィア、スロヴァキア、トランシルヴァニアといった周辺部から西欧やアメリカ大陸に大量に移民していった。これらの移民は、移住先でコミュニティを形成したほか、一部は出身地に帰還した。彼らが持ち帰った経験と、教師や行政官の恒常的な活動を通じて、農村部の閉鎖性は急速に打ち破られていった。

後発の帝国主義国としての二重君主国の対外政策は、ドイツと緊密な関係を維持することでロシアと対峙し、それによって国内のスラヴ系住民に対するロシアの影響力を抑制するとともに、商品および資本の輸出先としてバルカン半島を確保することを基調とした。一八七八年のベルリン会議で承認されたボスニア＝ヘルツェゴヴィナ占領は、その足がかりとなった。また、明治維新直後の日本と国交を樹立（一八六九年）したほか、一九〇〇年に清で勃発した義和団戦争に八カ国連合軍の一員として派兵するなど、列強としてアジアでの影響力確保も試みた。

## Section 6 「金ぴか時代」のアメリカ

### 「再建の時代」と人種秩序

明治維新を成し遂げたばかりの大久保利通・伊藤博文らが岩倉使節団として、明治四～六年（一八七一～七三年）に一二カ国をめぐる視察旅行を行った際、最初に訪問したのは、南北戦争後の経済発展著しい「金ぴか時代」のアメリカであった。太平洋を挟んだ日米両国は一八六〇年代というほぼ同時期に、日本は明治維新によって、アメリカは奴隷制の存廃をめぐる対立から六〇万人以上の死者を出した南北戦争（一八六一～六五年）を経て、近代的な中央集権的国家としての道を歩み始めたところであった。日本がのちに第二次世界大戦の敗北により経験することとなったGHQ（連合国軍最高司令官総司令部）による公職追放・農地改革・教育改革などの一連の占領政策は、実はこの南北戦争後の「再建の時代」（一八六五～七七年）と呼ばれる時期の、連邦軍（北軍）による南部占領改革という戦後処理の経験に原型があることはあまり知られていない。

南北戦争と「再建の時代」はアメリカ史の分水嶺である。建国以来、州権の強かったアメリカは、総力戦となった戦時の諸政策によって連邦権限を強化し、戦後、憲法修正により奴隷制度を正式に廃止し、解放された四〇〇万人の黒人奴隷を「アメリカ市民」として包摂する課題に取り組むこととなった。共和党急進派による改革は、解放黒人の市民権と「法の下の平等」、さらには投票権付与までを憲法修正により断行する新たな国民統合を目指すものであり、このときに初めて連邦市民権の概念が生まれた。だが、人種平等をも希求するそのラディカルな政治ビジョンは南部の反発を招き、北部においてすらアイルランド系移民ら民主党支持者の黒人への人種的憎悪をかき立てた。労働者階級には自らの白人性（ホワイトネス）を強調する独自の意識が生まれ、異人種間混交を禁止する法律が全米各州に成立していった。こうして、戦前の自由人／奴隷という身分境界に取って代わり、戦後には白人／黒人で明確に分断される人種化された社会秩序がアメリカ社会を再編していくことになる。

### 「金ぴか時代」の経済発展と階級対立

金ぴか時代には、内戦の結果として南北の市場が統合されたことが経済発展の基盤となり、産業化・都市化が急速に進行した。一八九〇年にはイギリスを抜き、世界一の工業国となったアメリカには、ロックフェラーやカーネギーなど「アメリカン・ドリーム」を地で行く人物が登場し、こうした自由競争は社会進化論によって正当化された。だが、こうした急激な成長は、アメリカには無縁のはずの階級対立を引き起こし、労働者と農民の政党運動や社会主義的運動を生み出した。

戦後の労働運動を牽引した労働騎士団は、人種・民族・性別を問わずすべての勤労者を受け入れる方針で急成長した。だが、労働運動がヘイマーケット事件（一八八六年）のように暴力的な形をとると、騎士団は無政府主義と結びつけられ、急速に衰退に向かい、現実路線をとるアメリカ労働総同盟へと運動の主体は移っていった。

一八九〇年代になると、長期的な農村不況の中、南部と西部の農民が人民党を結成して、鉄道など巨大資本と闘うべく第三政党運動を展開した。白人農民と黒人小作農という人種の境界（カラーライン）を越えた階級連帯の可能性をもった運動は、しかし、一八九六年の大統領選敗北により急速に衰退していき、南部には人種隔離社会が確立していくことになった。

### フロンティアの消滅と「帝国」としてのアメリカ

一九世紀を通じて西部開拓を進めていたアメリカで、一八九〇年にフロンティアの消滅が宣言されると、海外市場を求める声が高まり、「帝国」としてアメリカが対外進出を本格化させた。マッキンリー大統領のときにキューバ独立支援を理由に米西戦争を起こし、勝利したアメリカは、スペインからフィリピン、グアム、プエルトリコなどを獲得し、同時期に軍事上の要地であったハワイを併合した。フロンティアの延長線上にある東アジアに対しても関心をよせ、一八九九年には門戸開放宣言を出し、「中国分割」競争に介入する姿勢を見せ、ついでセオドア・ローズヴェルト大統領は棍棒外交とよばれる武力干渉を伴うカリブ海政策を実行し、一九〇三年にはパナマをコロンビアから分離させ、翌年、パナマ運河の建設を開始した。

また、フロンティアの消滅は、国内的には先住民の征服完了を意味していた。白人農民により開拓が進む中、西へと追いやられた先住民は軍事的に征圧され、一八八六年のジェロニモの降伏を最後に組織的抵抗は終わった。一八八七年には、部族文化を解体して彼らの市民化を目指すドーズ法が制定された（この法は、日本のアイヌ旧土人保護法〔一八九九年〕のモデルだともいわれる）。こうして、ヨーロッパ人到来前には推定一〇〇〇万人以上はいたとされる北米先住民が、一八九〇年には約二五万人へと激減していたのである。

Section 7

# アメリカの移民排斥・移民制限

### ヨーロッパからの移民と移民排斥

一九世紀初頭から第一次世界大戦にかけて、ヨーロッパから南北アメリカやオセアニアに向かって五〇〇〇万人ともいわれる膨大な数の人々が移民した。最大の移民受け入れ国はアメリカであった。一九世紀前半のアメリカにはイギリスやアイルランド、ドイツ諸地域、オランダ、北欧諸国といった西欧・北欧地域からの移民が多く流入したのに対し、一八七〇年代以降になるとイタリアやオーストリア＝ハンガリー、ロシア、オスマン帝国といった南欧・東欧地域出身の移民が急増した。前者がアメリカに渡ってから主に農村部に移住し、西部開拓の推進力となっていったのに対し、後者は主に都市部に居住し、この時期のアメリカにおける著しい都市化と工業発展を下支えする労働力となった。多様な移民集団の流入により、アメリカ社会の多文化的な様相は強まっていった。

南欧・東欧からの移民の流れがピークに達した一九一一年、合衆国移民委員会はその報告書において、この二つの移民の流れを「旧移民」と「新移民」という言葉で区分した。この二分法には、プロテスタントが多数を占める西欧・北欧出身の移民をアメリカへの統合が容易な集団と見なし、カトリックやユダヤ教徒が多く、単身の男性が多数を占める南欧・東欧出身の移民を統合が困難な集団と見なして、後者を排除しようとする論理が表現されていた。

議会のみならず、アメリカ社会の中にも南欧・東欧出身の移民に対する排斥的な感情は広く存在していた。それは時に暴力的な迫害に及ぶこともあった。一八九一年にニューオーリンズで起きたイタリア人移民に対するリンチ事件は、その代表的な事例である。「新移民」たちはヨーロッパ出身ではあったけれども、それ以前からアメリカに居住する「ネイティブ」な白人とは異なるものとして、しばしば白人と有色の人々との間に位置する存在と見なされていた。

### アジアからの移民と移民排斥

一九世紀には、アジアからも多くの移民が世界各地に移動していった。アメリカにも中国や日本から移民が流入している。中国人移民は一八四〇年代末のカリフォルニアにおけるゴールドラッシュをきっかけに増大し、一八八〇年までに総計で三〇万人を超える人々が流入した。また、日本人移民は一八八〇年以降に本格化し、二〇世紀初頭の一〇年間には総計で一〇万人を超える人々が流入した。彼らもまた「ネイティブ」な白人層が抱く排斥的な感情の対象となり、非ヨーロッパ地域出身者として南欧・東欧出身者よりもいっそう強く差別された。カリフォルニアでの排斥運動を受けて、一八八二年にはアメリカにおける最初の移民制限法である排華移民法が連邦議会で制定されている。

### 移民制限政策への転換

移民を制限しようとする動きはその後も続いた。連邦議会は移民が入国する際に識字能力を試験して、読み書きできない移民の入国を拒否する読み書き法の導入をたびたび検討し、ついに一九一七年に導入にこぎつけた。しかし、この法律が実効性に欠けることが明らかになると、一九二一年にはアメリカの居住人口の比率に応じて移民数を制限する法律を制定した。さらに、一九二四年には入国許可数をあらかじめ設定した上で、一八九〇年におけるアメリカの居住人口の比率に応じた移民数のみの入国を許可する、徹底した移民制限法を制定した。この法律により、南欧・東欧地域出身の移民が入国できる可能性は著しく制限されることになった。また、この法律には、アジアからの移民の流入を事実上禁止する条項が盛り込まれ、これによって日本人移民がアメリカに渡航する道が閉ざされることになった。

この一九二四年の移民制限法は、しばしば日本では排日移民法と呼ばれてきた。だが、同法によって南欧・東欧出身の移民の入国も極めて困難になったことや、日本以外のアジア諸地域からの移民も禁止されたことを考慮すれば、この名称を用いることが不適切なのは明らかである。確かに、アジア地域に対しては移民そのものが事実上禁止されたのに対して、南欧・東欧地域に対してはわずかな数とはいえ移民が許可されていたのであるから、両者に対するアメリカ社会のまなざしが同一であるということはできない。けれども、排斥の対象とされた点で、両者は同じ方向に位置づけられるのであり、日本人移民だけが特別に排斥されたのではないということに留意すべきである。ナショナリズムに過剰な形でとらわれたり、日米関係のみを注視したりする移民史解釈では、一九世紀末から二〇世紀初頭における世界史の展開を見失うことになるだろう。

## Section 8

# 「東方問題」と「アフリカ分割」

### バルカン問題 ベルリン会議

一八七五年夏、オスマン帝国のヘルツェゴヴィナ州において蜂起が起き、セルビアやモンテネグロに広がった。続いて翌年、ブルガリアにおいても四月蜂起といわれる反オスマン蜂起が起きた。これらはオスマン軍によって残虐に鎮圧されたが、スラヴ諸民族と正教会の盟主をもって任じるロシアは、すぐに介入して七七年四月オスマン帝国と戦争を始めた。普通、これが露土戦争といわれる。戦争には、日本の駐露陸軍武官山澤静吾も従軍した。戦争は苦戦の末ロシアの勝利に終わり、七八年三月、イスタンブル近郊のサン＝ステファノにおいて講和条約が結ばれた。この条約で自治を認められたブルガリアが、黒海からエーゲ海に至る広大な領土を獲得し、これが、ロシアが二海峡を経ずに、親露的なブルガリアを経て、陸路で地中海に出られることを意味したので、イギリス、オーストリア＝ハンガリーなどが強く反発した。そこで、ドイツのビスマルクが「誠実なる仲買人」を自称して仲介に乗り出し、七八年六月ベルリン会議を開催した。

会議の結果調印されたベルリン条約では、セルビア、モンテネグロ、ルーマニアの独立が承認されたほか、二つの重要な決定をした。まず、自治ブルガリアの領土がサン＝ステファノの三分の一に減らされ、残りはオスマン帝国に戻された。戻されたうちのマケドニアは以後ブルガリア、セルビア、ギリシアの係争地となった（「マケドニア問題」）。二つには、ボスニア＝ヘルツェゴヴィナ二州は、オーストリア＝ハンガリーが占領し、その行政下におかれることになった。

このオスマン帝国のバルカン半島における諸問題を「東方問題」と称するようになるのは、ギリシア独立戦争の時期からであり、これは西欧にとっての「東方」の問題という意味であった。そういう「東方問題」という概念が史書に出てくるのは、アジア主義的な中原貞七『万国歴史』（一八九二〈明治二五〉年）や木村鷹太郎『万国史』（一八九七〈明治三〇〉年）などからである。

### 西アフリカ問題 ベルリン会議

バルカンをめぐるベルリン会議の後、一八七九年、独墺同盟が結ばれ、両者は協力し合いながら、バルカンへの進出を進めることになる。ビスマルクのドイツは、この時期までは、対外的には非拡張政策を取っていたが、これ以後、民間の対外投資を政府が保証していくようになる。そして、ドイツの対外的拡張政策が、植民地政策として質的飛躍を見せるのが、一八八〇年代に入ってからであった。

これまでに、イギリスを中心とする西欧列強は、アフリカや太平洋で植民地を獲得しつつあった。アフリカは、リビングストンやスタンレーの「探検」により「未知」の世界ではなくなっていた。一八七八年以後、ベルギー国王レオポルド二世は、スタンレーを派遣し、さらにコンゴ国際協会を通じてコンゴ支配に着手した。これにフランスやイギリス・ポルトガルが反対し、一八八四年には国際的危機が生じた。そこで、自らも太平洋のサモアなどにまで領土的野心を拡げていたドイツが、「調停役」を買って出た。

一八八四年一一月から翌年二月まで開かれたベルリン会議には、欧米一四カ国が集まった。会議の結果、コンゴ盆地の自由貿易と中立、コンゴ川とニジェール川の通航の自由、奴隷貿易廃止などが合意された。しかし同時に、列強によるアフリカの植民地化を前提に、将来のアフリカでの領土獲得の原則として「先占」に加えて、「実効占領」が合意された。これ以降、列強間で「実効的に」支配すべき植民地境界線を取り決める条約が締結され、アフリカ分割が一挙に進んだ。

この一八八五年以後、ドイツの植民地政策は国家的政策となり、英仏を刺激して、世界的な植民地獲得競争が進むことになった。アフリカでは、南アフリカにおいて金やダイヤモンドが発見されたためにイギリスの進出が強化され、西アフリカにおいてフランスが勢力を拡大した。イギリスとフランスは、一八九八年にはファショダにおいて衝突寸前に至ったが（ファショダ事件）、フランスが折れて回避された。この翌年、イギリスは、南アフリカにおいて、ブール人との長期にわたる戦争（南アフリカ戦争）を始め、数十万の兵力を注ぎ込み、折からの東アジアでの緊張に対応するために一九〇二年、日英同盟を結ぶことになる。さらに、エジプトを確保しようとするイギリスは、マグレブに勢力を広げるフランスと、日露戦争のさなか、一九〇四年に英仏協商を結成する。このような中でドイツは、「世界政策」をとり、アフリカでは、一九〇五年と一一年にモロッコ事件を起こし、バルカン・中東では、鉄道建設をてこに勢力を拡大した。

このような中でオスマン帝国内では「青年トルコ人」の変革運動が盛り上がり、一九〇八年には「革命」が生じた。これに危機感を抱いたオーストリア＝ハンガリーはボスニア＝ヘルツェゴヴィナを一九〇八年一〇月に「併合」し、一九一四年のサライェヴォ事件の遠因を作るのである。

Column 17

## パレスチナ問題の淵源

一八八三年九月、パレスチナ訪問中のイギリス人は眼前の光景を次のように記した。「山麓《さんろく》から地中海沿岸にかけての平野は牧草地や広大なトウモロコシ畑で埋め尽くされ、ナラ林も点在し、全体が巨大な公園のようで美しい」。

「開墾地はハラージュ税と引き換えに開墾者のもの」というイスラーム第二代カリフ・ウマルの判断の下で、オスマン帝国パレスチナ地方では先祖代々土地用益権を保証された農民が、岩山や谷・砂地などの不毛な土地を開墾し、イチジク・ブドウの栽培や放牧、水場、薪集めの場所に変えてきた。パレスチナの土地の肥沃な光景はアラブ農民の努力の賜であった。村はいくつかの大家族（ハムーラ）で構成され、住民はいずれかのハムーラに属し、農地はハムーラが一括して所有し、共同土地保有によって維持されていた。雨期が近づくとハムーラの土地は抽選で一族の者に割りふられ、男たちは土地を手にすると鋤起こしに取りかかり、女たちが種をまき、芽が出ると子どもたちも加わって間引き・除草作業を行った。暑い乾期の五～六月の麦の収穫、八～九月のトウモロコシの収穫は、ハムーラ全員で取り組んだ。冒頭の手記は、収穫期に共同土地保有の下で働くアラブ農民の活気を伝えている。

手記は一方で「農地の広さ・豊かさに引き換え、農耕民（フェッラー）のなんと惨めで貧しいことか。パレスチナ訪問者は大いに困惑する」と記している。当時のオスマン帝国は西欧列強に領土侵略され、また帝国近代化（タンジマート）事業も西欧投機筋に食いものにされて国庫は破綻に瀕《ひん》していた。帝国政府は徴税を強化し、税滞納農民の土地没収・競売による国庫収入増を狙って土地の商品化（一八五八年土地法）に踏み切った。政府が農民の土地所有と耕作を保障するイスラーム権力の義務を放棄した結果、パレスチナ農民の共同土地保有はたちゆかなくなり、土地が豪商の手に渡るや、アラブ農民はハムーラ一丸となって小作農となり、法外な搾取を受けながら共同土地保有を維持して農耕で生きることを決意した。

一八八〇年代以降ロシアでユダヤ人襲撃（ポグロム）が高まり、パレスチナへのユダヤ人移民が増えると、豊富な資金力のシオニスト団体はユダヤ人入植地建設を目的に土地購入に乗り出した。多くの土地を買い集めて大地主となったベイルート在住のアラブ豪商スルスクは、いくつもの村の土地をシオニスト側に売却した。シオニスト側もアラブ地主も、小作農を気にもとめず、突如立ち退くよう要求した。アラブ農民は何百年来共同土地保有の下一丸となり労働し生活の糧を得てきた。それを一瞬にして崩されるのを前にして農民たちは、結束して立ち退きを拒否して地主側と衝突する。シオニスト側に買収されたオスマン帝国の軍隊によって多くが逮捕投獄された。アラブ農民とユダヤ人入植者との土地をめぐる長い闘いがこうして始まった。

Column 18

## シベリアと林業・漁業

シベリアの定義には諸説ある。現在のロシアでは「ウラル（山脈）から太平洋の分水界までの地域」というのが一般的である。この分水界の東、太平洋沿岸の地域は極東と呼ばれ、現行の行政上の区分も概ねそれに従っている。ただし、日本ではこの極東地域もシベリアに含めることが多い。このコラムのシベリアは極東を含むものとする。

シベリアは広く、人口は希薄である。森はあまりに深く、海岸線はあまりに長い。一九世紀末から二〇世紀初めのシベリア開発における最大の問題はこの広大さであった。どのようにして労働力を確保し、生産物をどのようにして輸送するのか。これは現代のシベリア・極東開発にも共通する課題である。

今も昔もロシアは世界最大の森林国である。そしてその森林面積の半分以上が東シベリアと極東に集中している。当時も現在もこれらの森林のほぼすべては国有林である。当時、マツ類やカラマツ類を対象としたこの地域の林業は地域の税収に大きく貢献した。一九世紀末から二〇世紀初めには主としてアムール川水系の森林が開発された。伐採された木材は河川水運で運ばれ、ウラジオストクほかの、いわゆる沿海州（当時）の諸港から海外に輸出された。木材は中国、オーストラリアのほか、日本にも輸出された。二〇世紀初めには総量で少なくとも年間一万トン近くが輸出されていたものと見られる。

一方、この時期の漁業の中心地は沿海州の日本海沿岸とサハリン島、それにアムール川河口のニコラエフスク周辺だった。毎年の春から秋にかけて日本人や中国人がこれらの地域を訪れ、漁業を行った。サハリン島やアムール川河口を訪れた日本人は最大で年間数千人に及び、彼らは肥料用のニシンしめかすや食用の塩蔵サケ・マスを生産して日本に持ち帰った。それらの総量は最大で年間二万トンあまりに及んだ。中国人は沿海州とサハリン島でコンブ生産に従事した。最大で年間一万トン近くのコンブがウラジオストクなどを経由して煙台《えんたい》（芝罘《しふう》）など、主として華北方面に輸出された。

これらの漁業はいずれも伝統的な交易圏の延長上にあった。しかし、日本人による漁業の成長は著しく、やがて新興のロシア人漁業経営者との間に摩擦が生じるようになった。ヨーロッパ部ロシアや日本列島各地の経済発展に伴い、伝統的な交易圏は再編されていった。また、こうした変化は森林や海の富、それに伝統的な交易に拠って生きる先住民の生活に大きな影響を及ぼした。アムール川河口付近のニブフやサハリン島のアイヌがその典型例である。

# 第8章

## 韓国併合から第一次世界大戦へ
### ──1908〜1914年

『太陽』の表紙

左図は『太陽』第16巻第2号（1910年1月，臨時増刊「一等国」）の表紙。世界政治上の「一等国」を特集した号である。同年，韓国併合を強行した日本も「一等国」として列強の一員に加えている。右図は『太陽』第17巻第15号（1911年11月，臨時増刊「戦争歟平和歟」）の表紙。世界戦争が近づくヨーロッパの論壇での反戦論に刺激を受けて，「戦争か平和か」という特集が組まれた。

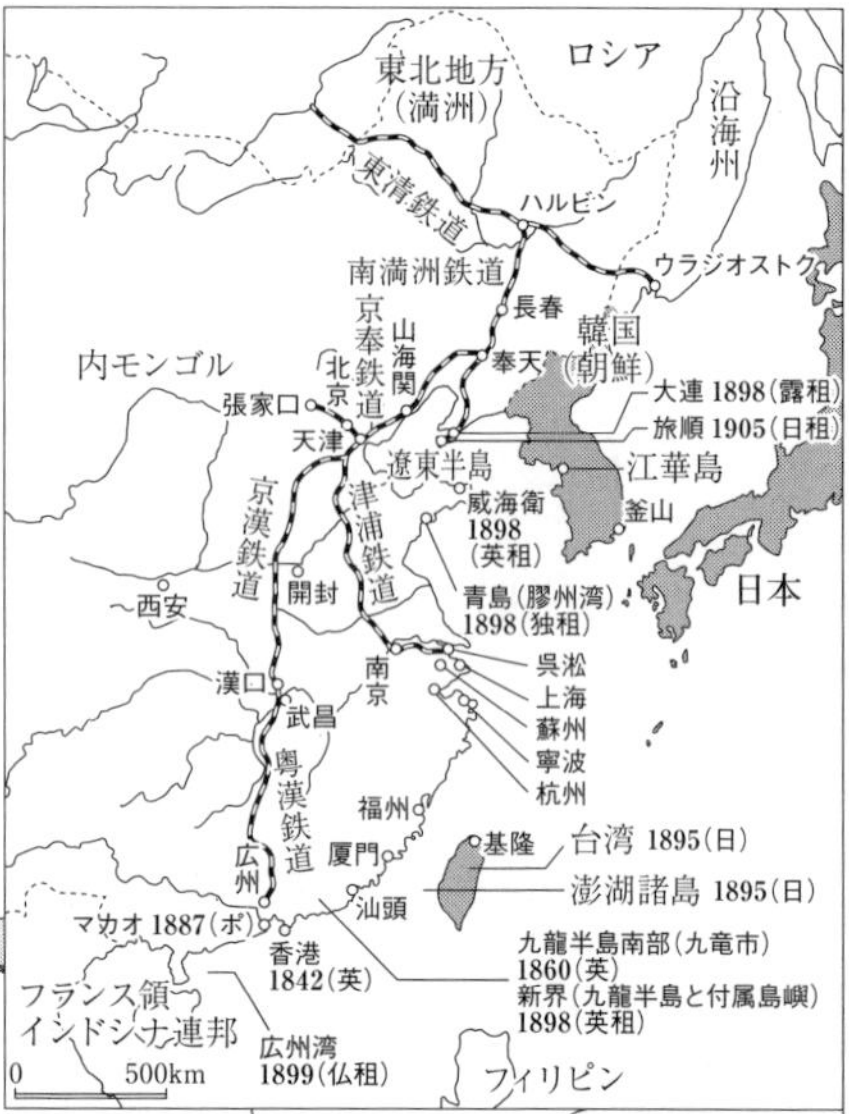


19世紀末から20世紀初頭の東アジア

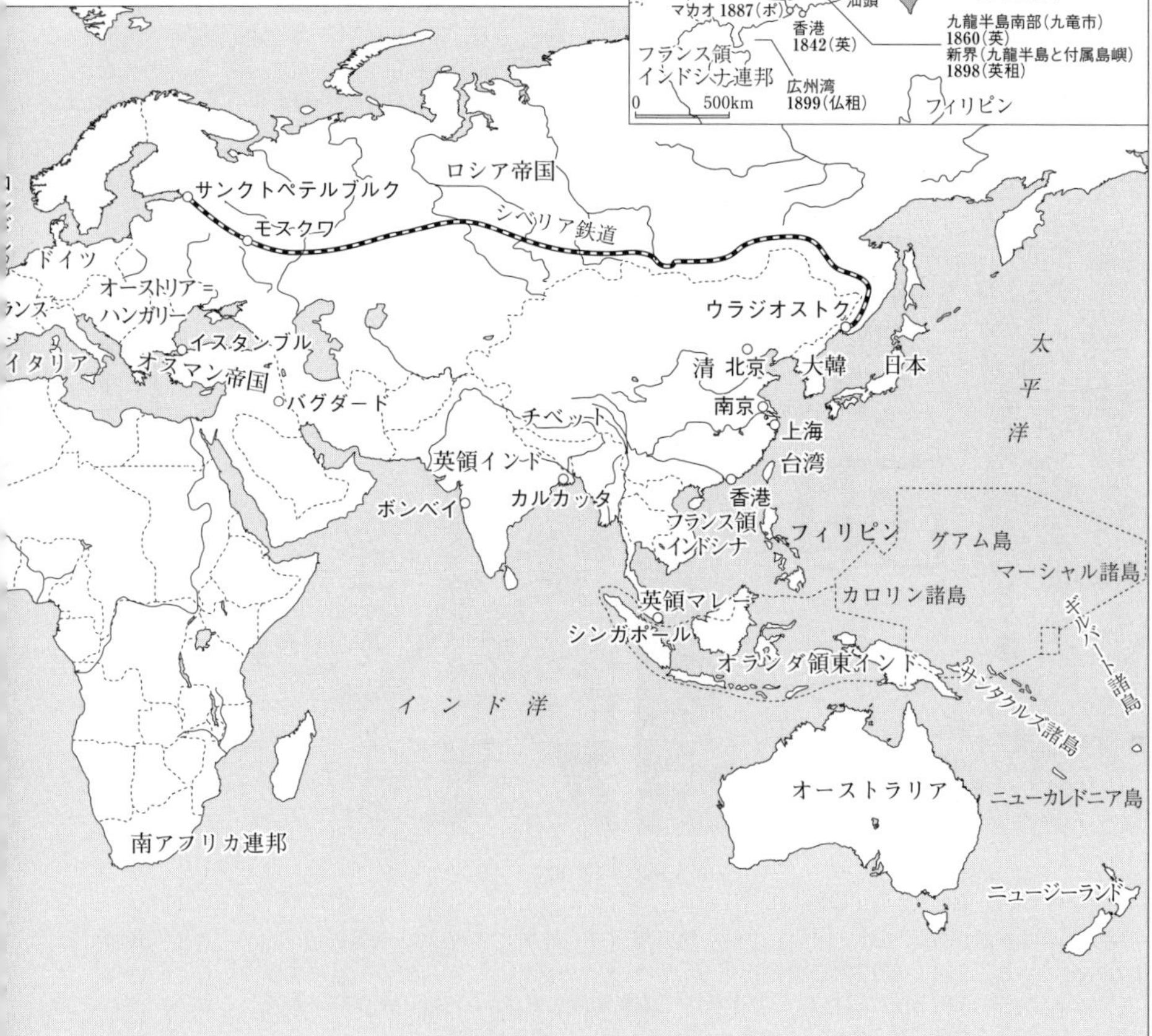


20世紀初頭の世界

ベルリン条約（1878年）後のバルカン半島

出典：Hermann Kinder/Werner Hilgemann, *dtv-Atlas Weltgeschichte*, Bd. 2, 33. Aufl., München: Deutscher Taschenbuch Verlag, 1999, 358.

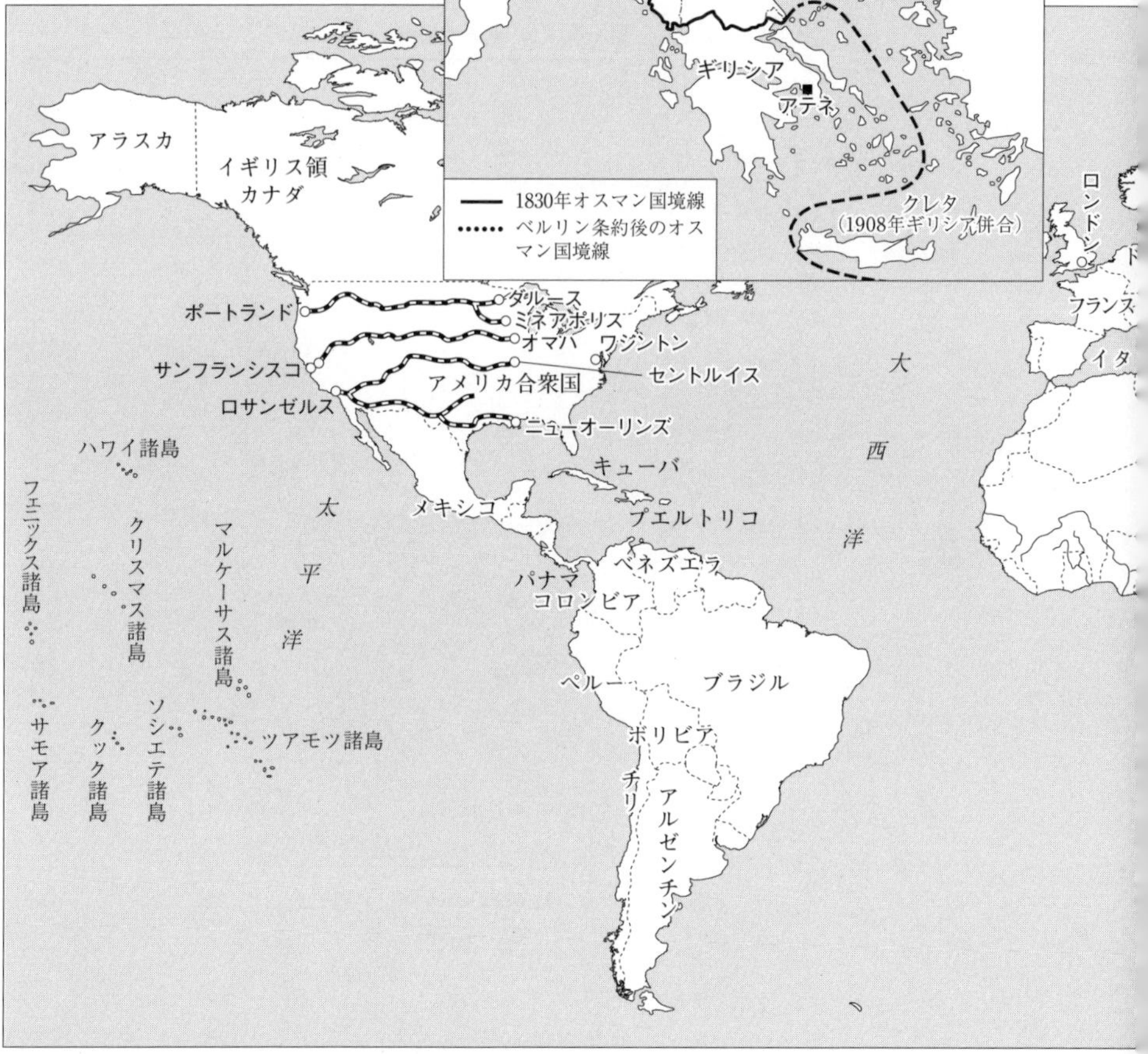

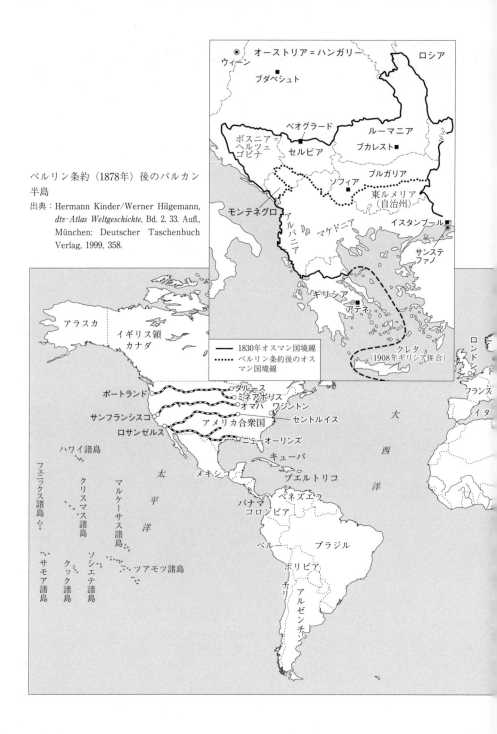

| 年 | 主　な　出　来　事 |
|---|---|
| 1908 | 2. 日米紳士協約。7. 青年トルコ人革命。10.（墺）ボスニア＝ヘルツェゴヴィナ二州併合通告。ボスニア＝ヘルツェゴヴィナで「ムラダ・ボスナ（青年ボスニア）」結成，セルビアで「ナロードナ・オドブラーナ（民族防衛）」の結成 |
| 1909 | 2.（米）全国黒人地位向上協会結成。10. ハルビンにて安重根が伊藤博文射殺 |
| 1910 | 4.（英）「人民予算」成立。7. 第二次日露協約。8.（日）韓国併合。11. メキシコ革命の開始。12. イタリア・ナショナリスト協会設立 |
| 1911 | 3. アルバニア，反オスマン蜂起（～4. 敗北）。7. 第二次モロッコ事件。7. 第三次日英同盟。9.（伊）対オスマン宣戦布告（リビア戦争，11. 併合宣言）。9. セルビアで「統一か死か」の結成 |
| 1912 | 1.（独）帝国議会選挙で社会民主党が第 1 党に。2.（露）ペルシア介入。5.（独）艦隊法改正案成立。7. 第三次日露協約。10. 第一次バルカン戦争の勃発（～13年5. ロンドン条約）。11. ヴローラでアルバニア独立宣言 |
| 1913 | 5.（米）カリフォルニア州，排日土地法。6.（独）陸軍増強法案成立。第二次バルカン戦争（～8. ブカレスト条約） |
| 1914 | 6. サライェヴォ事件。7.（仏）ジャン・ジョレス暗殺 |

第二次バルカン戦争後のバルカン半島

# 序論　併合から大戦へ

アジアから見れば、第一次世界大戦は日清戦争・日露戦争を通じた日本の東アジアでの勢力拡大の延長線にあり、その過程は「韓国併合」によっていっそう促進されたのだった。そして、その韓国併合は、バルカンでの「二州併合」についで行われたものであった。一九〇八年一〇月六日、オーストリア＝ハンガリー二重君主国皇帝がオスマン帝国のボスニア＝ヘルツェゴヴィナ二州の「併合」を宣言した。この二州は一八七八年のベルリン会議において二重君主国の占領と行政権が認められていたが、併合の直接的要因は、日露戦争やロシア革命にも影響を受けて生じた青年トルコ人革命であった。

**二州併合**

すぐに「併合危機」が生じた。まずセルビアが軍備を増強した。ロシアは戦争をも辞さぬ構えで、海峡問題に関して国際会議を列国に要求した。イギリスはベルリン条約が破られたと考え、二重君主国を厳しく批判した。同盟国のドイツとイタリアでさえ、驚きと不快感を抱いた。だが、一時の「激昂《げっこう》」から覚めた列強からすれば、二重君主国の二州併合は、これまでの既成事実の確認なのであった。セルビアも、一九〇九年三月には「併合」を承認した。ここに「併合危機」は収まったが、その後もバルカンは列強の関心事であり続けた。二州併合を認めたにもかかわらず、海峡問題において成果のなかったロシアは、対二重君主国政策を硬直化させた。一方、二重君主国による二州併合は、同国をより緊密にドイツに同盟させることになった。この結果、三国同盟と三国協商の対立がここに初めて決定的なものになったのである。

「併合」後、二州とセルビアにおいては、各種の民族組織が結成された。二州では一九〇八年に青年たちが「ムラダ・ボスナ（青年ボスニア）」を結成し、隣のセルビア王国内では、同じ年に「ナロードナ・オドブラーナ（民族防衛）」という秘密組織ができた。同じくセルビア王国内に一九一一年にできた「統一か死か」は、「黒い手」と呼ばれる秘密組織で、セルビア軍の将校らからなり、大セルビア主義を掲げ、テロルによって「統一」を実現しようとした。これらの組織は、二つのバルカン戦争を経ていっそう力を増すことになる。

## バルカンから東アジアへ——韓国併合

その間に、東アジアでの新たな「併合」が行われた。日露戦争後、日露の協商関係が進む中で、一八九七年に成立した大韓帝国への日本の介入が本格化した。だが、朝鮮半島全土で義兵運動が展開し、それに対して、日本軍は大討伐作戦などをもって応じた。その中で、日本では「併合」論が有力になり、そのための国際的な環境が慎重に準備された。一九〇九年一〇月に伊藤博文がハルビンで安重根に暗殺されるが、それはすぐに韓国併合にはつながらなかった。日本政府は一九一〇年四月の対ロシア交渉を経て、ロシアが併合に強く反対することはないとの判断を下し、イギリスの了解も五月から八月にかけての交渉で得た。このような準備の上で、一九一〇年八月二二日に「韓国併合に関する条約」が締結され、二九日に発布された。大局的に見れば、日本は、「二州併合」でバルカンに列強の関心が集中する間に、大韓帝国を「併合」（強占）したのである。

### 二つの「併合」から大戦へ

ひるがえって、バルカンの不安定は、二つのバルカン戦争（一九一二〜一三年）によっていっそう深刻化した。戦争は、バルカン諸国間の対立を激化し、バルカンはまさに「ヨーロッパの火薬庫」になった。セルビアの軍人ディミトリエヴィチ（通称、アピス）大佐を中心とする「黒い手」は、一九一二年頃から「ムラダ・ボスナ」の青年たちとも接触を深めた。一九一四年六月二八日、ボスニア＝ヘルツェゴヴィナの首都サライェヴォにて二重君主国の皇位継承者フランツ＝フェルディナント夫妻を暗殺したプリンツィプは、「ムラダ・ボスナ」に属し、「黒い手」とも関係したセルビア人青年であった。この事件を発端に、ヨーロッパで第一次世界大戦が始まったのである。

韓国併合後のアジアでは、「併合」に反対する国際関係は生じなかった。ロシアもイギリスも韓国併合について、事前の了解を日本に与えていたわけである。この時期の欧米列強は、事実上の対日宥和政策を行っていたと考えられる。しかし、その分だけ、朝鮮・中国の民衆への支配は強められ、その抵抗も激しかった。特に朝鮮半島では、韓国併合後、日本は天皇直属の朝鮮総督の下に武断政治を実施し、土地調査事業などによって朝鮮経済を植民地化し、朝鮮教育令を発して皇民化教育を進めた。

アジアの民衆から見るならば、第一次世界大戦は、ヨーロッパでの大戦に日本が日英同盟の誼《よしみ》で参戦し、その中で中国に対して二一カ条要求を突きつけたというものではなかった。アジアにとっての第一次世界大戦は、韓国併合以来の日本のアジア支配の飛躍的拡大と深化の一貫した過程の頂点であり、そのような帝国主義支配への民衆の対抗なのであった。

# 総論　第一次世界大戦への道

**ヨーロッパ「武装平和」の代償**

普仏戦争とそれに続くドイツ帝国創建（一八七〇～七一年）以降、ヨーロッパ大陸では第一次世界大戦勃発まで大国間の大規模な軍事衝突は生じなかった。もちろんヨーロッパ列強が戦争行為を控えたわけではない。前章で見たように、このおよそ四〇年間はまさに帝国主義の最盛期であり、ヨーロッパ列強の戦争はヨーロッパ大陸の外、特に植民地獲得と抵抗への鎮圧のために行われた。しかも、それは第二次産業革命による重化学工業化が本格化した時期であり、機関銃や空爆といった大量殺戮を可能とする戦争技術の革新も並行した。帝国主義時代のヨーロッパ大陸の「平和」は、軍備拡張を伴う「武装平和」であり、さらにいえば列強の本国領土の外へ戦場を移したものであった。

この「武装平和」の期間では、植民地こそがヨーロッパの将校たちに立身出世と名声を勝ち得る場を提供した。スーダンでイギリス支配に抵抗するマフディー軍を敗北させ、さらに南アフリカ、インド、エジプトを渡り歩いたキッチナーや、セネガル、仏領インドシナ、マダガスカルで現地住民の抵抗を武力で鎮圧したガリエニが、第一次世界大戦時にそれぞれイギリス陸相・フランス陸相となったことは好例であろう。また、植民地での軍事作戦は現地住民の服従を目標とし、その社会全体が作戦対象であったため、ときとして軍民の別のない殲滅作戦・焦土作戦が展開された。ヨーロッパでの「武装平和」の間にアジア、アフリカ、中南米、オセアニアで列強が積み重ねた戦争経験は、第一次世界大戦でヨーロッパ社会にはね返ることになる。

**列強対立のヨーロッパ外への移転**

帝国主義列強による対外領土の獲得とその維持のための軍事行動は、その本国社会にも軍事費の膨張という形で影響を与えることになった。ドイツ海軍省長官ティルピッツが進めた艦隊政策はイギリスの海洋支配への挑戦であり、英独間で激しい建艦競争が繰り広げられた。また、フランスの「対独復讐」、イタリアの「未回収のイタリア」などの政治指導者たちのメッセージは、列強間の対立を煽り、国内世論の急進化を招く一方で、その列強間対立の調整は自国領土以外の地域に移転された。

一九〇四年の英仏協商はアフリカやタイなどでの両国間の利害の調整を、一九〇七年の英露協商はイラン、アフガニスタン、チベットでの互いの勢力圏の承認を意図したものであり、これらは先行する露仏同盟とあわせて三国協商を形成した。この三国協商は、「日の当たる場所」を目指して積極的な対外拡張政策を進めるドイツを中心とした三国同盟に対抗するものであった。これらが第一次世界大戦の交戦国陣営を規定することになった。

東アジアでは、新たに植民地帝国となった日本が、一九〇五年、一九一一年と日英同盟を更新し、さらに一九〇五年の桂・タフト協定でアメリカと朝鮮・フィリピンでの支配を互いに承認し、また一九〇七年以降、フランスとは日仏協約によって、ロシアと四度にわたって日露協約を締結し（第四次は一九一六年）、東アジアでの相互の利権・勢力圏の調整を行った。これらは第一次世界大戦で日本が協商国側に立って参戦する枠組みを形成したのである。

**世界戦争への連鎖**　第一次世界大戦への連鎖はオスマン帝国から始まった。一九〇八年、オスマン帝国領マケドニアのテッサロニキで、アブデュルハミト二世の専制に抗する「統一と進歩委員会」の青年将校を中心とした蜂起が勃発した。スルタンはただちに憲法の復活を宣言した。青年トルコ人革命である。このオスマン帝国の動揺に乗じて、ブルガリアは完全独立を宣言し、さらにオーストリア＝ハンガリーがボスニア＝ヘルツェゴヴィナを併合した。バルカン半島に残ったオスマン帝国領をめぐる近隣諸国の勢力争いは、この地域に「民族紛争」の構図を被せることになった。

北アフリカでは、なお英仏に支配されていなかったオスマン帝国領リビアの獲得をねらって、一九一一年、イタリアはオスマン帝国に宣戦し、トリポリ、キレナイカへの上陸作戦を開始した（伊土戦争、リビア戦争）。イタリアはこの戦争で航空機を実戦に投入し、世界史上初の空爆が実施された。また、大規模な塹壕戦も繰り広げられた。このオスマン帝国の危機を見て、アルバニアで完全自治を要求する武装蜂起が勃発し、さらに、翌年、モンテネグロがギリシア、ブルガリア、セルビアとバルカン同盟を結び、オスマン帝国に宣戦布告した（第一次バルカン戦争）。これによってオスマン帝国はイタリアとの講和を迫られ、イタリアはリビアを保護領化したが、現地では抵抗が続いた。バルカン半島でもオスマン帝国は敗北し、大部分の領土を手放したが、一九一三年、今度はバルカン同盟国の間でマケドニアをめぐって対立し、第二次バルカン戦争が勃発した。

一九・二〇世紀を貫く国民国家形成と帝国主義的世界分割の構図は、ギリシア独立戦争からアフリカ、アジア、オセアニアを経て、再びバルカン半島へ戻り、最後にはヨーロッパ本土へ戦場を移すことになる。

## Section 1 ボスニア＝ヘルツェゴヴィナ併合とバルカン戦争

### ボスニア＝ヘルツェゴヴィナ併合とその影響

一九〇八年七月の青年トルコ人革命は、バルカン半島諸地域を揺り動かした。一八七八年以来、オーストリア＝ハンガリーはボスニア＝ヘルツェゴヴィナを占領し、その行政下に置いてきたが、青年トルコ人革命がオスマン帝国統治下の住民に議会へ代議員派遣を呼びかけたことから、その影響がボスニア＝ヘルツェゴヴィナに及ぶのを恐れ、オスマン帝国下の自治国家であったブルガリアを誘い、一〇月には併合に踏み切った。ブルガリアは独立を宣言した。この併合は三国同盟と三国協商の対立構造が形成される中で行われた。

しかし、ともにバルカン半島への進出、勢力圏の拡大に精力的であったオーストリア＝ハンガリーとロシアの関係は、それまで必ずしも対立一色ではなかった。むしろ、ボスニア＝ヘルツェゴヴィナの併合とボスポラス＝ダーダネルス海峡の自由な航行に関する問題を相互に支持することで、オーストリア＝ハンガリー外相エーレンタールとロシア外相イズヴォリスキーは非公式ながら協調していたともいえる。しかしながら、併合はオーストリア＝ハンガリーから諸大国に一方的に伝えられた。また、海峡問題での進展もなかったため、ロシアの反発は大きかった。さらに、セルビアも併合を批判してロシアやフランスに働きかけた。だが、ドイツがオーストリア＝ハンガリーを支持すると、結局、ロシアは戦争回避に動き、セルビアを説得して併合を認めさせた。オスマン帝国はボスニア＝ヘルツェゴヴィナ併合とブルガリアの独立を認め、「併合危機」は回避されたのである。

それでも、併合は深刻な影響を及ぼした。ロシアとオーストリア＝ハンガリーの協調が終わり、オーストリア＝ハンガリーはドイツとの結びつきを強めた。三国同盟と三国協商の対立が深まったのである。

ボスニア＝ヘルツェゴヴィナでは、宗派ごとに編成された既成の政治勢力を穏健と批判し、反ハプスブルク、南スラヴ統一などの主張を掲げる青年層の運動が形成された。このムラダ・ボスナと呼ばれる運動体は特定の綱領に基づく統一的組織ではなかったが、サライェヴォ事件を起こすボスニアの青年たちはこの運動から生まれることになる。

セルビアは、二〇世紀初頭、主要輸出品の豚をめぐる経済戦争（「豚戦争」）を経て、オーストリア＝ハンガリーの経済的従属から離脱し、対外関係においてはロシア、フランスへの接近を強めていた。セルビアでは、併合はボスニア＝ヘルツェゴヴィナのセルビア国家への統合を目指す領土拡大構想の障害と見なされた。反ハプスブルク、ボスニア＝ヘルツェゴヴィナの解放を唱える文民の団体ナロードナ・オドブラーナが結成され、一一年には軍隊内部に秘密結社「統一か死か（通称「黒い手」）」が組織された。サライェヴォ事件後にオーストリア＝ハンガリーが対セルビア最後通牒において事件の黒幕と指摘するのはナロードナ・オドブラーナであったが、実際にムラダ・ボスナのプリンツィプらに武器を援助するのは「統一か死か」であった。

**マケドニア問題とアルバニア人の運動**

青年トルコ人革命は、当初オスマン帝国統治下の諸民族の平等をもたらすことが期待された。バルカン地域の諸民族の間でも改革を支持する動きがあった。しかし、革命が中央集権化と帝国臣民の「オスマン化」を進めることが明らかになると、バルカン半島各地でそれに対する反発が起こった。

マケドニアにおいては一九〇三年に「自治」を求めて内部マケドニア革命組織が武装蜂起したが、オスマン帝国によって鎮圧された。その後、オーストリア＝ハンガリーはロシアとともにミュルツシュテーク綱領をオスマン政府に提出し、秩序維持を名目とした国際憲兵隊を組織させ、この介入の下で「改革」が開始されていた。しかし、ギリシア、セルビア、ブルガリアなど隣接諸国の支援を受けた武装集団は活動を継続し、一九〇八年以後もマケドニア地方の混乱は続いていた。

このような状況は、マケドニア、コソヴォ、アドリア海沿岸部に比較的集中して居住するアルバニア人にも影響を与えた。一八七八年、アルバニア系住民の一部は、サン＝ステファノ条約に反発してプリズレン連盟を組織していた。連盟は八一年には解散させられたが、アルバニア人居住地域の分断を阻止しオスマン帝国内の自治を求める運動はそれ以後も継続した。すでに他民族の武装集団の活動と連動して、アルバニア人の運動も武装化しつつあったが、青年トルコ人革命の推進する「オスマン化」政策がアルバニア人の運動と対立するようになると運動はさらに規模を拡大し急進化した。

**バルカン戦争**

一九〇八年以降、バルカン諸国はロシアの仲介・支援を受け同盟関係を構築する交渉を続けた。セルビアは同盟の対象をオーストリア＝ハンガリーに向けることを望み、またブルガリアは将来の獲得を目指してマケドニア地方の分割に反対したために、この交渉は難航したが、特に両国に駐在するロシア外交官は同盟結成のために精力的に働きかけた。前年のアルバニア人の蜂起とオスマン帝国・イタリア間の戦争勃発を契機として、一九一二年に、まずセルビア・ブルガリア間で、その後、ギリシア・ブルガリア、モンテネグロ・ブルガリア間でも同盟条約が結ばれ、オスマン帝国に対するバルカン同盟体制が作られた。セルビア・ブルガリア間の条約には、戦争によって獲得が見込まれるマケドニアの処理に関する条項も含まれ、両国の獲得領土が定められただけではなく、両国の主張が対立する地域についてはロシア皇帝の裁定を仰ぐことまで盛り込まれていた。

一九一二年一〇月、モンテネグロがオスマン帝国に宣戦布告し、続いて、ギリシア、セルビア、ブルガリアが参戦し、第一次バルカン戦争が開始された。バルカン同盟諸国軍は各戦線で優位となり、一一月にはアルバニア人がアドリア海沿岸都市のヴローラで独立を宣言した。ヨーロッパ諸大国の介入により戦闘は一時休戦し、ロンドンで講和交渉が開始された。翌年一時戦闘が再開されたが、オスマン軍が敗北し、五月にはロンドン条約が結ばれた。ロンドン条約はバルカン半島東部のエネズ＝ミディエ線を帝国国境とし、アルバニアの独立を承認する内容であった。特に、オーストリア＝ハンガリーとイタリアはアルバニア国家の誕生を強く支持した。同じ頃バルカン半島では、旧オスマン帝国領の分配、特にマケドニアの領有をめぐりバルカン同盟諸国の対立は深まっていた。ギリシアとセルビアはブルガリアに対する秘密同盟を結び、マケドニア地方における国境線を定めた。さらに、中立を保ってきたルーマニアもブルガリアに対してその対価を求めた。

六月にはブルガリア軍とセルビア軍、ギリシア軍の間で衝突が起こり、戦闘が開始された。さらにモンテネグロ、ルーマニア、オスマン帝国がブルガリアに対して参戦した。第二次バルカン戦争である。たちまちブルガリアの敗北は明らかとなった。戦後、ブカレストにおいて、ギリシア、セルビア、モンテネグロ、ルーマニアとブルガリアの間で講和条約が締結された。この条約によってセルビアはスコピエ、オフリドなどのマケドニア地方内陸部諸都市やコソヴォ地方を獲得し、モンテネグロとノヴィ・パザル地方を分け合った。ギリシアはテッサロニキを含むエーゲ海沿岸のマケドニア地方とイピロス地方を獲得した。ルーマニアはブルガリアから南ドブルジャ地方を獲得した。ブルガリアはマケドニア地方北東部を獲得したものの、サン＝ステファノ条約以来の獲得目標であるマケドニア地方の大部分はセルビア領とギリシア領になった。またオスマン帝国とブルガリアの間で結ばれた講和条約では、ブルガリアは西トラキア地方を獲得し、オスマン帝国は一時占領されていた主要都市エディルネを含む東トラキア地方を取り戻した。

バルカン戦争に際して、バルカン諸国の世論が開戦一辺倒であったわけではない。少数派ではあるが、社会主義者やブルガリアの農民運動のように反戦の立場に立つ勢力も存在した。しかし、戦争による問題の解決を主張する軍部や既存の政治勢力が住民の動員に成功した。

### バルカン戦争の諸相

第一次世界大戦後、外交官出身の信夫《しのぶ》淳平は、『東欧の夢』（一九一九年）、『巴爾幹《バルカン》外交史論』（一九二一年）を著して、この時代の様々な民族が共存、対立するバルカン地域の錯綜した内情を論じた。

戦時には、各国軍隊の前進、退却とともに同じ民族の住民も移動する現象が見られ、地域住民の避難、移動は何度も繰り返されることになった。戦後、一部当事国間において、「住民交換」と呼ばれる協定によるマイノリティ住民の交換が実施されたが、実際には、戦時の難民の受け入れを事後承認したものであった。この方式は第一次世界大戦後も採用され、ギリシア・ブルガリア間では任意で、ギリシア・トルコ間では強制力をもつ住民交換が実施されることになる。バルカン戦争では、正規軍だけでなく非正規兵部隊による地域住民への暴力行為も行われた。こうした暴力行為は混住地域における異なる民族集団、国民国家におけるマイノリティ集団に対して向けられた。バルカンという地域名称には、この地域の外部において「火薬庫」というレッテルが貼られ、暴力や紛争地というイメージが付されて定着していくことになる。一九一四年六月二八日、サライェヴォにおいてオーストリア＝ハンガリー帝位継承者フランツ＝フェルディナント大公が青年ボスニアのプリンツィプに殺害されたことによって、このようなバルカン・イメージは普及拡大し、固定化することになった。

バルカン戦争と第一次世界大戦はオスマン帝国以来の多文化的なバルカン半島の住民構成を変える要因となったが、一方オスマン帝国統治下のアナトリア東部地域でも、第一次世界大戦中に住民構成を大きく変える事態が進行した。一九一五年四月以降オスマン政府はロシアとの国境地帯に住むアルメニア人の追放を企て、一説によればこの過程で八〇万人が死亡し、生き延びた人々も各地に移住した（いわゆる「アルメニア人虐殺」）のである。

Section 2

# 戦争へ向かうドイツ

## 終わらない世界分割とドイツ

一八八四〜八八年にドイツ留学を経験した森鷗外は、日露戦争の最中、軍医部長として従軍しながら、一九〇四年五月に『黄禍論梗概』を刊行している。彼は、ドイツ語文献を参照し、同時代に欧米社会に広がっていた人種主義的世界観を批判的に紹介した上で、日本の勝利を願った。日露戦争後、日本は関東州租借地、南樺太を獲得した。さらに、一九一〇年八月には韓国併合を強行し、東アジアでの勢力拡大に突き進んだ。世界強国としての地位を目指すドイツも、対外拡張路線を継続した。アフリカ・太平洋植民地だけでなく、中国・中東・ラテンアメリカでバグダード鉄道建設のような「非公式」の権益を拡大させた。さらに、一九一一年七月にモロッコへ軍艦を派遣した（第二次モロッコ事件）。ドイツ世論では西モロッコ権益獲得が掲げられたが、政策担当者はモロッコでのフランスの優位を認める代わりにフランス領コンゴを獲得し、アフリカ中央部に大ドイツ植民地を建設することをねらっていた。

このようなドイツの世界政策は、イギリス、フランス、ロシアの警戒を引き起こし、一連の外交協定（一八九一年露仏同盟、一九〇四年英仏協商、〇七年英露協商）を通じて三国協商が成立し、ドイツの外交的孤立が明らかになった。一八八二年以来、ドイツはオーストリア＝ハンガリー、イタリアと三国同盟を結んでいたが、政治指導層にとって信頼できる軍事同盟国として期待できた国はオーストリア＝ハンガリーのみであった。

## 軍備拡張競争と国内世論

第二次モロッコ事件は、対外強硬的な世論を強めるひとつの画期となった。フランスはスペインとモロッコを分割した一方で、ドイツはドイツ領トーゴの一部とフランス領コンゴの一部を交換するにとどまり、モロッコ権益獲得の可能性を最終的に失った。これは、保守派から自由主義諸政党まで広範な政党支持層の憤激を呼んだ。また、フランスを支持したイギリスへの敵対的な論調がドイツ国内で強まった。さらに、一九一二年一月の帝国議会選挙で社会民主党が一一〇議席を獲得して最大勢力となったことで、現体制の危機を感じた保守派、カトリック中央党、自由主義右派は接近し、対外政策および軍備拡張政策に関して一致した対応をとるようになった。一九一二・一三年、艦隊法改正案と陸軍増強法案、さらに防衛法案が帝国議会を通過した。この防衛法案は陸軍の一三万七〇〇〇人の増員を見込む帝国創建以来の最大の増強案であり、議会がこのような軍備拡張路線を阻むことはなかった。

当時のドイツ社会では、急進的ナショナリズム運動の組織化が進んだ。植民地協会や全ドイツ連盟、さらに海軍省長官ティルピッツの艦隊政策への支持を獲得するために結成された艦隊協会がその代表的な例である。二〇世紀に入ると、ドイツ東部での反ポーランド的活動を目的としたオストマルク協会や陸軍増強を主張した国防協会が設立された。これらの団体の指導者は、大学人・知識人・官僚など市民層出身が多く、人種主義・排外主義・反ユダヤ主義的思想を取り込みつつ、ドイツの帝国主義的拡大を「下から」支えた。また、工業化・都市化の進展に伴い、女性の社会進出・政治的組織化も進んだが、女性の国民意識の覚醒を訴えたドイツ婦人団体連合のように、ブルジョワ女性団体もナショナリスティックな色彩を帯びていく。

### 帝国主義世界体制の維持か、それとも開戦か

一九一二年一二月、第一次バルカン戦争のさなか、ヴィルヘルム二世と軍部は「危機会議」を開催し、欧州戦争を不可避と考え、予防戦争論を真剣に議論した。一九一三年の防衛法案はこれを具体化したものであった。彼らは数年内にロシアがドイツを軍事力で凌駕するとみており、ロシアの鉄道網の完備と軍備拡張の前に攻撃すべきと考えていた。この会議には、帝国宰相をはじめとした文官が排除されており、軍部への統制を欠いたドイツの政治体制がはらむ問題を如実に示していた。軍部の欧州戦争の構想は、日露戦争によるロシアの動揺をみて、当時の参謀本部長シュリーフェンが策定した計画に由来した。それはフランスとロシアとの二正面戦争を回避するために、まず中立国ベルギーを侵犯してフランス軍を制圧し、その後に対ロシア戦争に傾注するというものであった。

これに対して、帝国宰相ベートマン・ホルヴェークや外交官僚は、イギリスに対する緊張緩和によって戦争を回避し、現状の帝国主義世界体制に沿った対外政策の継続を望んでいた。一九一二年一月、ロンドン駐在ドイツ大使が艦隊増強に一定の歯止めをかける代わりに、ベルギー領コンゴおよびポルトガル領アフリカ植民地におけるドイツ支配を認めさせる中央アフリカ構想によってイギリスと交渉することを提案し、ベートマン・ホルヴェークの賛同を得た。しかし、艦隊政策の推進を支持するヴィルヘルム二世はこの案を受け入れなかった。一九一四年六月にサライェヴォ事件が勃発すると、事態の急進化に直面したベートマン・ホルヴェークは、シュリーフェン計画の実行を要求する軍部に同調し、大戦へ突き進むのである。

Section 3

# イタリアの植民地主義とナショナリズム

### イタリアのアフリカ政策

一八七〇年にローマを占領して首都とし、ひとまず統一の過程に区切りをつけたイタリアは、ヨーロッパ列強の一員という立場を得るために、植民地獲得に乗り出していった。東アフリカのアッサブを獲得したのを皮切りに、紅海沿岸に次々に拠点を築いた。かつては民主派としてガリバルディのシチリア遠征にも関わったクリスピが一八八〇年代末に首相に就任すると、彼は経済界の反対を押し切って東アフリカでの勢力拡大を図る。だが、一八九六年にアドワでエチオピア軍に大敗したことで彼は失脚し、東アフリカでの植民地拡大の夢は頓挫した。

その後、二〇世紀に入るとイタリアの関心は北アフリカのトリポリタニアとキレナイカ（以下、現在の国名であるリビアと記す）に移っていった。かつてイタリアはシチリアからの移民が数多く在住していたチュニジアにも関心を寄せていたが、この地が一八八一年にフランスの保護下におかれたために、それに代わるものとしていまだ列強によって植民地化されていなかったリビアの獲得を目指すようになった。リビアはローマ銀行の進出など多少の経済的関係を有していたものの、油田の存在がまだ知られていなかった時代でもあり、東アフリカと同様にイタリアにとってさほど経済的なメリットのある地域ではなかった。そうした中で、増大する一方の移民の解消策としてリビア獲得を強く求める論調が登場するようになる。

### 移民と植民地

イタリアは統一後間もなく、フランス、スイスなどのヨーロッパ諸国やアメリカ、アルゼンチン、ブラジルといった南北アメリカ諸国に移民が流出するようになった。一八七〇年代から第一次世界大戦にかけて、その数は一四〇〇万人に達する。イタリア移民は出稼ぎ的な性格を強く帯びていたので、帰国した人々も多かった。移民の送金が貿易収支の赤字を補塡する役割を果たしたこともあり、大量移民の存在が認識されるようになった一八七〇年代から八〇年代前半に主張された移民制限論は次第に影をひそめていった。ところが、二〇世紀に入ると移民が著しく増大したために、再び何らかの形で移民を制限すべきであるという議論が登場するようになる。そうした議論のひとつとして、イタリアが新たな植民地を獲得し、そこに貧しい農民を送り込んで自作農化することによって、国外への移民の数を減らすという構想が出され、リビアがその有力な候補地と見なされていったのである。

## コッラディーニとイタリア・ナショナリスト協会

この主張の急先鋒と目されるのが作家のエンリーコ・コッラディーニと、彼が中心となって一九一〇年に結成されたイタリア・ナショナリスト協会である。コッラディーニは一九〇三年に雑誌『イル・レーニョ（王国）』を創刊し、同誌は二〇世紀初頭のイタリアの思想や文芸評論をリードしたフィレンツェの雑誌文化の一翼を担った。彼はその後、新聞の特派員としてアルゼンチンやブラジルを訪れ、そこに長く住むイタリア移民たちがイタリア語や自国文化を喪失している状況に衝撃を受け、イタリア文化の保持のために植民地を獲得して移民の流れをそちらに向ける必要があることを説くようになった（ただし、移民した農民たちは郷里においてローカルな世界に生きていた。そもそも学校で教えられるようなイタリア語やイタリア文化を身につけていなかったのであり、コッラディーニの議論にレトリックがあることには留意する必要がある）。そして、プロレタリア国民であるイタリアは、ブルジョワ国民であるイギリスやフランスと植民地獲得のために闘うことが近代世界の原理に適うと主張して知識人層から一定の支持を受け、それをもとにイタリア・ナショナリスト協会を設立した。この組織は次第に保守的な傾向を強め、第一次世界大戦後にファシズム政権が成立すると国民ファシスト党と合流していくことになる。

コッラディーニは多くの著作を残したが、その中で目を引くのは、彼が日露戦争における日本の勝利を高く評価した点である。彼は戦争を賛美し、戦闘の中でこそ国民精神が十分に発揮されると考えていたが、その点で、死をも恐れず祖国・国民のためにロシア軍と戦った日本軍の兵士は近代的な兵士の鑑であり、ロシアが敗北したのはその兵士たちに国民精神が欠如していたからだと認識した。日露戦争における日本の勝利はオスマン帝国やインドなど欧米に従属するアジア地域のナショナリズムに影響を与えたことがしばしば指摘されるが、イタリアのように日本と同じ時期に近代的な国民国家形成を開始し、列強の一角としての位置を確保しようとしていた国にも、国民意識の涵養という観点からこの出来事に影響を受けた知識人が存在していることはもっと知られてもいいだろう。

Section 4

# 大戦前フランスの政争

### 明治末の文人とフランス

「現実に見たフランスは見ざる時のフランスよりもさらに美しくさらに優しかった。嗚呼、わが仏蘭西。自分はどうかして仏蘭西の地を踏みたいばかりに此れまで生きてゐたのである」（『ふらんす物語』一九〇九年）。永井荷風にこういわしめたように、明治末から大正にかけて、日本の文人の間にフランス熱が高まっていた。その後も、高村光太郎、梅原龍三郎、与謝野鉄幹、島崎藤村などの作家や芸術家がフランスに旅だった。だからこそ、少年時代の萩原朔太郎が「ふらんすへ行きたしと思へどもふらんすはあまりに遠し」と詠《うた》ったのである。それでは、文人が生活したこの時期のフランス史を点描しよう。

### 急進派の共和国

第一次世界大戦後に郷愁を込めて呼ばれた「ベル・エポック（美しき時代）」には、脱宗教性原理をめぐる戦いが繰り広げられると同時に、革命的サンディカリズムが最盛期を迎えて労使紛争が激化した。その先頭に立ったのが、エミール・コンブ、ジョルジュ・クレマンソーを擁した急進派である。一八九九年にワルデック＝ルソーの共和政防衛内閣を支持したのも、急進派と社会主義者であった。この年にはドレフュス事件の再審や愛国者同盟のクーデタ未遂があり、共和政擁護の戦いを通して急進派は一九〇一年に急進党を結成する。急進党は、中産階級を支持基盤とする中道左派政党で、一九〇五年に統一した社会党より穏健な政党であることに注意しよう。

一九〇二年の下院議員選挙で、急進党と社会党系の左翼連合（ブロック）が勝利し、病気で退陣したワルデック＝ルソーに代わってコンブ内閣が誕生する。コンブ内閣の下で修道会の教育禁止法（一九〇四年）、政教分離法（一九〇五年）が成立した。このように、反教権主義は急進党の力の源であり、この後も、教会財産目録の作成や教科書をめぐってカトリックとの間で悶着が起きている。

一九〇六年一〇月から三年間、クレマンソーが首相となる。彼は、議員歳費を六〇〇〇フラン増額して一万五〇〇〇フランにすることで、素封家でなくても国会議員に進む道を開き、議員の民主化を促した。しかし、同年一〇月に労働総同盟がアミアン憲章を発して、政党からの独立と生産点での直接行動を主張し、一九〇六年のスト参加者は四四万人弱に達した。そこでクレマンソーは、軍隊を投入して労働争議を力ずくで押さえ（一九〇六年の北仏炭鉱スト、〇七年の南仏ブドウ栽培農民のデモ、〇八年の建築労働者の争議、〇九年の郵便局員や海員登録者のスト）、一九一〇年にはアリスティッド・ブリアン首相が、鉄道員のゼネストを粉砕した。こうして、共和政防衛内閣以来続いてきた左翼の団結にひびが入る。

### 左翼連合の分裂

一九〇九年七月にクレマンソーが退陣して、一〇年前から続いてきた左翼連合による政権運営は潰え、第一次世界大戦勃発までに一一の内閣が相継いだ。政治的不安定の主因は、左翼連合が分裂して社会党が野に下ったことだ。それとともに、機能不全をきたした政府への不満が高まり、左右の反議会主義的運動が強まる。さらに、一九〇五年と一一年のモロッコ事件や一三年の三年兵役法に象徴されるように、フランスとドイツの緊張が高まり、戦争と平和の問題に関心が集まった。それは、「対独復讐」熱の復活といった好戦的ナショナリズムを強めただけでなく、平和主義をも強化し、仏独関係をめぐる亀裂が露《あらわ》になった。前者の例は、愛国心と同時に力や行動を力説するアガトンの『今日の若人——行動崇拝、愛国心、カトリックの再生、政治的リアリズム』（一九一三年）であり、後者の例は社会党のジャン・ジョレスや労働総同盟の反軍国平和主義である。

ジョゼフ・カイヨー首相が第二次モロッコ事件でドイツに譲歩したことで、右翼から非難を浴びた。こうして、一九一二年に対独強硬派のレイモン・ポワンカレ内閣が誕生する。一年後に彼は大統領に就任し、ブリアンが後任の首相となった。第一次バルカン戦争さなかの一三年三月にブリアンが三年兵役法案を上程し、次のルイ・バルトゥー内閣の下で可決された。しかし、一四年春の総選挙で三年兵役法が争点となり、同法に反対の急進党と社会党が勝利した。この法の取り扱いをめぐって組閣交渉が難航したが、かろうじて六月にルネ・ヴィヴィアーニ中道内閣が成立した。入閣した急進党は、累進所得税制の導入と引き換えに三年兵役法を承認する。ヴィヴィアーニ内閣誕生後半月でサライェヴォ事件が起き、七月三一日に平和主義者のジョレスが暗殺された。翌八月一日に総動員令が発せられ、史上初の総力戦となった第一次世界大戦が始まる。この結果、政争は止み、挙国一致体制の下、フランスは戦争に突入した。

## Section 5 イギリスの内政と外交

### イギリスの内政課題とジェントルマン資本主義

『第一次大戦の起原』（原著一九八四年）においてジェイムズ・ジョルは主要諸国の戦争への「内政的な圧力」状況を検討する中、イギリスの内政と外交との間に何らかの関係を見出すことは難しく、内政的な圧力といえば戦争回避の要請であったと論じている。だが、グローバルな視点から見ると、戦争回避を求める内政圧力は逆説的に戦争準備への道を開くことになったのである。

一九〇六年総選挙はジョゼフ・チェンバレンが提起した関税改革論争に政治的決着をつけ、欧米主要諸国の保護関税政策に対して、イギリスは従来からの自由貿易政策を堅持した。この総選挙の結果は、自由貿易と資本輸出を基礎に多角的決済機構を通して金融・商業サービス関係の諸利害を実現するジェントルマン資本主義というイギリス経済の特質を端的に示したものである。金融国家イギリスの世界経済基盤は、英領インドを多角的決済の要としつつ、電信情報網や運輸手段の整備に支えられた貿易の発展と海運・金融サービスなどによるシティのポンド資金のグローバルな循環にあり、その資金循環は同時にアジア間貿易の進展に基づく日本などアジアの工業化をも促進していた。こうした背景から、イギリスの世界戦略はアジアや世界各地の紛争を回避して国際的秩序を安定化することにあった。

国内情勢に目を転ずると、総選挙で大勝した自由党はその後、一躍三〇議席を得た労働党の台頭という事情もあいまって老齢年金等の各種の社会改革の実施を迫られることになる。他方、ドイツとの建艦競争などに代表される軍事費も増大傾向にあり、自由党政権は、自由貿易を維持しつつ新たな財源を直接税の課税で対応する「人民予算」の路線を打ち出し、社会改革実施のために軍事費の拡大をできるだけ抑制しなければならない状況にあった。

### イギリス外交による国際秩序維持と軍事代位

そうした内政動向の中、イギリスはどのような対外政策を打ち出していったのであろうか。自由党政権のエドワード・グレイ外相は、就任直前にロンドン・シティにおいて演説を行った。彼は一九〇五年三月の第一次モロッコ事件に現れたドイツの外交攻勢を牽制し、対米友好関係・日本との同盟関係・フランスとの協商関係というイギリス外交政策の三本柱を堅持することの意義を強調した。そして同時に、ヨーロッパにおける勢力均衡維持のために、台頭するドイツへのチェック機能をロシアに期待する認識を明確に示した。

ロシアをめぐっては、アジアにおけるイギリス帝国の要である英領インドに対するロシアからの脅威というもうひとつの難題をイギリスは抱えていた。ロシアとの軍事的衝突の懸念は帝国防衛委員会等でも喫緊の課題として取り上げられ、その解決策として一九〇七年に英露協商が締結されたのである。グレイ外相自身、その意義を次のように捉えていた。ロシアとの和解は、英仏協商関係を補完する政策であるとともに、英領インドへの脅威を外交的な武器にして他の地域で利権獲得を目指すロシアの戦略に打撃を与えるものとなろう、と。

一九一一年七月の第二次モロッコ事件に際して、蔵相ロイド・ジョージはシティ演説においてドイツの行動を強硬に非難し、資本輸出国家としてのイギリスの望みは平穏な国際環境にあると明言した。この間、自由党の院外組織（全国自由党連盟）は、国際的な緊張緩和と軍備費抑制を唱え、国内問題解決の社会改革実施を要請する決議を毎年のように採択していた。しかしながら、ドイツとの軍備費削減の交渉は結局、挫折を余儀なくされた。

イギリスがとるべき政策は狭められていた。「内政の圧力」に対応するためには軍事増強を外交によって肩代わりする道を選ばざるをえず、英仏協商は英仏海軍配備調整等の検討を開始することで事実上、軍事同盟化していった。さらに一九一二年二月、ロシアのペルシア介入をめぐってロシア非難の国内世論が沸き起こる中、グレイ外相はマンチェスターで演説を行った。英露両国の相互不信は軍事的緊張をもたらし、インド防衛のための軍事費拡大を招きかねないとして、英露関係維持の戦略的意義とロシアへの宥和政策に理解を求めた。

イギリス外交の基本政策は、英領インドをはじめアジア等の世界規模に展開する帝国の維持と国際秩序安定化を目指すジェントルマン資本主義の世界戦略であった。フランス・ロシアとの協商関係強化に加え、極東地域でのロシアの勢力拡大に対する牽制役を日本に期待する日英同盟の堅持・更新も、好戦的な「内政の圧力」によるものではなく、政権党の支持基盤が声高に求めた国際的な緊張緩和の実現と社会改革の実施に応えるための「外交による軍事代位」政策であった。だが、それは協商関係の事実上の軍事同盟化というパラドキシカルな結末をもたらし、世界大戦への道を準備することになったのである。

## Section 6

# 革新主義期アメリカの移民制限と人種隔離

### 革新主義の政治

現代アメリカの出現するこの時代に、アメリカには急速な工業化・産業化の歪みが都市の貧困、政治腐敗、大企業によるトラスト、売春問題、自然破壊などの形で現れ、これらの社会問題を科学的・合理的な方法で解決しようとする「革新主義」の運動が生まれた。この運動に関わった政治家、知識人、個人は文字通りの「進歩」派もいれば、保守派も含まれる多様な陣容であり、公衆衛生、節酒、セツルメント運動、産児調節、州選挙制度改革など多岐にわたった。だが、要するに、革新主義の時代とは、自由放任主義の時代が終わり、国家や州が積極的に「国民」の生に介入し、出生率・寿命などといった人口政策に介入し、「アメリカ的生産様式」という規範を作り出し、アメリカ化が推進された時代であった。二〇世紀を「アメリカの世紀」たらしめたものは、この革新主義時代に産学が共同して大衆社会にとって有用な知を生産するシステムが誕生したからであった。

この革新主義の時代を象徴し、「ニュー・ナショナリズム」を唱えたセオドア・ローズヴェルトは、移民の教育を通じたアメリカ化を推奨し、様々な政治・社会改革に取り組んだ。WASP（ホワイト・アングロサクソン・プロテスタント）の女性の出生率の低下を問題視し「人種の自殺」を持論として展開し、家族中心の国家、結婚して子どもを産み育てることの大切さを説いた。こうした女性の身体の管理をめぐっては、母親として、あるいは、消費者として改革運動の先頭に立つ女性たちの動きも活発であった。貧しい子だくさんの女性を救うために産児調節の運動を展開したサンガーの運動も、その典型であり、この活動は日本にも少なからぬ影響を与えた。また、同時期に、アメリカでは優生学運動が隆盛となり、「不適者」に対する断種手術が数多くなされるなど世界史的にも特異な展開を示した。

### 移民制限とアジア系移民

国民の境界が再定義されたこの時代に、「移民の国アメリカ」の移民行政も大きく変化した。自由移民の原則を堅持しつつも、アメリカはすでに一八八二年に排華移民法を制定して、中国人労働者の一〇年間の流入停止と帰化禁止の決定を下し、移民の質的制限を開始していた。これにより、アジアからの移民は「帰化不能外国人」として居住年限に限らず市民になる道を閉ざされ、劣等性や同化不能のステレオタイプが付されることになった。

これ以降の移民制限は、世紀転換期にかけて、東欧・南欧出身の「新移民」が大量流入し始めて本格化した。一八九一年には移民管理局が設置され、翌年からニューヨーク・エリス島にて連邦の移民入国管理体制が整うこととなった。この施設で移民たちは伝染病などの厳しいチェックを受けたが、アメリカの圧倒的な労働需要に支えられて、彼らの多くは入国を果たした。アメリカの移民政策は、ヨーロッパ移民に関する限り、労働力創出のための巨大な包摂メカニズムであり続けたといってよい。帰化率の低いこれら新移民に対して、当局は公立学校と組み、積極的なアメリカ化運動を展開していった。

これに対して、アジア系移民を受け入れる西海岸では、厳しい移民規制が実施された。中国人排斥の後を受けて、一八九〇年代より日本人移民の流入が本格化していたが、日露戦争の勝利により黄禍論が台頭し、カリフォルニアでは排日感情が高まった。一九〇六年のサンフランシスコ大地震後に起きた日本人学童隔離事件では、これが日米間の外交問題に発展し、日本政府はセオドア・ローズヴェルト大統領と交渉の結果、「日米紳士協約」の締結で合意し、日本人労働者への旅券発給停止という自主規制に踏み切った。その後も、カリフォルニアでは日本人移民一世の土地所有を規制する排日土地法が制定されるなど排日の動きはやまず、一九一三年頃から急増した「写真花嫁」（写真の面識のみでの見合婚のために渡米した女性）は、恋愛重視のアメリカでは奇異に映り、排日の動きに拍車をかけることになった。

## 人種隔離制度の成立

アメリカの国民化の文脈で、もうひとつ進行していたのは、南部各州による人種の物理的隔離と黒人参政権の剝奪であり、これはカラーラインによる秩序化であった。連邦裁判所は、一八九六年のプレッシー対ファーガソン裁判によって「分離すれども平等」であれば憲法違反ではないとの判断を下し、人種隔離政策を認めていた。このジムクロウ体制とよばれる白人優越体制が、南部では一九六〇年代まで続くことになった。

黒人の側では、この時期、黒人自身が努力し技術に磨きをかけ社会的上昇を目指すB・T・ワシントンが登場する一方、黒人の法的権利や経済的機会の平等を求め全国黒人向上協会（NAACP）の活動を始めたデュボイスや、南部で横行していたリンチや黒人女性への性的暴力を糾弾するアイダ・B・ウェルズらが反リンチ運動を展開した。また、日露戦争の結果を有色人種の勝利としてみた黒人の間で、この当時、日本への関心が高まり、黒人新聞に日本の記事が掲載されるようになった。

Section 7

# 反戦――運動の高揚から挫折まで

**反戦・平和運動の成立と拡大**

欧米で「市民」によって担われた反戦・平和運動が生まれるのは、一九世紀前半のアメリカとイギリスであり、一八六〇年代までに運動は大陸ヨーロッパにまで広がる。反戦・平和運動を支える中核的な理念はキリスト教であり、その中でも最もラディカルな見解をもち、当初から運動の重要な担い手だったのは、いかなる暴力も拒絶するクエーカー教徒であった。平和運動家たちの目標は、戦争を話し合いによって解決するための国際的な紛争仲裁機関の設立と軍縮であった。その後、欧米では平和団体が多数結成されるが、それらは一八八九年に出版された反戦小説『武器を捨てよ!』によって活性化されていた。著者はダイナマイトの発明者A・ノーベルの元秘書B・フォン・ズットナー。この小説は複数の欧米言語に翻訳されて欧米各国で反響を呼んだ。欧米の平和運動の高揚は日本にも波及し、クエーカー教徒の影響を受けた北村透谷らが日本平和会を一八八九年に設立するが、日清戦争開始とともに日本の平和運動は衰退する。

欧米各国で平和運動が高揚していく中で、一八八九年に開催された万国博覧会にあわせて各国の平和団体がパリに集まり国際会議を開催する。その後も会議はほぼ毎年開催され、しかも各国で政権を担う政治家から支援を受けるようになる。また、パリ万博ではイギリスとフランスの議員たちも会議を開催し、そこで彼らが設立した団体は、その後、国際議員連盟と命名され、欧米の平和運動の一翼を担うようになる。

しかし、一八九八年に国際軍縮会議の開催を提唱したのは、彼ら平和活動家たちではなく、ロシア皇帝ニコライ二世だった。当時のロシアの国家財政では軍拡競争を勝ち抜けないと判断したロシア政府の閣僚がお膳立てした提案だったが、そのような事情は隠されていた。平和活動家たちは皇帝の提案を歓迎し、自国の政府に参加を呼びかけた。各国政府はロシアからの提案に疑念を抱いていたが、参加を要請する大衆のうねりに飲まれ、二六カ国が代表を送った。こうして一八九九年にハーグ平和会議が開催される。会議を通じて陸戦法規と慣行に関する協定を含む三つの協定、および、三つの宣言が採択され、さらに恒久的な国際仲裁裁判所が設立されたが、この裁判所は、各国に対して仲裁に応じさせるような拘束力をもつ組織ではなかった。

## 社会主義者と反戦・非戦

このような平和主義運動とは異なる形で軍縮や戦争阻止を訴えていたのが、社会主義者たちだった。一八八九年に創設された第二インターナショナルは、社会主義体制の創設によって経済的搾取と軍国主義を終わらせて平和を実現できるという見通しを示していた。しかし、戦争を阻止するための具体策については、各国の社会主義者の間で見解の相違が大きかった。

彼ら欧米の社会主義者に影響を受けて一九〇〇年代には日本でも幸徳秋水ら社会主義者が運動を開始するが、幸徳らが掲げた「非戦」という原則は、軍備と戦争の廃絶を最終目標とするものであり、常備軍に替えて民兵制度を創設するといったドイツ社会民主党が掲げていた要求とは異なるものだった。日露戦争中、日本の社会主義者は社会主義の国際的連帯と非戦を訴えた。

## 反戦・平和運動の挫折

日露戦争終結を待って、国際議員連盟は国際仲裁裁判所の権限強化を目標に国際会議を準備し、一九〇七年、第二回ハーグ平和会議が開催される。参加国は前回の二六カ国から四四カ国に増加し、開催期間は前回の倍の四カ月間に及んだ。

それでも、平和運動家たちが目指した紛争仲裁の義務化は実現されなかった。もちろん、会議では前回を上回る一三の協約が結ばれた。また、その規模と影響力から考えれば、国際平和運動はこの時期にその最盛期を迎えていた。しかしながら、軍事同盟がヨーロッパ諸国を分断し、軍備拡張競争が進み、戦争に向けて準備が進められていた。さらに、ヨーロッパ各国では極めて好戦的で軍事的な社会が創り出されていた。こういった状況を変える力は平和運動にはなかった。

社会主義者たちも、一九一二年に第一次バルカン戦争が勃発した際には、バーゼルで反戦集会を開催し、一九一三年にヨーロッパ列強が新たな軍拡を開始すると、ドイツとフランスの社会主義者と自由主義者の議員がスイスで会合を開き、軍拡に反対する声明を出している。それにもかかわらず、一九一四年に各国の社会主義者たちは、高揚するナショナリズムに飲み込まれ、戦時公債に賛成するとともに戦争への協力を表明したのである。

Column 19

## スウェーデンから見た明治・大正の日本

北欧と日本の交流は、鎖国の一般的なイメージとは相反して江戸時代にすでに始まっていた。テューンバリのようにオランダ東インド会社員として来日した者の関心は、博物学的観点から日本に独特な自然、社会、文化の様態へ向けられたが、彼らが伝えた詳細な日本の情報は、学術的関心を超えて北欧における日本イメージの創造に貢献するものとなっていた。アルムクヴィストやストリンドバリら、一九世紀スウェーデンを代表する文学者は、テューンバリらの残した情報に依拠しつつ、日本を題材とした文学作品を執筆した。そうした作品が刺激した日本への好奇心は、大陸ヨーロッパで発生したジャポニスムの影響を受けつつ、一九世紀後半から二〇世紀前半の北欧で高まった。現在ではスウェーデンの国民的画家として知られるラーションが「画家としての祖国」として日本を挙げるなど、日本は北欧の芸術家を刺激した。

スウェーデン、ノルウェー、デンマークと日本との外交は一八六八年に各々締結された修好通商条約で開かれたが、その関係が本格的に発展するのは日清・日露戦争以降のことである。例えばスウェーデンの外交通商委員会は、独自の大使館を東京に設置し、初代大使としてグスタヴ・ワレンバリを任命することを一九〇五年に決定した。ワレンバリ家は現在に至るまで数多くの上場企業を有してスウェーデン経済を牽引する一大財閥である。海外貿易に秀でたノルウェーとの同君連合が解消した一九〇五年に、スウェーデンは、日露戦争の勝利で東アジア市場における位置が上昇した日本との関係強化を図る目的から、あえてワレンバリ財閥の者を派遣した。彼は、内陸アジア探検で知られたヘディーンや地政学の方法をまとめた政治学者チェレーンなど、二〇世紀前半の学界を代表した知識人を日本へ招《しょう》聘《へい》してスウェーデン紹介を任せる一方、彼らに滞在記の執筆を依頼して日本との交流を演出させた。

日本との交流が演出され旅行者や研究者の訪日が相次ぐと、日本への好奇心は客観的な日本観察へと変化を見せる。例えば、大正期に来日した女性旅行家のリンデルが記した『幸福な旅の一二章』には関東大震災以前の東京に生きる人々の生活が子細に記録されているが、その叙述の客観性は太平洋戦争中のアメリカでベネディクトが『菊と刀』を執筆する際に素材としたほどである。またスウェーデンでは、一八世紀末にアイヌがロシアからスウェーデンへ渡ったという民間伝承があったことから彼らへの関心も高く、生物学者や言語学者がサハリン、千島列島、北海道を訪れて調査を行ってもいる。初代大使ワレンバリは、第二次世界大戦中にハンガリーでユダヤ人救出に尽力したラウル・ワレンバリの祖父にあたるが、彼が展開した日本外交は、オリエンタリズム的好奇心を越えた客観的な日本観察を刺激するものでもあった。

Column 20

## ロシアのイスラーム教徒から見た戦争

二〇世紀初頭、各帝国は多民族・多宗教からなる住民の総力戦への動員に呻吟し、それは帝国の統治そのものに軋みをもたらした。ここでは、ロシア帝国のムスリムを例に、被支配民族にとっての総力戦の時代を考えてみたい。

ロシア帝国の他のムスリムと異なり、欧露に住むタタール人とバシキール人は、一八七四年に施行された国民皆兵制の下、正規軍を構成していた。よって彼らは、肉親の赴く戦争に無関心ではいられなかった。現に、日露戦争時も各地のモスクでは、ロシア軍の勝利を願う祈禱《きとう》も行われ、傷痍《しょうい》軍人や家族のための募金活動も行われた。他方、日本の勝利は、他のアジア諸地域と同様、社会変革を遂行する際の模範として、日本人が理想化される契機となった。こうした言説の形成に多大な貢献をしたのが、一九〇九年に来日したアブデュルレシト・イブラヒム（一八五七〜一九四四）の旅行記である。彼の数奇な生涯については、小松久男『イブラヒム、日本への旅』（二〇〇八年）を参照されたい。

バルカン戦争は、欧露のムスリムにとって対岸の火事ではなかった。この戦争は、ムスリム社会が総力戦にどのように対処すべきか、という緊迫した問題を知識人に突きつけたからである。そうした言論形成に決定的な役割を演じたのが、地域の有力紙『ワクト（時）』編集長ファーティフ・ケリミー（一八七〇〜一九三七年）の著した『イスタンブルの手紙』である。彼は、第一次バルカン戦争下のオスマン社会を子細に観察し、二〇世紀の戦争の特質は総力戦であると見抜いた。そして、国家の経済力、国民の健康、教育の普及、祖国愛、女性の地位などにおいて、トルコ人はブルガリア人に劣っていると主張した。

第一次世界大戦期のロシアにおける総力戦体制の破綻を示す端的な例としてよく挙げられるのは、一九一六年に中央アジアで戦時徴用に抗議して起こった反乱である。欧露においても政府は、交戦国のオスマン帝国に通じる敵性集団としてムスリムを厳しい監視下におき、国民として一体化することに躊躇していた。しかし、愛国の大義名分の下、平時には不可能だった社会の自発的な組織化が進展したこともまた事実だった。開戦後間もなく、地方自治体が傷病兵救護のために全国規模の組織を立ち上げたように、首都のタタール知識人も、各地のムスリムの慈善団体を束ねる組織を生み出した。男手が未曾有の規模で召集される中、銃後での救援活動や教育活動で中心的な役割を果たしたのは女性だった。それは欧露のムスリム社会でも例外ではなかった。そして、戦時に社会進出を果たしたムスリム女性は、一九一七年に国政への参加を要求するに至った。これは世界的に見ても、女性参政権運動の先駆けとして位置づけられる。

# 第9章

# 「二一カ条」と「シベリア出兵」
## ——1914～1929年

世界戦争座の桟敷より未開人・反文明人が不毛な殺戮を見物（『大戦写真画報』1巻1号，1914年）

出典：山室信一『複合戦争と総力戦の断層』人文書院，2011年，22頁。

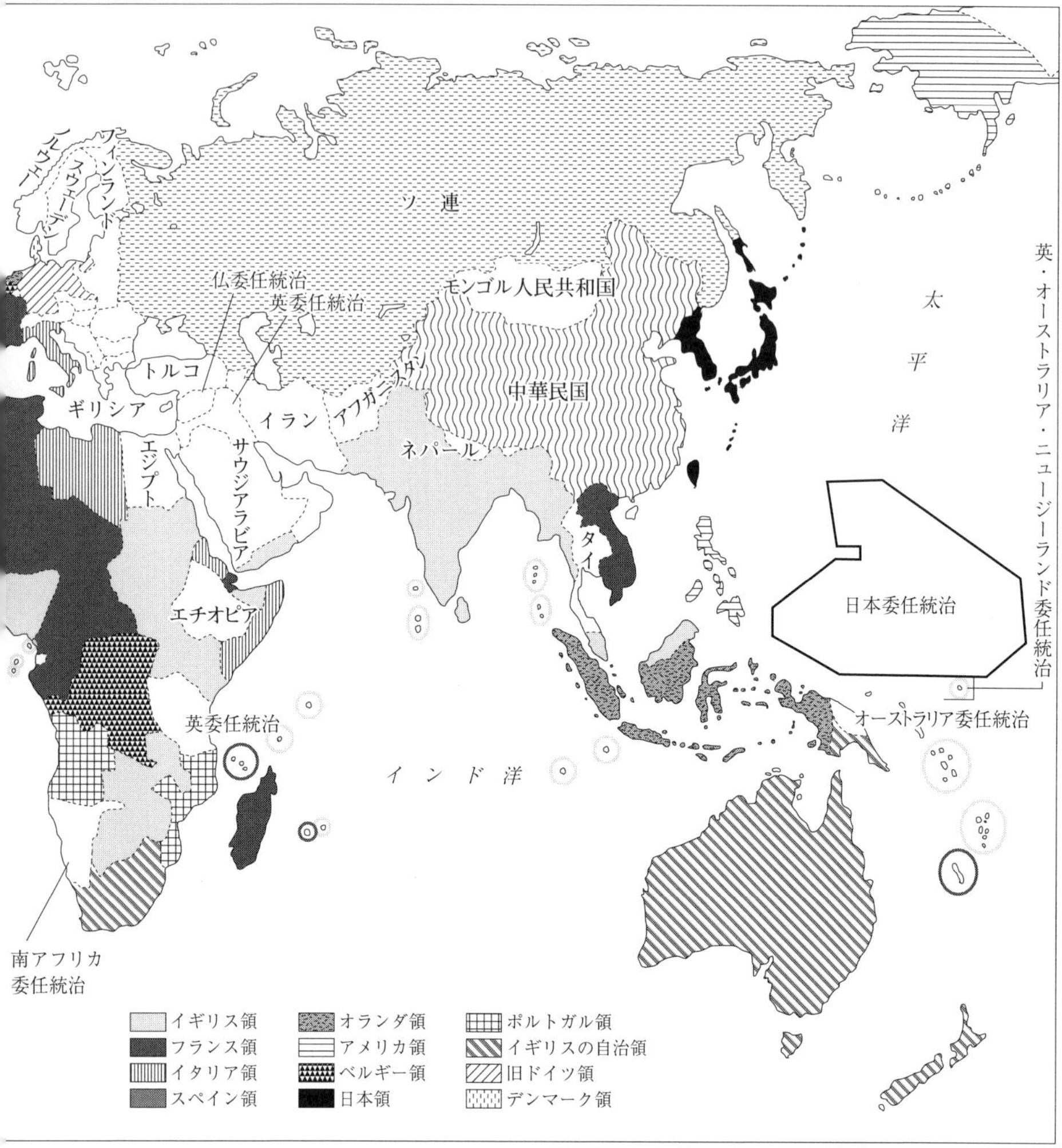


ヴェルサイユ体制下の世界

ヴェルサイユ体制下のヨーロッパ

| 年 | 主な出来事 |
|---|---|
| 1914 | 6. サライェヴォ事件。7. 第一次世界大戦始まる |
| 1915 | 1. 日本，中国に二一カ条要求。10. フサイン・マクマホン書簡 |
| 1916 | 5. サイクス・ピコ協定。7. 第四次日露協約 |
| 1917 | 2.（メキシコ）1917年憲法制定。3.（露）二月革命。ニコライ２世退位。4.（米）対独宣戦。11. バルフォア宣言。11.（露）十月革命 |
| 1918 | 1.（米）ウィルソン大統領，一四カ条の提唱。3. ブレスト・リトフスク講和条約。8. 連合国軍シベリア出兵宣言。10. オーストリア＝ハンガリー降伏。11.（独）一一月革命。降伏 |
| 1919 | 1. パリ講和会議。3. 三・一運動。3.（露）コミンテルン結成（～43年）。5. 五・四運動，ガンディーの反英不服従運動始まる。6. ヴェルサイユ講和条約調印。8. ヴァイマル憲法公布 |
| 1920 | 1. 国際連盟発足。3. 尼港事件 |
| 1921 | 3.（露）ネップ導入。11. ワシントン軍縮会議（～22年2.）。12. 日英米仏の四カ国条約，日英同盟破棄 |
| 1922 | 2. エジプト独立。10. ムッソリーニ，ローマ進軍，政権掌握。12. アイルランド自由国成立。12. ソ連の結成 |
| 1923 | 1. ルール危機。7. ローザンヌ条約。9. 関東大震災。10. トルコ共和国成立 |
| 1924 | 1.（中）第一次国共合作。1.（ソ）レーニン死去。7.（米）排日移民法施行。9. ドイツの賠償方式を定めたドーズ案発効 |
| 1925 | 3.（中）孫文死去。（日）普通選挙法および治安維持法の成立。4.（英）金本位制復帰。12.（仏）ロカルノ条約。（イラン）パフラヴィー朝成立（～79年） |
| 1926 | 5.（ポーランド）ピウスツキの独裁権確立。9.（独）国際連盟加入。12.（日）大正天皇死去 |
| 1927 | 5.（日）山東出兵の決定。6.（日・英・米）ジュネーヴ軍縮会議不成功（～8.）。12. ソ連共産党第15回党大会，トロツキーの除名，農業集団化の方針の決定 |
| 1928 | 4.（日）第二次山東出兵。6. 張作霖爆死事件。8. チャンドラ・ボースらインド独立連盟結成。8. 仏米など15カ国が不戦条約。10.（ソ）第一次五カ年計画の開始。（中）蔣介石，国民政府主席に |
| 1929 | 8. パレスチナ暴動。10.（米）大恐慌の始まり。11.（ソ）スターリンの独裁体制確立 |

# 序論　第一次世界大戦とアジア

### 第一次世界大戦と日本の参戦

第一次世界大戦の主戦場がヨーロッパであったことに異論はないだろう。しかし、この戦争が一九世紀末以降の帝国主義列強による「世界分割」の延長線上にあり、植民地帝国を形成した宗主国どうしの戦争であったことから、アジアも密接にこの戦争と関わることになった。大戦を契機としたアジア各地での様々な動きは、決して受動的なものではなく、帝国主義世界体制をめぐるせめぎ合いに、主体的に参画しようとするものであった。

日清・日露戦争、韓国併合を通じて支配領土を拡大してきた日本は、軍事費などの歳出増大・軍部の軍拡要求・対外債務の増大に加えて、藩閥政治を批判する立憲主義的な政治運動の高揚に直面していた。日本政府内部では、第一次世界大戦は、さらなる対外拡張によって現状を打破する絶好の機会と受け止められた。一九一四年八月、日本は、イギリスの要請以前に、日英同盟を口実として参戦を決断し、中国山東省にあるドイツ資本の山東鉄道およびドイツ統治下の膠州《こうしゅう》湾租借地を占領した。そして、翌年一月、日本政府は中国・袁世凱《えんせいがい》政権に対して、二一カ条要求を突きつけた。ドイツ山東権益の継承、差し迫った関東州租借地の租借期限の延長（二五年間から九九年間へ）などの一連の要求に加えて、中央政府への日本人顧問の雇用を含む第五号要求は、中国世論の激しい反発を呼んだ。日本は第五号要求を取り下げるも、ヨーロッパ列強が欧州戦線に傾注せざるをえない情勢を最大限生かし、中国でのさらなる勢力拡大を図ったのである。また、太平洋でも、日本は赤道以北のドイツ植民地を占領し、アメリカとの緊張を生み出した。さらに、大戦中にロシア革命が勃発すると、北満洲からバイカル以東に及ぶ地域を支配下におくために、七万人を超す兵力を派遣した（シベリア出兵）。

### アジアからの参戦

植民地支配下におかれたアジア各地においても、大戦を現状打開の好機と見る動きが現れた。イギリスとフランスは、アジアから数多くの兵士や労働者をヨーロッパ戦場に投入した。この植民地での動員は、強制だけではなく、戦後の政治的権利の拡大を期待した植民地住民からの積極的な協力によっても支えられた。

イギリス帝国の要であるインドからは一五〇万人近くが徴募されたが、南アフリカより帰国したガンディーは、戦後の政治改革に期待し、軍隊の徴募への協力を呼びかけた。また、国民会議派の急進派の指導者ティラクは、戦争協力を説く一方で、一九一六年にインド自治連盟を結成した。一九一七年八月、中国もドイツ・オーストリアに対して宣戦布告を行った。辛亥革命前後から中国の外交政策は、国際秩序のルールに則りながら、期限の切れる条約や協定の改正を通じて不平等条約を撤廃し、平等な対外関係の構築を目指していた（修約外交）。日本の二一カ条要求は、まさにこの外交政策を真っ向から否定するものであった。連合国側に立って参戦することによって、中国は来るべき講和会議に戦勝国の一員として参加し、不平等条約体制からの脱却を目指すことになった。

### 「民族自決」の夢と現実

レーニンによる「平和に関する布告」などの一連の声明に対抗すべく、一九一八年一月、アメリカ大統領ウィルソンは一四カ条を発表した。すでに指摘されているように、それは植民地支配下の人々に対して、「民族自決」を認めるのではなく、それらの人々と宗主国政府が「同等の重み」をもって利害を「調整」するように謳《うた》うものであった。しかし、アジアでは「民族自決」を宣言した戦後世界秩序の原則として認識された。

一九一九年一月に始まったパリ講和会議には、アジアから大きな期待が寄せられた。朝鮮の亡命独立運動家たちによって結成された新韓青年党は、代表を派遣して独立請願書を提出した。また、のちにベトナム独立解放闘争の指導者となるグエン・アイ・クォック（のちのホー・チ・ミン）も「アンナン人民の要求」を提出した。さらに朝鮮半島では、「独立万歳」を旗印に広範な社会層が参加した示威運動が全土に展開した（三・一運動）。パリ講和会議に参加した顧維均ら中国代表団は、国際社会での対等な地位を目指して、租借地・租界の返還、関税自主権の承認、ドイツ利権の直接返還、二一カ条要求の廃棄を主張した。しかし、ヴェルサイユ講和条約はこれらの要求を無視するものであった。中国世論は沸騰し、五・四運動が全国に広がり、中国代表団は条約調印を拒否した。パリ講和会議で未解決のままに残された東アジア地域の課題は、一九二一年一一月に始まったワシントン軍縮会議に持ち越された。日本はシベリアからの撤兵を宣言した。また、米英日間の海軍軍備制限に加えて、山東問題の解決や関税自主権回復への道筋など中国にとっての外交的成果を含む条約が交わされたが、総じて東アジアにおける列強の植民地体制を維持した形での相対的な安定が図られた。東アジアおよびアジア地域における脱植民地化の課題は、第二次世界大戦とその後に引き継がれることになった。

# 総論　第一次世界大戦・ロシア革命・一九二〇年代

「パクス・ブリタニカ」から世界大戦へ

世界の覇権をかけて、イギリスとフランスが、他の諸国を交えヨーロッパのほぼ全域を舞台に戦ったナポレオン戦争以降、世界では、「パクス・ブリタニカ」の下で、国民国家の形成・発展と工業化、その一方での植民地化が進展した。帝国主義の時代にはいると、世界はやがて、ドイツを核とした三国同盟と、イギリスを核とした三国協商とのグローバルな対抗関係で覆われていく。この間、ヨーロッパ本土は「武装平和」の下にあったが、日露戦争の後、世界分割の焦点がオスマン帝国などヨーロッパ周辺地域に絞られてくるとともに、ヨーロッパ列強間の戦争の危機が一挙に高まることとなった。

「ヨーロッパの火薬庫」となったバルカンでは、一九一四年七月、旧大国オーストリアが新興国セルビアに宣戦、「第三次バルカン戦争」が勃発した。両国の背後にあるドイツとロシアが相次いで参戦し、ドイツとフランス・イギリスの対立も火を噴いて、八月、戦争は一気に、ドイツの「世界強国への挑戦」を軸とした、「パクス・ブリタニカ」後の世界の覇権をめぐる死闘へと発展した。そして間もなく日本が、やがて一七年にはアメリカも、連合国側に立って参戦し、戦争は文字通り世界大戦となった。大戦は科学技術と重化学工業の発展に基づいた大規模な「機械戦争」となり、多大な死傷者を生んだ。

総力戦とロシア・ドイツの革命

第二インターナショナルに結集して反戦運動を展開してきた諸国の社会主義・労働運動は、それぞれ自国の「防衛戦争」を支持して政府に協力し、「神聖同盟」（フランス）、「城内平和」（ドイツ）といった挙国一致の体制が現出した。労働者は、兵士として、また軍需産業の労働力として、戦争遂行の重要な担い手となった。予想を越えた戦争の長期化に伴い、戦時経済の組織化・統制が進み、軍事力、経済力、さらには精神力をも動員する「総力戦」となった。その中で、労働組合の地位向上が進んだ。また、女性が労働力として、そして兵士・留守家族を支える社会活動へと動員されただけでなく、アジア・アフリカの植民地民衆がヨーロッパ・中東戦線に動員され、経済的収奪も強化された。

交戦諸国の民衆は、塹壕戦の下で激しい攻防が繰り返された西部戦線をはじめ、多数の死傷者を出したほか、海上封鎖による食糧難や、軍需生産のための労働強化などで耐乏生活を強いられ、次第に厭戦・反戦の気運が高まった。食糧騒動やストライキが起こり、反戦派・革命派の動きが活発となった。こうした動きは、総力戦の負荷への対応が政治社会体制・経済力の両面で最も困難だったロシア帝国で、ついに一九一七年に二月革命、次いで十月革命となって爆発した。ボリシェヴィキによる政権掌握は、民衆（労働者・兵士・農民のソヴィエト〔評議会〕）による権力の掌握と広く受け止められ、世界に衝撃を与えたが、憲法制定会議の廃止は、民主主義対独裁の問題として、社会主義・労働運動内部の対立を深めた。他方、一八年一月「民族自決」の方向を提起したアメリカ大統領ウィルソンの一四カ条は、アメリカが西部戦線に投入した大兵力とともども、連合国側の体制立て直しに貢献した。ドイツは、ロシアとの強圧的な講和達成の後、西部戦線で大攻勢をかけたが挫折し、一一月革命が勃発、厳しい休戦協定の受諾を余儀なくされた。一九一九年六月、ヴェルサイユ講和条約が調印される。大戦の結果、ロシア、ドイツ、オーストリアの三帝国が崩壊し、中東欧の諸民族が独立した。ロシアでは、革命後の内戦・国際的な干渉戦争・民族独立の動きが絡み合って、なお戦争状態が続いた。

### ヴェルサイユ体制と一九二〇年代の欧米

ヴェルサイユ体制では、世界最強の経済大国となったアメリカがヨーロッパから手を引き、「委任統治領」などで勢力を拡大したイギリス・フランスが国際連盟を主導して、対独・対ソの安全保障を図った。また金本位制の復活が目指された。しかし、領土を大幅に縮小されたドイツには巨額の賠償金が課され、混乱が続いた。他方、アジア・太平洋では、一九二二年、ワシントン体制が成立し、アメリカの主導の下に諸国間の協調が図られた。

ヨーロッパでも、一九二三年のルール危機の後、アメリカの金融支援を通じたヨーロッパの経済復興や、ロカルノ条約、ドイツの国際連盟加入などヨーロッパ国際関係の改善が進んだ。アメリカの自動車やハリウッド映画が世界を風靡する一方、フランスやドイツを中心に「モダニズム文化」が花開いた。ドイツでは戦後、ヴェルサイユ体制・ヴァイマル共和国に対する右翼・ナショナリズムの攻撃が激しく展開されたが、経済の復興に伴い共和国も保守的な「相対的安定期」を迎える。他方、イタリアでは、戦後の社会不安と領土問題での不満とがあいまって、二二年、ファシズムが政権を掌握する。また、ソ連では、二〇年代半ば以降スターリンが「一国社会主義」を掲げ、農民の犠牲の上に重工業化を強行していった。そして世界は、アメリカに端を発する大恐慌の到来とともに国際経済体制が危機に陥り、再び激動の時代を迎えるのである。

# Section 1 第一次世界大戦

## 「世界」大戦とは

第一次世界大戦はもともとヨーロッパでは「大戦」（Great War）と呼ばれていた。これに「第一次」がつくのは「第二次」が勃発したからにほかならず、「世界」がつくのは大戦の原因、広がり、影響が文字通り世界的な範囲に及んだからである。大戦の直接のきっかけは一九一四年六月のオーストリア＝ハンガリー帝位継承者フランツ＝フェルディナント暗殺事件（サライェヴォ事件）にあり、事件の決着をめぐるオーストリアとセルビアとの外交対立にあったことは間違いない。オーストリアの背後にドイツが、セルビアの背後にロシアならびにその同盟国フランスの影が覆っていたことも事実である。アルザス＝ロレーヌ問題に象徴されるドイツ・フランス間の伝統的な国境紛争も開戦の背景にある。しかし大戦が「世界」大戦となった本質的な原因は前世紀以来の植民地獲得をめぐるヨーロッパ列強間の対立にある。中でもドイツ（「ベルリンからバグダードへ」）とイギリス（「ケープからカイロへ」）の対外政策・植民地政策が交差するバルカン半島から中東にかけての両国の利害対立は深刻であった。大戦は近代世界のヨーロッパによる非ヨーロッパ地域に対する植民地支配体制の帰結であり、大戦を通じてそうした植民地体制そのものが批判され、変革されていくのである。

## 総力戦としての第一次世界大戦

第一次世界大戦の参加国は連合国二七カ国（英仏露伊などヨーロッパ一一カ国とアメリカ合衆国、南米諸国一二カ国、それに日本、中国、リベリア）、同盟国四カ国（ドイツ、オーストリア、ブルガリア、オスマン帝国）である。大戦は史上最初の総力戦であった。国力のすべてを費やす総力戦は戦場での戦闘と銃後を結びつけ、国力と国力との全面戦争は長期化し、国民は疲弊した。女性は労働力として動員され、そのことが女性の社会参加と発言力の強化をもたらした。科学技術の進歩は殺傷能力の高い近代兵器（戦車、潜水艦、航空機、毒ガスなど）を生み出した。

大戦の被害は甚大であり、全体の死亡者は一〇〇〇万人に及んだ。大戦はヨーロッパの西部戦線（独仏国境地域）と東部戦線（独露国境地域）を主戦場とはしたものの、バルカン半島、メソポタミア、アラビア半島に及び、またドイツ領植民地の争奪をめぐって、アフリカでは東アフリカ（タンザニア、ルワンダ、ブルンジ）、西南アフリカ（ナミビア）、中央アフリカ（カメルーン、トーゴ）、アジアでは中国の山東半島、さらに太平洋（ニューギニア、カロリン・マリアナ諸島、サモア）にまで及んだ。戦場が世界大に拡散したのみならず、徴発された兵士・労働者も世界的な規模に及んだ。ヨーロッパ参戦諸国とアメリカ、日本に加え、インド（一五〇万人）、仏領アフリカ（八五万人）、南アフリカ連邦（一四万人）、インドシナ（一〇万人）、中国（一〇万人）、さらにエジプト、朝鮮半島からも兵士・労働者が動員された。

**大戦とアジア・アフリカ・太平洋**

大戦はアジア諸地域を巻き込み、戦後の自立傾向に拍車をかけた。一五〇万人の兵士と大量の軍需物資、一五億ポンドの戦費を負担したインドなしにイギリスの戦争政策はありえなかった。イギリス政府はインドの協力を得るためにインド担当相が発した一九一八年のモンタギュー宣言によって将来のインド自治拡大を声明するなど一定の譲歩を迫られ、戦後の独立運動の活発化に対処することになる。

東アジアでは、日本が中国におけるドイツ権益を引き継ぐことを目途に青島のドイツ駐屯軍を降伏させ、山東半島を日本の勢力圏に入れた。一九一五年、大隈重信内閣は袁世凱政権に対し二一カ条の要求を突きつけ、山東半島におけるドイツ権益の継承、中国行政部への日本人顧問の招聘など露骨な干渉要求を行った。こうした日本の干渉は、大戦後に五・四運動の形で中国民衆からの反発を生むことになる。

オスマン帝国の将来については、イギリスは帝国内アラブ人の協力を得るためにその独立を支持し（一九一五年のフサイン・マクマホン書簡）、ユダヤ人の協力を得るためにユダヤ人の民族ホーム《ナショナル・ホーム》建設を約束し（一九一七年のバルフォア宣言）、同時に戦後のこの地域における英仏間の利害調整も行っていた（一九一六年のサイクス・ピコ協定）。敗戦後オスマン帝国は解体したが、アラブ人やユダヤ人に対する「約束」は守られず、将来の紛争の種を残した。アフリカと太平洋地域では旧ドイツ領植民地をめぐる争奪戦が展開された。諸地域は国際連盟の委任統治領という形で戦勝国に分配され、「新」宗主国に対する自治あるいは独立への戦いが課題となった。

Section 2

# ロシア革命

### 第一次世界大戦とロシア帝国

ロシア帝国は、第一次世界大戦のさなかに、総力戦の負担に耐えかねて崩壊した。仮にロシア帝国が大戦に参加しなかったならば、あるいは、ドイツと単独講和を結んで早々と戦線を離脱してしまったならば、専制の崩壊はなかったし、ましてや社会主義政権の成立などありえなかったであろう。だが、このような仮定にどこまで現実性があるかは、また別の問題である。現実にはロシア帝国は、参戦を拒んだり、早期に戦線を離脱したりするには、あまりにも深くヨーロッパ諸国の国際関係に組み込まれていた。まず、ロシア帝国が大国としての地位を保持するためには、参戦を避けることはできなかったであろう。ついで、ひとたび戦争が長期戦と化してからは、たとえロシア帝国が戦線離脱を望んだとしても、連合国がそれを許さなかったであろう。実際、イギリスもフランスも、それぞれの目論見をもって、ロシア帝国を財政的・物資的に支援したのである。

日本もまた、ドイツに宣戦したのち、ロシア帝国との関係を深めていった。中国大陸の権益拡大を目指す日本と、兵器・軍需品の調達先を求めるロシアとでは、利害が一致したのである。ロシア帝国は日本の「二一カ条要求」にも、目立って同情的であった。大戦中の日露関係で特筆すべきこととしては、日本赤十字社露国派遣救護班の活動がある。正教会の司祭一名を含む一三名が、一九一四年一〇月二四日に敦賀港を発ち、ウラジオストク、ハルビンを経て一一月一六日にペトログラードに到達した。市内に開設された日本赤十字の病院は、傷病兵への懇切な介護で好評を博した。一九一六年四月までその活動は続いた。日露接近の雰囲気の中、一九一六年一月のロシア皇族ゲオルギー大公の訪日を経て、七月には日露協約が成立した。だが、それから半年後の一九一七年三月（ロシア暦二月）、ロシア専制は崩壊した（二月革命）。

### 一九一七年

二月革命によって成立した臨時政府は、その当初から右に見たような国際関係に縛られていた。戦後にロシアが権益を拡大するためにも、イギリスとフランスへの信義を守ることが重要であった。ところが、二月革命のさなかに民衆層の支持を得てつくられたペトログラード・ソヴィエトは、秘密条約、賠償金、領土割譲といった旧来の外交を否定することを全世界に呼びかけ、臨時政府にもそれを求めた。民衆層の協力なしには戦争を遂行しえない臨時政府は、「無併合、無賠償、民族自決」というペトログラード・ソヴィエトの路線を受け入れざるをえなかった。このときロシアの新路線に賛同したのが、アメリカ合衆国のウィルソン大統領であったことは、ヨーロッパによる国際政治の主導権の独占が終わりつつあったことを如実に示していた。対照的に日本は、中国大陸の利権拡大に陰りが生じたことを不安視し、臨時政府をなかなか承認しなかった。

「無併合、無賠償、民族自決」路線を受け入れたとはいえ、臨時政府は依然連合国との関係に縛られていたから、戦争の完遂が最優先の課題であり続けた。国内改革は憲法制定会議まで棚上げされた。これに対して民衆層は、経済状況が悪化する中、「平和、土地、パン」のスローガンを声高に唱え始めた。数次の政治危機を経て、各地のソヴィエトでは、臨時政府を支える穏健社会主義者に代わり、レーニン率いるボリシェヴィキ党への支持が高まった。世界社会主義革命を目指すレーニンは、連合国への信義に縛られることなく、「即時の講和」を唱えることができたのである。レーニンはまた、ロシアで社会主義革命が起これば、ヨーロッパの労働者もそれに続くと確信していた。一九一七年一一月（ロシア暦一〇月）、ボリシェヴィキはペトログラードで武装蜂起を敢行し、ソヴィエト政権を成立させた（十月革命）。

だが、ヨーロッパで革命は起こらなかった。追い打ちをかけるように、一一月末の憲法制定会議選挙では、

## 内戦と干渉戦へ

農村を基盤とし、十月革命を否定するエスエル党が第一党となった。ソヴィエト政権は憲法制定会議を解散したが、これは内戦を行う正統性を反ボリシェヴィキ勢力に与えることになった。軍隊も解体していく中、ソヴィエト政権は一九一八年三月、ドイツとの単独講和を余儀なくされた（ブレスト・リトフスク講和）。同時にボリシェヴィキ党は、首都を内陸のモスクワに移すとともに、社会民主主義との違いを示すために共産党に改称した。これらのことは、ロシアがヨーロッパ中心の国際政治から離脱しつつあることを物語っていた。だが、ドイツとの単独講和は、連合国によるロシアへの干渉を招いた。一九一八年八月、連合国の部隊が極東・シベリアに次々と上陸した。各国の部隊は数千人であったが、日本の部隊は七万人を超えた。シベリア出兵の始まりである。

Section 3

# パリ講和会議

## パリ講和会議

一九一八年一一月一一日、キール軍港の水兵反乱と皇帝退位という革命的情勢の中でドイツは降伏した。翌一九一九年、パリで講和会議が開催され、サライェヴォ事件五周年の六月二八日、ヴェルサイユ講和条約が調印された。講和会議には連合国二七カ国と敗戦国ドイツが参加したが、ドイツは作成された条約案に対する反対の意見表明を許されただけで、署名を強要された。条約によりドイツはアルザス＝ロレーヌをフランスに、西プロイセンとポーゼン（ポーランド回廊）をポーランドに割譲して本国領土の一三％（人口の一〇％）を失い、海外植民地のすべてを放棄した。ライン川左岸は非武装地帯とされ、オーストリアとの合邦は禁止された。陸軍は一〇万人まで、海軍は一万五〇〇〇人までに縮小され、航空機、潜水艦などの近代兵器の所持ならびに参謀本部の設置は禁止された。大戦の原因はドイツの好戦的姿勢にありとして戦争責任が認定され、巨額の賠償支払い義務が課せられるとともに、元皇帝ヴィルヘルム二世は戦争犯罪人として訴追された（元皇帝はオランダに亡命し裁判は免れた）。

## 「無併合無償金」

講和条約は「無併合無償金」を原則としたといわれる。領土要求を満たすための戦争は許されず（無併合）、償金目当ての戦勝もあるべきでない（無償金）というこの講和原則は現実にはほとんど有名無実であった。アルザス＝ロレーヌの割譲は普仏戦争の非違をただすという名目で正当化され、「ポーランド回廊」の割譲により多数のドイツ系住民が祖国から切り離された。旧ドイツ領海外植民地は国際連盟の委任統治領の美名の下に戦勝国に統治を委ねられたが、これは事実上、戦勝国による併合であった。巨額の賠償は（一九二一年五月、賠償委員会は一三二〇億金マルクの賠償額を決定した）、敗戦国が支払う償金ではなく民間の被害に対する損害賠償と位置づけられたが、敗戦に伴う金銭のやりとりという点で大差のないものであった。講和会議に列席した日本の次席全権牧野伸顕は「理屈は償金と賠償は違うけれども、名義が変わった位のことで、事実は似たことになった」とし、「講和条約で平和を招来しようという目的からいうと、かえって平和を破る禍根を胎すことになった」と、ヴェルサイユ講和のもつ矛盾を述懐している（『回顧録』）。

「民族自決」はヴェルサイユ講和の原則と実質との乖離を示すものとしてしばしば指摘される。この原理の提唱者として知られるアメリカ大統領ウィルソンの一四カ条演説には「民族自決」という言葉は明示されていないにもかかわらず、「民族自決」論はウィルソン流の講和の原則として広く受け取られ、とりわけ植民地諸地域においては極めて深刻な意味をもった。

### 「民族自決」とアジア

一九一九年三月、朝鮮半島で日本の植民地支配からの独立を叫ぶ三・一運動が起こるが、この運動の広がりの背景にウィルソンの「民族自決」論を理想化し、それをてこに独立を図ろうとした朝鮮人民の期待があった。それに対する日本による過酷な弾圧（七〇〇〇名余が虐殺され、一万五〇〇〇名余が負傷、四万人余が逮捕された）が三月から五月、講和会議のさなかに行われたことは注意を要する。同じように「民族自決」論への期待が高まる中で、中国では一九一九年五月、北京で学生、市民らが集まって日本の二一カ条要求の撤廃、日貨排斥などを要求する五・四運動が起こり、全国に波及した。中国政府は参加者を逮捕投獄したが運動の広がりの中でのちに釈放し、関係官僚を罷免し、ヴェルサイユ講和条約の調印を拒否した。

旧オスマン帝国領のメソポタミアでもアラブ諸民族が独立の主体を模索する過程が続き、パレスチナでのユダヤ人国家設立の問題と絡み合ってこの地域に新しい矛盾を生じさせた。大戦中にイギリスの保護国となっていたエジプトではワフド（「代表団」の意）党がパリ講和会議に代表団を送って独立を主張しようと試み（英米ともにこれを拒絶）、フランス保護領のチュニジアでも独立を要求する勢力がウィルソン大統領に電報を送るなど、「民族自決」論への期待は大きかった。

### ヴェルサイユ講和と諸地域

ヴェルサイユ講和は敗戦国ドイツの犠牲の上に戦勝国の帝国主義的利害の調整を行ったものである。過重な賠償負担は戦後のドイツ（ヴァイマル共和国）に重くのしかかり、政情を困難にさせ、やがてはナチスのような極右政党の台頭を許すことになる。講和体制から排除された革命ロシアは先進資本主義諸国における労働者階級と植民地諸人民との連帯を謳《うた》い、社会主義的変革と民族自決を結合させる新しい戦術を構築した。アジアとアフリカの植民地諸地域では、講和によって実現できなかった民族自決を自らの戦いによって実現する動きが各地で現れるようになる。

## Section 4
# 「平常への復帰」と英仏の帝国拡大

### 「平常への復帰」と挙国一致内閣

第一次世界大戦を連立内閣による総力戦体制で乗り切ったイギリスでは、一九二二年までロイド・ジョージを首班とする連立内閣が続いた。一九一八年二月の選挙法改正により、三〇歳以上の成人女性（約八四〇万人）に国政の選挙権が賦与され、男性の資格緩和も含めて有権者数は一挙に約一三〇〇万人増加した。一九二二年一〇月に連立を解消して政権を握った保守党は、戦前のイギリスを中心とした世界経済体制と「平常への復帰」を掲げ、一九二五年四月、戦前の平価（一ポンド＝四・八六ドル）で金本位制への復帰を断行した。実勢レートより約一〇％のポンド高での復帰は、国際競争力を失いつつあった繊維製品・機械・造船・石炭などの伝統的輸出産業に打撃を与えた。特に綿工業は、最大の輸出市場であったインドが一九一九年に関税自主権を獲得し、現地インド政庁が歳入確保のために輸入関税を引き上げたことも重なり、ボンベイ現地の綿業や、大戦以降急速に輸出を拡大した日本の綿業（大阪）との激しい競争にさらされた。他方で、イングランド南東部を中心に、電機・化学・自動車などの新産業が成長し、シティの金融・サービス部門も金本位制復帰により堅調に推移した。ここに、繁栄する南東部（ロンドン）と衰退する北部という「南北問題」が生み出された。

一九二九年の世界恐慌は、三一年に金融恐慌としてイギリスに波及し、シティからの短期資金の流出とポンド危機を引き起こした。時のマクドナルド労働党政権は、自由貿易・金本位制堅持・均衡財政という正統派財政政策に固執し、ケインズや自由党が提唱した赤字財政による有効需要創出の不況対策を拒否した。失業手当カットの緊縮財政策に対する労働組合会議の反対で、内閣は三一年八月総辞職した。マクドナルドは国王に慰留され、保守党を中心とした挙国一致内閣を組閣したが、三一年九月、金本位制からの離脱を余儀なくされた。

### 帝国・英連邦体制の変容

第一次世界大戦後のイギリス帝国は、アフリカの旧ドイツ植民地や旧オスマン帝国領を国際連盟の委任統治領として獲得し、公式帝国は史上最大の規模に拡大したが、それを維持する軍事力と経済力には限界があり、「手を広げ過ぎた」帝国の再編を余儀なくされた。

戦後の独立戦争を経て一九二〇年一二月に成立したアイルランド統治法は、北部六州のアルスターを政治的に分離した上で、一九二二年にイギリス連邦内の自治領としてアイルランド自由国が成立した。連邦内の白人自治領（ドミニオン）は第一次世界大戦での戦争協力を通じて政治的自立性を高め、本国政府もドミニオン諸国を対等のパートナーとして政治的に優遇した。一九二六年のバルフォア報告書、さらに三一年のウェストミンスター憲章により、ドミニオン諸国の国制および法律上の本国との対等な地位が承認された。

他方、アジア・アフリカの非白人従属領・植民地に対しては、本国からの支配を強化する政策が試みられた。だが、戦間期の民族自決主義（ナショナリズム）の高揚はアジアの植民地にも波及し、戦前の露骨な圧政的植民地主義への回帰は次第に難しくなった。その最大の功績者は、英領インドで国民会議派の指導者として反英独立運動の先頭に立ったガンディーであった。ガンディーは、「非暴力・不服従」を掲げて抵抗運動（第一次一九一九〜二二年、第二次一九三〇〜三四年）を展開し、インド現地の広範な民衆層だけでなく欧米の知識階層からも支持された。イギリス政府は英印円卓会議などを開催して、ナショナリスト穏健派との政治的妥協、権力の部分的移譲による影響力の温存を目指すようになった。

### フランス帝国の拡大と「文明化の使命」

戦後のフランスは、安全保障の確保と経済再建という二つの課題を抱え、そのいずれもが対ドイツ問題と直結していた。当初のルール占領などの対ドイツ強硬路線は失敗に終わり、一九二五年から外相ブリアンが中心となって、ロカルノ条約、不戦条約など国際協調と平和外交を展開した。フランス経済も新産業が成長する中で、二八年のフラン切り下げにより好況に転じた。

イギリスと同様にシリア、レバノン、カメルーン等を委任統治領として獲得し、フランスの植民地帝国は「絶頂期」に達した。植民地相を務めたアルベール・サローは、現地人エリート層の育成、地方分権、現地住民の福祉促進を目標とする協同政策と「文明化の使命」を強調し、仏領インドシナの経済開発に着手した。だが、フランスの対植民地貿易は、一九二八年に貿易総額の一五％に留まった。西アフリカやカリブ海植民地では、本国との同化志向が見られ、第二次世界大戦期のドゴール政権に政治的基盤を提供することになった。

## Section 5 敗戦国

### 勝者なき平和と大衆の登場

第一次世界大戦という総力戦は、「ヨーロッパの没落」を生み出したという点で、ヨーロッパに勝者はいなかった。一九世紀以来ヨーロッパを席巻してきた「民族」基準の考え方も、ウィルソンの「民族自決」で一見達せられたかに見えたが、ヴェルサイユ体制の中でそれは敗戦国の領域内でのみ認められるというその限界が次第に明らかになった。特に、戦勝国の勢力範囲であったアジア地域では、大戦中の約束は果たされず、民族自治権は認められなかった。その意味では、日本を例外として、中華民国・朝鮮半島・インドなどもヴェルサイユ体制の実質的敗者であったといえよう。

したがって、一九一九年に相次いで起こった朝鮮の三・一運動、中国の五・四運動、ガンディーの抵抗運動などのような大衆的政治運動が登場することになった。ここにも表れているように、大戦は歴史の主役を一九世紀の「市民（ブルジョワ）」から、現代的「大衆」へと変貌させていた。「大衆」中心の世界が誕生したという点では、戦後、「大衆社会」アメリカの比重が高まるとともに、大戦中「大衆」が生み出したロシア革命によって共産主義勢力は勢いづいた。だが、アメリカは国際連盟に参加せず、ソ連もヴェルサイユ体制によって敵視されていた。第二次世界大戦後の世界の序曲がすでに始まっていたが、「パクス・アメリカーナ」への過渡期に彩られる超大国なき第一次世界大戦後の世界には、不安定さがつきまとった。

### オーストリア、トルコ

ヴェルサイユ体制下、多民族国家オーストリアが解体され、東欧諸国は民族的自治権が与えられたものの、経済的にも政治的にもその不安定さを拭えなかった。一九一九年、ハンガリーではロシア革命の影響もあって共産主義革命で政権が成立するものの、まもなくそれは打倒されホルティの権威主義的体制に取って代わり、ポーランドでもピウスツキのような独裁者が登場した。一九二〇年代を通じて、東欧は、チェコスロヴァキアを例外として、イタリアを震源地とする「ファシズムの第一波」に飲み込まれていった。安全保障面では、新興の東欧諸国はコルドンサニテール（「防疫線国家」）として、フランスと同盟を結び、ドイツやソ連を牽制する役割を担わされた。ただ、のちの一九三八年のミュンヘン会談に見られるように、結局は、列強の利害に中小国は犠牲にされるだけであった。

多民族国家オスマン帝国も解体された。宗教・民族を問わない「オスマン国民」というスローガンも、「民族」に取って代わられた。「民族」国家トルコ自身は、ムスタファ・ケマル・パシャの下で欧化政策に傾倒した。旧オスマン帝国領の他の民族も多くが独立したが、クルド人は民族自決を認められなかったし、「民族」としての承認は、シオニストの動きを活性化させ、パレスチナの地でそれまで比較的協調して平和に暮らしていたユダヤ人とアラブ人の間に抗争を生み出していった。

ドイツ　ドイツに対しては、大戦の戦場ともなり「民族」的報復に燃えるフランスが国内世論を背景に強硬姿勢を貫いた。その結果として成立したのがヴェルサイユ講和条約であり、したがって、この体制が主に敵視したのはドイツであり、ドイツは、①海外植民地の剝奪、②ドイツ本土の一部割譲、③ラインラント地域の保障占領、④軍備制限、⑤多額の賠償金、⑥コルドンサニテールによる包囲、⑦国際連盟による監視というように、幾重にも牽制された。ドイツ「民族」にとってのこうした屈辱的内容は、「民族の復興」を唱えるナチスを台頭させる原因ともなった。特に賠償金の取立てを急ぐフランス・ベルギーは一九二三年一月、ヨーロッパ最大の重化学工業地帯であったドイツ・ルール地方を占領した。これに対しドイツ政府は「消極的抵抗」を訴えたが、その結果一兆倍に及ぶインフレーションを引き起こすことになった。こうした経済的破局状態は、レンテンマルク導入、賠償支払い方法としてドーズ案の承認、アメリカ資本の導入といった措置によってなんとか克服されたが、ここでアメリカに頼らざるをえないことも「ヨーロッパの没落」の表れであった。外交上はロカルノ条約によってドイツの西部国境が画定し、「相対的安定期」と呼ばれる不安定な束の間の安定期が一応は実現した。一九二八年パリ不戦条約によってその安定は最高潮に達し、ドイツは当時「最も民主的な」ヴァイマル憲法を戴き、文化的に繁栄する「黄金の二〇年代」を迎えた。ただ、ドイツの東部国境は未画定のままであったし、ドイツの国家暴力の脆弱《ぜいじゃく》さは拭えず、民間暴力の台頭はナチスの温床ともなった。

Section 6

# 「自決」と国際連盟

「自決」

アメリカ大統領ウィルソンが一九一八年一月に発表した一四カ条は、講和会議での討議の基礎となったが、内容として民族自決を含んでいると受け取られた。民族自決とは、民族は自己の政治的運命を自ら決定する権利をもつべきであるとする主張であり、当時、他民族による帝国支配の下にあった朝鮮半島、インド、エジプトなど各地の人々は大きな期待を抱くこととなった。しかし、その後の展開は、掲げられた理想の限界を示すものとなった。実は、ウィルソンの世界観も欧米中心で、アジア・アフリカ、特に列強の植民地支配下にある地域の状況変更は考えていなかった。民族自決権は旧ロシア・オーストリア・オスマン帝国支配下の諸民族への適用しか想定されていなかったのである。

委任統治

ウィルソンが何よりも重視したのは国際連盟の設立であったが、彼は連盟実体化に向けての具体案を詰めてはいなかった。これに対し、イギリスでは一四カ条発表の時期から国際連盟に関する検討が重ねられていた。そして、イギリス帝国からの提案のひとつに、オスマン帝国などの植民地処理に関し連盟を通して統治を委任するという方法があった。南アフリカのヤン・スマッツらが考えたこの委任統治方式は受け入れられ、国際連盟規約に盛り込まれた。

委任統治領はA、B、Cの三つに分類された。A式は早期独立が可能と目された地域である。中東の旧オスマン帝国領がこれに当たり、イラク、トランスヨルダン、パレスチナはイギリスの、シリアはフランスの委任統治下におかれた。その後イラクは一九三二年に、シリアからは四一年にレバノンが分離して独立した。B式、C式は住民の水準がいまだ自治・独立に不十分だと見なされた地域である。旧ドイツ領のうち南西アフリカ（受任国は南アフリカ連邦）、ニューギニア（同オーストラリア）などがC式とされ、日本も赤道以北の南洋諸島をC式委任統治領とした。委任統治は確かに直接の植民地化とは異なっていたが、自治、独立といっても形式的なものであり、特に他の連盟国の通商貿易への門戸開放要求もないC式は、受任国による事実上の併合に近いものであった。イギリス帝国は、委任統治領も含めて第一次世界大戦後に最大となったと考えられている。

スマッツはまた、日本を五大国のひとつと想定した（他は英米仏伊）。ただし、日本の政府や外務省は当初新たな国際機構に否定的ですらあった。しかし、連盟が設立されるとなると日本がその局外に孤立することも不可能であった。このような日本が求めたのが、国際連盟規約に人種平等条項を盛り込むことであった。これに対し、イギリス帝国内には当時白豪主義をとっていたオーストラリアなど強硬な反対意見があり、ウィルソンにしても人種隔離制度が存在したアメリカ南部出身で、彼自身が人種平等主義者というわけでもなかった。また、英米には、日本の提案を山東問題との取引材料と理解した人々が多かった。最終的に日本の提案は投票に委ねられ、過半数は確保したが、イギリスを含め五カ国が反対した。そして、ウィルソンがこのような重要な規定には全会一致が望ましいと主張し、採択されなかった。

人種差別撤廃案

両大戦間期には依然列強の植民地となっている地域が多く、連盟の原加盟国は四二カ国にすぎなかった。また、皮肉にもアメリカは上院が国際的負担に反対したため参加しなかったし、当初ドイツなど敗戦国とソヴィエト＝ロシアは排除されていた。ドイツの加盟は一九二六年に認められた。ソ連は日本とドイツが脱退を表明した翌三四年九月に加盟を認められたが、三九年一一月のフィンランドへの侵攻によって、一二月に追放された。

国際連盟

連盟の本部はスイスのジュネーヴにおかれ、総会・理事会・事務局を中心に運営され、国際労働機関と常設国際司法裁判所が付置されていた。総会では一国一票の原則が定められた。理事会では当初四大国（英仏伊日）が常任理事国、四カ国が非常任理事国とされ、非常任理事国は総会で選挙により決められることとされた。ドイツとソ連は連盟に加盟していた期間には常任理事国を務めた。非常任理事国であることが自らの国際社会における地位を示すと考える国も多く、非常任理事国数は一一カ国まで増大した。連盟設立の目的はいうまでもなく平和の維持であった。連盟はこの目的において失敗したため、あまり高く評価されてこなかった。また、他にも限界を抱えていたことはすでに見たとおりである。しかし、一方で連盟は経済、社会、人道面においても多くの任務を負っていた。例えば、連盟は、保健衛生の向上、知的国際協力、アヘンや人身売買の取り締まりなどの面においてかなりの成果を挙げた。第二次世界大戦後、これらの活動は国際連合やその専門機関に引き継がれ、現在も取り組みが続いているということは忘れてはならないであろう。

## Section 7

# ソ連の成立

一九一八年半ばから一九二一年春までの内戦期に、ロシアでは史上類を見ない党＝国家体制が成立した。マルクス主義という特定の理念を奉じる共産党が、国家機構と一体化して社会全体の刷新を推し進めた点に、その特徴がある。この体制の下、一切の野党は禁止され、経済は国家の統制下におかれ、一九一七年に民衆運動の拠点となった各地のソヴィエト（評議会）は国家機構となった。政治警察による弾圧がある一方で、集団主義のユートピアを讃える祭典が、一般党員やアヴァンギャルド芸術家によって熱心に挙行された。対外的には、一九一九年三月、各国の共産主義者を糾弾して共産主義インターナショナル（コミンテルン）が結成された。これは、ヨーロッパ政治から一時退却したソヴィエト政権が、一九一八年秋のドイツ革命を機に、あらためて国際秩序に挑戦したことを意味した。帝国主義による世界の一体化を見据えたレーニンは、植民地アジアにおける独立運動の喚起に力を注いだ。

### 内戦・干渉軍・シベリア出兵

反共産党勢力は地域的に分断され、思想的にも統一されていなかった。連合国やドイツの対ソ干渉も、中途半端なものでしかなかった。シベリアの連合国部隊は、一九二〇年四月までに撤兵した。だが、シベリアに勢力範囲を広げんとする日本は出兵を続けたため、ソヴィエト側は一九二〇年四月から二二年一一月まで、緩衝国として極東共和国をつくった。一九二〇年三月から五月には、アムール下流のニコラエフスクで、日本軍と交戦していたソヴィエト側のパルチザンが、日本人居留民・俘虜数百名を惨殺するという事件が起こった（尼港事件）。この事件を機に日本政府は北サハリンを占領し、日本世論の対ソ感情も悪化したが、事件の背後には日本軍による和平協定の破棄があった。パルチザンの中に朝鮮人・中国人がいたことが、日本軍の敵愾心を昂進させていたことも、尼港事件、ひいてはシベリア出兵の東アジアにおける文脈を考える上で重要である。極東・シベリアでの日本の駐兵は一九二二年一〇月、北サハリンの占領は一九二五年五月まで続いた。

### 新経済政策

共産党は内戦には勝利したものの、第一次世界大戦以来の動員、革命、戦乱で住民の生活は荒廃していた。一九二〇年夏から二一年春にかけて、農村、ついで都市で、民衆の反乱が頻発した。このためレーニンは二一年三月、市場経済の部分的な復活に踏み切った（新経済政策：ネップ）。反乱は鎮まり、都市の経済は回復へと向かった。だが農村では、一九二一〜二二年に大量の餓死者が出たのち、ようやく復興が始まった。

資本主義の復活を前にして、共産党は隊列を引き締め、党内分派の結成を禁止した。党の官僚化を批判する分派、さらに他党の残存勢力は厳しく抑圧され、住民の動静も注意深く監視された。ただし、文化面では当面党の介入は回避され、様々な潮流の芸術が花開いた。対外関係も徐々に改善し、一九二五年一月には日本との国交も樹立された。

一九二四年にレーニンが死に、後継者争いが本格化すると、人事を掌握する党書記長スターリンが台頭した。スターリンは、農村との融和を重んじるブハーリンたち右派と提携し、急速な工業化を唱えるトロツキーたち左派を一九二七年までに打倒した。ところがこの直後に、農民による国家への穀物の売り惜しみが起こると（穀物調達危機）、スターリンは強制的な農業集団化と急激な工業化へと路線を転じ、一九二九年までに右派を屈服させた。新経済政策に不満をもっていた多くの党員・労働者が、スターリンの新路線を支えた。

連邦制

内戦期以降、非ロシア系民族が多く居住する地域では、「共和国」や「自治共和国」が形成された。ロシア連邦、ウクライナ、ベラルーシ、ザカフカース連邦の四共和国は、一九二二年一二月に「ソヴィエト社会主義共和国連邦」（ソ連）を結成した。ソ連の各共和国の政治権力は、単一のロシア共産党が握っていた。それでも、「共和国」という制度がつくられたことで、ロシア帝国時代とは比較にならぬほど、現地住民の政治参加の可能性は広がった。ソ連を、共和制により再編された帝国、「共和制の帝国」と呼ぶこともできよう。中央政府が個々の地域や民族に対して個別に対応し、共和国や自治共和国を与えるという点では、帝政期の中央・地方関係が再生産されていた。他方で、共和制によって住民を政治参加の主体に鋳直そうとする点では、総力戦と革命という新時代の要請に応えることが目指されていたのである。共産党が地元の文化、産業、人材の育成を進めたことで、現地住民の民族意識の形成も促された。各民族は明確な領土をもち、固有の民族文化を発展させねばならないという共産党の民族政策は、アジアの独立運動をはじめ、世界中に大きな影響を与えた。

# Section 8 ウィルソン外交と中米・東アジア

## ウィルソン外交

第一次世界大戦の開戦当初、中立国となったアメリカは、外部の調停者として影響力を拡大する道を模索し、連合国、同盟国両陣営に対して非公式に講和を働きかけていた。その際、ウッドロー・ウィルソン大統領は、旧来の帝国間の権力政治に代わる新しい平和スキームを構想した。この新外交は、自由や民主主義といった普遍的価値に基づく国際協調路線であり、各国の国内体制の民主的改革と相互依存的なグローバル経済の発展を重視するものだった。だが現実には、アメリカはすでに東アジアと中米・カリブ海において、列強のひとつとして国際紛争に関与しており、それを通じてヨーロッパの戦争との結びつきを深めていた。この「旧い外交」プレイヤーとしてのアメリカのもう一つの顔は、民主的国際秩序の理想を標榜したウィルソン外交に複雑な影を落としていた。

## 東アジア情勢とアメリカ

東アジアでの日本の対華二一カ条要求への対応は、こうしたアメリカ外交の重層性をよく表している。一五年三月に出されたブライアン米国務長官の覚書は、同要求、第五号の内政干渉条項を非難しつつも、日本の満洲・東蒙古での特殊権益には妥協的であった。しかし一転、二カ月後に再度交付される覚書は二一カ条をほぼ全面的に否定するものだった。この激しい変化に、新旧のアメリカ外交のせめぎ合いを看取できる。これまでアメリカの東アジア政策は、経済的な機会均等と中国の領土保全を基軸としてきたが、その実現にあたっては、地政学的思考から日本に協調的な態度をとることも少なくなかった。ブライアン国務長官の最初の覚書はこの手法を踏襲するものだった。他方、ウィルソン大統領の理想主義的な新外交は東アジア政治の文脈では、新生の中華民国の民主化に期待を寄せ、転じて対日強硬論を惹起《じゃっき》しがちだった。二回目の覚書に見られる親中的姿勢への転換は、後者の傾向が強まったことを示していた。

## 中米問題と世界大戦

中米でのアメリカの行動はさらに権力政治の色濃いものであった。アメリカは、すでに一九〇四年に発した「モンロー宣言のローズヴェルト系」において、この地域を自国の排他的な勢力圏とする意図を示していたが、ウィルソンの中米政策もまたこれを前提として展開する。実際、ウィルソンの政府は各国の民主化を名目に、メキシコ、ハイチ、ドミニカ共和国等に軍事介入を繰り返し、特にメキシコには、一九一六年、当地の反米勢力を制圧すべく大規模な討伐隊を派遣した。こうした情勢のもと、ドイツがメキシコの国民感情に訴え、対米戦を想定した軍事協定を結ぼうとする動きが露《あらわ》となるや（ツィンメルマン電報事件）、ウィルソンは参戦論に大きく傾いていく。アメリカが対独宣戦を布告したのは一七年四月のことである。すでに二カ月前の二月、ドイツは無制限潜水艦攻撃を再開し、そのためアメリカが中立国として調停・講和を主導する構想はほぼ潰えていた。

**アメリカの参戦と戦後の東アジア**

参戦後、アメリカは対独戦争を最優先し、東アジアでは日本との間に石井・ランシング協定を結んで利害の調整を図った。だが大戦末期の一八年八月に始まる日米共同のシベリア出兵は、情勢を再び流動化させた。この年の初め、アメリカは自決主義と軍縮、国際平和機関の設立などを骨子とする一四カ条の戦後構想を公表している。レーニンの反帝国主義イニシアティブが台頭する中で、ウィルソン主義の重要性はさらに高まっていた。だが、日本の単独行動を牽制すべく出された共同出兵案は、ロシアの承諾なしに七〇〇〇名の米兵をその領土内に派遣しようという一四カ条への違反行為でもあった。こうした葛藤を抱えることになったアメリカはまた、日本が両国間の合意に反して大量の派兵を行ったことに失望し、日本への不信感を募らせていく。パリ講和会議後の二一年一一月に始まるワシントン軍縮会議でアメリカは、旧外交の象徴たる日英同盟を破棄させ、九カ国条約を締結して、多国間の合意に基づく領土保全、門戸開放の原則を確立した。この枠組みはいずれ日本の満蒙特殊権益論と対立することになるだろう。また、ワシントン体制が中国ナショナリズムから激しい挑戦を受けたことも無視できない。国民党などの勢力は、不平等条約の維持を前提とする体制に反発し、関税自主権回復や治外法権の撤廃を強く訴えた。一九二〇年代半ばまでに、多国間協調主義の根幹はすでに揺らぎ始めていた。大戦後の新しい国際秩序は、民主的自治の約束を果たさない限り大国支配の装置にすぎなかったのである。

第一次世界大戦はこのように、グローバルな戦争に発展する過程で、アメリカという非ヨーロッパ勢力とその理念的外交を世界政治の中心に押し上げていった。そのことは、アジアや西半球のナショナリズムを刺激し、また、日米の根源的な対立を醸成したという意味で、次の世界大戦、さらには戦後の脱植民地紛争への火種を生むものであった。

Column 21

## アイルランドに見る植民地と民族問題

幕末の開国以降、西欧列強の脅威に向き合い、対等の関係を構築しようと模索した近代日本にとって、アイルランドという島国は単なる遠い異国の地というだけではなく、強国イギリスに隣接する地政学上の位置づけから、自治を脅かされ、最終的には連合王国に組み込まれた小国として、半ば同情的に、半ば反面教師として理解されていった。このようなアイルランド・イメージは東海散士こと柴四朗による政治小説『佳人之奇遇』によって確立した。柴はアメリカ留学中に得たアイルランドについての知見を元に、小説のヒロイン紅蓮のキャラクターを創り上げた。彼女の口から語られた強国に翻弄される小国の運命、圧制に苦しむ民衆の物語は、明治期の知識人に影響を与えた。

しかし二〇世紀に入ると、アイルランドへのまなざしに変化が生じた。例えば韓国併合以降には、拓殖局、朝鮮総督府を中心に植民地統治のモデルケースとして、アイルランド問題は学術的に調査されるようになった。また第一次世界大戦によって延期されていたアイルランドの自治権回復が再び争点となったことで、アイルランドへの関心は高まった。一九一六年のイースター蜂起、その後のアイルランド独立戦争、そして一九二二年にアイルランド自由国が誕生したことで、アイルランドは民族問題および植民地政策批判の観点から注目を集めた。例えば矢内原忠雄は、日本の朝鮮半島支配の問題点を批判的に考察するために、比較の対象として植民地アイルランドの歴史を検討した。

アイルランドは植民地的な土地制度、民族問題あるいはジェイムズ・ジョイスらアイルランド文学というテーマを中心に研究されてきた。しかし近年では一国史的なアイルランド史研究の見直しが進められている。一九世紀以降に本格化した北米大陸やオーストラリアへのアイルランド系移民や、大英帝国の官吏、軍人、宣教師そして商人としてアフリカ、アジア諸地域へと移動していった人々を含め、アイルランド人が経験した近代という時代をどのように叙述できるのか、あるいは世界史の中でアイルランドをどのように位置づけることができるのか、という観点から見直しが進められている。

また現在では自由貿易体制や新自由主義の観点からも、アイルランドへの関心が高まっている。一九九〇年代以降のケルティック・タイガーと呼ばれた経済成長やリーマン・ショック以降の経済危機など、この二〇年でアイルランドが経験した経済の乱高下は、単に一国の問題だけではなく、ヨーロッパあるいはグローバル経済の問題として多角的な視点から検討されるだろう。

Column 22

# ソ連からの亡命者

一九一七年のロシア十月革命とそれに続く内戦の時代に、ソヴィエト政権を受け入れることを拒絶した人々がロシアの地から難民となって脱出した。その多くは、十月革命前に支配階級に属した貴族・地主・資本家層や反共産党政権に参加した政治活動家、ソヴィエト政権に対抗して白衛軍に参加し敗北した旧ロシア帝国軍将校や兵士たち、活動の自由を求めて共産党が支配するロシアを離れた知識人たち、およびこれらの人々の家族であった。内戦の終了した一九二一年までに、難民となってロシアを脱出した人々の総数は二〇〇万人以上といわれる。ロシアからの難民はフランス、ドイツ、ポーランド、チェコスロヴァキア、バルト諸国などヨーロッパ諸国や、ブルガリア、ユーゴスラヴィアなどバルカン諸国のほか、南北アメリカ大陸や中国、オーストラリアなど世界各地に亡命した。革命後のロシア人亡命者の多くが白衛軍に関与したため、彼らは「白系ロシア人」と呼ばれた。少数ではあったが、日本にも白系ロシア人が亡命した。ロシア帝国の多民族性を反映して、白系ロシア人は民族的なロシア人のみならずウクライナ人、ユダヤ人、タタール人など多様な民族から構成されていた。

白系ロシア人は亡命地でコロニーを形成し、パリやベルリン、プラハなどがヨーロッパの代表的な白系ロシア人コロニーとなった。これらの諸都市と並んで、帝政ロシアによって東支鉄道（中東鉄道）の拠点として建設されたハルビンが、東アジアにおける白系ロシア人コロニーの中心となった。白系ロシア人は、政治的には帝政派、自由主義者、メンシェヴィキ、エスエルなど多様な要素から構成され、それぞれが亡命地で独自の活動を展開した。白衛軍に参加した旧軍人の団体やコサック団体なども組織され、亡命地で反ソ活動を継続した。他方、内戦におけるソヴィエト権力の勝利とネップへの移行を背景に、亡命ロシア人の間でソヴィエト権力を承認する動きも現れた。「道標転換派」と呼ばれるこの思潮は亡命者に一定の影響を及ぼし、一部の人々はソ連に帰国した。

白系ロシア人の間では高等教育を受けた人々の比率が相対的に高く、ロシア人コロニーでは多種多様な定期刊行物を含む多数のロシア語出版物が刊行された。彼らはまた、亡命地で独自の教育機関を組織して旧ロシアの文化的伝統の維持に努め、在外ロシア文化を発展させた。白系ロシア人の中には著名な知識人や作家、詩人、音楽家、芸術家等も多く、彼らの存在はホスト国の文化にも影響を及ぼし、新たな文化活動に刺激を与えた。

# 第10章

# 「満洲」から第二次世界大戦へ
## ——1930〜1945年

日本軍による漢口空爆後に倒壊した建物の前でうずくまる住民（1938年７〜９月）

出典：『Capa's Life　ロバート・キャパ全作品展』東京富士美術館，1997年。

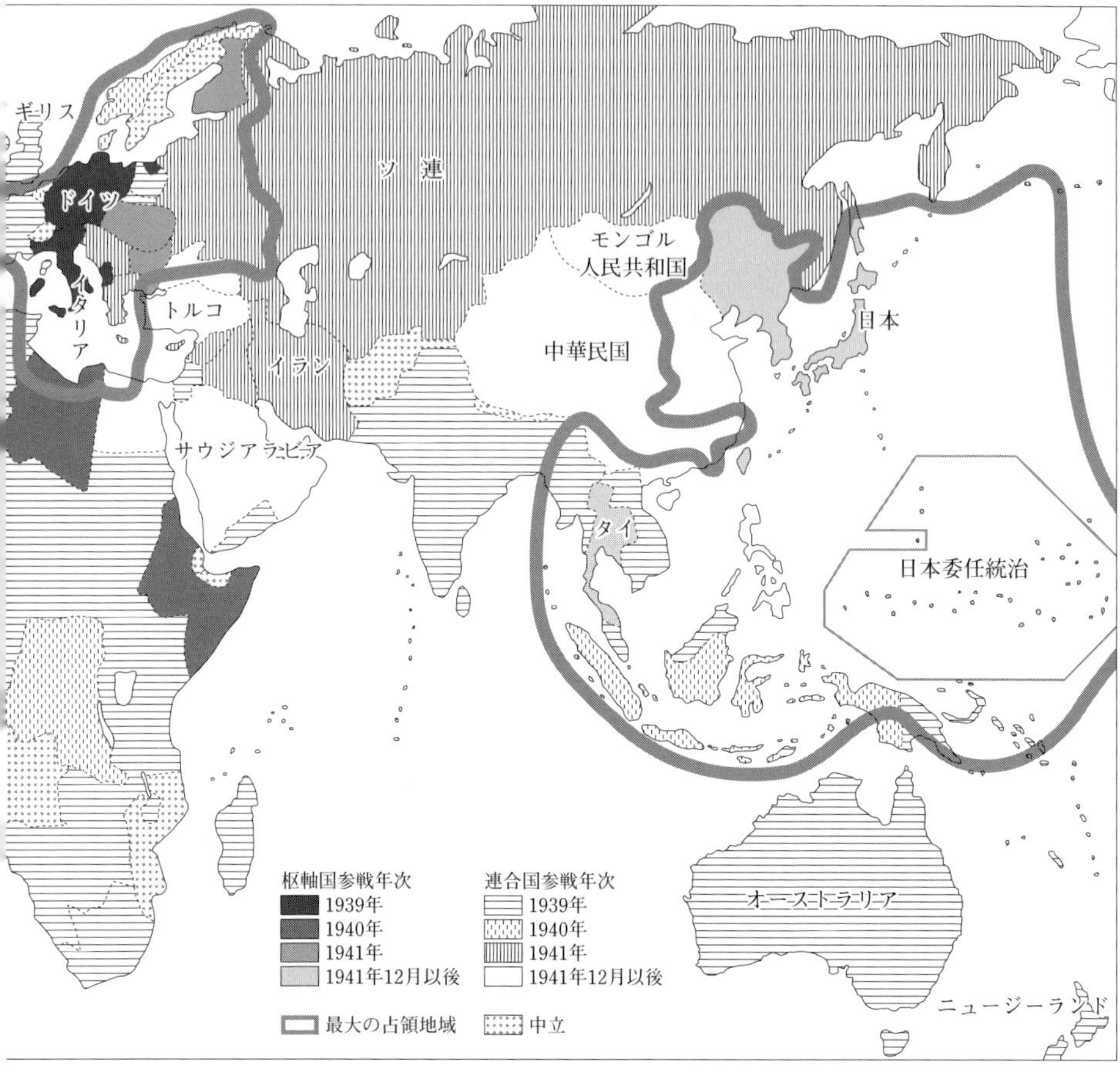


第二次世界大戦中の枢軸・連合国両陣営の形成

カナダ
アメリカ合衆国
フランス
メキシコ
ベネズエラ
コロンビア
エクアドル
ブラジル
ペルー
ボリビア
チリ
パラグアイ
アルゼンチン
ウルグアイ

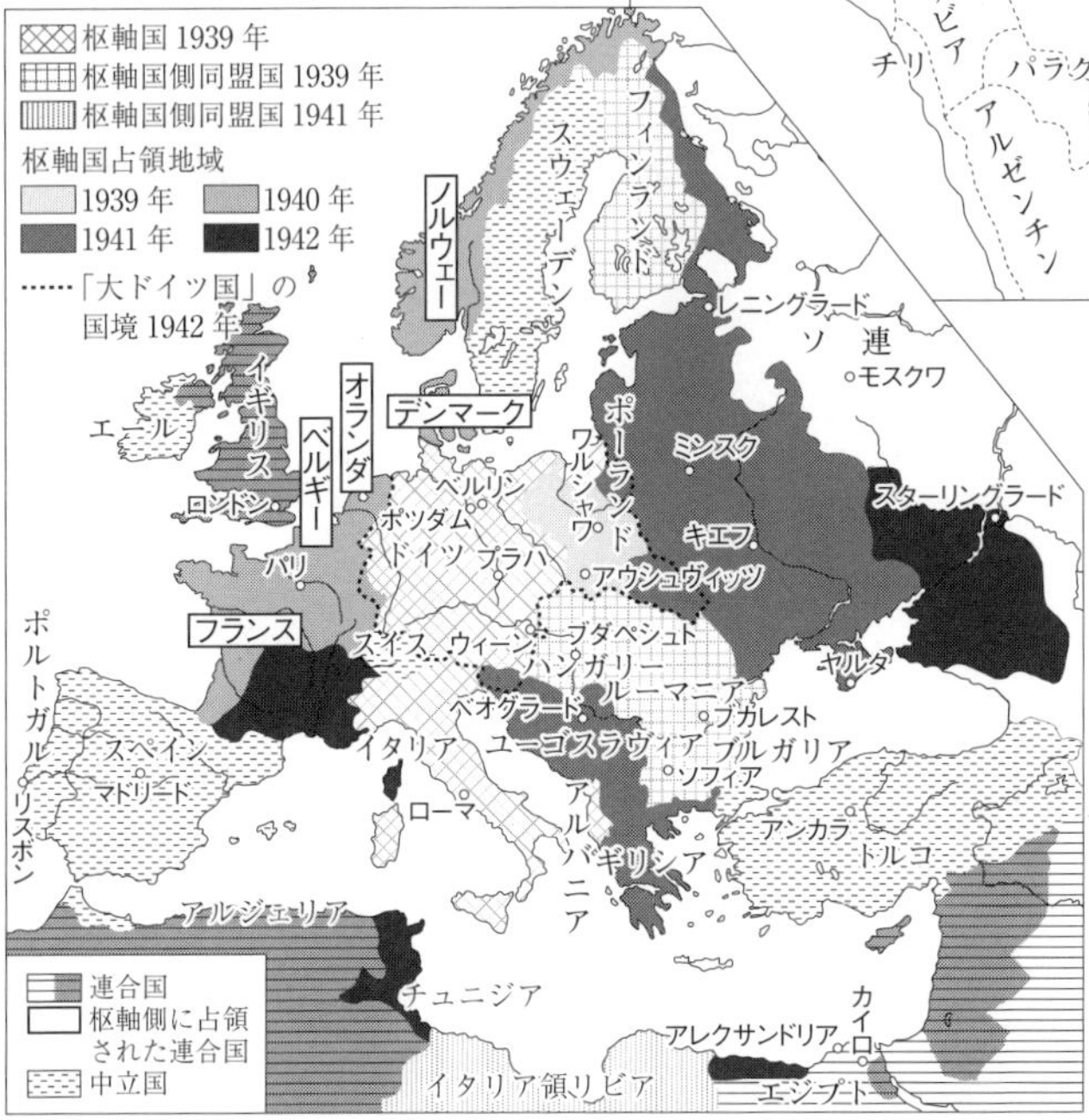
枢軸国 1939 年
枢軸国側同盟国 1939 年
枢軸国側同盟国 1941 年
枢軸国占領地域
1939 年
1940 年
1941 年
1942 年
「大ドイツ国」の国境 1942 年
連合国
枢軸側に占領された連合国
中立国
ノルウェー
スウェーデン
フィンランド
レニングラード
ソ連
モスクワ
イギリス
エール
オランダ
デンマーク
ベルギー
ロンドン
ベルリン
ポツダム
ドイツ
プラハ
ポーランド
ワルシャワ
ミンスク
スターリングラード
キエフ
アウシュヴィッツ
パリ
フランス
ポルトガル
スイス
ウィーン
ブダペシュト
ハンガリー
ルーマニア
ヤルタ
ベオグラード
ブカレスト
スペイン
イタリア
ユーゴスラヴィア
ブルガリア
マドリード
リスボン
ソフィア
ローマ
アルバニア
ギリシア
アンカラ
トルコ
アルジェリア
チュニジア
カイロ
アレクサンドリア
イタリア領リビア
エジプト
ヨーロッパ戦線

| 年 | 主な出来事 |
|---|---|
| 1930 | 1〜4. ロンドン軍縮会議。3. 第1回英印円卓会議始まる。11.（ブラジル）ヴァルガス政権発足 |
| 1931 | 4.（西）ブルボン朝倒れ，第二共和政が成立。9. 柳条湖事件。12.（英）ウェストミンスター憲章 |
| 1932 | 3. 満洲国成立。5.（日）五・一五事件。7〜8. オタワでイギリス連邦経済会議 |
| 1933 | 1.（独）ナチスが政権獲得。3.（米）ローズヴェルト大統領就任，ニューディール政策を掲げる。（日）国際連盟脱退。10.（独）国際連盟脱退 |
| 1934 | 9.（ソ）国際連盟に加入。10. 中国共産党の長征（〜36年10.）。12.（日）ワシントン・ロンドン両条約破棄，海軍拡張始まる |
| 1935 | 3.（独）再軍備宣言。8. コミンテルン第7回大会，反ファッショ人民戦線戦術を採択。10.（伊）エチオピア侵略（〜36年5.）。11.（仏）人民戦線結成 |
| 1936 | 2.（日）二・二六事件。3.（独）ラインラント進駐。7. スペイン内戦始まる。10.（西）フランコ，国家元首就任。10. ベルリン・ローマ枢軸。11. 日独防共協定。12.（ソ）スターリン憲法制定 |
| 1937 | 5.（英）ネヴィル・チェンバレン挙国一致内閣（〜40年）。7. 盧溝橋事件，日中戦争始まる。9.（中）第二次国共合作。11. 日独伊三国防共協定。12. 南京陥落 |
| 1938 | （独）オーストリア併合。5.（日）国家総動員法発令。9. ミュンヘン会談。11.（独）全土で大規模なユダヤ人襲撃（水晶の夜） |
| 1939 | 3. チェコスロヴァキア解体。5.（日・ソ）ノモンハン事件。8. 独ソ不可侵条約。9.（独）ポーランドに侵攻，第二次世界大戦始まる |
| 1940 | 5.（英）チャーチル挙国一致内閣（〜45年）。6. パリ陥落，ドイツ，フランス占領開始。7.（仏）ヴィシー政府成立。9. ロンドン大空襲始まる。9. 日独伊三国軍事同盟 |
| 1941 | 4. 日ソ中立条約。6. 独ソ戦始まる。8.（英・米）大西洋憲章。10.（日）東条英機内閣（〜44年）。12. 真珠湾攻撃，太平洋戦争始まる |
| 1942 | 6. ミッドウェー海戦。8. スターリングラードの戦い（〜43年2.） |
| 1943 | 5. 北アフリカの戦闘終わる。7.（伊）ムッソリーニ解任。9. イタリア降伏。11.（米・英・ソ）テヘラン会談 |
| 1944 | 6. ノルマンディ上陸作戦。7. ブレトン・ウッズ会議。8. ワルシャワ蜂起。8. パリ解放。9.（仏）ドゴールを首班に臨時政府成立。11.（日）本土空襲始まる |
| 1945 | 2. ヤルタ会談。5. ドイツ降伏。6. 国際連合成立。7. ポツダム宣言。8. 広島，長崎に原爆投下。（ソ）対日宣戦，日本降伏。11. ニュルンベルク戦犯裁判開く |

# 序論　一九三〇年代のアジアと世界

## ヴェルサイユ＝ワシントン体制とアジア

第一次世界大戦後の世界では、ヴェルサイユ＝ワシントン体制を通じて、帝国主義大国を軸にした新しい国際協調の秩序がつくられようとした。この体制は非西欧地域の民族主義的な政権や民族運動にも影響を与えずにはおかなかった。アジアでは、トルコと中国でヴェルサイユ＝ワシントン体制が可能にした条件を最大限に活かした政治的経済的な発展が追求され、トルコでは共和国政府が発展し、中国では南京国民政府が成立した。ヴェルサイユ＝ワシントン体制の形成は、朝鮮、台湾、インド、フィリピン、インドシナ、エジプトなど、第一次世界大戦の戦勝国の植民地にも様々な影響を及ぼした。インドでは、インド国民会議派が政治的独立を目指して民族運動を展開し、インド国民経済プランの策定を目指した。エジプトはヴェルサイユ条約を議論するパリ講和会議に独立のための使節を送ろうとしたが、イギリスの拒否によって断念した。これにより、大戦前からの反英運動や独立運動がいっそう激しく行われ、直接的な支配が困難と判断したイギリスはついにエジプトを独立させることになった（一九二二年、エジプト革命）。

## 世界大恐慌への対応

一九二九年のニューヨーク株式暴落に端を発した世界大恐慌に対して、世界各国は、ニューディール的対応（アメリカ）や混合経済による社会民主主義的対応（スウェーデン）、ファシズム的対応（日独伊）など、いくつかの異なる対応をとる。これらの異なる対応を規定したのは、国際環境やそれぞれの国の産業構造、内外の反戦平和勢力の強弱といった、各国の歴史的条件であり、さらに資本主義的世界システムに占める各国の位置であった。

国際環境としては、ヴェルサイユ＝ワシントン体制における各国の位置が重要な意味をもった。この点で一九二〇年代後半から三〇年代初頭における日本の対応は、一九三〇年代の東アジアと世界に大きな影響を及ぼすことになった。

一九二四年から二七年にかけて、幣原喜重郎外相によってワシントン軍縮会議に基づく国際協調路線が追求されたのち、田中義一外相は幣原外交を「軟弱」として「積極」外交を主張し、山東出兵を続けた。田中「積極」外交とは、幣原「軟弱」外交への批判であるとともに、ヴェルサイユ＝ワシントン体制が図らずもアジアに促したナショナリズムの台頭（特に中国）に対する反動という面をもっていた。中国では、ヴェルサイユ＝ワシントン体制に促され、日本の侵略に抵抗する抗日のナショナリズムが強まった。一九二八年、関東軍高級参謀の謀略によって張作霖爆殺が決行されると、中国ではナショナリズムと反帝国主義がいっそう強く結びついた。

### 満洲事変と「満州国」

世界大恐慌の波は、日本国内から「満蒙」に及び、一九三〇年末には「満蒙の危機」が喧伝される。一九三一年九月の柳条湖事件（満洲事変）と翌年の「満州国」成立は、二つの面で日本の進路を決定づけた。ひとつは国際的にアジア・モンロー主義の立場を鮮明にする契機になったことである。これを機に軍部の増強と国家総力戦体制の構築が重視され、議会・政党勢力の影響力が弱められて軍部・官僚勢力が力を強めるとともに、国際連盟からの脱退が強行された。

もうひとつは、東アジアおよび大日本帝国の経済の仕組みを大きく転換するきっかけになったことである。一九二〇年代までアジア内で最大の貿易関係を築いていたのは中国・日本間であった。日本の満洲侵略と「満州国」出現は、中国・日本間の貿易を切断し、日本のアジア貿易は満洲と植民地・占領地に集中し、中国の貿易も満洲に集中するようになった。日本と朝鮮・台湾・満洲との貿易は、世界大恐慌の影響で収縮したのち、一九三三年以降に反転して急増した。日本の植民地相互の貿易が緊密になり、逆にそれらの地域と中国や他のアジア各国との貿易は希薄になった。

一九三〇年代の日本資本主義は、世界で最も強く植民地経済に依存していた。植民地から日本に大量の穀物・食料品を移入し、植民地の低賃金労働力の利用を強める一方で、逆に日本からは植民地に多くの生産財・資本財を移出した。日本は東アジアにおける自立的な工業化を破壊し、植民地では日本資本主義の展開に見合う形で工業化が進められた。日本は植民地に依存する経済発展の道を選択し、帝国内の分業と植民地の工業化を進めた。

### 大日本帝国の膨張・崩壊から冷戦と東アジアのアメリカ支配へ

一九三七年の日中戦争の開始による総力戦の進行は、同時に大日本帝国の膨張・崩壊の過程であった。日中戦争を中国の側から見れば抗日戦争であり、四年余りにわたって中国は単独で抗日戦争を戦った。中国は、アメリカを中心とする東アジアの新しい国際秩序建設の中に身を投じることで、抗日戦争の新展開を図った。アジア太平洋戦争の開始によって、抗日戦争は世界戦争の一部になり、日本の敗北に伴い、中国は抗日戦争に勝利したことになる。ただし、その過程で、国民政府が戦争の帰趨をアメリカやイギリスなどに委ね、抗戦に消極的になったことが国民政府の弱体化を招き、逆に共産党の台頭を招く。

日本の総力戦は植民地や占領地を統制と動員に激しく巻き込んだ。朝鮮における戦時期の一〇年間には、「植民地の圧力なべ」(ブルース・カミングス)というほどの強圧力がかけられ、朝鮮の青壮年の男子がほぼ全員動員され、動員先の範囲は朝鮮内部から日本本土、さらには大日本帝国の隅々に及んだ。これらに「慰安婦」や挺身隊など女性の動員を加えれば、動員はさらに増えた。

植民地経済への苛烈な依存と徹底した同化主義政策による大日本帝国の支配が破綻したのち、戦後の東アジアでは新たな国際秩序が模索された。その国際秩序は、ヴェルサイユ＝ワシントン体制を継承する面と米ソの冷戦に規定される面があった。ヴェルサイユ＝ワシントン体制の継承とは、帝国主義大国を軸にした国際秩序の枠組みの中で民族主義的政権の一定程度の自立が許容される面であり、中国における内戦と中華人民共和国の成立がこの点にあたる。

ただし、中国における内戦と共産党の伸張、朝鮮北部における社会主義勢力の拡大、米ソ対立の顕在化は、東アジア秩序へのアメリカの関与を根本的に変更させることになる。アメリカは、東アジアにおける経済復興を日本本土に認め、軍事を韓国、沖縄、台湾に分担させる構想を立てた。アメリカのこのような対応は、東アジアにあって、植民地での動員が苛烈であった朝鮮(韓国)と台湾に軍事政権を、激戦地だった沖縄ではアメリカ軍による支配を長く残す要因になった。

# 総論　恐慌後の欧米

### 世界恐慌の衝撃

一九二九年一〇月二四日ニューヨークの株式暴落を契機に、「相対的安定期」は崩壊した。アメリカ資本への依存を強めていた世界経済は深刻な恐慌へと突入し、世界中で生産が停滞し、失業者があふれた。資本主義世界が不況に喘ぐ一方で、ソ連では、一九二八年に始まった第一次五カ年計画が順調に達成され、共産主義の勝利が謳歌されることになった。この対照的な像から、これからしばらく、共産主義が世界を圧巻する「赤い一〇年」となる。

困難に陥った資本主義国では、緊縮財政や、戦債や賠償金の支払いを一年間猶予するフーヴァー・モラトリアム等が打ち出されたが、功を奏さず、金本位制が停止されても、経済が立ち直ることはなかった。

こうした中、アジア地域を含む広大な植民地や勢力圏を有した英仏やアメリカといった、いわゆる「もてる国」は、輸入制限と関税を設けて、自国と植民地・勢力圏の市場を外国に対して閉ざすというブロック経済に傾斜した。イギリスは、一九三二年にオタワでイギリス連邦経済会議を開き、スターリング（ポンド）＝ブロックを結成したし、アメリカ合衆国も善隣外交を展開し、中南米にドル＝ブロックを築いた。またフランスも、植民地とともにフラン＝ブロックを形成した。これらブロック経済は一定の成果を上げたが、ブロック形成により国際経済全体は縮小し、不況は長期化し、さらにはブロックから排除された日独伊などは、自らを「もたざる国」と主張し、侵略を正当化することにもつながった。

一九三三年にアメリカ合衆国の大統領に就任した民主党のローズヴェルトは、それまで共和党政権がとってきた自由放任政策に代わって、ニューディール政策を掲げた。これは、三つのR（救済〔Relief〕、回復〔Recovery〕、改革〔Reformation〕）を標榜し、国家が経済領域に介入し、独占状態を部分的に打破し、労働者の権利も保護するという社会主義的要素を取り入れた政策であった。こうした試みでさえ、恐慌を乗り切るためには十分ではなかったが、歴史的には、第二次世界大戦後本格化する福祉国家の原型が、ここですでに登場したことが重要であった。

恐慌後、資本主義に未来はないように感じられたし、危機をなかなか乗り切れない民主主義体制にも不満が募った。こうした資本主義の「全般的危機」の中で、世界中で共産主義政党も伸長したが、より勢いづいていたのは、ファシズムという新しい反動であった。

ファシズムは二〇世紀的大衆社会にマッチし、排外主義的ナショナリズムによって大衆を惹きつけた独裁といえる。困難な中で求められたのは、難局を乗り切る強力なリーダーシップであり、そのために大衆は「自由から逃走」した。ドイツではナチス政権下、意思決定の上での民主主義も否定され、超人思想に基づく指導者原理が唱えられ、大衆「宣伝」と突撃隊や親衛隊の「暴力」が闊歩した。こうした基本的価値観を共有する日独伊といった三国を中心にした同盟国は、世界制覇の夢を共有していた。こうしたトレンドに多くの大衆が幻惑され、欧米のほとんどの国でファシスト団体が活発な動きを示した。インド国民会議派のチャンドラ・ボースも「解放」の幻を見たし、中国国民党の左派であった汪兆銘でさえ「大東亜共栄圏」に共鳴した。

## 反ファシズムという「希望」

ただ、ドイツでさえ、自由選挙の下でナチスは過半数をとることが結局はできなかった。そのオールタナティヴだったのは、左翼であった。一九三三年一月三〇日にナチスが政権を獲得したとき、ナチス一九六議席に対して、社会民主党と共産党を加えた議席は二二一議席を有し、侮れない勢力をもっていた。ただ、市民の間では反ファシズム勢力の統一を希求する声が大きかったものの、ドイツでは両党が兄弟喧嘩を克服して統一することが最後までできず、結局はナチスが政権につき、その後のドイツの悲劇と没落を許してしまった。

その敗北の経験を基に、左翼がファシズムを共通の敵として民主主義擁護に踏み出したのが、人民戦線であった。欧米ではスペイン、フランス、チリで人民戦線政府が誕生し、アジアでも中国で国共合作という形で抗日統一戦線が成立した。こうして「ファシズムと反ファシズム」の時代と呼ばれる一九三〇年代が展開していった。作家アンドレ・マルローら世界中の民主的な人々は、人民戦線の中に「希望」を見出した。両陣営の主戦場となったのが、ヨーロッパで唯一内戦にまで対立が発展したスペインであった。人民戦線側には世界中から民主主義者が国際旅団として駆けつけた。ソ連は、リトヴィノフ外交という反ファシズム外交をとり、仏ソ相互援助条約（一九三五年）で反ファシズム勢力を援護した。こうした「希望」を破壊したのは、イギリスを中心とした対独宥和政策であり、それに不信感をもったスターリンが一九三九年八月にヒトラーと締結した独ソ不可侵条約であった。こうして増長するナチス・ドイツは同年九月一日、ポーランドに侵攻し、第二次世界大戦が始まった。

## 市民戦争から虐殺戦争、ジェノサイド戦争へ

第二次世界大戦は、犠牲となった人々を見る限り、基本的に国家対国家という従来の戦争ではなかった。イギリス、フランスなどの「国家」は、ドイツに対して宣戦布告はしたものの、戦闘行為を始めないという「奇妙な戦争」を展開するなど戦争に消極的で、その後ドイツ・日本を中心とするファシズム国家の進撃の前に、早々に降伏するか、ロンドンなどに亡命して籠城するかであって、抵抗の主体としての国家は多くの国で消滅した。むしろアジアを含む全世界でファシズムと果敢に戦ったのは、レジスタンスやパルチザンなどの正規軍ではない、市民であった。逆にファシズム側は多くの住民を虐殺した。それはもはや戦争ではない。ファシズム正規軍対市民の戦争が続いていく中で、国家としては一九四一年六月にソ連が、そして同年一二月からはアメリカがファシズムと戦う市民の側に立って参戦した。こうした市民戦争としての様相の前史は、一九三六年から三九年にかけて戦われたスペイン市民戦争（スペイン内戦）に見られた。

ファシズムの進撃に対抗する主体の形成は世界的現象であった。中国の抗日戦線やフィリピンのフクバラハップなどの抵抗も続いた。そこではコミュニズムの影響力が大きく、犠牲者も多かったが、それが戦後の世界秩序を形作っていくひとつの大きな要素となった。

ファシズムの暴力は無抵抗な市民にも向けられた。ホロコーストと呼ばれるユダヤ人をはじめとするマイノリティ虐殺は、戦後に至るまで長い影を引いたし、日本軍による南京虐殺、クロアチアではヤセノヴァッツ収容所における虐殺、また、文化的ジェノサイドでは皇民化政策を挙げることもできる。ただジェノサイドを行ったのは、同盟国側だけではなかった。ドイツはスペインで、日本は中国で「無差別爆撃」を行い、当初その非人道性を批判していた連合国側も、その後ドレースデンや東京で、戦略爆撃によって無抵抗の市民を殺害していった。その最たるものが、一九四五年八月にヒロシマ・ナガサキに投下された原子爆弾（原爆）であった。このように、国家と国家よりも、国家と市民の戦争という新しい戦争の形態が登場したことが、記憶される第二次世界大戦の歴史的意義であった。

Section 1

# ファシズムの歴史的諸形態

### ファシズムとは

ファシズムの語基であるファッショという言葉は、古代ローマでの執政官・法務官など要人の護衛リクトルが携えていた、斧に木の束を巻きつけたファスケス（束桿）に由来する。その後、それは正義や団結・規律・統一を象徴する権威の図像的な表象、シンボルとして使用された。イタリア近現代政治史の中で「ファッショ」は、主に急進的・社会革命的なニュアンスを帯びた集団・同盟・結束を表す普通名詞となった。例えば、重税や農業協定に抵抗した一九世紀末のシチリアファッシ（ファッショの複数形）や、第一次世界大戦に関わる左翼参戦主義派の革命行動ファッシや挙国的な国民防衛議会ファッショに見ることができる。だが、ドゥーチェ（統帥）ムッソリーニの「ファシズム運動・体制」以降、ファシズムはその主義・行動を示す歴史的な固有名詞へと変化する。

一九二二年一〇月のローマ進軍から一九四三年七月の国王による首相ムッソリーニの解任に至るまでの「黒い二〇年」を「狭義のファシズム」とするならば、「広義のファシズム」とは、主として両大戦間期（一九二〇～四〇年代）のヨーロッパにおいて、民主主義が未成熟な地域に発生し、過去への回帰でも伝統的な保守主義の復活でもなく、反自由主義・反共産主義の革命的な第三の道を掲げ、活動の根拠を大衆による支持に求め、かつ大衆を政治行動に積極的に動員した行動体系を指す。それは、個人ではなく国家に究極的な価値をおいて国家と個人との同一化を求め（全体主義）、私的所有制度を保持しながらも国家レベルでの計画経済を採り入れる。また、単一政党・国家・指導階層・市民社会との動的な相互作用を通じたカリスマ的リーダーシップの下で権威主義国家を運営する。広義のファシズムとは、こうした諸条件を満たす現象であると定義できる。さらに、反啓蒙主義、ナショナリズム、帝国主義、疑似資本主義（あるいは国家資本主義）、科学技術的近代主義志向などの諸特徴が加わる。

### イタリア・ファシズム

イタリア・ファシズムの勃興には、第一次世界大戦による物心両面での全般的な疲弊、支配的イデオロギーである自由主義の弱体化、自由主義政府に対する国民の信頼感の喪失があった。都市・農村部全域に拡大する労働運動、社会党の拡大と新興のカトリック政党（人民党）に手を焼く保守系・自由主義系の支配層は、反政府勢力抑止のため、ファシストの取り込みを図る。伸び悩む都市ファシズムに比べ、農村ファシズムは北・中部で左派系諸組織への暴力制裁を激化させるが、各地の県知事・軍部・警察はこれを黙認した。ファシストは一九二一年総選挙で三五議席を獲得し、直接行動主義の戦闘ファッシから国民ファシスト党（ＰＮＦ）を結成して議会内政党化を実現する。他方、地方ファシストリーダーたちは武力闘争を続行し、全土的な大衆動員にも成功したファシズム勢力は、ローマ進軍を経てついに政権を掌握した。一九二四年のマッテオッティ危機を乗り切ったムッソリーニは以降、「国民のファシスト化」を進め、保守勢力・産業家・ローマ教会と妥協しつつ、独裁体制を政治的・法的に固めた。生産者国家として労資協調による協同体（コーポラティズム）国家を構想したが、未完に終わる。

**ドイツ・ナチズム、日本・天皇制軍国主義**

ファシズム国家としてイタリアと並び称されるのがナチス・ドイツである。一九二一年七月にヒトラーがナチス（国民社会主義ドイツ労働者党）の第一議長となる一方、暴力組織ＳＡ（突撃隊）は街頭で敵対者粉砕の大衆運動を展開した。ナチズムは一九二〇年策定の二五カ条綱領中ですでにドイツ民族主義・流入移民阻止・ユダヤ人排斥・植民地主義を謳いつつ、寄生地主の打倒や戦時利得の否定、土地の無償収用などを主張した。だがフューラー（総統）ヒトラーは、一九二三年のミュンヘン一揆失敗を経て、一九二五年のナチ党再建後に党唯一の絶対的指導者となると綱領の解釈権を独占し、条文内容の社会主義的な部分の実現を棚上げにする。一九三三年一月に首相となり、授権法に基づいて一党独裁を確立し、ＳＡやＳＳ（親衛隊）などの巨大なナチ党翼下組織や大衆諸団体を従え、国家のナチス化＝強制的同一化を推進して第三帝国を定着させた。なお、独伊ファシズムの最大の相違点は、前者の特異な人種主義と「生存圏」思想にある。

一九三〇年代から敗戦までの軍国主義政治体制下の日本を天皇制ファシズム国家と規定する見解も根強いが、単一政党による独裁や「下からの革命」性、大衆的支持基盤、カリスマ的指導者など諸要素の欠如や、伝統的大資本家と結びついた軍部独裁、超国家主義絶対化による近代主義の否定の点で、独伊のファシズムとは大きく異なる。

**ソ連・スターリニズム、各国のファシズム現象**

強固な官僚制と秘密警察による権威主義的なスターリン時代（一九二四～五三年）のソ連はどうだろうか。もし、ファシズム規定の最大要件として反共を挙げるのであれば、スターリニズムはこの点においてすでにファシズムの範疇から除外される。むしろ、独伊の予防的反革命とは違い、ボリシェヴィキ革命を継続したスターリニズムの一国社会主義は、啓蒙主義的合理主義を追求しながら、共産党の一党支配を通じて独裁的恐怖政治を行う社会主義的全体主義国家として理解できよう。

このほか、ファシズムと見なされる政体として、西欧では例えばプリモ・デ・リヴェラ父子に続くスペイン・フランコ体制（一九三九～七五年）が指摘される。これは人民戦線内閣を打倒して成立し、伝統主義的諸派を集めたファランへ党を介する、大衆的支持基盤をもたない反動的な国粋主義的・軍事的個人独裁体制であり、J・リンスが権威主義体制と呼ぶように、フランコ体制をファシズムと判断するには論が分かれる。フランスでは第二次世界大戦中の対独戦敗北後、ペタン元帥のヴィシー対独協力（コラボラシオン）政府（傀儡《かいらい》政府、一九四〇～四四年）が、国民革命路線（レヴォリュシオン・ナショナール）の下、反議会主義、立憲的権力分立の否定、排外主義、反ユダヤ主義、伝統的価値の称揚と近代化の拒否などの政策を実施したが、パルチザン抵抗運動に見られるように、大衆的基盤をもたなかった。また、国家連合党の一党独裁下、「新国家」（イシュタード・ノーヴ）政策を進めたポルトガルのサラザール体制（一九三二～六八年）は国民的支持を得、反共主義とカトリック的父権主義の伝統的支配層を取り込んだ国家資本主義的・権威主義的な独裁であった。

西欧以外では、ドイツのユーゴスラヴィア侵攻後に建国したクロアチア独立国（一九四一～四五年）がある。同国は、反セルビア過激民族主義団体「ウスタシャ」を擁するパヴェリッチが独伊ファシズムをモデルにした独裁国家である。ハンガリーでは、クーデタによりクンが率いる評議会国家を倒した軍人出身のホルティが、王国摂政として立憲君主制の独裁（一九二〇～四四年）を敷いたが、反ユダヤ政策協力を断固拒否するなど、独伊から一定の距離をおく穏健政治はファシズム独裁とはいえない。その他、自称・他称を問わず、政党や集団レベルでファシズムを志向した組織として、民族ファシズムを唱えた全オランダ・ファシズム連盟（一九三二～三四年）、ルーマニアの反共過激民族主義で反ユダヤ主義・正教主義の鉄衛団（一九二七～三八年）などを見ることができる。こうしたファシスト的集団は欧州内外で散見できるが、ファシズム適格の判断には慎重な検証を要する。

Section 2

# 日本・アジアから見たスターリン時代のソ連

## スターリン体制

ソ連では共産党一党体制の下、その中央委員会の幹部数名で構成され、スターリンも一員である政治局が立法、司法、行政に関するソ連のあらゆる問題を最終決定する体制が構築された。革命後の党内で少なからず見られた諸種の論争は、一九二〇年代末のスターリンの権力掌握までに次第に姿を消し、以後はスターリンの意向が貫徹されることになる。一九五三年の彼の死まで続いた体制をスターリン体制という。ここでは、この体制の成立・発展と当時の国際環境、特に日本を中心とする東北アジア地域との関係に焦点をあてることにする。

## 満洲事変と動員体制

ソ連は、満洲を横断し極東の重要港湾都市ウラジオストクとシベリアを最短で結ぶ中東鉄道を中国と共同管理していた。一九三一年の満洲事変と、関東軍が対ソ戦の基地と見なす「満州国」の翌年の出現に対して、ソ連はシベリア出兵の再来を強く警戒した。そして、極東軍を増強し、要塞の構築、軍需工場の建設等の対策を講じた。第一次五カ年計画による工業化、農業集団化と富農絶滅策というスターリンの「上からの革命」で大規模な国家改造を進めていたさなかに、これらの作業を人的・物的資源に乏しく、ヨーロッパ・ロシアから最も遠い極東で進めねばならなかった。極東における脅威の出現は兵器の増産等、ソ連経済全体の軍事化にも影響を及ぼした。ソ連は中東鉄道を一九三五年に売却し、一九三二年に軍港として復活したウラジオストクと接続するため、長距離の単線区間が残るシベリア鉄道の複線化工事を開始した。さらに線路の切断による極東全体の孤立を回避すべく、国境から離れた北部の凍土地帯を走るバイカル・アムール鉄道（通称バム）建設にも着手した。戦後数十年も要したバム建設を数年で終了させるという計画の無謀さはすぐに認識され、複線建設に投資は回されたが囚人労働が多用された。単線区間が残る間の物資・人員の動員プラン策定は複雑で、一九三〇年代末の複線完成まで、政治局はソ連の中で唯一極東への物資輸送量のノルマを毎月定めるほどであった。強行された集団化のためウクライナやカザフスタン、ヴォルガ流域など一九三二年から一九三三年にかけてソ連全土が飢餓に襲われ数百万人の死者が出たといわれ、近年もロシア・ウクライナ間の歴史論争を巻き起こした。しかし上述の通り、同時期に極東への輸送ルートを整備し、戦争に備えて物資や食料の備蓄も進めていたことに注目すべきである。飢餓に関する史料集の刊行がロシアで進められているが、備蓄との関係の解明は今後の課題である。

**モンゴル・新疆・ドイツ**

満洲の西に隣接し、中国政府が主権を主張し続けていたモンゴルに対し、ソ連は満洲事変後にますます関与を強め、対日前線、緩衝地帯として植民地のように人事、予算、軍事力増強等に強力に介入した。一九三九年の関東軍・「満州国」軍とのノモンハンにおける戦闘で機動力を誇示し、対ソ戦の難しさを日本に認識させた。さらにソ連はモンゴルの西隣中国の新疆《しんきょう》省でも、中国本土よりも格段に便利な交通路を活用し、ムスリム反乱に悩む現地政権を支援して強い影響下においたが、新疆に対してさえ日本の影響力を懸念していたことが明らかになっている。両地域では輸送を軍事化（輸送従事者を軍人と同等に扱うこと）したが、全国に先駆けて極東の鉄道に導入されたこの制度の適用は、日本に対する前線がアジアの広範な地域に拡大していたことを意味している。一九三三年にナチスが権力を握ったドイツもスターリン体制にとって危険な存在となり、一九三〇年代後半には日独に対する二正面作戦を考慮せざるをえなくなった。この体制を象徴する一九三七～三八年の大テロルで犠牲になった多数の軍幹部、古参党員に、自らを日本・ドイツのスパイだと自白させたことにも、スターリンの対外認識が反映されている。極東ソ連に居住する朝鮮人は日本のスパイになる潜在的可能性を疑われ、民族ごと中央アジアに追放された。

戦争に備えた軍事力、それを支える経済、動員体制の構築、矯正労働収容所網の拡大と囚人労働の利用、体制を脅かす敵の侵入を阻止し警戒を怠らない忠実な国民の涵養、一党体制を支え社会を監視する治安機関の強化等、スターリン体制を特徴づける様々な事象は国際的な環境と無縁ではなく、中でもスターリンの独裁的権力獲得に少し遅れて始まった日本の大陸侵略が及ぼした影響は大きいといえよう。戦争に備えた体制を構築しながら、ソ連は最終的に勝利したものの独ソ戦争で多大な犠牲を被ることになった。日本からの攻撃はなく「満州国」消滅により極東の不安材料は取り除かれた。そして戦後の後期スターリン体制では、緩衝地帯を設けて自国の安全保障を確保するという一九三〇年代にモンゴルや新疆で先行的に実施していた政策が東欧諸国に対して適用されることになる。冷戦時代のスターリン体制を理解するためにも、戦前のソ連の対アジア政策を理解することが必要である。

Section 3

# 反ファシズム人民戦線の興亡

## コミンテルン第七回大会

一九三〇年代の日本では、対外的には中国への侵略が推進され、対内的にも五・一五事件や二・二六事件を経て総力戦体制が構築された。ヨーロッパでもムッソリーニ政権やヒトラー政権の誕生で、反共反ソを掲げるファシズムの脅威が高まった。こうした中で、三五年夏にモスクワでコミンテルン第七回大会が開かれた。大会では、ファシズムは「金融資本の最も反動的にして最も排外主義的で、最も帝国主義的な分子の公然たるテロリズム独裁」と規定され、ファシズム勢力と戦う広範な反ファッショ人民戦線が決議された。つまり人民戦線とは、ファシズムに対抗する労働者階級と中産階級の同盟であった。

日本では、三七年末から三八年初めにかけて「人民戦線事件」が起き、山川均《ひとし》、荒畑寒村《かんそん》、向坂逸郎《さきさか》、大内兵衛《ひょうえ》、佐々木更三、江田三郎など労農派系の活動家や知識人四八四人が検挙されるに至った。世界史的には、人民戦線が政権を担当したのはスペインとフランスとチリであるが、ここではフランスとスペインの事例を紹介しよう。

## フランス人民戦線

フランス人民戦線の遠因として、一九三〇年代前半の複合的危機を指摘できる。第一の危機は経済危機である。経済恐慌は租税収入の減少を惹起し財政危機をもたらす。財政赤字を解消するために、政府は増税と退役兵士の年金の減額や公務員給与の削減を行った。この政策が人々の不満をかきたて、政治危機を発酵させる。政治危機は三三年末のスタヴィスキー疑獄事件が引き金になって、翌年二月六日のコンコルド広場の騒擾事件で極点に達した。

死者一七人を数えた二月六日事件以降、共産党の政策転換によって反ファシズムを旗印にした左翼の結集が進み、人民戦線が誕生する。三六年春の総選挙の結果、社会党のレオン・ブルムが人民戦線内閣を率いた。彼は、矢継ぎ早に法案を議会に提出し、「ブルムの実験」が始まる。有給休暇法、団体協約法、週四〇時間法、フランス銀行の改革、右翼リーグの解散など、七三日間に一三三もの法律が議会で成立したことは、第三共和政下では前例のないことであった。しかし、ブルム内閣にとって七月に突発したスペイン内戦が躓きの石となり、九月には公約に反する平価切下げに追い込まれた。切下げの効果もあまりなく、三七年六月、財政逼迫に対処するためにブルムは議会に財政全権を要求したが、上院の反対にあって六月二二日に退陣する。後継のカミーユ・ショータン内閣は人民戦線連合を維持したが、徐々に形骸《けいがい》化し、三八年四月のエドアール・ダラディエ内閣に社会党は入閣せず、一一月に人民戦線は解体する。

対外的にも、フランスの安全保障に黄信号が点滅し始めていた。すでに三六年三月、ドイツのラインラント進駐によって、一九二〇年代のフランスが必死に守ろうとしたライン川沿いの非武装地帯は潰《つい》えた。三六年一〇月には、ベルギーが中立政策に復帰して同盟が解消された。それゆえ、ブルム内閣は軍事予算を増額し軍事力強化に乗り出す。三八年夏以降、ダラディエ政府が週労働時間を四〇時間以上に延ばして軍備増強に努めたが、ドイツの領土拡大は止むことなく、三九年九月に第二次世界大戦が始まる。

### スペイン人民戦線

人民戦線戦術が世界で最初に成功したのはスペインであるが、半年も経たないうちに内乱に陥り、ブルム内閣のような政策を打ち出す余裕はなかった。

一九三一年の地方選挙で共和派が勝利したことにより、ブルボン朝が倒れて第二共和政が成立した。しかし、その後のスペインの歩みは一進一退を辿り、混沌とした政治状況が続く。そうした中で、三六年一月に人民戦線協定が締結された。二月に行われた選挙の結果、人民戦線派が勝利し、マヌエル・アサーニャを首班とする人民戦線政府が成立した。社会党と共産党は閣外から政府を支持した。ところが、左右のテロ行為が相継ぎ、七月一七日、フランシスコ・フランコ将軍が反乱を起こしてスペイン内戦が始まる。

内戦とはいえ、三重の戦闘が絡み合った複雑な戦いであった。それは、共和派対フランコ派の内戦であり、共産党対アナキストという人民戦線派内部の戦闘であり、ドイツとイタリアがフランコを支援しソ連が共和国を援助したように第二次世界大戦の前哨戦でもあった（仏英は不干渉政策を決議）。さらに、アナキストは支配地域で革命を遂行し、共産党は国際旅団による階級的連帯だけでなく、非共産左翼の粛清というスターリン主義の弊害をもたらした。こうした三重の戦闘と革命と粛清がスペインの山野で展開されたが、三九年三月に反乱軍が最終的な勝利を収め、人民戦線政府は亡命を余儀なくされた。

Section 4

# 未曾有の犠牲を生んだ第二次世界大戦

### 大戦への道

第二次世界大戦の種は、第一次世界大戦の戦後処理の過程でまかれた。パリ講和会議の結果結ばれたヴェルサイユ条約で一方的に戦争責任を負わされた敗戦国ドイツでは、それに対する不満が鬱積する中で、ヒトラーの率いるナチスなどヴェルサイユ体制の打破を求める勢力が台頭した。また戦勝国ではあったものの、日本やイタリアでも、イギリスやアメリカの主導下に作られた戦後国際秩序への批判が強く存在した。これら両国の現状打破志向は、中国大陸への対外膨張を目指す日本の動きや、一九二二年にクーデタによって政権を掌握したムッソリーニの下で、地中海地域で勢力を拡大しようとするイタリアの姿勢に示された。

二九年に始まった大恐慌による世界の混乱は、こうした国々の活動を活発化させた。その糸口を作ったのは、三一年九月一八日の関東軍の謀略による南満洲鉄道爆破事件（柳条湖事件）で満洲事変を引き起こした日本であった。三三年一月には、ドイツでナチス政権が誕生し、三五年三月にヴェルサイユ体制下の軍備制限を破って徴兵制を導入して、再軍備を開始した。またイタリアは、エチオピア侵略（三五年一〇月～三六年五月）に成功した。国内での民主主義抑圧、対外的には膨張志向というファシズムの性格を共通してもったこれら三国は、ベルリン・ローマ枢軸（三六年一〇月）、日独防共協定（三六年一一月、イタリアが三七年一一月に加入）を成立させ、相互の関係を深めていった。

### 大戦の経緯

ヨーロッパでの戦争が中心であった第一次世界大戦と異なり、第二次世界大戦はヨーロッパでの戦争とアジア太平洋での戦争という二つの局面をもつことになった。そのうちアジアでの戦争は、一九三七年七月七日の盧溝橋事件による日中戦争勃発によって始まった。日本軍は中国で戦線を拡大し、その過程で、非戦闘員を含む十数万人に及ぶ中国人を殺戮した南京大虐殺などを引き起こした。しかし、国民党軍と共産党軍からなる中国側の抵抗は激しく、戦争は長期化していった。

一方、ヨーロッパでの戦争は、ドイツがオーストリア併合（三八年三月）やチェコスロヴァキア解体（三九年三月）を経て、三九年九月一日にポーランドに侵攻したことに対し、イギリスとフランスが対独宣戦布告を行うことで始まった。三九年九月から四〇年春にかけては、ドイツと英仏の間で実際の戦闘状況が見られない「奇妙な戦争」と呼ばれる事態が続いたが、四〇年四月にドイツが戦闘活動を活発化させたことで戦争は本格化した。ドイツが、デンマークとノルウェーを席巻し、さらにオランダ、ベルギー、フランスを攻撃して勝利を収めると、それまで様子を見ていたイタリアは、ドイツ側での参戦に踏み切った。日中戦争が手詰まりとなる中でヨーロッパでの戦争を注視していた日本もドイツとの連携を強め、四〇年九月に日独伊三国軍事同盟が成立した。

四〇年夏からドイツ軍はイギリスへ大規模な空爆を行ったが、強い抵抗にあい、当初予定していたイギリス上陸作戦は実行できなかった。その後ドイツは、三九年八月に不可侵条約を結んでいたソ連に対する攻撃準備を進め、四一年六月、独ソ戦を開始した。これは、同年四月にソ連との間で中立条約を結んでいた日本にとって予想外の事態であったが、日本はドイツ側の勝利を期待しつつ、アメリカ・イギリスとの戦争に踏み切り、四一年一二月八日（アメリカ時間では七日）に、英領マレー半島のコタバルへの上陸作戦とハワイの真珠湾への空からの奇襲攻撃とを決行した。こうして日本とイギリス・アメリカとの戦争が始まった。さらに、ドイツとイタリアもアメリカに宣戦を布告した。普通は、三九年九月が第二次世界大戦の開始時期とされることが多いが、それはあくまでもヨーロッパでの戦争が始まった時点にすぎず、日中戦争以降のアジアでの戦争が太平洋にも広がり、さらにヨーロッパでの戦争と結びついて、第二次世界大戦が文字通り開始したのは、この四一年一二月の時点においてであった。これ以降大戦は、イギリス、アメリカ、ソ連などの連合国陣営と、ドイツ、イタリア、日本の枢軸国陣営の間で戦われていった。

アジア太平洋の戦局は当初マレー半島などで急進撃を行った日本の優位のうちに展開した。とりわけ、四二年二月のシンガポール陥落は、イギリスに極めて大きな衝撃を与えた。しかしその後、四二年六月のミッドウェー海戦や四二年八月〜四三年二月のガダルカナルの戦いで日本軍が敗れたことで形勢が逆転し、それ以降は連合国側の勝勢がめだつようになった。同様の事態は、四二年の北アフリカでの作戦やスターリングラードの戦い（四二年七月〜四三年二月）で連合国側が勝利を収めたヨーロッパでも見られ、四三年九月にはイタリアが降伏した。しかし、戦争はさらに二年近く継続し、ヨーロッパでは四五年五月八日のドイツ降伏によって終わりを迎えた。アジアでの戦争は、それ以降も三カ月以上続けられ、八月六日、九日の広島、長崎への原爆投下、八月八日のソ連の対日参戦を経て、八月一五日に日本が降伏を発表することでようやく終結した。

### 大戦の性格

帝国主義の時代に対立・競合していた帝国主義国間の戦争であった第一次世界大戦については、その開戦責任をめぐる論争が続いたが、日本、ドイツ、イタリアという対外膨張主義的なファシズム諸国によって引き起こされた第二次世界大戦の場合、その開戦責任の所在は明確であった。それに対して、イギリスやアメリカさらにはソ連などが反ファシズム陣営を形成し、大戦は反ファシズム戦争としての性格をもった。ただし、反ファシズム陣営の主要国イギリスなどは同時に帝国主義国でもあり、一方においてファシズムに対抗する民主主義を唱えつつ、他方において植民地の独立を望む民族運動を抑える姿勢を見せた。それに対して、民族運動家は不満を抱き、中には、インドのチャンドラ・ボースのように支配国イギリスの敵である日本と協力する者も現れてきた。

戦争が交戦各国における総力戦体制の構築を伴ったことも、前大戦と同様であった。しかし、そうした総力戦の基盤を破壊することを目的とした大規模な都市爆撃が両陣営によって繰り返し行われたことは、戦争の新たな面となり、戦闘員よりはるかに多数の民間人の死者が生じる結果につながった。ヨーロッパでは、ドイツによるイギリス都市の空爆が行われたのに対し、ハンブルクやドレースデンなどのドイツの都市が、英米空軍の爆撃対象となったし、アジア太平洋では、日本による重慶爆撃が行われる一方、米空軍は東京をはじめ日本の諸都市を空爆した。広島と長崎への原爆投下はその極端な例である。

またヨーロッパでは、ドイツがユダヤ人やロマ（いわゆるジプシー）などを対象とした絶滅政策（ジェノサイド）を進めたが、アジア太平洋でも、日本軍が中国で三光作戦（焼き尽くし、殺し尽くし、奪い尽くす）を展開するなど、苛酷な行動に出た。

こうして未曾有の犠牲を生むことになった第二次世界大戦での死者数は、控えめの推計でも、軍人一五〇〇万人、一般市民三八〇〇万人にのぼった。一般市民の犠牲者が軍人よりもはるかに多かったことが（第一次世界大戦ではほぼ同数であった）、この戦争の悲惨さをよく物語っている。

## Section 5 レジスタンスとパルチザン戦争

### 占領・協力とレジスタンス・パルチザン戦争

第二次世界大戦では、ヒトラーのドイツがヨーロッパ大陸の大部分を支配し、イタリアなど枢軸諸国と結びながら、諸国・諸民族の分割支配を進めた。それは、様々な形の積極的・受動的な「協力」を生み出すとともに、様々な形の「抵抗（レジスタンス）」をも生み出した。しかし、両者は複雑に絡み合っており、個々人の中でもしばしばせめぎ合いの様相を呈した。レジスタンスの最も激しい形が、武装ゲリラによる「パルチザン戦争」であった。この戦いは、しばしば、「協力者」との「内戦」ともなった。

### レジスタンス・パルチザン戦争の発展

各国におけるレジスタンスの発展は、ドイツによる占領の時期とその占領政策、また各国の歴史的な伝統に従って多様な形をとった。一九四〇年六月ドイツに敗北したフランスは、一部がドイツに併合されたほかは、ドイツ軍占領地区と「自由地区」とに分割された。後者では、「国民革命」を唱えるヴィシー政府が成立し、多数の国民の支持を集めた。しかし両地区とも、ドイツの戦争遂行への財政的・経済的・人的な協力が課せられた。抵抗は都市部での地下活動を中心に起こり、ロンドンに亡命したドゴール将軍はレジスタンス組織「自由フランス」を結成した。抵抗運動は、四一年六月の独ソ戦開始を契機とする共産党の積極的な参加で拡大強化された。四二年一一月、英米軍が北アフリカに上陸し、ドイツ軍がフランス全土を占領すると、翌年、ヴィシー政府によるドイツ向け労働力の強制的な徴用を忌避して多くの人々が山や森に逃れ、その中から南フランスのレジスタンス勢力「マキ」が形成されてゲリラ活動を展開した。南北各地・諸政治勢力の抵抗運動は、やがて全国抵抗評議会を結成、ドゴールを指導者として承認する。

ユーゴスラヴィアでは、四一年四月の枢軸諸国軍による占領や、クロアチア独立国によるセルビア人虐殺に対して、降伏を逃れた多数の旧軍将兵や、迫害を逃れたセルビア人などの間から、レジスタンスへと立ち上がる人々が出てきた。ひとつは、大セルビア主義的な王党派のミハイロヴィチ大佐を中心とする「チェトニク」であり、もうひとつは、独ソ戦開始とともにゲリラ戦へと立ち上がったティトーを中心とするユーゴスラヴィア共産党の「パルチザン」であった。しかし、枢軸諸国軍の厳しい掃討戦と報復政策の下で、チェトニクは、当初の「待機主義」から、パルチザン掃討戦への協力へと追い込まれていく。他方、パルチザンは、迫害や収奪に苦しむ人々を隊列に迎えながら、数次にわたる大掃討戦に耐え、ボスニア＝ヘルツェゴヴィナの山中を中心に次第に「解放区」を拡大した。

イタリアでは、英米軍がシチリアに上陸した四三年七月、ムッソリーニが罷免され、国王に支持されたバドリオ政権が成立、九月に連合国と休戦協定を結び降伏した。これに対してドイツ軍はイタリアを占領下におき、ムッソリーニを首班とする「サロ共和国」が樹立された。このドイツ占領軍＝ファシスト支配に対して、諸政党は国民解放委員会を結成してレジスタンスを呼びかけ、また各地でパルチザン部隊が決起した。とりわけ、サロ共和国が徴兵を強行すると、数多くの者が山に逃れ、パルチザン部隊の形成・発展の重要な基盤となった。それまで反ファシズム運動を国内外で進めてきた諸政党が、共産党系の「ガリバルディ」部隊、自由社会主義的な行動党系の「正義と自由」部隊など、パルチザン部隊の核となることが多かった。

## 戦争の終結と戦後の政治

レジスタンスは、連合国軍の進撃と呼応して、戦争の終結に様々に寄与した。その中で、戦後の政治をめぐる内外のせめぎ合いも大きく浮上することとなる。フランスでは、ヴィシー政府が当初各国から承認され、ドゴールは長く国際的な地位の確保に苦しんだ。しかし彼は、国内レジスタンス勢力の支持を背景に国際的にもその地位を高めていき、四四年、連合国軍のノルマンディ上陸とその後の進撃に呼応して、国内のレジスタンス勢力が総蜂起状況で自力解放を進めパリ解放を達成すると、戦後への主導権の確保に成功する。ユーゴスラヴィアでは、イギリスが、ロンドンの王党派亡命政府と結ぶミハイロヴィチを長く支持したが、四三年にはパルチザン支援に転じ、四五年パルチザンがソ連軍の進撃に呼応して解放をほぼ自力で達成した。他方、ポーランドでは、ロンドンの亡命政府に連なる「国内軍」が、ソ連軍の進撃に呼応し、かつ解放後の主導権の確保を目指して、四四年八月「ワルシャワ蜂起」に立ち上がったが、ドイツ軍との二カ月にわたる死闘ののち鎮圧され、ドイツ軍からの解放はソ連軍の主導の下に進められた。これより先、四三年には、ワルシャワ・ゲットーのユダヤ人の蜂起が起こっている。なお、自国民に支配民族としての地位を与え、抵抗は民族への裏切りとされたドイツでも、ミュンヘンの大学生を中心とした「白バラ抵抗運動」や、陸軍将校らが敗色が濃くなる中ヒトラーの暗殺を謀った「一九四四年七月二〇日事件」が起こっている。

Section 6

# ホロコースト

**ホロコースト・ショア・「最終解決」**

英語のHolocaustをカタカナ表記したこの言葉は、ナチ体制による第二次世界大戦中のヨーロッパ・ユダヤ人絶滅政策とその犠牲者たちが被った大惨害を総称したものである。元のヘブライ語オリジナルのカタカナ表記ではショアという。過激な反ユダヤ主義者で狂気の独裁者ヒトラーの命令によりアウシュヴィッツで六〇〇万人のドイツのユダヤ人がすべて殺害されたというような、一頃横行した誤解は近年では解消されつつある。実際には国民の一％（六〇万人）に満たなかったドイツ・ユダヤ人についても、すべて掃滅されたというような誤った記述が時折見られるが、半数以上がドイツから出国させられ、その一部はパレスチナへ移住した。ナチ体制初期のユダヤ人政策は「絶滅」ではなく「追放」が「最終解決」と見なされており、パレスチナのシオニズム運動本部（ユダヤ機関）との間での移送協定も第二次世界大戦勃発までは維持されていた。

**対ソ侵攻とヨーロッパ・ユダヤ人絶滅政策の始動**

しかし、侵略戦争を積み重ね、占領・併合地域が拡大すればするほど中東欧のユダヤ人をいっそう多く抱えることになり、対ソ侵攻が開始されるとソ連地域のユダヤ人の大量射殺が展開された。それに従事したのが、ゲスターポ（秘密国家警察）とSD（親衛隊〔SS〕情報組織の保安部）を核とし、武装親衛隊兵士が大量に参加したアインザッツグルッペン（行動部隊）だった。最終的に追放先と見込んだソ連への独軍攻撃が一九四一年一二月に頓挫し、「ドイツ化」のための民族移動政策も手詰まり状態になると、ヨーロッパ・ユダヤ人の組織的大量虐殺が本格化することになる。一九四二年一月二〇日、国家保安本部長官ハイドリヒが関係省庁の次官たちを集めて開催したベルリン・ヴァンゼー秘密会議は、国家総体によるユダヤ人「絶滅」政策を確認する画期となった。

**「民族共同体」の構築と「共同体異分子」の抹殺**

ナチズム運動は、ヴァイマル共和国期のドイツ社会の混乱を、階級対立や世界観・価値観の対立によるものとし、権力を握るやドイツを「民族共同体」に基づく国家に改造せんとして、共同体内の「異質な」存在（「共同体異分子」）を民族共同体から排除する政策に打って出た。「民族同胞」のみが国家公民であり、ドイツ人の血統をもつ者のみが民族同胞たりうるとし、逆に民族同胞たりえないと標的にされた筆頭がユダヤ人であった。遺伝病患者、重度の「奇形」の人、犯罪常習者、性的規範逸脱者、「反社会分子」、「ツィゴイナー」（いわゆるジプシー）等も民族共同体からの排除対象とされ、大戦開始後、「無駄飯食らい」「生きるに値しない生命」とされた障害者の組織的虐殺が、一酸化炭素ガスを用いて密かに行われた（T4作戦）。このノウハウとスタッフはやがてルブリンの親衛隊・警察高権指導者グロボチュニクが提起した「ラインハルト作戦」（東部でのユダヤ人殺戮）にも転用された。

**絶滅収容所における大量殺戮**

大戦終結までの約六〇〇万人の犠牲者の大半はアウシュヴィッツほか五つの絶滅収容所（ヘウムノ、ベウジェツ、トレブリンカ、ソビブル、マイダネク）でガス殺された。その半数近くはポーランド・ユダヤ人であり、絶滅収容所へ強制移送される前に押し込められていたポーランド内ゲットー（約四〇〇存在、最大はワルシャワ・ゲットー）の酷薄な生存条件の下で難死を余儀なくされた人が、犠牲者全体の五分の一を占めるともいわれる。さらに終戦間際、ソ連軍の攻勢が強まる中、親衛隊が強いた西部への「撤退」（「死の行進」）で、なお生存していたユダヤ人の多くが命を落とした。

**戦後戦犯裁判におけるホロコースト追及**

戦後のニュルンベルク戦犯裁判で連合国は、ナチ体制によるユダヤ人大虐殺を「人道に対する罪」として断罪したが、全貌の把握には至っていなかった。一九六〇年代に入ってようやく、エルサレムでのアイヒマン裁判を皮切りに、アウシュヴィッツ裁判、トレブリンカ裁判等で絶滅収容所の詳細が解明された。しかし、ドイツ社会はもちろん、国際世論を「過去の克服」に向けて大きく動かすには至らなかったのが当時の状況であった。

**ナチ体制をめぐる論点**

問題に対する認識の本格的高まりは、冷戦後のことである。とはいえ、ホロコーストが人種差別イデオロギーに取り憑かれたためだったのか、戦争を念頭においたうえでの第一の眼目にしたためだったのかなどの論点について、歴史家の間でも解釈は現在でも多岐に割れている。一般市民の対応如何も焦点のひとつになってきているが、ホロコーストが親衛隊やナチ党関係者だけでなく、国家から自治体にわたる官僚・軍人・警察・一般公務員・企業職員など膨大な数の人員、組織・機関を巻き込み、紆余曲折を辿った複雑な過程であったことは、まず確認しておく必要があろう。

Column 23

# メキシコ革命と制度的革命党

メキシコがカウディーリョ体制を脱するのは一九一〇年以降である。内戦と権力闘争を経て出現した制度的革命党（PRI）の支配は、社会正義を掲げて二〇世紀末まで続く。

一八八〇年代以来のメキシコ経済・社会の近代化からは、国内人口の多くが排除されていた。外国資本が鉄道を整備して地下資源を掌握し、輸出用作物を栽培するアシエンダ（大農園）は農民や先住民共同体から奪った土地であり、工場労働者の労働環境は劣悪だった。計七期の長期政権でこの体制を支えたポルフィリオ・ディアスは、一九一〇年の大統領選挙に開明的地主フランシスコ・マデロが出馬すると彼を投獄したが、保釈後マデロがアメリカで蜂起を宣言すると、支持する挙兵が各地で起きた。ディアスは辞任するがマデロは一九一三年ディアス派のウエルタに謀殺され、そのウエルタを倒した連合勢力も護憲派（穏健改革派）と、ジョン・リードが『反乱するメキシコ』で密着取材したフランシスコ・ビリャや農地の返還を求めるエミリアノ・サパタなどに分裂し、護憲派の勝利まで内戦が続いた。アメリカ大統領ウィルソンはこの間二度軍事介入したが、反発を招くにとどまった。

一九一七年制定の革命憲法は私有財産制をとりつつ、政府に農地改革の権限を与え、教会の特権の剥奪や労働基本権、地下資源の国家所有を定める進歩的な内容だったが、実際に政府が小規模な農地改革を始めるのは、アルバロ・オブレゴンが権力を掌握した一九二〇年代である。同時に農村学校の整備と壁画を使った愛国心の涵養が図られ、古代先住民文化とその後に起きた人種混淆とを称揚しつつ国民統合を訴えるインディヘニスモ思想がこれを支えた。二八年にオブレゴンが暗殺されると、プルタルコ・エリアス・カリェス大統領は諸勢力の利害調整の制度化を図り、地域ボス・軍・公務員・農業利害などを糾合して国民革命党（PNR）を翌年設立する。一九三〇年代後半、カリェスとの主導権争いに勝ったラサロ・カルデナス大統領はPNRを改組、労組も組み込む（PRIはその後身）とともに、アメリカ資本の石油会社を国有化、先住民共同体への土地分配を含む大規模な農地改革を実行した。国内諸利害を網羅する政党が多民族・混血の人口構成を肯定する民族主義を掲げ、社会改革と重要資源の掌握を実現したのである。大統領が一期で退く伝統の下、PRIは長期政権化する。

一九七〇年代以降、PRIはその輸入代替工業化政策が行き詰まって八〇年代に新自由主義改革を導入、また汚職・腐敗で批判を浴びた。チアパス州では一九九四年にサパタ派を名乗る先住民反乱が勃発した。二〇〇〇年に国民行動党（PAN）のビセンテ・フォックスが大統領選挙に勝利してPRIは下野し、革命体制は消え去ったかに見えるが、革命の成果のうち軍の政治不介入と政教分離は、今もメキシコの政治文化の骨組みをなしている。

Column 24

# バルト三国・ユダヤ人・杉原千畝

在リトアニア日本領事代理であった杉原千畝が約六〇〇〇人のユダヤ人の命を救ったという話は、ドラマ化されたこともあり、日本人の間で比較的よく知られている。これらのユダヤ人がナチスの手を逃れ、ソ連邦領域内を通過するために日本の通過ヴィザを必要としたこと（最終目的地は便宜上、オランダ領キュラソー島とされた）はその背景として知られていても、ヴィザの発給地であるカウナスという場所ならびに一九四〇年夏という時期の意味は、そうした出来事をより広い視野から理解するために不可欠であるにもかかわらず、あまり知られていない。もしくは、「命のヴィザ」の美談とは切り離されている。

現在のリトアニアの首都であるヴィリニュスは、両大戦間期、ポーランドの支配下にあった。そのため、首都機能はカウナスにおかれていた。ところが、一九三九年一〇月、ソ連邦との相互援助条約締結と引き換えに、リトアニアはヴィリニュスを得た。それが、杉原が通過ヴィザを発給したユダヤ人の九割以上がポーランド国籍であった理由である。当時のリトアニアには約一五万人のユダヤ人が存在し、これにヴィリニュス市およびその近郊にいた約七万人とポーランド国内からの避難民約一万四〇〇〇人が加わった。そのうち約二〇万人が一九四一年に始まるドイツ占領の下で命を落とした。

第二次世界大戦の勃発直前、一九三九年八月末に杉原はカウナスに到着したが、さらにそれに先立つ同年八月二三日に締結された独ソ不可侵条約の付属秘密議定書（後日若干の修正あり）によってソ連邦の勢力範囲に入れられたリトアニア、ラトヴィア、エストニアのバルト三国は、翌一九四〇年六月から事実上、ソ連軍の占領下におかれた。そうした軍事的緊張の中で、かつてのソヴィエト史学では「社会主義革命」とされた政権交代が起こり、極めて形式的な選挙で選出された親ソ連派が議席をほぼ独占する国会の決議により、同年八月初旬、バルト三国は相次いでソ連邦に「加盟」した。つまり、杉原がヴィザを発給した一九四〇年七月中旬から八月末というのは、バルト三国が大きな政治変動の波をかぶり、独立を喪失するに至った時期であった。

両大戦間期、バルト三国に対する日本の関心は高かった。杉原や島田滋といったソ連通がこの地域に派遣されていたことがその証左である。だが、この「加盟」に伴い、バルトの各国にあった日本の外交代表は撤退を余儀なくされたのである。

# 第11章

# 核の時代の始まり
## ——1945～1954年

ビキニ環礁での原爆実験（クロスロード実験の第２実験ベイカー，1946年７月25日）

出典：ジム・バゴット『原子爆弾 1938-1950年』青柳伸子訳，作品社，2015年。

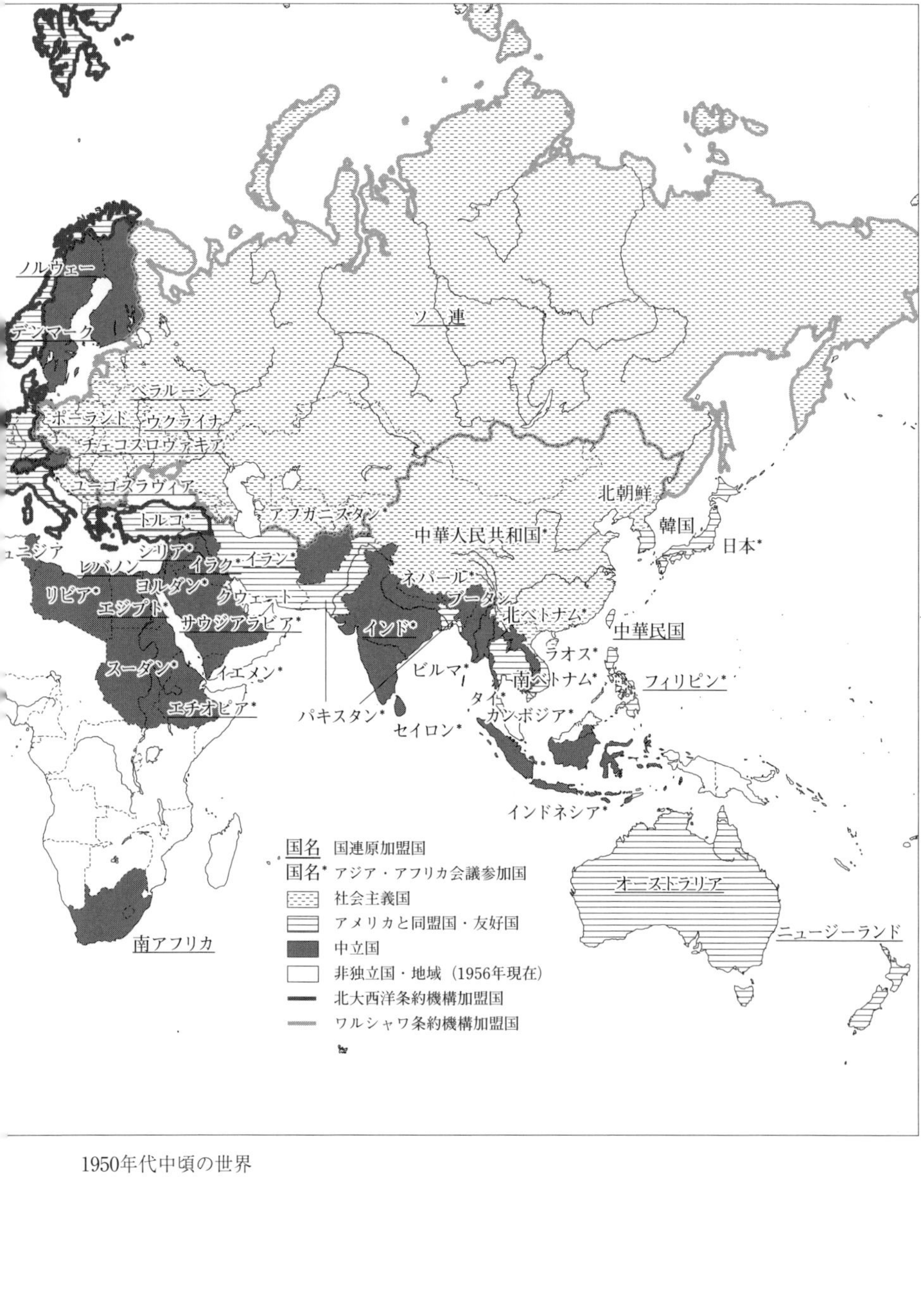


1950年代中頃の世界

第二次世界大戦後のドイツとベルリンの分割

| 年 | 主な出来事 |
|---|---|
| 1944 | **7.** ブレトン・ウッズ会議（IMF, IBRD 設立合意） |
| 1945 | **2.** ヤルタ会談。**5.** ドイツ降伏。**6.** 国際連合憲章調印。**7.** ポツダム宣言。**8.** 広島，長崎に原爆投下。日本降伏。第二次世界大戦終結。蘭領インドネシア独立宣言（**9.** 独立戦争勃発～49年**11.**）。**9.** 仏領ベトナム民主共和国独立宣言。**10.** 国際連合発足。**12.** 国際復興開発銀行（IBRD），国際通貨基金（IMF）設立 |
| 1946 | **3.** チャーチル，「鉄のカーテン」演説。**10.**（朝）南部大邱で反軍政暴動 |
| 1947 | **3.** トルーマン・ドクトリン宣言。**6.** マーシャル・プラン発表。**7.** J. ケナン「封じ込め」論文発表。**8.** 英領インドとパキスタン分離・独立。**9.** コミンフォルム結成。**12.** 第一次インドシナ戦争（～54年**7.** 停戦） |
| 1948 | **1.** 英領ビルマ独立。貿易と通商に関する一般協定（GATT）発効。**2.** 英領マラヤ連邦成立。英領セイロン（スリランカ）独立。（チェコスロヴァキア）共産党政権掌握。**3.** 西欧同盟成立（ブリュッセル条約改定）。**4.**（朝）済州島で単独選挙反対運動武力鎮圧（四・三事件）。**5.** イスラエル建国宣言，第一次中東戦争。**6.** ベルリン封鎖（～49年**5.**）。ユーゴスラヴィア，コミンフォルムから追放。**8.** 大韓民国成立。**9.** 朝鮮民主主義人民共和国成立。**12.** 国連世界人権宣言 |
| 1949 | **1.** コメコン発足。**4.** NATO 条約調印（**8.** 発効）。**5.**（西独）ボン基本法発表。**9.**（ソ）初の原爆実験。**10.** 中華人民共和国成立。ドイツ民主共和国（東ドイツ）成立。**12.** 中華民国，台湾移転（～50年**1.**）。**12.** インドネシア連邦共和国成立 |
| 1950 | **1.** 英連邦会議，コロンボ・プラン提唱。**2.**（米）マッカーシー上院演説。**3.** 反核ストックホルム・アピール発表。**5.** シューマン・プラン提唱。**6.** 朝鮮戦争勃発（～53年**7.** 休戦） |
| 1951 | **9.**（日）サンフランシスコ講和会議。日米安保条約調印 |
| 1952 | **4.** 日華平和条約調印（日台国交回復）。**7.** 欧州石炭鉄鋼共同体（ECSC）条約発効。**10.**（英）初の原爆実験。**11.**（米）初の水爆実験 |
| 1953 | **3.**（ソ）スターリン死去（「雪どけ」開始）。**8.**（ソ）初の水爆実験 |
| 1954 | **3.**（日）第五福竜丸ビキニ沖被爆。**5.**（ベトナム）ディエンビエンフーの戦い（仏軍大敗）。**7.** ジュネーヴ協定調印（第一次インドシナ戦争終結）。**7.**（日）自衛隊発足。**8.** 東ドイツ，主権回復。**10.** 西欧同盟発足。**11.** 仏領アルジェリア独立戦争（～62年**3.**） |

# 序論　原爆・「終戦」・朝鮮戦争

## 大戦後の世界

第二次世界大戦は、ドイツに続く日本の降伏で、連合国（United Nations）の勝利に終わった。連合国は、一九四五年六月にサンフランシスコで国際連合（United Nations）成立のために会議を開き、日本降伏後の一〇月に国連が正式に発足した。国際連盟の反省に立って、国連は大国を組織的に組み込み（総会＋安全保障理事会）、国際平和（安全保障）の維持、経済や社会に関する国際協力を目的とした。しかしながら国連の設立と時を同じくして、冷戦が始まっていた。冷戦の発端は、一九四五年二月のヤルタ会談に求めることができる。米英ソ三国首脳名による公表文は事実上のヨーロッパ分割を決め、公開されなかった協定では、ソ連の対日参戦を謳い、南樺太・千島のソ連領化、ソ連・中華民国関係の取り決めなど、北東アジアにおける「戦後」秩序を構想していた。米ソの利害対立とその調節が、ヤルタの本質であった。ただしここで注意しなければならないのは、米ソ両国を中心とした第二次世界大戦後の国際秩序を考える場合、それらの大国にとっての焦点はヨーロッパであったという点である。冷戦もまた当初はヨーロッパに即して捉えられた。その実態を示したとされたものに、ウィンストン・チャーチルが一九四六年三月に行った「鉄のカーテン」演説があるが、そこではヨーロッパをはっきりと分断する形で「鉄のカーテン」が降りているというのであった。

東アジアを見ると、日本占領に際してアメリカは、日本が再びアメリカと太平洋諸国の脅威にならないように徹底した「非軍事化・民主化」を進めようとした。戦後改革である。アメリカの北東アジア政策の中心には中国（南京国民政府）が位置し、ソ連も領土拡張と権益を得ることを前提に南京国民政府を認め、朝鮮については米ソなど大国の信託統治が計画された。さらに東南アジアには英米蘭仏など旧宗主国が復帰することで、旧来の秩序の回復が想定されていた。ところが現実は、これらとはかなり異なる方向に進行した。

## 東アジアの冷戦

中国では、蔣介石の南京国民政府と共産党の間に中華民国政府をめぐって対立が起き、国民党と共産党の衝突が発生し、国共内戦となった。一九四九年春には南京が陥落し、国民党勢力はアメリカの援助を受けつつ各地を転々とした。中国共産党は、当初は国内の様々な勢力とともに新たな国家建設を目指し、一九四九年一〇月に中華人民共和国の設立を宣言した。国民党の一部は台湾へ移り、一九五〇年一月、アメリカの軍事的庇護のもと独自の政府を作った。

朝鮮を見ると、日本降伏直後に現地ならびに中国で、政府樹立や亡命政府復帰の動きがあったが、米ソはこうした自主的な行動を承認せず、北緯三八度線以北をソ連軍が、以南を米軍が占領し、それぞれ軍政を敷いた。北部では少数の勢力だったグループが重用され、南部では当初は朝鮮総督府に関わった日本人や親日派朝鮮人が登用された。一九四六年一〇月には南部でアメリカ軍政に反対する二三〇万人の大規模な抗議運動が起き、弾圧で多くの犠牲者が出た。アメリカと結んだ勢力は、朝鮮南部だけで総選挙を実施して大韓民国を独立させようとし、統一総選挙を通して独立を目指す動きに対立した。一九四八年、大韓民国の分離独立に反対した済州島民に対して、本土から軍人らが送り込まれ、住民の五分の一にあたる六万人が殺害される四・三事件が起きた。激しい監視体制の中で、南部単独で制憲議会選挙が行われ、八月に大韓民国が成立、李承晩が大統領となった。北部では一九四八年八月、代議員選挙によって最高人民会議が設立され、九月に金日成のもと朝鮮民主主義人民共和国が成立した。こうして三八度線を境にして、南北の分断国家が対峙した。

東南アジアでは、日本の降伏後、独立を宣言したインドネシアに対してオランダはこれを認めずに再植民地化を図り、戦闘状態が続いた。オランダが独立を承認するのは一九四九年のことであった。ベトナムではベトナム民主共和国が独立を宣言するがフランスはこれを武力で抑圧し、コーチシナ共和国、ベトナム国など傀儡《かいらい》政権を作りそれを支援し続けた（第一次インドシナ戦争、一九四六〜五四年）。しかしフランスは後退に後退を重ね、一九五〇年代半ばにアメリカが介入するようになる。

アジアに冷戦が広がる中でアメリカは日本に対する占領政策を転換させた。一九四八年一〇月のＮＳＣ（国家安全保障会議）13／2「アメリカの対日政策に関する勧告」は、冷戦の進行に伴い、秘密裏に改革よりも日本の早期復興へ政策の軸を移すとした。

戦時下に北東アジア、さらには東南アジアに広がった抗日ナショナリズムと独立への動きは、日本軍の降伏後、欧米による植民地体制の倒壊へと進んだ。旧宗主国は軍事力をもって、独立を目指す勢力を弾圧したが、日本帝国主義の崩壊は、欧米帝国主義、植民地体制の崩壊を必至とした。その過程で、独立の主導権をいかなる勢力が掌握するかをめぐって、協調、妥協と対立が各地で繰り広げられた。対立の激化は軍事的な衝突をもたらし、さらに大国が直接軍事介入することで、大規模化した。第一次インドシナ戦争や朝鮮戦争である。

**朝鮮戦争**

朝鮮戦争について、以前は一九五〇年六月に南北どちらが先に攻撃したかに関心が集まる傾向にあったが、近年は一九四五年以降民族統一を目指す「内戦」が始まっていたとする理解が一般的になっている。独立と親日派、そして北と南という対立を軸に、初期の内戦は、他国（米中ソ）の本格的な武力介入によって東アジア各国を巻き込んだ大戦争へと拡大した。朝鮮戦争の死者数は兵士のみで一八九万人超と突出していて、戦争の死者数においては、第二次世界大戦、第一次世界大戦につぐ大規模のものとなった。朝鮮戦争は朝鮮全土を疲弊させ、建国直後の中国にも大きな打撃を与えた。一方、朝鮮戦争に好機を見出した国や地域もあった。日本は特需景気に沸き、ドッジ・ラインによって過剰に収縮した経済状況を脱した。特需景気は、日本経済が復興から経済成長に転じる足がかりとなった。台湾政権は、朝鮮戦争によってその存続が可能になった。

朝鮮の北部と南部には、朝鮮戦争を通してそれぞれ権威主義的な体制が構築されて対峙し、緊張は鎮まることがなかった。朝鮮戦争の休戦後、中国軍は浙江省沿岸から国民党軍を撤退させた。しかしアメリカが台湾の維持方針を打ち出す中で、海峡を挟んで中国と台湾の緊張関係が続くこととなった。

朝鮮戦争のさなか、アメリカのハリー・S・トルーマン大統領は原爆の使用もありうると発言した。イギリスのクレメント・アトリー首相は急遽訪米し、トルーマンを押しとどめた。背後には世界中から集まったストックホルム・アピールの賛同署名があった。人々、それも国境を越えて人々が平和を求める運動は、一九世紀半ばから一部の宗教団体を中心にして始まり、第一次世界大戦後には宗教や階級を超えた運動も広がった。原爆の登場は、戦争に反対する運動の規模を一挙に拡大した。

**原爆と反原爆**

第二次世界大戦で日本の降伏を最終的に決定づけたのは、ソ連参戦と広島、長崎への原爆投下であった。核兵器は、次の点でそれまでの通常兵器と異なる新たな性格をもっている。第一は、その強力さである。核兵器は、広島と長崎に見られるようにひとつで都市そのものを壊滅させる規模の威力をもち、その使用は、兵士や基地など軍の設備にとどまらず、非戦闘員、一般の居住地をも破壊する。第二に、核兵器の使用は同時代の人間だけでなく、被爆した者の子孫へと世代を超えた破壊的影響力をもつ。通常の兵器が一過性のものであるのに対して、核兵器は時間的な影響力が大きい。そして第三に、核兵器の応酬、核戦争は人類そのものの破滅へとつながる可能性が高い。

もちろん核兵器が出現した当初からこれらすべてが意識されたわけではない。アメリカは広島と長崎で原爆に関する調査を独占すると同時に、国連に働きかけて、原子力の国際管理の名の下に他国の核兵器開発を押さえ込もうとした。これに対してソ連は核開発を急ぎ一九四九年に原爆実験を成功させた。一九五二年にはイギリスも核兵器を所有するに至った。さらに一九五二年にはアメリカが、その後ソ連も、水素爆弾（水爆）を開発した。

この間、核兵器を用いた戦争に反対する運動が世界的に巻き起こった。一九四八年にポーランドで開かれた平和擁護のための国際知識人会議にはジョリオ・キュリー、ピカソ、ジャン・ポール・サルトル、アンドレ・マルローなどが集まり国際連絡組織の設立を決め、一九四九年にはパリで平和擁護世界大会が五八カ国一八〇〇人の代表で開催された。参加を希望しつつ入国を拒否された共産圏の代表者はプラハで会議を開き、平和擁護世界大会委員会の設立を決めて、一九五〇年三月にストックホルムで開かれた同委員会は原子兵器の禁止、厳重な国際管理を求め、最初に原爆を使用する国を戦争犯罪人とするアピールを発表した。このストックホルム・アピールを実効力あるものとするため、賛同署名を集める運動が世界各地で進められ、日本で六四五万人、世界で五億人もの署名が集まった。一九五〇年当時の世界総人口が二六億人弱であったことを考えると、いかに多くの署名が集まったかは明らかである。

ヨーロッパをはじめとした、こうした運動の高まりの中で、朝鮮戦争での核兵器使用の危機は遠のいた。しかし当初は核兵器反対運動に協力的だったソ連は、その廃止を強く求めなくなり、特に水爆の開発後、大国による核の共同管理の方向へと姿勢を変えていく。

## 総論　戦後ヨーロッパとアメリカ

### ヤルタと戦後構想

一九四三年に降伏したイタリアを軍事占領した英米は、結果的にはソ連を実質的に関与させずに占領管理を行った。これは、枢軸国以外も含め、戦場となった地域を占領した国がそこに排他的な影響力を及ぼす前例となった（イタリア方式）。四五年二月のヤルタ会談では、英米ソ三カ国が国際連盟に代わる国際機構（国際連合）の枠組み案を整え、フランスを含む四カ国でドイツを分割占領することで合意し、ポーランドについてはソ連の支持する国民解放委員会を中心に亡命政府メンバーらを加えて挙国一致臨時政府を設け、できるだけ早く自由選挙を行うとした。ソ連の目標はポーランドを含め、自軍の占領地域に親ソ政府を樹立して、未来のドイツが再度試みるかもしれない侵略に対する「安全圏」とすることだった。

他方アメリカは戦争被害がほとんどなく、戦時需要をてこに一九二九年以来の不況を完全に克服して、四〇年代後半には世界の金保有の三分の二を占めるなど、破格の経済力を有していた。三〇年代の国際貿易体制の解体にアメリカは戦争の一因を見出し、四四年のブレトン・ウッズ会議ではドルを基軸通貨とし、各国通貨との間に固定相場制度を設けて、自由貿易を基本とする戦後国際経済像を打ち出していた。逆にイギリスは戦争遂行により大債務国となり、国民は四〇年代後半、耐乏生活を余儀なくされる。

### 終戦直後の占領と改革

第二次世界大戦末期、ドイツ都市部は徹底的に攻撃・破壊され、ヒトラーは一九四五年四月三〇日に自殺し、同国は五月八日に降伏した。東欧各国では共産党を含む人民民主主義政権が発足し、国境線の変更、対独協力者の処罰、枢軸側勢力の追放とその財産の接収、農地改革が行われた。ポーランド領となった旧ドイツ領地域やチェコスロヴァキアなどからドイツ系住民が追放され、住民交換も一部実施された。また戦後も反ユダヤ人暴動が起きてユダヤ人が出国、各国の人口構成は、多大な犠牲の下で単一民族国家のそれに大きく近づいた。土地の没収と農民への分配は、大地主制社会のハンガリーとドイツ東部では大規模に、他の国では小規模に行われた。

戦争終結の直後に東欧に生じた連立政権では、共産党は基本的に弱体だった。ソ連が強い関心を示さなかったチェコスロヴァキアでは亡命政府が帰国し、駐留していた米ソ両国軍は撤退する。ハンガリー共産党が小農業者党などの主導する同国の連立政権に参加できたのは、ソ連軍の駐留下だったことへの配慮が大きい。ポーランドでも亡命政府メンバーが結成したポーランド農民党が力を増していたが、挙国一致臨時政府は選挙を四七年一月まで待ったうえで、共産党を含む民主政党ブロックを作って臨み、ブロック不参加のポーランド農民党の得票を低く操作した。他方ユーゴスラヴィアとアルバニア、ブルガリアでは、パルチザンの中心だった共産党の力は強かった。ユーゴスラヴィアのパルチザンは独力でドイツからの解放を果たし、共産党は主導権を握って亡命政権を拒絶した。ブルガリアでも同党の優勢とソ連軍の侵攻が重なり、同党優位の祖国戦線政府が早く成立する。

西欧は戦災と資材・燃料不足に苦しみ、産業の生産力も落ち込んで、対米貿易赤字を縮小する手段に窮した。フランスとイタリアでは、戦中のレジスタンス活動を背景に共産党や社会党などが有力政党となり、連立政権に参加する。多くの国で主要産業の再建や産業構造の改革を図る企業国有化が進んで混合経済体制が作られ、労働党政権下のイギリスの国民医療保険制度など、本格的な社会保障制度も導入された。ドイツとオーストリアは英仏米ソ四カ国に分割占領され、ドイツのナチ党指導者らはニュルンベルク戦犯裁判で裁かれた。だが各国の占領政策方針の違いから、ドイツ四占領地区を経済的には統一体として扱うという四五年八月のポツダム協定での合意は、実現が困難になっていった。軍の駐留や住民への食糧配給の経費は、イギリスにとっては重い負担だった。ドイツが再び軍事大国化することを警戒するフランスは同国の極度の分権化・弱体化を要求し続けた。また賠償の一環として、フランスとソ連は占領地区内の工業生産設備を撤去した（デモンタージュ）。英米仏が占領していた三地区の非ナチ化（公職追放）政策は、基準が形式的である、統治に人材が必要、などの理由で限定的な結果となったが、ソ連の占領地区では、ソ連は自ら後押しする共産党（四六年四月以降は社会民主党との合同により社会主義統一党）の勢力伸張の一手段としてこれを大規模に行い、政治的反対者の拘束・追放も行った。

### 一九四七・四八年の線引き

アメリカ政府内部では四六年から、ソ連には協調を期待せず、むしろ対峙してその「封じ込め」を図るべきとする、ジョージ・ケナンなどの分析が力を持ち始めた。折しも数十年に一度の厳冬が同年暮れからヨーロッパを襲い、輸送路が凍結して流通が麻痺する。多くの国で燃料備蓄が底をつき、家庭では暖房にも事欠いた。困窮への不満から西欧でも左翼政権が誕生することをアメリカは危惧し、また将来の統一ドイツがソ連側に傾く危険を回避すべく、四七年一月に英米二占領地区を経済統合して占領統治の改善を図るとともに、ドイツの経済復興と市場経済への組み込みを模索し始める。また同じ頃、東地中海地域を勢力圏におくことの財政的負担に耐えかねたイギリスは、王党派と共産党ゲリラの争うギリシア内戦への関与を引き揚げると決定した。この連絡を受け、トルーマン大統領は同年三月、世界を自由主義派と全体主義派という対立する二勢力に塗り分けて、自由社会防衛の必要を力説し（トルーマン・ドクトリン）、孤立主義の伝統を退けてギリシア内戦への支援に自国議会の支持を求めた。ついで六月にジョージ・C・マーシャル国務長官が、ヨーロッパ各国向けの大規模な経済援助計画（マーシャル・プラン）を公表した。

ソ連はギリシアを自らの勢力圏と考えていなかったが、チェコスロヴァキアがマーシャル・プラン参加を表明するとこれを辞退させ、これ以降東欧各国への締めつけを強めた。四七年九月のコミンフォルム（ヨーロッパ共産党・労働者党情報局）設立総会では、政権参加を打ち出していた仏伊共産党がソ連から批判された。四八年二月にはチェコスロヴァキアで非共産党系閣僚の多くが排除され、共産党が実権を握った新政権が発足して西側を硬化させた。このクーデタ後の同国の政策は、東欧諸国に影響力をもっていたユーゴスラヴィアの人民民主主義をまだ踏襲していた。だがソ連はこの路線に敵愾心を抱いており、ユーゴスラヴィアは同年六月にコミンフォルムから追放される。他の東欧諸国ではこの後、ソ連の影響下、他党の政権からの排除と解散や、連立政権参加政党の合同などにより共産政党の一党独裁が成立する。路線を異にする者は、共産党員でも民族派として粛清された。またフランス共産党は四七年五月に連立政権から外れており、共産党影響下の労組による同年後半の全国的ストライキの結果、同国の国民感情は反共に振れていく。イタリアでも四八年四月の選挙でキリスト教民主党が勝利した。結局マーシャル・プランは西側諸国のみに提供され、西欧の復興に多大の貢献を果たす。

### 冷戦の激化と欧州統合の開始

東西の分断は五〇年代初めにかけて固定化していく。分割占領されていたベルリンでは東西両地域の住民の往来が可能だったが、英米仏の占領地区が四八年六月に実施した通貨改革にソ連は反発し、西側ベルリンを封鎖した。アメリカは生活物資すべての徹底的な空輸でこれに対抗し、東西の対立は決定的となる。封鎖は翌年五月に解かれるが、同じ五月に英米仏占領地区ではボン基本法が発表され、九月にキリスト教民主同盟のコンラート・アデナウアーが首相に就任して、ドイツ連邦共和国（西ドイツ）が発足する。一カ月後にはドイツ民主共和国（東ドイツ）も成立して、社会主義統一党のヴァルター・ウルブリヒトが社会主義路線を敷いた。同年には北大西洋条約機構（NATO）が成立したが、ソ連の核兵器保有も明らかになった。国際連合はこの間、英米仏中ソ五大国の拒否権行使や欠席戦術のため、冷戦に有効に対処できなかった。他方、西欧の地域的経済統合を進めることによってドイツへの警戒感を克服する試みも、本格化し始める。フランスは五〇年、国内鉄鋼業が必要としたルール地方の石炭へのアクセス確保も兼ねて、同地方の石炭・鉄鋼の国際的共同市場・共同管理を提唱する（シューマン・プラン）。イギリスは主権の制限を嫌い、またコモンウェルス（イギリス連邦）諸国との関係を重視して参加しなかったが、ECSC（欧州石炭鉄鋼共同体）が五二年に成立、のちの欧州統合の基盤になった。

一九五〇年六月には朝鮮戦争が勃発し、ヨーロッパでも東側の軍事侵攻が起こるとの懸念が強まった。アメリカの国家安全保障会議では、同年四月に大規模な軍拡と全世界への米軍の展開が提案されており（NSC68文書）、朝鮮戦争を受けて実行に移される。東西対立の最前線となった西ドイツの防衛は喫緊の課題となったが、ドイツ再軍備に対するフランス世論の抵抗感はなお強く、欧州統合軍に西ドイツ部隊を組み入れるというプレヴァン・プランを元にしたEDC（欧州防衛共同体）案は、結局批准されなかった。代わりに仏英伊およびベネルクス三国は、共同防衛のため四八年三月に結んでいたブリュッセル条約を改定して西欧同盟を作り、西ドイツを加盟させることを決める。西ドイツはNATO加盟を五四年に認められて翌年主権を回復し、朝鮮戦争特需以降、経済復興を軌道に乗せていく。

五三年のスターリン死去後も、東西両ドイツは互いを承認せず、東欧では農業集団化を含めソ連型の社会主義が導入され、また五五年にソ連と東欧各国間の軍事同盟が統合されて、ワルシャワ条約機構が設立される（これによりオーストリアは主権回復が可能になった）。他方アメリカ国内では、一九四九年にソ連が原爆を保有することが確認され、また同年一〇月に中華人民共和国が建国されたことに、保守派の危機感が強まっていた。政府内の共産主義スパイのリストを入手した、とジョセフ・マッカーシー上院議員が五〇年二月に（虚偽の）発言を行ったのを機に、以前からの反共主義が極度に高まり、アメリカでは共産党との関係を疑われた多くの人が政府・大学・メディア機関を追われていった。

## Section 1

# ソ連・東欧・人民民主主義

### 人民民主主義

第二次世界大戦直後、日本で「戦後民主主義」と呼ばれることになる体制が形成されつつあるとき、中東欧では「人民民主主義」と称される体制が形成されつつあった。それは、ともに、徹底した土地改革や経済の民主化を基礎に、反ファシズム、戦争勢力の排除などを特徴とするものであった。戦争につながったファシズムに対して民主主義への大きな期待があったのである。しかし、この体制は、「冷戦」の開始とともに崩壊し、「冷戦」体制に組み込まれてしまった。この「冷戦」体制が確立するのが、一九五四年頃である。

ドイツの敗戦が見えてきた一九四五年二月に開かれた米英ソのヤルタ会談では、ドイツの戦後処理、国際連合設立、東欧の戦後処理が話し合われた。また、「秘密協定」において、ドイツ降伏後二、三カ月でのソ連の対日参戦や南樺太返還、千島列島の引き渡しも約束された。ドイツの敗戦後の七~八月に開かれた米英ソのポツダム会談では、ドイツの戦後処理として、非ナチ化、非武装化、米英仏ソによる分割管理が決定され、さらに対日降伏条件と戦後管理が話し合われた。この両会談に出た列強のうち、日本とドイツを東西に接するソ連は、両面の戦後処理に強い関心を抱いていた。ドイツの降伏後、ソ連は日本の処理に積極的に動いたのである。

八月六日にアメリカが広島に原爆を投下するや、八月八日、ソ連は日ソ中立条約を破棄して対日宣戦し、長崎に原爆が再度投下された八月九日から満洲に侵攻した。八月一五日に日本がポツダム宣言受諾を表明した後も、一八日には、千島列島に上陸した。スターリンは、八月二三日に「極秘指令」を発し、日本兵等をソ連領内各地に抑留して、復興労働につかせることにした。ここに六〇万人以上のシベリア抑留者が生まれることになった。このうち一九四六年一二月から一九五〇年五月までに四七万人が帰国したが、七万人ほどがシベリアなどで死亡した。

一方、一九四五年五月八日に降伏したドイツは、七~八月に米英仏ソによって分割占領された。ソ連は、東のドイツを占領し、九月には占領地区で土地改革を開始し、英米仏の占領地区と対抗して勢力を定着させていった。ソ連は、大戦中、領土を要求して二度も戦ったフィンランドから、カレリア地峡を確保した。ナチス・ドイツと同盟関係にあるか占領されていた東欧諸国は、大戦末期、ソ連赤軍によって解放された。ただ、ユーゴスラヴィアのみはティトーの指導下に独力でドイツから解放された。

大戦後、東ドイツを含めこれらの周辺ヨーロッパは、ソ連の影響下にあったとはいえ、一九四五年春から一九四七年夏までは、「共産圏」を形成してはいなかった。当時、ソ連としては「反ソ」ではなく「友好的」な東欧を求めていたのであり、共産化ではなかった。英米仏との関係が顧慮されていたのである。東欧諸国では、徹底した土地改革や、戦争企業の解体や、ファシストとその協力者の追放などが行われたが、国有化や集団化は課題ではなかった。政治的にも複数政党が形成され、議会制の民主主義も導入されていた。このような新しい体制を、東欧諸国では、「人民民主主義」と呼んだ。ハンガリーではそれを西欧的な民主主義とソ連的な民主主義の総合としての「第三の道」であると称する勢力が多く見られた。このような状態を崩したのが「冷戦」であった。

冷戦へ

一九四六年三月、イギリスのチャーチル元首相が、アメリカで演説し、「バルト海のシュテッティンからアドリア海のトリエステ」まで欧州大陸に「鉄のカーテン」が降りて、その東がソ連のコントロールのもとにおかれたと批判したが、これは東欧の実情を誇張したものであった。「冷戦」への動きを決定づけたのは、一九四七年三月に発せられたトルーマン・ドクトリンと、それに基づき六月に発表されたマーシャル・プランであった。これは、ソ連・東欧への「封じ込め」政策であった。ヨーロッパ諸国に復興計画の提出と欧州経済協力機構（ＯＥＥＣ）の設立を求めたマーシャル・プランに対し、チェコスロヴァキア、ポーランド、ハンガリーが参加の意思を示した。各国はソ連に批判されて参加を撤回したが、この動きは、ソ連の強い懸念を引き起こした。ソ連は、ユーゴスラヴィアと協働して、九月二二日〜二七日にヨーロッパ諸国の共産党の代表者会議をワルシャワに開催し、コミンフォルムを設立した。会議では、ユーゴスラヴィアが各国の党の政策を厳しく批判して、ソ連の右腕の役割を演じた。これ以後、東欧諸国の対社会民主党政策が硬化し、農業の集団化が促進され、国有化が開始された。その中で一九四八年二月、「東西の架け橋」を目指していたチェコスロヴァキアにおいて「二月クーデタ」が起き、連立政権が崩れ、共産党の単独政権ができた。

ついで、一九四八年三月から、ソ連とユーゴスラヴィアの間に激しい論争が生じ、ついに六月、コミンフォルムがユーゴスラヴィアを追放した。この対立の理由は、ティトーがブルガリアのゲオルギ・ディミトロフらと進めていた「バルカン連邦」構想がスターリンの怒りを買ったというのが定説である。スターリンは、東欧諸国を一国ずつ支配することを考えており、東欧がティトーの下にまとまってしまうことを危惧したのである。このような情勢の変化の結果、一二月にはディミトロフは、「人民民主主義はプロレタリア独裁の一形態」であると述べて、それまでの「人民民主主義」論を否定したのであった。

このような東欧の変化と並行して、ドイツにおいても東西の対立が始まった。一九四八年六月、ドイツ西側管理地区での通貨改革に対抗して、ソ連は「ベルリン封鎖」を行い、東ドイツ内にあるベルリンへの陸上の通路を封鎖したのである。こうして、一九四八年をもって、東西の「冷戦」は確立した。

これ以後、東欧ではソ連型の社会主義が導入され、農業の集団化、工業などの国有化、計画経済、重工業化が進められた。マーシャル・プランに対抗して一九四九年には経済相互援助会議（コメコン）が設立され、ソ連と東欧諸国の経済的統合が進められた。政治的には、社会民主党や農民党が粛清されて共産党の一党支配が確立され、ポーランドのボレスワフ・ビエルト、チェコスロヴァキアのクレメント・ゴットワルト、ハンガリーのマーチャーシュ・ラーコシなど「小スターリン」の独裁が樹立された。このために、「ティトー主義者」などのレッテルを張られた対立者が「粛清」された。一九五〇年代前半は東欧諸国の人々にとって最も厳しい時代であった。一方、コミンフォルムを追放されたユーゴスラヴィアは、一九四九年から労働者評議会を全国的に組織し、一九五〇年から、「自主管理社会主義」「非同盟」を掲げて、独自の道を模索し始めた。

ソ連自体では、ロシア・ナショナリズムが強化され、文化的な締めつけが再開された。経済的には、農業は遅れていたが、都市と鉱工業は急速な復興を達成した。一九五二年一〇月に一三年ぶりに共産党第一九回大会が開かれ、一九五一～五五年の五カ年計画が承認された。この間、軍事費が上昇し、一九四九年に原爆、五三年には水爆を保有することになる。

アジア政策に眼を戻せば、ソ連は中国革命の支援はせず、北朝鮮の南進は容認するという姿勢を取った。また、一九五一年のサンフランシスコ平和条約の調印を拒否し、千島列島の帰属をめぐって日本との間で国境問題を抱え込むことになった。

## Section 2
# 冷戦体制への転換

### 鉄のカーテン

第二次世界大戦が終結した年、あるいは第一次世界大戦から数えた「いまひとつの三十年戦争」（ジクムント・ノイマン）が終結した年である一九四五年には、いまだ戦時の大連合の余韻が残っていた。戦争で二〇〇〇万人以上の人口を失ったソ連への同情もあったし、西欧諸国では対ソ友好を唱える声が強かった。トルーマン政権の国務長官ジェイムズ・F・バーンズも、対ソ協調路線をとろうとしていた。ヨーロッパ戦線終結時に三五〇〇万人を数えたアメリカの陸軍兵力は、四六年三月には四〇〇万人に縮小していたし、ソ連も大幅に動員解除を進めていた。「冷戦」という言葉さえ、人口に膾炙するには四七年を待たねばならなかった。

四五年七月のイギリス総選挙で労働党に敗北し、野に下っていた保守党のチャーチルは、四六年三月五日にアメリカのミズーリ州フルトンのウェストミンスター・カレッジに招かれ、のちに有名となる「鉄のカーテン」演説を行った。彼は「バルト海のシュテッティン（シュチェチン）からアドリア海のトリエステまで大陸を縦断して鉄のカーテンが降ろされている」と述べ、ソ連による勢力圏の形成に対抗して英米同盟の強化を訴えたのである。「鉄のカーテン」という言葉自体はチャーチルの創案ではなく、一九世紀以降、折にふれて使用されていた。また、フルトン演説そのものも、対ソ友好の国民感情に満ちていたアメリカでは不評であった。しかし、スターリンはこの演説をソ連に対する宣戦布告と見なし、以後「鉄のカーテン」の語は、敵・味方を二分する有用なメタファーとして次第に受容されていった。

### ギリシアとトルコ

冷戦体制への転換は、ギリシアとトルコの二カ国の情勢によって促進された。一九四四年秋にレジスタンスによって枢軸諸国から解放されたギリシアでは、民族解放戦線（ＥＡＭ）とその後身の人民解放軍（ＥＬＡＳ）が、カイロから帰還して英米の支持を受けた王党派政府軍と内戦に入った。四四年一〇月のチャーチルとスターリンの百分率協定では、ギリシアはイギリス九〇％、ソ連一〇％と定められており、ソ連の介入はなかった。むしろ、第二次世界大戦中の抵抗運動以来、ユーゴスラヴィアやブルガリアのパルチザンとの関係が緊密であった。また、人民解放軍の要求は、戦時の「外国支配」や王制からの解放、土地改革など、「東西」という枠組みとは異なるものであった。王党派に支援を要請されたイギリスは、戦争による経済疲弊と対米借款の償還に追われ、ギリシア政府の援助要求に応えるのは次第に困難になっていった。

第二次世界大戦で当初の中立政策から連合国側に転じたトルコでは、黒海と地中海をつなぐボスポラス＝ダーダネルス海峡に関して、ソ連が軍艦の自由航行や海峡共同防衛を提案したため、緊張が高まった。また、内政でも物価騰貴に見舞われるなど経済的に不安定さを増していた。西欧諸国やアメリカは、トルコをソ連の地中海・中東政策に対抗する前哨と見なすようになったが、イギリスはここでも経済支援の打ち切りを通告するに至った。

**トルーマン・ドクトリン**

一九四七年三月一二日、トルーマン大統領は、上下両院に対する特別教書の中で、イギリスに代わってアメリカがギリシア・トルコ両国に経済的・軍事的支援を行うことで、ソ連の「封じ込め」を進めることを訴えた。この演説は、世界を自由と抑圧、自由主義と全体主義といった二分法で把握するものであり、世界のどの国家も必ずいずれかの体制を選択しなければならないと強いる「冷戦の宣戦布告」と呼べるものであった。この結果、個々の地域や国家の抱える課題は東西の枠組みに単純化して捉えられることになった。

トルーマン・ドクトリンは共和党の支持も受け、アメリカはギリシア・トルコに四億ドルの経済援助と文民・軍人の派遣を行うことになった。これは、平時に西半球への介入を避ける傾向にあったアメリカの対外政策の転換でもあった。トルーマンはギリシア内戦におけるパルチザン側の勝利がトルコの政治的不安を招き、ひいては中東全体の政治的安定性を損ねると考えたのである。この介入の結果、ギリシア・トルコの両国は冷戦期に特別の位置を占めることになった。この結果、ギリシアでは、五年にわたる内戦が一九四九年に人民解放軍の敗北で終わり、一九五二年にはＮＡＴＯに加盟し、一九六七年からは一九七四年に民政移管されるまで軍事政権が継続することになった。トルコも、アメリカの支援により「西側」に組み込まれ、ギリシアとともに朝鮮戦争に派兵し、ＮＡＴＯに加盟して、中東条約機構や中央条約機構といったアメリカの世界戦略と地域的安全保障政策の中に位置づけられるようになった。

## Section 3 ドイツの分裂

### 冷戦?

第二次世界大戦が終わると、連合国内部での資本主義と共産主義というイデオロギー対立は、欧米中心に見れば「冷戦」体制を作り上げたが、世界的に見ればむしろ、「熱戦」に展開することが多く、特に、中国、朝鮮、ベトナムといった分断国家にあっては、いずれも大きな戦争へと発展していった。その中でドイツは唯一直接的な戦争を経験しない例外的存在であった。自力解放を勝ち取ったユーゴスラヴィアなどは、一九四八年六月コミンフォルムから除名されても、自己主張する発言力があったのに対して、ドイツでは自力解放の主体が弱かった分、戦後ドイツのソ連占領地域におけるソ連の発言力は圧倒的であった。そのソ連に西側と戦争する意図はなく、したがってドイツでは熱戦ではなく、冷戦となったのである。

ドイツに対しては、当初はナチスへの警戒から、モーゲンソー・プランなど懲罰的占領が連合国によって考えられ、西側占領地域の非ナチ化も徹底して行われるはずであったが、それが本格化する前に東西対立が始まってしまった。特に、当初マーシャル・プランに参加しようとしていたチェコスロヴァキアで一九四八年二月に共産党がクーデタに出ると、西側は姿勢を硬化させ、当初マーシャル・プラン適用範囲とされていなかったドイツの西側占領地域の確保を急ぎ、その前提となる通貨改革を始めた。ドイツの経済的分裂の始まりであった。このように東西が相互に、相手が膨張していると見なし、疑心暗鬼となってそれに応酬することが負のスパイラルとなって、対立を激化させ、冷戦へと陥っていったのであった。

ただ、ソ連はのちに東ドイツとなるソ連占領地域を最初から自らの勢力圏と見ていたわけでもない。ソ連にしてみれば、安全保障上ポーランドの処遇は大戦中から大きな関心事であったが、ソ連にとって当初ドイツは賠償請求の対象と見なされ、ヨーロッパ最大の工業地帯であるルール地方の処遇の方にむしろ関心を払っていた。チャーチルにしても、「鉄のカーテン」発言（一九四六年三月）の中で「シュテッティンからトリエステ」と、ソ連勢力圏の中にのちの東ドイツ地域を入れていなかったことは象徴的である。少なくとも一九五〇年代初頭まで、ソ連は、直接国境を接しないドイツに関しては、オーストリアのように中立国化することをも構想していた。

## 東西ドイツの建国

だが、一九四八年六月に西側占領地域で始まった通貨改革に対して何らかの対抗措置をとらなければ、ドイツにおける足場を失う恐れを感じたソ連は、「ベルリン封鎖」で応酬した。これにアメリカを中心とした西側は、全世界から航空機を調達して、西側占領地域から西ベルリンに物資を空輸するという「空の架け橋」作戦を展開し、「自由」を守るかのようなパフォーマンスを展開した。朝鮮戦争直前であったことがそれを可能とした。結局、四九年五月まで続いたベルリン封鎖は、ソ連にとっては何ら成果をみないまま解除された。これに伴い、東西ドイツの通貨の分裂が確定し、引き続き四九年九月と一〇月に各々ドイツ連邦共和国（西ドイツ）とドイツ民主共和国（東ドイツ）が成立することとなった。この前後は、中国（四九年一〇月中華人民共和国成立）、朝鮮（四八年八月大韓民国、九月朝鮮民主主義人民共和国建国）、ベトナム（四九年ソ連・中国によるベトナム民主共和国承認、フランスによるベトナム国承認）でも東西の棲み分けが進んでいた時期であった。

## ベルリンの壁

経済的分裂を覚悟した通貨改革によって、西ドイツに「経済の奇跡」が到来した。これは、ソ連が巨額の賠償を現物で接収するというデモンタージュに襲われた東ドイツと対照的であった。こうしてスタートから東西の経済格差が明らかになると同時に、生活レベルのイデオロギー的差異が顕著となった。つまり共産主義体制下では、「労働者の国家」ゆえに、ノルマが低く抑えられ、それを安易に高くしようとすれば一九五三年六月一七日事件のように労働者の反撃にあうので、生産性は低かった。また「平等」が重視された結果、西に比して冷遇された技術者・医者などは、多くが「黄金の西」へ大量出国するということにもなった。特にベルリンでは多くの人が西で働き、価格保障された住宅・食料品を東で得るとなると、国家レベルでは、東はサービスの提供、西は享受者ともなる。これを国家的損失＝出血と見なした東ドイツ政府が、人や物の出血を止める止血帯として六一年八月一三日から構築したのが「ベルリンの壁」であった。緊張が緩和する中で東西の暗黙の了解の下に進められたこの作業は、ドイツにおける冷戦体制構築の最後の仕上げであって、これによって東ドイツは安定し、ドイツの分裂は完成することとなる。

## Section 4 戦後のイギリスとフランス

### 福祉国家と新たな植民地「開発」

イギリスでは、大戦終結直前の総選挙でアトリー労働党政権が成立した。アトリー政権は、内政では福祉国家政策を推進し、国民医療保険制度（NHS）や教育改革、約一〇〇万戸の公営住宅建設など、「ゆりかごから墓場まで」の社会福祉制度を確立した。国内経済面では、主要産業とインフラ部門の国有化政策、公共部門の国家主導による経営改善が行われた。対外的に同政権は、第二次世界大戦で揺らいだ大国としての地位を取り戻す努力を重ねた。

戦後二年目の一九四七年八月に、イギリスはインドとパキスタンの分離独立を認め、翌年にはビルマ（現ミャンマー）とセイロン（現スリランカ）も独立した。同年五月にはパレスチナ委任統治を放棄して撤退した。アトリー政権は、西アジア・南アジアにおいて急速な脱植民地化政策を進める一方で、東南アジアやアフリカにおいては植民地帝国の再建・維持と経済開発に着手した。第二次世界大戦で本国経済が疲弊し、武器貸与法によるアメリカの援助が打ち切られて対米債務が膨れ上がる中で、第二次世界大戦後初めて、帝国植民地の経済的価値が改めて認識された。結局失敗に終わったが、四〇年代末の東アフリカ植民地における油脂確保のための落花生の大規模な栽培計画は、その典型であった。また、四九年一月には、独立して共和制を志向するインドを懐柔するために、イギリス連邦の枠組みを大幅に組み替えて、加盟国の自由意志を尊重する新コモンウェルス体制が発足した。

### スターリング圏と経済援助計画

戦後イギリス経済の復興を図るうえで、国際通貨としてポンド（スターリング）の価値を維持すること、ロンドン・シティの金融サービス経済を再活性化することが不可欠であった。そのためには、戦後の世界的規模での「ドル不足」の下で、戦前から存続したスターリング圏の活用が重要な課題になった。戦時に統制と相互経済協力が強化されたスターリング圏では、英領マラヤ（天然ゴム・錫《すず》）やゴールドコーストやナイジェリアなどの英領西アフリカ植民地（パーム油・カカオ・コーヒー）のように、第一次産品の対米輸出を通じて米ドルを稼ぐことができた熱帯地域の植民地の経済的価値が高まった。植民地が獲得した外貨はロンドンの「ドル・プール」に強制的に集められ、本国イギリスの対米債務返済や冷戦体制下での武器購入、財政赤字の補塡に充てられた。前述の本国における福祉国家の構築は、植民地からの経済的搾取に基づいて初めて可能になったのである。

冷戦の本格的な展開も、植民地帝国への国際的な評価を逆転させた。戦後直後、英仏の植民地帝国支配を厳しく批判したアメリカは、社会主義勢力に対抗するために英仏などの植民地帝国の有用性を認め、それを容認する姿勢に転じた。イギリスも、一九五〇年に始まるコロンボ・プランのように、アジア・アフリカの発展途上地域・国家に対する経済援助計画を展開することで、帝国支配の継続を正当化すると同時に、米ソに次ぐ「第三の大国」として、その国際的な影響力を保持しようと努めた。

**植民地への復帰とインドシナ戦争**

第二次世界大戦後のフランスも、大国としての威信を回復して国際舞台に復帰するにあたり、海外の植民地にその活路を求めた。戦後に成立した第四共和政憲法では、植民地帝国の代わりに「フランス連合」という新たな名称が使われ、支配領域は海外県、海外領土、協同領土、協同国家の四つに再分類された。だがこの再編は、単なる名称の変更にすぎず、実態は植民地支配の継続であり、独立を認められたのはシリアとレバノンに限定された。

仏領インドシナでは、一九四五年八月の日本占領統治の終結直後、ホー・チ・ミンがベトナム民主共和国の独立を宣言した。これを認めないフランスは、翌四六年に大軍を派兵し（インドシナ戦争）、四九年には南部のサイゴンにバオダイを首班とする傀儡政権（ベトナム国）を樹立した。中国とソ連の支援を受けたベトナム民主共和国は、五四年のディエンビエンフーの戦いでフランス軍を破り、フランスはインドシナからの撤退を余儀なくされた。四九年のポイント・フォア計画でフランスを支援してきたアメリカは、冷戦の論理に基づき危機感を抱き、フランスに代わって南ベトナムに対する経済軍事援助に乗り出すことになった。

さらに、一九五四年一一月にアルジェリア独立戦争が本格化したことにより、フランス連合は危機に直面した。泥沼化したアルジェリア戦争は、五八年の軍部クーデタによる第四共和政崩壊、シャルル・ドゴールの政権復帰（第五共和政）を引き起こした。

Section 5

# ヨーロッパ復興とアメリカ

**西欧に接近するアメリカ**

アメリカを除く主要な交戦国は第二次世界大戦で甚大な被害を受け、混乱の中で戦後が幕を開けた。西欧では、農業・工業ともに生産の回復が遅れ、輸入するにも外貨は底をつき、人々の生活は危機に陥っていた。また、多くの国で社会主義勢力が台頭し、計画経済による復興を目指す動きが強まっていた。その中でアメリカ政府は、ソ連との協調関係が急速に悪化していたこともあり、世界経済を安定させるには、一国で一九四六年の世界工業生産の半分を占めるアメリカ自身が、組織だった援助を提供せざるをえないと考えるようになった。他方アジアでは、自国の植民地フィリピンを大西洋憲章の原則に沿って独立させる一方、中国では国民党への支援を続けて共産勢力の台頭を抑えようとし、共産党主導で独立を目指したベトナムに関しては宗主国フランスの復帰を認めた。冷戦の影響や、西欧復興の重要な柱となるフランスへの配慮がうかがえる。以下、戦後数年間のアメリカの動きと欧州復興援助の意味を考えてみよう。

**大戦直後のアメリカ社会**

まずアメリカ国内の動きである。戦後のアメリカは、短期間におよそ一〇〇〇万人もの兵士を社会に戻し、他方で軍需を背景に急成長していた経済を民生中心へと再転換させた。もちろん混乱はあった。失業者が増え、戦勝から半年後には空前の規模のストライキが工業地域に広がった。しかし、大戦末期に制定された「GI権利章典」という法律が復員兵に失業手当や奨学金を提供するなどセイフティネットの役割を果たし、また国民が大戦中に購入した国債が償還されることで巨大な消費が生まれ、混乱や停滞は短期間で収まった。一九四八年には住宅や乗用車や各種家電製品など、耐久消費財を中心に凄まじい消費ブームが始まる。一九二九年に始まる大恐慌で中断されていた大量消費が再び軌道に乗ったといえる。このような国民と経済が、欧州復興とどのように関わるのか。

**マーシャル・プランの成立**

戦後すぐ、アメリカ政府は独自に、あるいは連合国救済復興機関を通じて、大規模な人道的支援を行ったが、一九四七年六月、折からの冷戦という新しい緊張を背景に、マーシャル・プランを発表した。欧州諸国が復興に向けて立ち上がるならアメリカは協力すると呼びかけるもので、政府内で入念に検討された構想であった。当初はソ連も諸国の協議に参加したが、アメリカの意図は反ソ・ブロックの形成だとして離脱し、結局西欧一六カ国がＣＥＥＣ（欧州経済協力委員会）を組織して復興案を作成した。巨額の援助には国民や議会が抵抗したが、政府は、放置すればヨーロッパの共産化が進むこと、あるいはアメリカの経済成長にはヨーロッパ経済の安定が不可欠なことなどを力説した。その後、チェコスロヴァキアでの共産党政権誕生などが追い風となり、一九四八年四月、この構想が欧州復興計画（ＥＲＰ）として具体化した。これは日本への経済援助も含めた広範な内容をもつ対外援助法の一部として成立したものである。同法に基づいて、一九五一年までに約一三〇億ドルが支出された。一九四八年の連邦政府歳出の四割近くにも当たる額である。援助のほとんどは贈与だが、その大半がアメリカの農産物や工業製品の購入に充てられたから、結局アメリカの農業や産業界にとっては軍需減少後の穴埋めとなった。もちろんヨーロッパ諸国の経済危機緩和にはかなりの効果があり、そのことが諸国での共産主義勢力の台頭に歯止めをかけた面もある。またこの援助は、ソ連がこれに対抗してコミンフォルムを結成したこともあってヨーロッパの分断を促進したが、同時に、西欧の経済統合を促したことも重要である。そもそも援助構想実現の過程では、ヨーロッパの政治統合を援助の条件にせよという声がアメリカの政界には強かった。

### 西欧とアメリカの結びつき

援助実施の過程でアメリカ政府や財界は、アメリカ的生産システムを導入すること、さらに、当面は労働者の生活改善を見送ってでも生産性向上に全力を傾け、生産量と競争力を高めることを強く求めた。またヨーロッパを統合して巨大市場を作れば生産性がさらに向上することも盛んに指摘した。アメリカ労働界も労使協調で豊かな消費生活を目指すよう働きかけている。ヨーロッパの経営者や労働者多数がアメリカ研修旅行に招かれてもいる。短期的に見れば、この大量消費理念の注入が功を奏したとはいいがたいが、欧州連合成立後のヨーロッパ経済までをも視野に入れるとアメリカの経済理念や消費文化の影響は否定しがたい。ともあれ、この援助は一九五一年で終了し、以後は冷戦の激化でアメリカの欧州援助は急速に軍事色を強めた。アメリカとヨーロッパの結びつきは、援助額の大きさでよくわかるのだが、その他、大戦で没した米兵の墓が、西欧諸国から無償で永久使用権を与えられた広大な土地一〇カ所にこの時期に造られ、立派な記念碑とともにヨーロッパ人にアメリカの貢献と犠牲をたえず意識させていることも象徴的である。

Section 6

# 国際連合とブレトン・ウッズ体制

### 国際連合の成立

一九四五年、第二次世界大戦の連合国は、サンフランシスコ会議などを経て、国際連合（国連）を発足させた。大戦を防げなかった国際連盟の弱点を補い、より強力な組織とするため、超大国となった米ソが参加し、主要連合国の英仏中を加えた、安全保障理事会の五つの常任理事国に「拒否権」が与えられた。

国連の形成過程には、とりわけイギリスとアメリカの思惑が色濃く反映した。国力の減退にもかかわらず広大な帝国の維持を図るイギリスには、二度の大戦で助力を受けたアメリカを恒常的に欧米主導の世界秩序維持に関与させることが重要であった。アメリカにとっては、国連は大戦中の連合国の結束を維持し、国際連盟を提唱したウィルソン大統領の理想を具現化するものであった。同時に、重要な戦略拠点である旧日本統治下の太平洋島嶼を「戦略的信託統治領」として管理できるメリットもあった。また、国民党の中国がアジアの大国として遇されたのは、一九世紀以来の欧米によるアジアの勢力均衡政策の延長であり、日本の再起と強大化を封じ込めるため、カウンターとして中国を盛りたてる、冷戦開始以前のアメリカの方針が大きかった。

最近の研究では、国際連盟からの連続性も注目されている。当初の国連加盟国は五一カ国にすぎず、植民地独立ラッシュで一九六〇年代に一〇〇カ国を超えるまでは、国際連盟の規模とそれほど変わらない。朝鮮戦争の国連軍に見られるように、冷戦開始後しばらくは、国連は西側諸国がコントロールしやすい機関であった。また、社会経済や保健衛生、難民保護などの分野では、戦間期から国境を越える活動を行っていた国際官僚たちが連盟時代の経験を生かして国連システムを構築した。

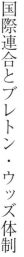

### ブレトン・ウッズ体制

国際経済体制については、大恐慌と経済ブロック化が第二次世界大戦の大きな原因となった認識から、自由で多角的な貿易体制を推進、調整するシステムが求められた。それが、ＩＭＦ（国際通貨基金）、ＩＢＲＤ（国際復興開発銀行、通称「世界銀行」）、ＧＡＴＴ（貿易と通商に関する一般協定）を柱とするブレトン・ウッズ体制である。ポンド・スターリング圏維持を図るイギリスは、ドル不足を補うべく、より強力な為替調整機能をもつ中央集権的システム（ケインズ案）を求めたが、当時、国際経済へのアメリカのコミットメントの意思は強くなく、必要に応じてＩＭＦが一国単位で為替不均衡を是正するための融資を行う案（ホワイト案）が採用された。金保有の裏付けをもち圧倒的な力をもつドルを基軸通貨とするブレトン・ウッズ体制は一九七〇年代初頭まで続き、とりわけ日欧の経済復興に貢献した。

なお、ブレトン・ウッズ体制は一九七〇年代初頭に「崩壊」したとされるが、これは、一オンス＝三五ドルとした固定為替レートが維持できなくなり、変動為替制度に移行した点を指す。「崩壊」は金融史の表現であり、国際政治経済におけるアメリカの覇権の終焉ではない。変動為替制度は、「サミット（先進国首脳会議）」などを通じてアメリカを中心に寡頭的に運営され、ＩＭＦや世界銀行は一九八〇年代以降、アメリカ主導の新自由主義的な経済・開発政策のツールとなった。また、ＧＡＴＴは、一九九五年設立のＷＴＯ（世界貿易機関）に引き継がれ、グローバリズムを推進している。

### アジアと国連システム

アジアにとって、初期の国連やブレトン・ウッズ体制は、功罪相半ばする存在であった。「文明国」「主権国家」であると欧米主導の「国際社会」に一方的に認定された国だけをメンバーとするこれらのシステムでは、多くが植民地体制下にあったアジアの実情や立場は十分に反映されなかった。分断された南北朝鮮、台湾、中国の代表権問題はもちろん、アメリカなどの思惑でベトナム戦争やカンボジア内戦に国連は関与できず、カンボジア、東ティモールへのＰＫＯ（国際連合平和維持活動）派遣は、一九九〇年代になる。

ただ、アジアは完全に受け身ではなかった。第二次世界大戦中に連合国が戦後の国際組織構想を発表すると、日本は一九四三年の大東亜会議などであわてて対案を唱え、戦況が悪化する中、外務省や、民間の石橋湛山、清沢洌などが戦後の日本外交につながる構想を検討した。日本は一九五六年に国連加盟すると、アメリカ追従の現実を粉飾する目的もあって「国連中心主義」を唱えた。国連やブレトン・ウッズ体制から恩恵を受けたケースも多く、中国国民党は一九四九年に台湾に移ってからも国連の開発援助を大いに活用した。日本は、戦後復興から経済成長期にかけて、世界銀行の融資により、愛知用水に始まり、発電所、工場、新幹線や首都高速道路網の建設を行った。また、インドやインドネシアなどの新興アジア諸国は、国連の中で次第に発言力を強め、アジア・アフリカ・ブロックをリードするようになる。

Column 25

# ジョージ・ケナンと冷戦の終焉

ケナンは、『フォーリン・アフェアーズ』（一九四七年七月号）に「X」という匿名で発表した論文の中で、対ソ「封じ込め」政策を主張したことで有名であるが、他方で、早くから、冷戦の終焉を予見していたことはあまり知られていない。だが彼は、同論文の中で、ソ連を「封じ込める」ことによって、「ゆくゆくはソヴィエト権力の崩壊かまたは漸次的な温和化」が可能になるとも主張していた。彼の予見は、ソヴィエト社会に内在する欠陥についての鋭い洞察に基づいていた。だが、ソヴィエト権力が「その内部に自分を亡ぼす種を含んでおり」、「この種の発芽がかなり進行しているという可能性が存在する」との彼の指摘には、トルーマン政権首脳を含め歴代政権はほとんど関心を払わなかったといってよい。

冷戦後の冷戦史研究は、地政学や軍事戦略に力点を置いた研究だけでなく、米ソ両陣営内の同盟政治、冷戦と第三世界、冷戦と社会・文化といった領域へと広がりを見せている。また、二〇〇九年一一月九日に冷戦終結二〇周年を迎え、「ポスト冷戦」の視点から、冷戦はなぜ終わったのかという問題意識に基づく研究も盛んになっている。

折しも、ジョン・ルカーチ『評伝 ジョージ・ケナン』（法政大学出版局、二〇一一年）や M. P. Leffler & O. A. Westad (eds.), *The Cambridge History of the Cold War* (Cambridge U. P. New York. 2010) 三巻本が、刊行された。その第三巻において、アダム・ロバーツは、冷戦を終結させた要因として、以下の六つを挙げている。①ソヴィエト体制の改革の必要性についてのゴルバチョフらソ連指導部の認識と決断、②アメリカと西側諸国が冷戦の潮流をソ連にとって不利になるように仕向けた、③デタントは、米ソ両国が政治的リスクをとることを可能にした、④「人・情報・思想のより自由な移動」を謳ったヘルシンキ議定書の調印に至るプロセスが両ブロック内に与えた影響、⑤中でも、ヘルシンキ・プロセスは、東欧およびソ連における非暴力抵抗運動を誕生させ、社会主義国内における変化を促した、⑥ソ連の崩壊と冷戦の終焉に果たしたナショナリズムの役割。

①は、ケナンのいうソヴィエト体制の内部矛盾の問題であり、②はケナンがまさに「封じ込め」政策で意図したことである。③は①、②の帰結として、彼が期待したソ連の「温和化」により生み出された米ソデタントであり、それと連動する形で展開されることになる欧州デタントは④、⑤に相当する。⑥はケナンが、一九四八年のユーゴ＝ソ連紛争の意義に注目したことにも示されているが、彼はそれ以前から、共産圏内のナショナリズムの問題に注目しており、ソ連による東欧支配の困難を喝破していた。このように、冷戦の終焉についても、ケナンの洞察からいまだ学ぶべきことは多い。

# 第12章

# スプートニクの飛翔と安保
## ——1954～1968年

引き倒されて放置されたスターリン像（1956年，ハンガリー革命）

出典：*Kor-képek 1956,* Budapest, MIT, 2006.

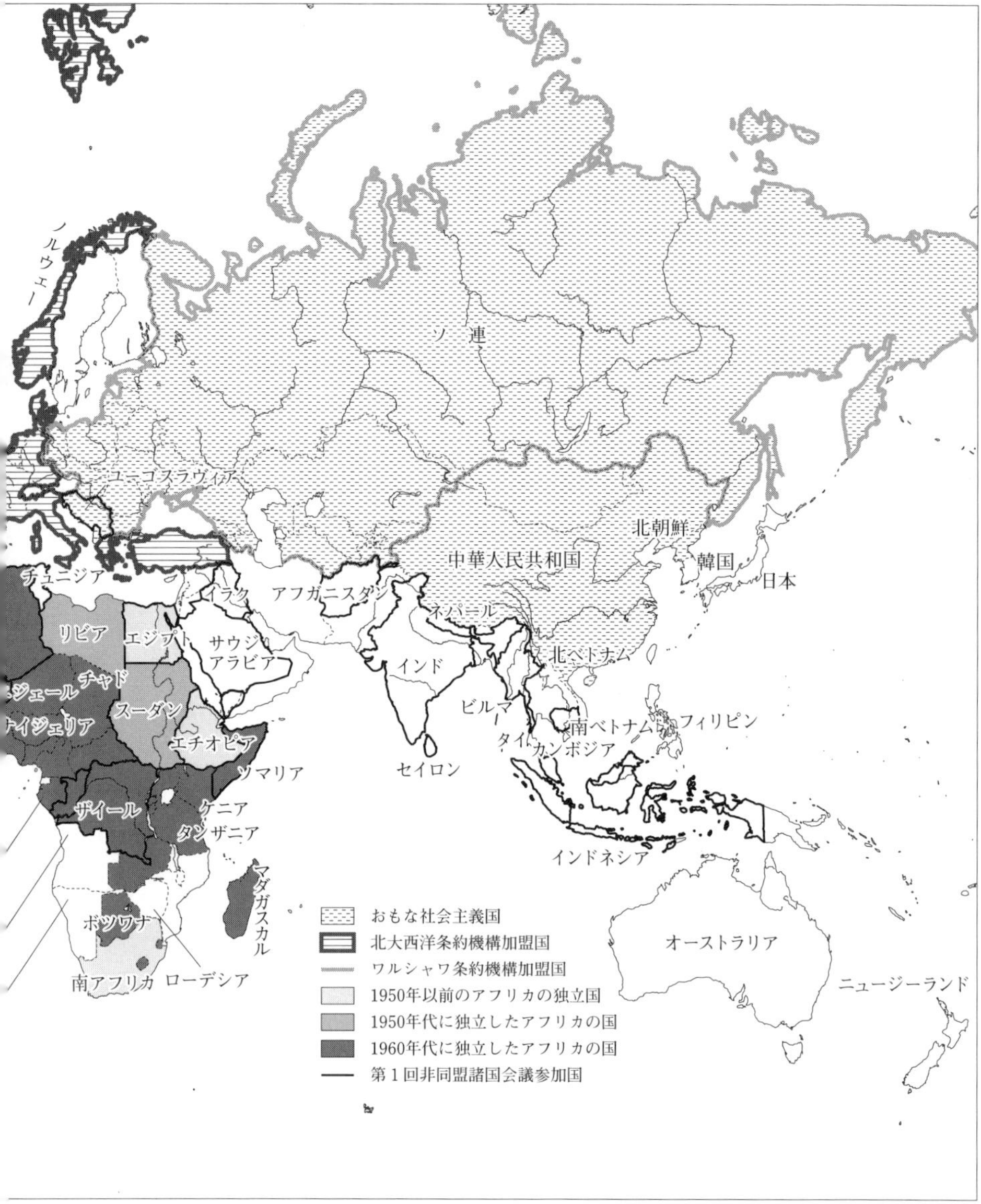


1960年代後半の世界

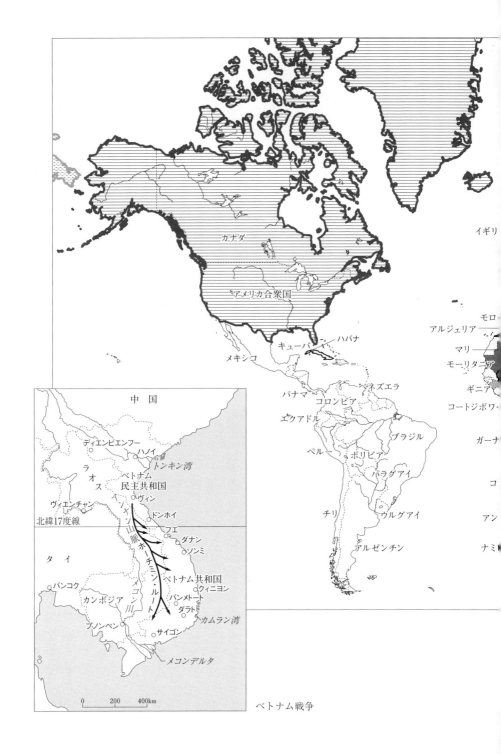

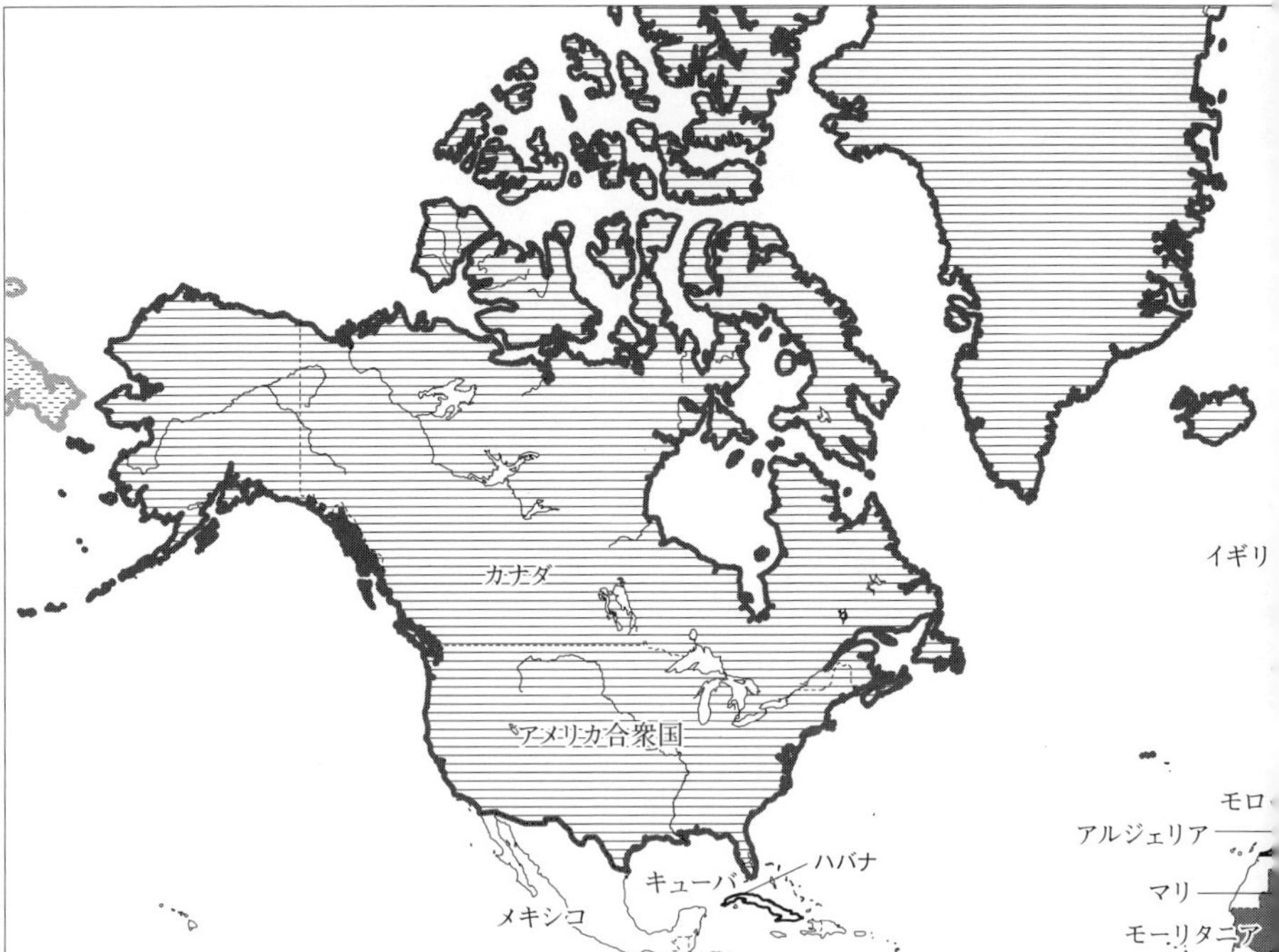
カナダ
アメリカ合衆国
イギリ
モロ
アルジェリア
キューバ
ハバナ
メキシコ
マリ
モーリタニア
ギニア
ベネズエラ
パナマ
コロンビア
コートジボワー
エクアドル
ブラジル
ガーナ
ペルー
ボリビア
パラグアイ
コ
チリ
ウルグアイ
アン
アルゼンチン
ナミ

中　国
ディエンビエンフー
ハノイ
トンキン湾
ラ
オ
ス
ベトナム
民主共和国
ヴィン
ヴィエンチャン
北緯17度線
ドンホイ
アンナン山脈
フエ
ダナン
ソンミ
ホーチミン・ルート
タ　イ
ベトナム共和国
クィニヨン
バンコク
カンボジア
メコン川
バンメトート
ダラト
カムラン湾
プノンペン
サイゴン
メコンデルタ
0
200
400km

ベトナム戦争

| 年 | 主な出来事 |
|---|---|
| 1954 | 4. ジュネーヴ会議（〜7.） |
| 1955 | 4. アジア・アフリカ会議（バンドン会議）。5. 西ドイツ，主権回復・再軍備・NATO 参加。ワルシャワ条約機構発足。オーストリア国家条約調印（永世中立国として主権回復）。8.（日）第1回原水爆禁止世界大会 |
| 1956 | 2.（ソ）スターリン批判。7. ブリオニ会談（ティトー，ネルー，ナセル三者会談）。エジプト，スエズ運河国有化宣言。10. 日ソ共同宣言（日ソ国交回復）。スエズ危機（第二次中東戦争）。11. ソ連軍，ハンガリー革命を軍事弾圧。12.（日）国連加盟 |
| 1957 | 7. ローマ条約調印。10.（ソ）人工衛星スプートニク打ち上げ |
| 1958 | 1. ローマ条約発効（欧州経済共同体〔EEC〕・欧州原子力共同体〔EUTRAM〕発足）。5.（中）「大躍進」開始。10.（仏）第五共和政開始 |
| 1959 | 1. キューバ革命 |
| 1960 | 「アフリカの年」（アフリカ17植民地の独立）。2.（仏）初の原爆実験。5. 欧州自由貿易連合（EFTA）発足。5〜6.（日）安保闘争（6. 日米安保新条約発効）。11.（日）池田内閣，「所得倍増計画」発表 |
| 1961 | 8. 東ドイツ，「ベルリンの壁」建設。9. 第1回非同盟諸国首脳会議。経済協力開発機構（OECD）発足 |
| 1962 | 7. アルジェリア独立。10. キューバ危機 |
| 1963 | 7. 中ソ論争開始。11.（米）ケネディ大統領暗殺 |
| 1964 | 7.（米）公民権法成立。8. ベトナム，トンキン湾事件。10.（日）東京オリンピック開催。（中）初の原発実験 |
| 1965 | 2. 米軍，ベトナム北爆開始（ベトナム戦争〜75年4.）。（米）マルコムX暗殺。6. 日韓基本条約調印 |
| 1966 | 5.（中）文化大革命開始（〜76年） |
| 1967 | 6.（中）初の水爆実験。7. EEC, ECSC, EURATOM 機関統合（欧州共同体〔EC〕）発足。8. 東南アジア諸国連合（ASEAN）発足。10. 第三次中東戦争 |
| 1968 | 4.（米）キング牧師暗殺。5.（仏）五月騒動。8. チェコスロヴァキアの「プラハの春」にソ連軍事介入 |

# 序論　「高度経済成長」・「安保」・アジア

### 第三世界の台頭

冷戦下に、米ソを中心に大国主導の秩序が形成される中で、第二次世界大戦後に独立したアジア・アフリカ諸国の間から、新しい国際秩序を模索する営みが始まった。一九四七年には独立直後のインドでアジア諸問題会議が開かれ、一九五五年にインドネシアのバンドンでアジア・アフリカ会議（バンドン会議）が開催された。バンドン会議は、帝国主義と植民地体制を批判し、経済協力、文化的協力、人権および自決、従属下の民族の諸問題、軍縮と核兵器全面禁止を訴える世界平和と協力の促進、世界平和と協力の増進に関する宣言を盛り込んだ最終コミュニケを発表し、米ソ（東西）いずれの陣営にも属さない第三世界（第三勢力）の台頭と存在意義を強く印象づけた。この間日本は、一九五一年に西側陣営との片面講和であったサンフランシスコ平和条約を結ぶとともに、日米安全保障条約（日米安保条約）を締結してアメリカの目下の同盟者となったが、一方でバンドン会議に参加し、さらに一九五六年には日ソの国交を回復して国連加盟を実現した。また一九五四年の第五福竜丸の被爆を契機にして日本全国で広がった原水爆禁止運動は、核兵器の廃止に向けて各国に働きかけ、一九五五年以降毎年世界大会を開催するようになる。

世界恐慌後、各国によるブロック経済が世界大戦を招いたことへの反省から、第二次世界大戦の末期に、連合国はＩＭＦ（国際通貨基金）、ＩＢＲＤ（国際復興開発銀行）を設立して世界経済の安定化を図った（ブレトン・ウッズ体制）。国際協力による通貨価値と為替相場の安定の中で、西側諸国の多くは、第二次世界大戦後、例のない経済成長へと向かった。その基礎には石油化学や電機、輸送用機械などの技術革新があった。大量生産と大量消費が結びつき、中産階級の増大と大学など高等教育の普及、さらにはテレビやレコードに代表される大衆文化の浸透が進んだ。アメリカやイギリスに続いて、敗戦国日本とドイツ、またイタリアも、復興から成長への途を歩んだ。強権的な統治体制の下、韓国や台湾は、冷戦下にアメリカや日本の援助を受けながら経済発展を遂げ、のちの経済成長を準備した。

一方、ソ連は軍備の拡張を進め、宇宙開発でアメリカとしのぎを削ったが、国民生活の向上では立ち遅れていた。中国は重化学工業化に向けた重点化や集団農場による統一化を図ったものの経済政策は失敗し、アジア、アフリカの新興諸国も経済的な自立に向けて試行錯誤を続けた。高度成長を通して先進国は、アジア・アフリカ諸国を工業原料や食料の供給地かつ工業製品の市場とし、先進資本主義国と発展途上国との格差が問題となり始めた（南北問題）。アジア・アフリカやラテンアメリカでは、先進国が利益を上げるために途上国の一部勢力と結んで軍事的支配を強め、腐敗した支配者を支援して維持するなどの問題が起きた。一九五九年、キューバではそうした独裁者を倒すキューバ革命が生じた。

**ベトナム戦争**　アメリカは反共イデオロギーとドミノ理論からベトナムに介入し、南の政権を支えるとともに本格的な戦争に入っていった。講和条約と同時に日米安保条約を結んで米軍の駐留と基地使用を認めた日本では、反基地闘争が高まり、原水爆禁止運動とあいまって平和運動が国民の間に広がった。日本政府が安保条約の改定を試みると、一九六〇年に安保闘争が空前の規模で高揚し、自民党政権は結党時に謳っていた改憲を棚上げした。ベトナム参戦に先立ち、アメリカは日本と韓国の関係の正常化を図った。日韓関係は韓国成立後過去の清算をめぐって困難を極めていたが、アメリカは、日本に韓国を支援させてその国力を高めさせ、韓国はベトナム戦争に軍隊を派遣するなど、日韓両国の共同によるアメリカへの協力を取りつけようとした。それはまた朝鮮半島と台湾海峡をはさむ緊張に対して、日韓を協力させることでもあった。こうして一九六五年に日韓条約が結ばれた。一九六五年にインドネシアでは軍部のクーデタによって親共産党のスカルノ政権が崩壊し、インドネシアを含むＡＳＥＡＮ（東南アジア諸国連合）が、当初は反共産主義の地域機構として一九六七年に作られた。

ベトナム戦争が激しく行われる中で、アメリカやヨーロッパ、アジアでこれに反対する運動が広がった。バートランド・ラッセルやジャン・ポール・サルトルらによる国際戦争犯罪法廷が、日本からの参加者も含めて一九六七年にストックホルムで開催された。日本では従来からの平和運動に加えてべ平連（ベトナムに平和を！市民連合）などの新しい運動が起き、反戦、非戦米兵の脱走を手助けして第三国へ送るなど、市民の国際的な協力活動が展開されるようになった。ＮＧＯ（非政府組織）による多様な活動が現れ、注目を集めるようになる。

# 総論　ヨーロッパの模索

## 「一九五六年」前後

ヨーロッパは一九五〇年代中頃にアジアから多くの教訓を学ぶことになった。第一に一九五四年五月にフランスはディエンビエンフーでベトナム軍に敗れ、ついで七月のジュネーヴ協定では、ヨーロッパはベトナム、ラオス、カンボジアの独立を確認せねばならなかった。第二に、一九五四年の中印首脳の声明や、一九五五年のバンドン会議で、アジア諸国が掲げた平和共存などの諸原則は欧米も無視できなかった。さらに、一九五六年七月にはユーゴスラヴィアのブリオニでティトー、ジャワハルラール・ネルー、ガマール・アブドゥル＝ナセルが非同盟諸国の会議を発足させた。これらは欧米主導の冷戦政治への「挑戦」であった。第三に、一九五六年七月、エジプトのナセルは、スエズ運河国有化を宣言した。ここに生じた「スエズ危機」は、英仏がイスラエルを巻き込んだこと、英仏に代わってアメリカが中東に出てこざるをえなかったこと、また、マグレブ諸国の独立運動が促進されたことにおいて、ヨーロッパに大きな影響を与えた。第四に、バンドン会議にも刺激されて、一九五六年二月のソ連共産党第二〇回大会で、ニキータ・S・フルシチョフ第一書記は、スターリン批判とともに、平和共存と社会主義への多様な道を承認した。この第二〇回大会は、一方で、中ソの関係の悪化を招いたが、他方で、東欧での改革を求める民衆運動を引き起こしてポーランドでの政変や、一〇月のハンガリー革命を誘発し、また、ソ連とユーゴスラヴィアとの関係回復を促した。

欧米は、アジアから発する新たな「挑戦」に応えねばならなかった。一九五七年三月二五日、ベルギー、フランス、イタリア、ルクセンブルク、オランダ、西ドイツがローマ条約に調印し、EEC（欧州経済共同体）とEURATOM（欧州原子力共同体、別称EAEC）を設立した。これにはイギリスなどは不参加であったが、欧州統合への経済的な一歩であった。他方、アメリカ合衆国は、ラテンアメリカをはじめとして、英仏に代わって中東へ、さらに、フランスに代わってインドシナ半島へ進出することになった。

欧米世界へのアジアや社会主義からの「挑戦」は、一九六〇年以後も続いた。一九六〇年に展開された、日米安全保障条約に反対する日本の市民運動は、アジア諸国を中心に大きな反響を呼び、ひいてはヨーロッパでも強い関心を引き起こした。一九六〇年はアフリカ諸国の独立の年であった。英仏はアフリカの植民地の独立を認めざるをえなかった。「第三世界」において社会主義の勢力が広がり、中国、ベトナムのほか、一九五九年に革命が起きたキューバも社会主義の政策をとった。このような動きは、世界政策をめぐる中ソの共産党の間の意見の相違を深刻化し、一九六三年に公然となる中ソ論争は、ソ連内部でのフルシチョフの地位を揺るがすことになるが、同時にヨーロッパの社会主義諸国の路線の相違をも拡大した。中ソ論争の間に、東欧諸国の「自主性」「多様化」が高まったのである。ハンガリーでは、ヤーノシュ・カーダールが「敵でないものは味方である」という政策を掲げて、国内の自由化と統合を進めた。一方、ソ連と対立していたルーマニアとアルバニアは、中国の後押しを受けて、独自路線を突き進んだ。一九五六年にソ連と「和解」していたユーゴスラヴィアはその非同盟政策と労働者自主管理社会主義の道を前進させた。一九六一年九月、ベオグラードに二五カ国が参加して、非同盟諸国首脳会議が開催され、中立・非同盟の力を印象づけた。

ヨーロッパの地域統合は、こうした「挑戦」を受けるヨーロッパの生き残りの道のひとつとしての意味を強めた。一九五八年一月、ＥＥＣ条約（ローマ条約）が発効し、加盟国は関税の統一、資本・労働力移動の自由化、農業政策の共通化を目指した。また、一九六〇年にはＥＦＴＡ（欧州自由貿易連合）が結成され、イギリス、オーストリア、デンマーク、ノルウェー、ポルトガル、スウェーデン、スイスが参加して、ＥＥＣとは異なる欧州諸国の連携を目指した（のちにフィンランドが加盟）。また、福祉国家の志向も、ヨーロッパの生存の道の模索であった。この六〇年代にイギリスなどは社会主義に対抗する福祉国家の意義を強調することになった。このような西欧の発展の展望と、東欧の「自由化」「多様化」の波の間にあって、東ドイツの体制は緊張感を高めた。その表れが、一九六一年八月の「ベルリンの壁」の設置であった。

一方、世界的に勢力を拡大していたアメリカは、ジョン・Ｆ・ケネディ大統領以降「攻勢」を強めた。アメリカは、Ｗ・Ｗ・ロストウの『経済成長の諸段階』に見られるような「近代化論」を掲げて、「第三世界」が社会主義に向かわずとも成長できるという政策を展開した。社会主義に接近したキューバ革命の波及を阻止するためのラテンアメリカ諸国の「進歩のための同盟」を一九六一年に結成し、キューバへのソ連の進出を武力で押さえようとして、一九六二年一〇月に「キューバ危機」を招いた。そして、ベトナムでは、一九六四年八月のトンキン湾事件以降、ベトナム戦争の泥沼に入りこんだ。

**「一九六八年」**　ベトナム戦争は、欧米の政治と社会に重大な影響を与えた。アメリカ合衆国はベトナム戦争の深刻な影響を受け、一九六七〜六八年に大きな反体制運動に直面した。一九六七年四月アメリカ中にベトナム反戦デモが生じ、一〇月にワシントンで大規模な反戦集会が開かれるに至った。こうした反戦の運動は、国内の民主主義を見直す方向にも進み、一九六八年四月のマーチン・ルーサー・キング牧師暗殺をきっかけに黒人暴動が広がり、四月にはコロンビア大学で紛争が起きるほどになった。フランスでも、一九六八年三月にパリ大学でベトナム反戦の学生が逮捕されたことに端を発して学生反乱が始まり、「五月革命」と呼ばれる事態を招いた。学生の不満だけでなく、フランス社会の諸矛盾の表出と考えることができる。この事態は、既存の左翼に深刻な影響を与え、一九六八年一一月に仏共産党は「先進的民主主義」を提起し、いわゆる「ユーロ・コミュニズム」の先駆となった。

東欧でも、それまでの体制への大きな改革が求められた。一九六八年一月には、ハンガリーにおいて企業の自主性を重視した経済改革が実施された。チェコスロヴァキアでは「プラハの春」といわれる改革運動が起こり、四月の党の「行動綱領」、六月の「二千語宣言」が大きな政治改革を掲げた。だが、これはソ連の危機感を募らせ、八月にワルシャワ条約機構軍が介入した。これ以後、東欧諸国はソ連の「ブレジネフ・ドクトリン」の制約下で「安定化」を進めることになる。

このように、いわばアジア的な世界からの影響を受けて、ヨーロッパが揺り動かされる中で、ヨーロッパは相互の結合をいっそう強めたと見ることができる。一九六七年七月にブリュッセル条約によってEEC、ECSC、EURATOMの三共同体がEC（欧州共同体）となることが決定され、一九六八年には、共通関税制度が完成し、労働の域内自由移動が保障されるようになり、さらに共通農業政策に向けて「マンスホルト・プラン」が合意された。西欧での統合過程の進行と、東欧での「安定化」の間にあって、一九六九年一〇月に、西ドイツに社会民主党のヴィリー・ブラント政権が誕生し、東ドイツの存在を事実上承認する政策をとり、一九七二年一二月には東西ドイツが相互に主権国家として承認し合う東西ドイツ基本条約を締結し、「デタント」を生み出した。

Section 1

# ジュネーヴ会議

## 大国主導の和平会議

ここで取り上げるジュネーヴ会議は、一九五四年の四月から七月にかけて、ジュネーヴで開催された、朝鮮統一とインドシナ戦争休戦をめぐる和平会議である。この会議は、ドイツ問題をはじめとする東西関係を討議するために五四年一月から二月にかけて開催された、米英仏ソ四大国の外相によるベルリン会議の合意で行われることになった。この経緯が示しているように、ジュネーヴ会議は、朝鮮戦争、インドシナ戦争という二つの戦争の戦場で戦っていた当事者による直接交渉ではなく、大国主導の国際会議として設定されたもので、戦場の現実だけでなく大国の思惑が強く作用する場となった。また、そこでは、アジアの戦争の状況とヨーロッパ情勢が結びついて、会議の帰趨に影響を与えた。

五三年に停戦が成立していた朝鮮については、南北朝鮮の統一という政治問題の解決が課題だった。会議は、四月二六日に始まったが、韓国と北朝鮮の主張の隔たりは大きく、結論が得られないまま、六月一五日には討議打ち切りとなった。

一方、当時まだ戦争が継続していたインドシナ戦争に関する会議は、仏軍がベトナム・ラオス国境のディエンビエンフーでベトナム人民軍に降伏した翌日の五月八日から始まった。会議は、ラオス・カンボジアの参加者、ベトナムにおける軍事境界線の設定等をめぐって難航したが、七月二一日にベトナム・ラオス・カンボジアそれぞれに関する停戦協定が締結された。ベトナムに関しては、最終宣言における二年後の総選挙実施の公約と引き換えに、南北をほぼ二分する北緯一七度線に、暫定軍事境界線が設定されることになった。このジュネーヴ協定による南北の分断をめぐって、ベトナム戦争が戦われることになる。

## マンデス＝フランスの登場

当時アメリカは、依然としてインドシナ戦争に軍事的介入をする可能性を否定していなかった。このアメリカの支援を期待して、フランスのジョゼフ・ラニエル内閣は、軍事的劣勢にもかかわらず、和平には消極的な姿勢をとっていた。しかしこのラニエル内閣は、六月一七日に国民議会で信任を失って退陣し、代わってピエール・マンデス＝フランスが首相兼外相となった。マンデス＝フランスは、「七月二〇日までにインドシナで停戦できなければ辞職する」と宣言して、停戦協定締結に強い意欲を見せていた。当時の東西両陣営間の最大の関心事は、ＥＤＣ

（欧州防衛共同体）構想だった。西ドイツの再軍備に道を開くこの構想にソ連は強く反対しており、国内にドイツへの反感が存在していたフランスでも、批准が遅れていた。こうした状況の中でソ連は、フランスをインドシナ戦争の負担から解放すれば、アメリカに過度に依存する必要がなくなり、国内のEDC反対の機運が高まるのではないかと期待していた。このソ連外交からすれば、マンデス＝フランスの登場は好機だった。このマンデス＝フランスの登場で生まれた機会に和平を実現し、アジアで朝鮮戦争に次ぐ米軍の関わる戦争の発生を防ぎたいという点では、中国の立場も一致していた。

マンデス＝フランスは、「七月二〇日まで」というタイム・リミットを設けることで、フランスがEDCを批准しない代わりに、ベトナム分割の暫定境界線についてベトナムが譲歩するよう、中ソに強く迫ることができたのである。この作戦はうまく機能し、ぎりぎりのところで、ソ連・中国・ベトナムの北緯一六度線という主張を押し切り、一七度線での分割ということになった。フランスは、戦場では手に入れがたいはずのものを、会議のテーブルで手にしたのである。

**中国の裏切り？**

フランスとは逆に、ベトナムは戦場で手にしていたものを大国主導の国際会議の場で手放さざるをえなかったという思いをもつことになった。ジュネーヴ協定から二五年後、中越戦争が発生した一九七九年にベトナム外務省は『最近三〇年間のベトナム中国関係の真実』（日本語訳『中国白書』）という中国非難の小冊子を刊行しているが、そこでは、ディエンビエンフー戦役以降軍事的には極めて有利になっていたベトナムに譲歩を直接迫ったのは中国であり、このような中国の態度はベトナム革命への「裏切り」だった、としている。これは、ジュネーヴ会議の過程でベトナムを説得する役割をもっぱら担ったのが中国だったことに起因している。五四年七月三日から五日にかけて中国の柳州で周恩来はホー・チ・ミンと会談し、暫定境界線がよくて一六度線、場合によっては一七度線になりうることを示唆し、譲歩の必要を説いた。この段階ではホー・チ・ミンはなお一七度線案には応じられないと述べたが、会談後に招集したベトナム労働党（現在のベトナム共産党）の中央委員会総会では、妥協を拒否する強硬派を「フランスだけを見てアメリカを見ない」という「木を見て森を見ない」態度と批判し、「アメリカ帝国主義が直接干渉しインドシナ戦争を長期化し拡大したりしないよう、我々は平和の旗をしっかり握らなければならない」という論理での説得にあたっている。こうした結果、ジュネーヴ会議ではインドシナ戦争に関しては辛うじて停戦が成立することになったが、それはベトナム戦争というさらに激しい戦争の原因となった。

## Section 2 スエズ危機

### 帝国の大動脈

スエズ・ルートは、ヨーロッパの帝国主義の大動脈であった。このことは、アジアの側からも大いに意識されていた。ロシアとの条約交渉で明治初年に渡欧した榎本武揚は、イギリスがスエズ運河会社の株を買い進め筆頭株主になったことに注目している。民間においても、島崎藤村や夏目漱石らがスエズ・ルートで留学の途上ヨーロッパ人の有色人種への差別を目の当たりにし、日本人のアジア主義的なアイデンティティを涵養した。

イギリスは一八八〇年代以降、エジプトの本格的な植民地化を進めた。第一次世界大戦後には、中東におけるイギリスの「非公式帝国」は地中海からペルシア湾にまで及び、スエズやアデン、キプロスなどの拠点の重要性は高まった。しかし、エジプトのイギリスへの反発は強く、一九三六年のイギリス＝エジプト条約に基づき二〇年期限でスエズに駐留していた英軍は、第二次世界大戦後の交渉で期限を延長できなかった。

### 危機の勃発と国連付託

エジプトでは一九五二年のクーデタでナセルが登場し、欧米に妥協的だった王制を廃止、共産圏とも関係を持ち始めた。これを歓迎しない英米は、一九五六年七月半ば、アスワン・ハイ・ダム建設への融資計画を撤回した。これに対抗してナセルは七月二五日、ダム建設資金を調達するため、スエズ運河会社の株を没収して運河を国有化することを宣言した。イギリスのロバート・A・イーデン保守党政権は、これに強く反発したが、軍事進攻に慎重なアメリカの出方を見ながら、九月後半に問題を国連安保理に付託する。

イーデン首相が問題を国連に持ち込んだのは、国際世論の動向、そして、イーデン内閣の何人かの重要閣僚、野党やメディア、世論に押された面が大きい。当初、イギリス、アメリカ、エジプトいずれもが国連に懐疑的であった。イギリスは、一九五二年のイラン危機において、帝国主義批判が出かねない国連では自国の立場は不利と考えて国連を避けたが、スエズ問題でも同様であった。アメリカは、国連でスエズ問題を扱う前例ができると、同様に国際的水路であるパナマ運河の問題が国連に持ち込まれる恐れがあると考え、一八八八年の国際条約に基づくスエズ利用国連盟の会議開催を主張した。また、エジプトの目には、当時の国連は基本的に西側諸国の道具と映っていた。

### イーデンによるフランス、イスラエルとの「共謀」

イーデンのシナリオは、故意に国連で議論を長引かせ、「アリバイ」を作った上で「国連では埒が明かない」として、軍事進攻を正当化するというものであった。イーデンは数人の側近と相談してイスラエルとフランスと共謀し、まずイスラエルがエジプトを攻撃し、直後に「紛争を仲裁する」との名目で英仏軍が運河地帯に進攻・占領する計画を立て、一〇月二九日、実行した。

しかし、この策略は当初から「やらせ」と指摘され、国際世論を硬化させた。朝鮮戦争時に作られた「平和のための結集決議」により、問題は安保理から緊急総会に移され、一一月二日に総会決議九九七が英仏イスラエルの即時撤退を求める。進攻した英仏軍が民間施設も空爆していることなどが連日取り上げられ、英仏の行動は、同時に起こったワルシャワ条約機構軍によるハンガリー進攻同様の厳しい批判を受けた。冷戦において国際世論、とりわけ新興国の支持を必要とするアメリカは、イギリスに石油供給や金融支援を止めると通告し、イーデンは一一月六日に停戦を受け入れた。イギリスの顔を立てるため、カナダのレスター・B・ピアソン首相の提案で、英仏軍撤退後のスエズ運河地帯には史上初のＵＮＥＦⅠ（国際連合緊急軍）が展開することになった。数日間の戦闘で、エジプト側に数千人、英仏イスラエル側に数百人の死者が出た。

### スエズ危機の意味

イギリスの不名誉な撤退で終わったスエズ危機の顚末は、「イギリス帝国の終焉」と同義とされる。しかし最近の研究は、この点に疑問を投げかけるものが多い。なにより、スエズ危機の後も、中東におけるイギリスの大国意識は減衰していない。失敗の原因はアメリカとの連携の欠如とされ、イーデンの後任首相ハロルド・マクミランは、五七年のバーミューダ会談で英米の「特別な関係」を再構築した。中東関与へのイギリスの意志は、湾岸戦争、イラク戦争まで継続している。スエズ危機の長期的な意義は、国連に結集する国際世論の国際政治への影響が明確になった点であろう。六〇年代以降、イギリスは南アフリカやローデシアの人種差別政策を黙認していると、国際世論やリベラルな国内世論からの批判に常にさらされる。冷戦初期に拒否権を乱発したソ連のみならず、イギリスやアメリカも、イスラエルや南アフリカの問題を中心に、九〇年代までは国連と大いに距離をおくことになった。なお、スエズ危機のあと、日本の五洋建設がスエズ運河の拡幅工事を受注、円借款で工事が行われ、巨利を生む海洋ゼネコンが東南アジアなどに進出する先鞭をつけた。

Section 3

# スターリン批判とハンガリー革命

一九五五年から始まっていた日ソ間の国交回復交渉は、一九五六年一月に再開されたが、領土問題で難航し、日ソ共同宣言が出されて国交が回復するのは一〇月であった。だが、当時ソ連は深刻な問題に巻き込まれていたのである。

## スターリン批判

一九五六年二月、ソ連共産党第二〇回大会が開かれた。大会では、一九五三年にスターリンが死去したのちに第一書記になったフルシチョフが、平和共存路線を打ち出すとともに、スターリン批判を行った。平和共存路線は、「核の手詰まり」状態において、人類はその死滅に直面しているという認識の下に、冷戦を緩和し、社会主義体制と資本主義体制の経済的競争を前面に押し出すものであった。大会中に行われたフルシチョフの「秘密報告」での「スターリン批判」は、スターリンの大粛清、独ソ戦などの戦争指導、戦後の対ユーゴ関係、そしてスターリンへの「個人崇拝」など多方面に及んだ。

これは国内的には、党内になお残る親スターリン勢力の一掃をねらったものであった。だが、この「スターリン批判」は、日本を含む国際的な共産主義運動に思想的な影響を与え、特に東欧各国には重大な政治的危機を招いた。各国では「小スターリン」が依然として支配していたからである。ただちに東欧各国でのスターリン主義批判が始まった。

また、この大会では、ユーゴスラヴィアとの関係回復を正当化するために、「社会主義への様々な道」が承認された。スターリンが死去した後、自主管理社会主義を掲げるユーゴスラヴィアのティトーが、社会主義世界では大きな権威をもつことになった。ソ連の新指導者フルシチョフは、ユーゴとの関係を改善することでも、自らのリーダーシップを強化する必要があったのである。だが、この「社会主義への様々な道」の承認は、東欧諸国に深刻な影響を及ぼし、各国では、かつての人民民主主義の再評価が進み、ソ連とは違った社会主義建設の道がありうるのだという議論が広まった。

## ハンガリー革命

そういう中で、六月ポーランドのポズナンで共産党の支配に反対する民衆暴動が発生した。ソ連の介入は回避され、一〇月に、ブワディスワフ・ゴムウカが政権に復帰して「十月の春」と呼ばれる、政治的自由化が実現した。

このポーランドの例に刺激されて、ハンガリーでも体制の中での自由化を求める運動が作家同盟らを中心に起こった。そして、一〇月二三日、ハンガリーの学生や労働者は、「一六項目」を掲げて、ソ連に支配された社会主義体制の「改革」を求めるデモを行った。ソ連軍の介入の中、改革派のイムレ・ナジの連立政権ができ、複数政党制や集団農場からの農民の離脱が認められた。だが、同政権がワルシャワ条約機構からの脱退を目指すに至ると、一一月、ソ連は第二次軍事介入を行い、労働者評議会らとの軍事衝突を招いた。この中でカーダールの指導する親ソ政権ができたが、労働者・市民の抵抗は年末まで続いた。

この「ハンガリー事件」はカーダール体制下では「反革命」と呼ばれ、一九八九年前後には「人民蜂起」と呼ばれ、九〇年以後は「革命」と呼ばれている。当時、日本では、大きな関心を呼び、スターリン批判後もソ連のスターリン的体質は不変であるとして批判されたが、ナジらの政策の合理性を問う声も上がった。

また、ソ連の第二次介入に際しては、ソ連の指導部がハンガリーの内部の改革の動きをすべて「反ソ」的とした判断の合理性が問われている。また、アメリカはハンガリーの動きに十分な関心を払わず、宣伝用の「自由ヨーロッパ」ラジオに無節操な反共キャンペーンを許し、事態を加熱させてしまったと批判されている。ソ連はユーゴスラヴィアやポーランドや中国の指導者と協議しており、これら指導者の判断の合理性も現在問われている。さらには、軍事介入を許した国連や、中東のスエズ危機との関係も、問われている。一九五六年一〇月二九日のスエズ危機の発生を聞き、ナジはイギリスが自分を見放したと落胆したといわれている。

ともかく、この事件により、東欧の社会主義の平和的「改革」は挫折し、以後、東欧諸国での改革の動きは、非常に抑制的になり、社会主義体制全体が硬直的になった。

だが、第二〇回大会の影響は東欧だけにとどまらなかった。対ハンガリー干渉についてはソ連の方針を支持した中国の毛沢東も、フルシチョフのスターリン批判に対しては不満をもっていたといわれ、それは一九五五〜五六年の中国の経済政策へのソ連の批判的態度とあわさって、中国の対ソ関係を悪化させた。これ以後、中国は一九五八年に「大躍進」「人民公社」政策を打ち出して、独自色を発揮していく。そして、この関係は一九六〇年以降、中ソ論争を経て中ソ対立へと発展するのであった。

## Section 4 スプートニク・フルシチョフ・キューバ危機

### フルシチョフ期のソ連

ソ連では、一九五三年三月のスターリンの死後「雪どけ」として知られる一定の自由化が見られ、五六年二月のソ連共産党第二〇回大会では政治と社会の民主化や西側との平和共存が唱えられた。五三年九月に党第一書記となり、五八年三月には首相も兼ねたフルシチョフは、共産主義建設の理念を掲げる一方で、賃上げ、年金制度整備、住宅建設など国民の生活水準向上に取り組んだ。食糧事情を短期間で改善することを目指して五四年には未開地開拓を強行、その後も食肉やトウモロコシの増産を盛んに訴えたが、安定した増産は実現できなかった。組織改編を重ねて混乱を招いたこともあり、六四年一〇月にフルシチョフは辞任を強いられた。新指導部は政治・社会の安定と経済の効率化を目指したが、安定は停滞につながっていった。

### 対アジア外交・日ソ国交正常化・中ソ対立

冷戦期にもアジアでは実際に戦火を交える「熱戦」が起こっていたが、一九五三年七月に朝鮮戦争が休戦、五四年七月にはジュネーヴ協定によりインドシナ停戦も実現した。ソ連は共同議長国として同協定締結に関わった。五四年秋にフルシチョフとニコライ・A・ブルガーニン第一副首相は中国を訪問し、旅順返還、新借款供与、科学技術援助を取り決めて、中ソの関係は深まった。五五年秋にはフルシチョフとブルガーニン（同年二月に首相就任）は一カ月にもわたってインド、ビルマ、アフガニスタンを歴訪した。アジア重視の姿勢を示したものといわれ、実際、特にインドに対して大規模な援助を約束し、以後ソ連とインドは長く友好関係をもつことになる。

その一方で、当時、ドイツ、オーストリア、日本に対する戦後処理を終えることもソ連にとって重大な課題であった。ソ連は、一九五五年五月にオーストリアの独立を承認、同年九月には西ドイツと国交を樹立した。五六年一〇月には日ソ共同宣言によって日本とソ連の国交も正常化された。平和条約締結後に歯舞・色丹を日本に引き渡すとの合意は日本側に不満を残し、「北方領土」問題は今も未解決であるが、ソ連で抑留され続けていた日本人が日ソ共同宣言の発効によってようやく釈放されたこと、日本の国際連合加盟をソ連は支持すると同宣言に明記され、五六年一二月に日本の国連加盟が実現したことから、日ソ共同宣言による国交正常化の意義は大きかったといえよう。

ソ連共産党第二〇回大会後、中ソ関係は緊張をはらんだ。西側との平和共存に中国は否定的で、スターリン批判では功績も踏まえるよう求めたとされるが、ソ連の支援を必要としていたため公の批判は控えていた。ソ連も、東側陣営内の対立を西側に見せぬよう中国に配慮し、一九五七年一〇月には原爆製造に関する軍事協力協定さえ結んだが、中国の核保有への懸念を強めたソ連は五九〜六〇年に軍事協力協定の破棄や技術者の引き上げに踏み切り、中ソの対立は激化し、公然化した。フルシチョフ失脚後には関係改善の兆しも見られたが、六五年二月にアメリカの北ベトナム爆撃が始まり、ソ連が北ベトナムへの軍事援助を決断する一方で、アメリカとの決定的な対立は避けるため交渉による解決を求めると、アメリカに対決姿勢をとる中国は強く反発した。まもなく中国で文化大革命が始まるとソ連がこれを厳しく批判するなど中ソの対立は続き、六九年には武力衝突に至った。

### スプートニク・ショックとキューバ危機

一九五七年にソ連が大陸間弾道ミサイルに続き史上初の人工衛星スプートニクを打ち上げたことは、アメリカ国民に大きな衝撃を与えた（スプートニク・ショック）。この成功を誇りつつフルシチョフは軍縮を訴え、核実験を一時停止し、通常戦力を大幅に削減した。おそらくフルシチョフは真剣に軍縮を求めていた。独ソ戦の傷跡はソ連各地になおも残り、国民は平和を強く望んでいたし、軍事力でも経済力でもアメリカに劣るソ連にとって軍拡の負担はより重かったからである。五九年にフルシチョフが訪米して大統領ドワイト・D・アイゼンハワーと会談し、緊張緩和の機運が生じたが、翌年にはアメリカのU2型偵察機がソ連領空内で撃墜され、米ソ関係は悪化した。六二年にソ連は、核弾頭を搭載できるミサイルをキューバに配備した。アメリカのキューバ侵攻抑止と米ソの核戦力バランス変更をねらったと見られるが、同年一〇月、アメリカはキューバ周辺海域を封鎖するとともにソ連にミサイル撤去を要求、キューバ攻撃にも言及した（キューバ危機）。交渉の末、アメリカがキューバに侵攻しないと約束し、ソ連がミサイルを撤去したことで危機は収束に向かったが、核戦争につながりかねない事件であった。

Section 5

# 戦後西欧の安定とEEC

**ローマ条約による欧州統合の「再出発」**

EEC（欧州経済共同体）は、一九五七年にフランス、西ドイツ、イタリア、オランダ、ベルギー、ルクセンブルクの六カ国が調印したローマ条約（発効は翌年）により設立された。第二次世界大戦後の欧州統合は、五一年のパリ条約によるECSCからEECへ、そして九二年のマーストリヒト条約でEU（欧州連合）へと直線的に発展したのではない。欧州統合は五四年にはEDC（欧州防衛共同体）の挫折という危機を迎えていた。このとき、ECSCの生みの親であるフランスのジャン・モネと、ベルギー外相ポール・アンリ・スパーク、オランダ外相ヤン・ウィレム・ベイエン、ルクセンブルク首相兼外相のジョゼフ・ベックらベネルクス諸国の指導者たちが新構想を推し進め、EECにつながる「再出発」が実現した。

EECの特徴は第一に、部門別の超国家統合を目指したECSCと異なり、財、資本、人の移動の自由に基づく全般的な「共同市場」を目標としたことである（ローマ条約第八二条）。原子力部門については別にEURATOMが設けられたが、ECSC、EEC、EURATOMは一九六七年に機関を統合してEC（欧州共同体）と呼ばれるようになる。第二に、経済統合を推進するEECと並んで、安全保障に関してはNATO（北大西洋条約機構）とWEU（西欧同盟）、人権保護に関してはCE（欧州審議会）という枠組みが確立し、三者の役割分担が西欧の安定の基礎となったことである（国際政治学者遠藤乾のいうEU-NATO-CE体制）。

**揺れる政治統合と進む法的統合**

一九六〇年代、EECは関税同盟と共通農業政策（CAP）を進展させたが、フランスの大統領シャルル・ドゴールは仏独中心の独自の外交構想をもち、EECが超国家的な制約となることを好まなかった。ドゴールは一九六三年と六七年の二回イギリスのEEC加盟を拒否し、六五年七月には農業政策への不満からEECへのフランス代表を引き上げた。これは「空席危機」といわれ、翌六六年一月の特別理事会で全会一致ルールの存続が合意されるまで続いた（ルクセンブルクの妥協）。当時のEEC委員会委員長ヴァルター・ハルシュタインは、EECの独自財源と欧州議会の強化を目指していたため、ドゴールとの路線対立が明らかとなり、再任を妨げられた。

一九六九年にドゴールが引退するとともに、西欧の政治指導者たちの世代交代が進み、同年末のハーグ首脳・外相会議のコミュニケではECの「完成・深化・拡大」が謳われた。これを受けて七〇年のヴェルナー報告では一〇年間で経済通貨同盟を完成する計画が示された。また一九七三年にはEFTA（欧州自由貿易連合）に参加していたイギリス、アイルランド、デンマークのEEC加盟が実現した（第一次拡大）。しかしこの年石油危機が起こるとEEC（EC）諸国は経済停滞の時期を迎え、経済通貨同盟を予定通りに進展させることは不可能となった。七五年のティンデマンス報告は「欧州連合」へと前進するための政治的意思が失われていると指摘した。さらに七〇年代末からの米ソの新冷戦、日米との競争力のギャップは欧州に悲観主義をもたらしたといわれる。

だが他方でEECは、法・行政的な統合という面では一九六〇年代から七〇年代を通じてめざましい深化を遂げた。ECJ（欧州司法裁判所）はファンヘント&ロース判決（六三年）によってEC法の直接効果、コスタ対エネル判決（六四年）などによって国内法に対する優位性原則を認め、司法の分野ではヨーロッパ大の憲法的秩序に近づいていった。ヨーロッパ法学者ジョゼフ・ワイラーのいうように、法と政治の統合のスピードは異なったのである。またEECでは常設代表委員会COREPERが制度化された。さらに共通農業政策を中心に、加盟国共同で政策を執行するための行政官・専門家の協力が定着した。これはコミトロジーと呼ばれ、各国単位の国家行政を超えるEEC独特の政策執行過程を生み出した。

## グローバル史の中のEEC

グローバル史から見ると、EECと東アジア（ASEANと日本を含む）はともに、第二次世界大戦後の地域主義を推進した。両者は東西冷戦、特にアメリカの覇権的影響力を前提に誕生しつつ、アウタルキー（排他的自給自足）ではない地域経済圏として冷戦後まで発展を続けた（政治学者ピーター・カッツェンスタインのいう「多孔的」地域主義）。ただしEECは人権・民主主義を含む法的な規範・制度の共有を強化したのに対し、東アジアでは政治・経済の国民的・エスニックな多様性をはらんだ経済交流が中心であった。またEECはヤウンデ協定（一九六三年）、ロメ協定（第一次・一九七五年）を通じ、旧植民地の多いアフリカ、カリブ海、太平洋諸国と通商協定を締結した。

## Section 6

# 軍産複合体のアメリカとベトナム戦争

### ベトナム戦争

一九四六年以来、フランスと、ベトナムの独立を求めるベトミンの間でインドシナ戦争が続いていたが、一九五四年七月のジュネーヴ協定により休戦となった。北緯一七度線によってベトナムは二分され、同線以北を北ベトナムが、以南を南ベトナムが支配下においた。

ジュネーヴ協定に反対した南ベトナムとアメリカは、調印を拒否した。フランスに大量の兵器や資金を供与していたアメリカは、共産主義封じ込め政策の一環として、一九五四年九月に東南アジア条約機構を構築し、ベトナムの支配を北緯一七度線以北に限定しようとした。さらに、ベトナム全土で一九五六年までに予定されていた自由選挙の実施を拒否し、南ベトナムにてこ入れした。

一九六四年八月、アメリカ政府は自国の駆逐艦が北ベトナムの魚雷艇に攻撃されたため、北ベトナムの海軍基地や石油貯蔵所を爆撃したと公表した（トンキン湾事件）。のちにこれはアメリカ側が捏造した事件だと判明したが、当時はアメリカ軍が実際に攻撃を受けたとして、アメリカの世論は反北ベトナムで沸き上がった。このトンキン湾事件を契機に、連邦議会は戦争権限法を制定し、リンドン・B・ジョンソン大統領は戦争遂行の大幅な権限を得ることになる。彼はこの権限をフル活用し、一九六五年二月から北爆を開始、同年三月には遂に三五〇〇名の地上戦闘部隊をダナンに上陸させた。

これを皮切りに米軍地上部隊は漸次増加し、アメリカはベトナムにのべ二六〇万人の兵力を派遣、一九六九年のピーク時には、五四万人以上の米軍が南ベトナムに駐留した。アメリカは約一五〇〇億ドル（二〇一〇年換算で約七八二〇億ドル）の戦費と五万八〇〇〇人以上という戦死者を出したが、結局撤退せざるをえない状況になったのである。

### 軍産複合体の存在意義

ベトナム戦争を支えた要因のひとつとして、「軍産複合体」が挙げられる。米軍は必要な軍需品を確保するために、利潤の保証などの優遇措置を講じ、軍関係者と軍需企業が一体化する体制を構築した。さらに、兵器生産など軍事部門の研究開発に多額の資金を投入し、最先端テクノロジーを応用することにした。こうして世界最強の軍事力を維持するために、政府と軍需企業の密接な協力が不可避となった。この体制を軍産複合体と呼ぶ。

一九五七年のスプートニク・ショックにより、軍備増強が加速化し、科学技術研究の振興の重要性も強く認識された。特に反共イデオロギー、巨額の軍事支出、最先端科学技術の軍事応用などが、この軍産複合体の確立に一役買った。しかし、ドワイト・アイゼンハワー大統領は、一九六一年一月一七日の離任演説で、「軍産複合体による不当な影響力の獲得を排除しなければならない」と訴え、軍産複合体が軍事費の高騰につながる危険性を警告している。

一方で、軍事支出を含めた政府支出が有効需要を作り出し、経済に好影響を与えると説いたケインズ経済学の後押しもあり、アメリカは軍産複合体の形成と軍事費の高騰を許容することとなった。確かに、一九六一年三月から八年間、アメリカは、長期の経済成長に恵まれていた。しかし、通常、公式の軍事費に含まれない退役軍人予算等も「軍事費」に含めると、ベトナム戦争期のＧＮＰ（国民総生産）に対する軍事費は約一〇％、歳出予算に対する軍事費は七〇％を超えていた。

軍産複合体を活用することで、アメリカは枯葉剤等の生物化学兵器、最新の銃火器・爆弾等をベトナム戦争で実戦でき、同時に軍事産業も潤った。つまり、ベトナム戦争の遂行と軍産複合体は、ひとつの車の両輪となって進み続けたのである。

### ベトナム戦争が日本経済に与えた影響

軍産複合体によってアメリカの軍事費は増加し、それは日本経済にも好影響を及ぼした。日本政府は一貫してアメリカと南ベトナムを支持していたため、沖縄の基地を中心に、日本各地の基地・港湾・輸送機関がベトナム戦争遂行のために活用された。つまり、日本は戦争の被害を直接受けることなく、「ベトナム特需」により経済的果実だけを享受していた。まさに「対岸の火事」で日本経済は潤ったのである。

ベトナム戦争期に、アメリカは日本に直接戦争関連の発注を行うことは少なく、それよりも、間接特需が日本経済に重要な影響を与えた。つまり、アメリカは沖縄・韓国・台湾・香港・タイ・フィリピンなど、ベトナム周辺地域への軍事支出を増大させ、それを基に、日本からの輸入を拡大したのである。第二次世界大戦後、大幅赤字を続けていた対米輸出も、ベトナム戦争期に急速に改善された。さらに、一九六五年には初めて日本の対米輸出が輸入を上回り、その後、一九六五〜七二年にかけて年率二一％の割合で増加していった。この時期は日本の高度経済成長にとって転換期であった。つまり、軍産複合体を基盤としたアメリカの軍事費増大が日本の経済成長を促進したといえる。

## Section 7 植民地と「アフリカの年」

第二次世界大戦後、アフリカ大陸各地で植民地の独立を求める動きが加速した。中でも一七の独立国が一度に生まれた一九六〇年は、「アフリカの年」と呼ばれる。

### アフリカとは何か

ところでアフリカとは何か。そしてどこを指すのか。アフリカを主題とする書物を手にとって見れば、その多くがサハラ以南の地域に対象を限定していることに気づくだろう。アフリカという地名は、古くはヨーロッパ側から地中海の南岸を指して用いられた言葉だった。いわゆるブラック・アフリカにその重心が移動したのは近代の現象である。そこには、「暗黒の大陸」、「歴史なき大陸」という、ヨーロッパ人によって構築されたイメージが結びついていた。

ヨーロッパ人の視線は日本にも影響を与えた。例えば江戸後期の蘭学者司馬江漢が著した『和蘭通舶』は、「土人黒色鄙愚《ひぐ》ニシテ猙獰《そうどう》ナリ」と住民を描写し、「人類ニ似ズ」とまで述べている。明治時代に広く読まれた地理書、福澤諭吉の『世界国尽』も同じ系譜に連なる。同書によれば、アフリカは「土地は広くも人少なく、少なき人も愚かにて文字を知らず技芸なく、北と東の数箇国をのそきし外は一様に無知混沌の一世界」であり、その住民は「大抵黒奴にて風俗甚だ陋《いや》し」とある。こうした蓄積の延長に、近代の日本におけるアフリカ認識が形成されたのだった。

### パン・アフリカニズムとナショナリズム

しかしアフリカという自己像は、アフリカ系の人々によって選びとられたものでもあった。観察される客体としてではなく、主体としてのアフリカ系黒人という問題は二〇世紀初頭に表出する。英語圏においては、アフリカ系アメリカ人W・E・B・デュボイスの主催したパン・アフリカ会議（一九一九～二七年）が、アメリカ大陸のブラック・ディアスポラとアフリカ大陸の現地人を連携させ、黒人としての一体性を唱道する場となった。当初は植民地統治の枠内での権利拡大を主張した運動は、次第にアフリカ人による政治的独立を志向するようになる。それは、白人支配者への対抗を軸とする、いわば人種的なナショナリズムの発露であった。英語圏の政治運動と並行して、フランス語圏の文化運動としてネグリチュードの主張が生まれた。エメ・セゼールとレオポール・S・サンゴールの出会いに象徴されるように、ネグリチュードもまた、カリブとアフリカの連帯から生まれた思想であった。

第二次世界大戦後にアフリカで植民地独立が加速した理由は複合的である。戦前に醸成された反人種差別と民族自決の思想は、戦争を経験したアフリカの人々の間に広く浸透した。労働運動は反植民地闘争の基盤となり、各地で独立を目指す政党が結成された。アジア各地で植民地が独立し、バンドン会議や国際連合の場でアフリカの独立が後押しされるという国際環境の変化もあった。こうした状況下で、漸進的な変革を目指した宗主国の目論見は外れ、一九五七年のガーナ独立を嚆矢として一九六〇年代前半までにアフリカの多くの国々が独立を獲得した。

独立直後の指導者たちは、クワメ・ンクルマらアフリカの政治的統一を目指すパン・アフリカニストと、独立した諸国家の枠組みを維持しようとする陣営に二分された。歴史に「もしも」はないが、仮に前者の主張に沿って「アフリカ合衆国」が実現していれば、国際関係の図式は大きく塗り替えられていただろう。それでも両陣営の妥協の結果つくられたアフリカ統一機構は、諸国間の協調や紛争仲裁の基盤として、少なからぬ役割を果たすことになった。

### アフリカからの問い

独立後のアフリカには多くの希望が生まれた。一方で、内戦、政治腐敗、飢餓と貧困といった困難も連鎖した。その要因は、人為的な国境が民族集団を分断する矛盾、独立後も続く大国の介入、植民地期に由来する経済構造など様々であった。そもそも植民地体制が覆された時期は地域によって様々で、南部アフリカの旧ポルトガル領諸国、ジンバブエ、ナミビアの独立は一九七〇年代以降に徐々に達成された。ナミビアを支配していた南アフリカでアパルトヘイトが公式に撤廃されたのは、一九九一年のことである。

しかしながら、悲劇と受難がアフリカについての唯一の物語ではない。第三世界主義やネグリチュードなどの思想が世界に与えた影響についてはあらためて指摘するまでもないだろう。脱植民地化の過程は閉じられたわけではない。近年では、大西洋奴隷貿易から独立闘争期の弾圧に至る歴史上の被害について、その責任と補償をヨーロッパに求める動きもある。アフリカからの歴史の問い直しは、私たちのヨーロッパ観について自省を促している。

Column 26

# 公民権運動の成果と限界

一九五〇年代半ば、豊かな消費社会の成長に沸くアメリカで、社会変革を求める大規模な抵抗運動が発生した。運動を推進したのは長年にわたり差別され抑圧されてきたアフリカ系アメリカ人たちである。一七世紀初頭以来、アフリカからの強制連行と奴隷制度下の苦難を生き抜いた彼らは、一九世紀半ばに奴隷から解放された後も、経済的搾取、政治的権利の剝奪、法制化された人種隔離、絶えざる暴力に苦しんでいた。自由、平等、豊かさを内外に向けて謳ってきたアメリカで起きた反差別運動は、この社会の現実の姿を暴露する結果となった。以後、公民権運動と呼ばれるようになった彼らの闘争は、一九七〇年代初頭までアメリカ社会を大きく揺さぶることになる。

まず運動は、アフリカ系の人々が多く居住する南部の諸州で急速に拡大し、交通機関のボイコット、隔離施設での座り込み、集会、デモ行進、選挙権獲得のための活動などが大規模に展開された。南部の白人は暴力的手段にも依拠しつつ運動の阻止を試みたが、参加者は逆に非暴力主義の姿勢を貫き、その正当性はメディアを通して広く世界に伝えられた。運動の要求を無視できなくなったアメリカ政府は、公民権法（一九六四年）と投票権法（一九六五年）を制定して人種隔離と差別を禁止し、選挙権の行使を確実なものにした。一九六〇年代後半に入ると、アフリカ系の若い世代を中心に運動は先鋭化し、権力の獲得を意味する「ブラック・パワー」のスローガンが叫ばれるようになる。しかし、アメリカ社会はこうした動きを脅威と見なし、政府による弾圧もあって、運動は一九七〇年代に入ると収束していった。公民権運動は、アフリカ系だけでなく他のマイノリティ集団の社会経済的地位を高めるきっかけとなった点で、その歴史的意義は大きい。

公民権運動それ自体は、差別されてきたアフリカ系アメリカ人が、アメリカ国民としての平等な権利を求めて起こした、すぐれて一国内の社会抵抗運動だったが、この動きをより広い世界情勢と結びつける主張も存在した。例えば、若い世代に絶大な影響力があった運動家マルコムXは、アジアやアフリカにおける反帝国主義の闘争に言及しつつ、世界規模での被抑圧民族の団結を強調した。また、運動のカリスマ的指導者となったキング牧師も、アメリカ国内の人種差別と貧困の問題を、ベトナムに対する侵略的な戦争と結びつけて、アメリカ政府とその政策を批判した。しかし、彼らの主張に対するアメリカ社会全体の反応は、運動の参加者も含めて冷淡なものが多く、二人が暗殺されたこともあって、こうした視点はアメリカでは主流とならなかった。国家を超えうる反差別の運動と連帯をいかに創り出すか、それは公民権運動の成果と限界を見据えることから始まるのかもしれない。

Column 27

## 福祉国家とは何か

我々は、日常的に福祉国家という言葉を使用する。しかし、あらためて福祉国家とは何かを考えてみると、その意味は必ずしも明確ではないことに気づく。しかも、それをどのように捉えるのかという問題とそれを歴史的に位置づける問題は、深く関わっている。

例えば、福祉国家を「国民の社会的権利を保障し擁護する国家」と捉えてみると、T・H・マーシャルの市民的社会権論が想起される。彼は、市民権を個人の自由のための諸権利としての市民的諸権利、政治権力の行使に参加する権利としての政治的諸権利、社会の標準的な水準での文化的生活を営む権利などで代表される社会的諸権利に分類し、それがこの順番で拡充され社会的下層階級に広がって福祉国家が成立したと考える。すると、福祉国家は、市民革命期以後の市民権の展開によって生成した西欧近代の産物として把握される。

また、福祉国家を、国民の福祉のために市場に介入していく混合経済として把握する見方もある。産業革命による市場経済の興隆は、自律的な「経済」の領域の存在を印象づけたが、産業革命は旧来の社会的紐帯を破壊し、社会問題を生成させた。そこに、「経済」の論理の貫徹によって危機に晒されている独自な領域として「社会」の存在が注目されることとなる。それゆえ、ケインズ主義的経済政策と社会福祉政策が相互に支え合って高度経済成長と福祉国家建設を推進した第二次世界大戦後の状況は、産業革命以来の「経済」と「社会」との間の緊張関係とそれに対応した「国家」の役割の歴史的展開過程の中に位置づけられる。

さらに、福祉国家は戦争国家であるとの指摘もある。特に二〇世紀に入って総力戦の時代になると、国民の支持と協力を得るために、社会保障制度の整備が推進されるようになったことは否定できない。また、福祉国家建設を進めた先進資本主義諸国は、戦間期以降は全体主義や社会主義の諸国に対抗するためにも社会保障制度の充実が必要であった。このように、福祉国家の生成・展開には、大衆民主主義、総力戦、社会主義および全体主義といった二〇世紀に特有な歴史状況も考慮しなければならない。

ところで、石油危機によって高度成長が終焉した。ケインズ主義政策の有効性に疑問符が投げかけられ、新自由主義の思想潮流が台頭した。さらに、いわゆるグローバリゼーションが進展する中で福祉切り詰め競争も起こり、福祉国家の危機は深刻化している。しかし他方では、アジアなどの新興国では社会保障制度の整備が進展している。おそらく今日、欧米に限らずグローバルな視野の中であらためて福祉国家を歴史的に捉え直すことが必要となっていると思われる。

Column 28

# 一九六八年

フランスでは「六八年世代」と呼ばれる人たちは、六〇年代後半に先進諸国で価値観や生活様式が大きく変化する、戦後の曲がり角の時期に青春を過ごした世代を指す。

六〇年代には、先進諸国で学生・青年層を中心とする既存秩序に対する抗議運動が一様に吹き荒れた。それは、アメリカの本格的介入によって熾烈化したベトナム戦争に対する反戦運動や戦後の産業経済発展の中で硬直化し、権威化された組織社会・テクノクラート支配に対するアンチテーゼであった。自然環境保護、性の自由、麻薬の容認、ビートの効いた音楽などは従来の社会規範に挑戦するこの時代の若者たちのサブカルチャーの象徴であり、既成観念に対する「抵抗《プロテスト》」として時代の節目の社会現象となった。

アメリカでは、六四年にカリフォルニア大学バークレー校でキャンパスでの政治的発言の自由を学生が要求したことがきっかけとなった。学生と大学当局との対立は警官の導入によって騒乱となったが、アカデミックな権威に対する学生の抵抗を示したものだった。六八年シカゴでの民主党大会では警察と抗議学生が激しい暴力沙汰を起こした。

フランスでは有名な「五月騒動」が起こった。パリ大学ナンテール校で大学当局による女子学生寮の規制に反発した一部極左学生の抗議行動がやがて拡大し、六八年五月パリを騒擾と混乱に陥れた。五月初めパリ市内では学生と警察が衝突し、ソルボンヌ校も閉鎖、さらに学生のカルチエ・ラタン占領とバリケード封鎖にまで至った。路上では車が炎上し、多くの負傷者・逮捕者が出た。そしてこの学生の反乱は社会運動に拡大、労組・自由主義派の教授・左派政党が学生と連帯し、一〇〇〇万人がストに参加、さらに警察の弾圧に抗議して大規模のデモを組織した。こうした青年の反抗は政権就任後一〇年に及ぶ「ドゴール体制」に対する批判と結びついて、政権を揺るがした。

日本でも、日米安全保障条約の自動延長阻止活動、ベトナム戦争への反対などの国際的平和活動、三里塚闘争（成田空港建設反対）、沖縄返還闘争、さらに大学内での政治活動の自由を標榜した大学自治を求めた運動などが一緒になって、青年たちの反政府運動が盛り上がった。東大安田講堂事件で頂点を迎え、機動隊の突撃で占拠が解かれたのは六九年初春であった。極左派はその後いっそう過激化し、セクトの分裂・再編を繰り返して地下に潜伏し、テロ活動を行うようになる。一部は海外で活動した。

先進世界で吹き荒れた青年たちの抗議行動は高度産業化していく社会と既存の社会規範に対する警告のメッセージであった。物理的な生活環境は豊かになったが、その分管理社会の強化と自然環境破壊が進む現代社会の桎梏からの解放を主張したのがこの世代であった。「フラワージェネレーション」は今でいう自然保護環境運動の嚆矢ともいえる。彼らの行動様式は新しい価値観による問題提起であった。

# 第13章

# 「一九六八年」後の時代
## ——1968～1980年代前半

ワルシャワのユダヤ人ゲットー蜂起犠牲者記念碑の前で跪く
ヴィリー・ブラント西ドイツ首相（1970年12月7日）

出典：Gisela Müller （Hg.）, *Ein Jahrhundert wird besichtigt. Momentaufnahmen aus Deutschland. Bilder aus dem Bundesarchiv,* Koblenz, 2004.

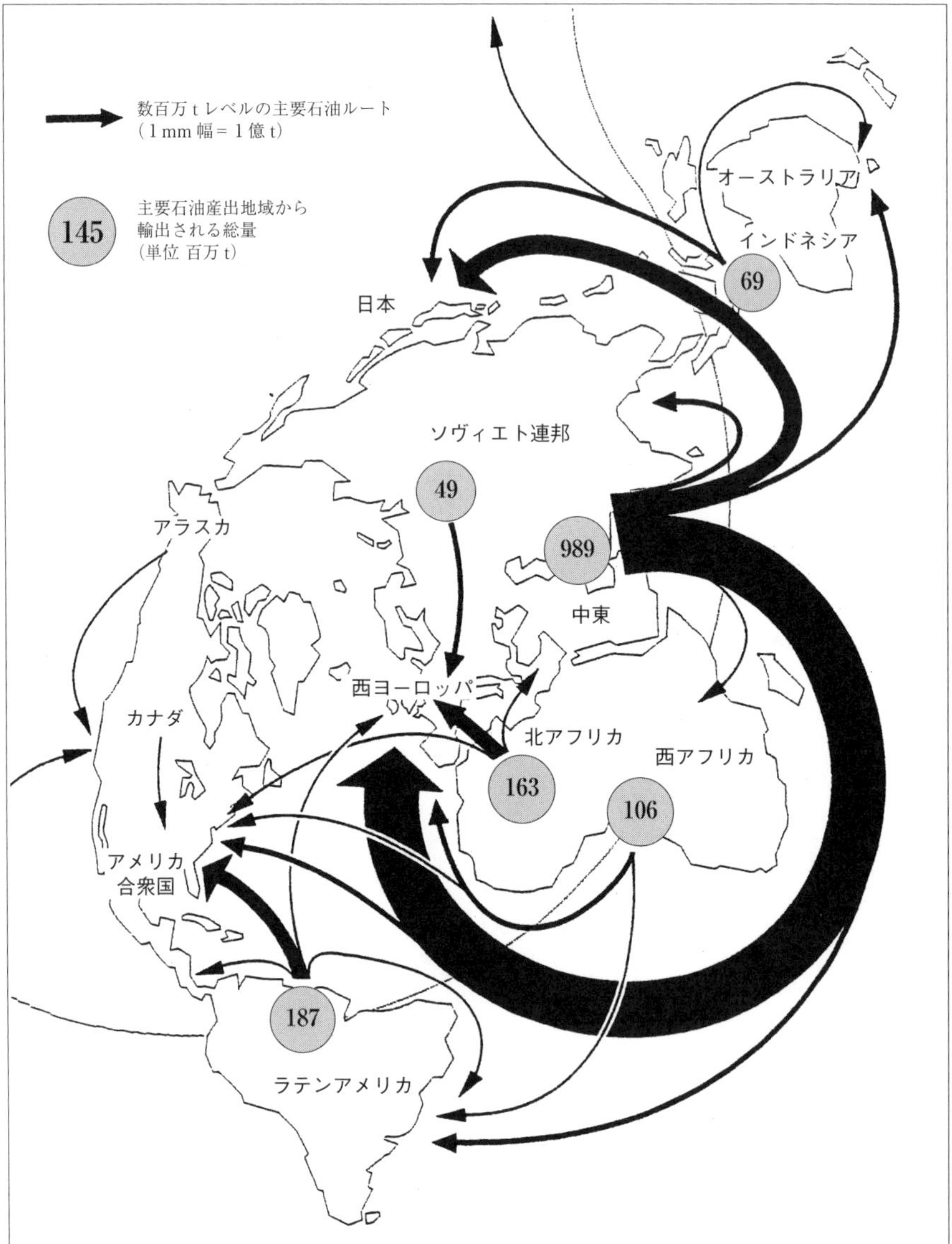


石油取引（1973年）

出典：フレデリック・ドルーシュ『ヨーロッパの歴史』第 2 版，木村尚三郎監訳，東京書籍，1998年。

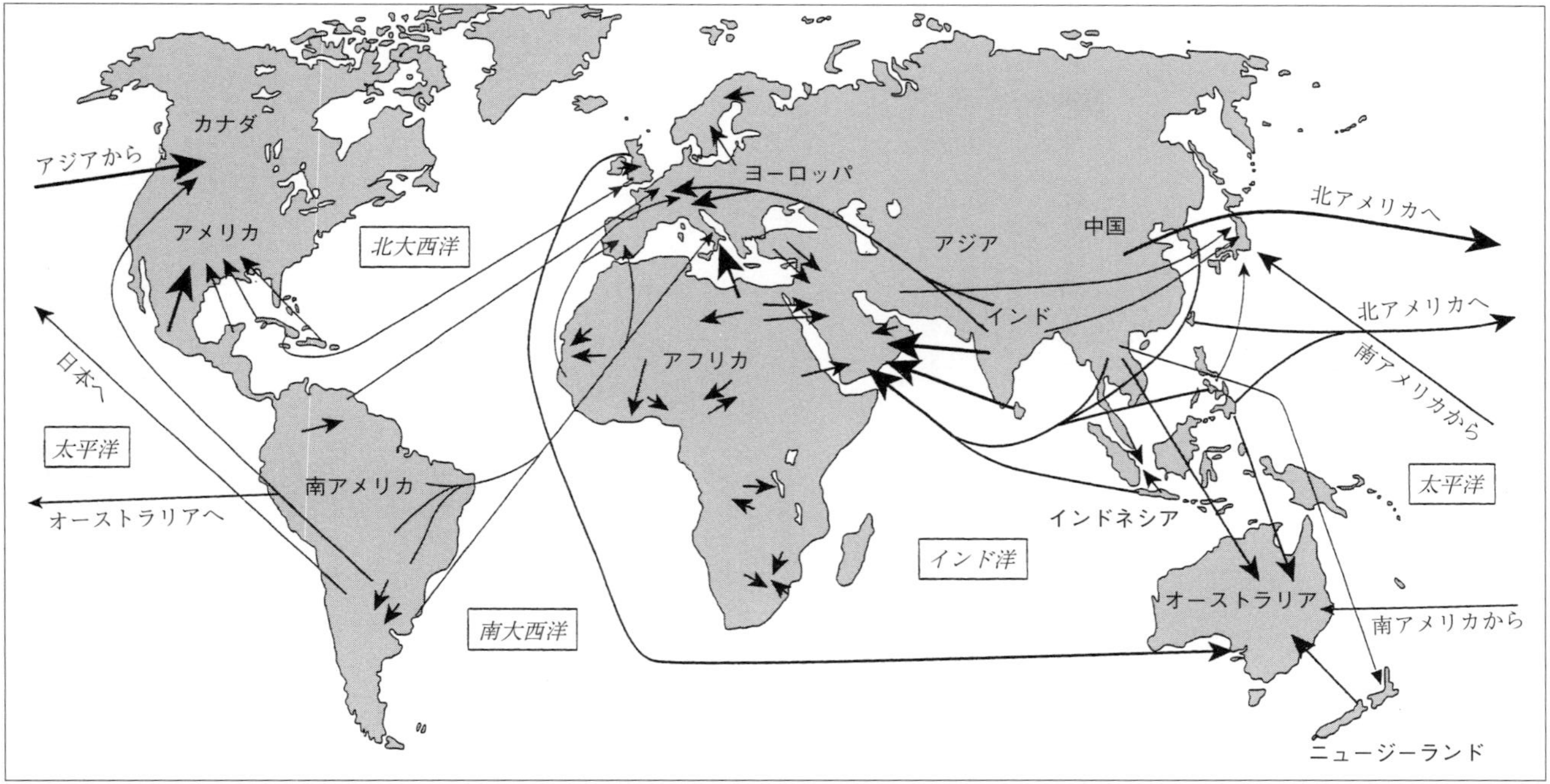


1973年以降のグローバル移民の流れ

注：矢印の太さは移動の規模を必ずしも正確に示しているわけではない。正確な数値は入手困難な場合が多い。

出典：S・カースルズ，M・J・ミラー『国際移民の時代』第4版，関根政美・関根薫訳，名古屋大学出版会，2011年。

| 年 | 主　な　出　来　事 |
|---|---|
| 1968 | 3.（米）ジョンソン大統領，大統領選不出馬を表明。ベトナム戦争和平交渉を呼びかけ。4.（米）キング牧師暗殺。5.（仏）パリで大学生スト（五月騒動）。8. ソ連軍，チェコスロヴァキア介入。10.（メキシコ）軍が学生の反政府デモに発砲（トラテロルコ事件）。10.（米）ジョンソン大統領，北ベトナム爆撃停止 |
| 1969 | 3. 中ソ国境衝突。4.（仏）ドゴール退陣。7.（米）アポロ11号，月面着陸。8. 北アイルランド紛争勃発。10.（西独）社会民主党ブラント政権発足。10. 東方外交スタート |
| 1970 | 8. ソ連・西独条約。12. 西独・ポーランド国交正常化 |
| 1971 | 8.（米）ドル危機（金ドル兌換の一時停止）。各国為替が変動相場制へ。10. 中国国連加盟。10. カナダ，多文化主義を採用 |
| 1972 | 1.（英）炭坑スト。2.（米）ニクソン訪中。5.（日・米）沖縄返還。12. 東西ドイツ基本条約 |
| 1973 | 1.（英）EC に加盟。1.（豪）白豪主義廃止。1.（米）ロー対ウェイド判決，中絶合法化。3. ベトナムから米軍撤退。9.（チリ）ピノチェト指揮下の軍，アジェンデ政権打倒。10. 第四次中東戦争。10. OAPEC 石油を減産，価格引き上げ，第一次石油危機（～74年6.） |
| 1974 | 5.（仏）ジスカール＝デスタン，大統領に選出。8.（米）ニクソン大統領辞任。12.（仏）人工妊娠中絶法成立 |
| 1975 | 4. ベトナム統一。8. 全欧安保協力会議首脳会議，ヘルシンキ宣言採択。11. 第 1 回サミット（先進国首脳会議）開催 |
| 1976 | 9.（中）毛沢東死去。12.（豪）連邦アボリジナル土地権法成立 |
| 1978 | サイード『オリエンタリズム』刊行 |
| 1979 | 1. 米中国交樹立。2. イラン革命。3. エジプト・イスラエル和平条約調印。3.（米）スリーマイル島原発事故。5.（英）サッチャー政権発足。6. OPEC 石油価格引き上げ，第二次石油危機。8. カンボジアでポル・ポト政権下の虐殺・破壊が公表される。12. ソ連軍，アフガニスタン侵攻 |
| 1980 | 5.（韓）光州事件。9. ポーランド「連帯」運動登場。9. イラン・イラク戦争（～88年8.） |
| 1981 | 1.（米）レーガン政権発足。5.（仏）ミッテラン，大統領に選出 |
| 1982 | 4.（英・アルゼンチン）フォークランド紛争。8.（メキシコ）債務危機発生。この年，アンダーソン『想像の共同体』刊行 |
| 1983 | 9.（ソ）大韓航空機撃墜。10.（米）グレナダ侵攻 |

# 序論　アジア・アフリカ・ラテンアメリカから見た「一九六八年」後

**革命運動の退潮の始まり**

ヨーロッパが「一九六八年」を経験した時期はアジアではベトナム戦争の時代であり、フランス植民地支配を引き継ぐ形でインドシナに軍事介入した超大国アメリカに対するベトナム民衆の戦いが、ついに勝利に至る（一九七五年）過程だった。このような状況下、アメリカが中国と外交的接触を深めるという展開も生じる。

だが、この時期には同時に、地域によっては、それまで発展してきた民族解放闘争や革命運動に対する攻撃が強まるという現象も見られた。最も顕著な事例は、第三次中東戦争（一九六七年）である。これは中東における反帝国主義的・革命的潮流の発展を挫くため、域内におけるアメリカの前哨基地ともいえる入植者国家イスラエルが展開した戦争であり、中東の革新陣営の中心だったナセル体制に壊滅的打撃を与えた。インドネシアにおける「九・三〇」事件（一九六五年）とスカルノ政権の崩壊、ガーナのンクルマ政権に対するクーデタ（一九六六年）等も、パラレルな現象といえよう。さらに一九七三年にはチリでも、アジェンデ率いる革命政権がアメリカの後押しを受けたクーデタによって打倒される。

**変質・硬直化と克服を目指す動き**

ただし民族解放闘争や革命運動の退潮は、帝国主義勢力の軍事的圧力だけでは説明できず、民族解放闘争の結果成立した諸政権や、（その同盟者だった）当時の社会主義陣営の体制に生じていた矛盾にも目を向ける必要がある。ナセルやスカルノ、インドのネルー等の、いわゆる「バンドン体制」を支えた諸政権は、反帝国主義や抜本的社会改革を掲げる一方で、革命の名の下に政治的自由を制限し、上からの制度化・管理によって労働者・農民の主体的運動を押さえ込む側面をもった。同様の矛盾はソ連・東欧の社会主義陣営にも存在し、一九六八年六月にはチェコスロヴァキアでの政治的自由拡大を求める動きを、ソ連が軍事介入により圧殺した。アジアの社会主義体制・運動にも、中国の「文革」、カンボジアのポル・ポト政権下での虐殺等の混乱・逸脱が生じていく。

他方、先進資本主義諸国における革新勢力・民主勢力の闘い全般も、大きな困難を抱えていた。この時期、フランス、日本などでは、経済成長や産業構造の変化を背景として生じた社会矛盾に対する学生等の異議申し立て運動が噴出したが、政治に抜本的変革をもたらすには至らなかった。日本ではベトナム反戦運動、また沖縄返還運動が大きな高揚を見せたが、一九七二年の沖縄返還は、米軍基地を残したままの歪んだ形のものとなった。

### 「新自由主義」の攻勢の開始

アジェンデ政権打倒後のチリでは、アメリカの後押しの下で、国有企業の民営化、外資導入等の政策がとられ、資本主義的開発路線への転換が推進された。同様の転換はナセル死後のエジプトのサーダート体制、あるいはインドネシアのスハルト体制等の下でも進行した。この時期に成立したアジアや中東の親米的独裁政権については、それが一定の経済成長を実現したことを評価する見方もあるが、貧富の差の拡大、失業の増大等の矛盾が生じ、民衆の不満は高まっていった。中東では一九七〇年代以降、アラブ諸国による減産、禁輸などの「石油戦略」が国際社会の注目を集めたが、石油収入は各国支配層を潤すのみで地域全体の発展にはつながらず、また域内でサウジ等の保守陣営の力を強めた。資本主義的経済政策への転換は、「文革」収束後の中国でも、「改革・開放路線」として推進されていく。一九七〇年代末～八〇年代には、イギリスのマーガレット・サッチャー、アメリカのロナルド・レーガン、日本の中曾根康弘政権の下、先進資本主義諸国でも、福祉や教育を切り捨て、「市場原理」万能主義を掲げる政策（新自由主義）が推進されるようになった。米英の「新自由主義」諸政権は、外交・軍事面でも極めて好戦的であり、一九八〇年代にはレーガンの戦略防衛構想（SDI）等、ソ連への軍事圧力が強まった。また、中東ではアメリカの後押しの下でサーダート政権がイスラエルとの単独和平に踏み切り、これが結果的に一九八二年にイスラエルがレバノンに侵攻し、パレスチナ人の運動に壊滅的打撃を与えることを可能にした。イランでは民衆が親米王政打倒に成功するが（一九七九年）、この革命もまた、イラン・イラク戦争という干渉戦争によって封じ込められていく。

### 自然と人間、核災害への道

一九六〇年代後半以降の世界では、日本の「四大公害」事件の顕在化・深刻化に象徴されるように、経済的利潤の追求や、「開発」至上主義、「科学技術」の過信が、環境や人命を脅かすという現象が顕著になった。八六年にはソ連のチェルノブイリ原発での事故が世界に衝撃を与えたが、重大な原発事故は七九年にアメリカのスリーマイル島でも発生していた。日本でも七一年には東京電力福島第一原発が運転を開始することになる。

## 総　論　「一九六八年」後のヨーロッパ

### ヨーロッパの危機

一九六八年から一九八三年前後までのヨーロッパは危機の時代であった。それは、アジアからのいっそうの挑戦を受けたためであった。第一に、ベトナム戦争によるアメリカの莫大な戦費支出は一九七一年にドル危機を招く重要な一因となった。第二に、一九七三年一〇月の第四次中東戦争（十月戦争）に際するOAPEC（アラブ石油輸出国機構）の石油戦略の発動は、欧米先進国に（第一次）石油危機（オイル・ショック）をもたらした。第三に、社会主義が最後の挑戦を見せ、「第三世界」において社会主義政権が次々と誕生した。

石油危機について見れば、原油価格と原油生産の管理権は欧米のメジャーからアラブなどの石油産出国に移行した。そして、すでに一九六〇年代後半から欧米で顕在化していたスタグフレーションは、石油危機によって先進国全体に一挙に拡大、深化し、一九七〇年代、八〇年代に、長い不況をもたらした。

社会主義世界の動きを見ると、一九七三年に和平協定が成立したベトナムでは、一九七六年に南北をあわせたベトナム社会主義共和国が成立し、アフリカでは、一九七〇年代前半にエチオピア、アンゴラ、タンザニアが社会主義を導入した。またラテンアメリカでは、ペルーが「人間的な社会主義」を目指し、チリで社会党政権が成立した。

### 危機への対応

このような挑戦に、西側欧米は、どのように対応したか。西側欧米では、域内市場の拡大・深化を進める方向が進んでいたが、それは、一九七三年一月にデンマーク、アイルランド、イギリスがEC（欧州共同体）に加盟することによって、いっそう前進した。また石油危機に対する対応の模索の中から、一九七五年一一月第一回先進国首脳会議（サミット）がフランス、西ドイツ、イタリア、イギリス、アメリカ、それに日本の参加（翌年カナダが参加）で開催された。反面、一九七〇年代中頃にアメリカで公民権運動が沈静化したように、先進国で一九六〇年代に盛り上がった市民運動は、一九七〇年代以降次第にその勢いを失い、わずかに、フェミニズムの運動が性の平等を目指して継続されたにとどまった。

他方、ヨーロッパの社会主義世界では、ソ連はブレジネフ体制の下で、国内の政治・経済・社会は「停滞」の時期にあった。

活路は外交にあって、一方で中国と対立しつつ、他方で、ヨーロッパに対してはデタント（緊張緩和）を維持し、一九七五年七〜八月には全欧安全保障協力会議に参加し、「ヘルシンキ宣言」に同意した。そして、アジア・アフリカ・ラテンアメリカの社会主義諸国への支援を進めた。東欧では、中ソ対立の影で多様化が進んだ。「プラハの春」以後の閉塞状態にあったチェコスロヴァキアでは、「ヘルシンキ宣言」を受けて一九七七年に「憲章七七」が出されて、人権抑圧批判が高まった。ハンガリーは、カーダール体制の繁栄期を迎え、一九八〇年代初めには小規模協同組合などを認めたさらなる改革が実施された。ポーランドでは、一九七〇年、一九七六年の労働者暴動を受けて、一九八〇年には自主労組「連帯」の全国的な運動が発生することになった。一方ユーゴスラヴィアでは、労働者自主管理を徹底させた一九七四年憲法が採択された。このような東欧諸国の改革と並行して、一九七〇年代には、西欧のフランスとイタリアを中心に、ユーロ・コミュニズムの動きが高まり、複数政党制、自由と民主主義を擁護した社会主義への道が目指された。

### 一九八〇年代への道

一九七九年に「第三世界」に生じた一連の出来事は、欧米世界に大きな影響を与えた。まず、一九七九年二月にイラン革命が起こり、四月イラン・イスラーム共和国が樹立された。この後、欧米世界は国家権力を握ったイスラームと対峙しなければならなくなった。欧米世界は、イラン革命の拡大を阻止し石油利権を守るために、イラクを動かして一九八〇年からイラン・イラク戦争を行わせたが、これは一九八八年まで続く間にイラクの政治権力の腐敗を招くことになった。同時に、イラン革命は、一九七九年一二月にはソ連のアフガニスタン侵攻を招き、ソ連自体の内部崩壊を招くことになった。

一九七〇年代における世界的な社会主義の拡大やイラン革命に対する西側の警戒は、新自由主義（ネオ・リベラリズム）として現れた。それは経済的には一九八二年からＩＭＦ（国際通貨基金）と世界銀行によって打ち出された「構造調整政策」の中で具体化した。イギリスのサッチャー首相は、国営企業の民営化、労働法制に至るまでの規制緩和、社会保障制度の見直しを進め、福祉国家を否定した。アメリカのレーガン大統領も「小さな政府」を掲げ、規制緩和、民間経済の活性化、教育費の削減政策を行った。新自由主義は「新保守主義」でもあって、レーガンは一九八三年にＳＤＩを発表してソ連との「新冷戦」を開始し、また、グレナダやアンゴラへの干渉に見られるように、「第三世界」の社会主義への介入を積極的に行った。

## Section 1 デタントのアメリカ

### 分水嶺としての一九六八年

一九六八年前後の数年間、アメリカは歴史の大きな転換点を経過しつつあった。その転換の最大の要因は、内における黒人公民権運動と外におけるベトナム戦争であった。六〇年代の民主党政権は、戦後、未曾有の富裕社会を築き上げた圧倒的な経済力を背景に、内外でアメリカ史上最も積極的な関与政策を展開した。その目標は、国内の差別・貧困問題を連邦政府主導で解消し、全国民的な福祉制度を構築すること、国外ではソ連と核軍拡を競いつつ、アメリカをモデルとする「近代化」論によって第三世界改革を主導することであった。しかし、この「上からの」、また「外からの」改革は「貧困との戦争」とベトナム戦争とに帰着し、巨額の財政支出を招きながら、いずれも十分な成果を見ずに終わった。結果として六〇年代後半までにアメリカは経済的に行き詰まり、内外政策の方向転換の必要性に直面する。

反戦運動と暗殺事件によって混迷する一九六八年選挙を勝ち抜いた共和党ニクソン大統領は、社会福祉政策については民主党リベラルの路線を踏襲しつつ、アメリカの国際的覇権を支えてきた絶対的な経済的競争力の急速な低下への対処を迫られた。国際収支の赤字が続き、金の流出が止まらず、財政赤字も拡大傾向を示す中、ニクソン政権は貿易赤字を食い止めるべく輸入課徴金を設け、金ドルの兌換を停止する防衛策を講ずる。しかし七三年までにドルを基軸通貨とする固定相場制が変動相場制に移行し、戦後西側諸国経済の復興と成長を支えてきたブレトン・ウッズ体制は終わりを告げた。

### デタントとアメリカの衰退

ニクソンと彼の安全保障担当補佐官キッシンジャーは、アメリカの力の衰えに直面しつつも冷戦の大枠は崩さず、アメリカの覇権の喪失を回避しながら軍事経済的負担の軽減を図り、ソ連、中国とのデタントへと大胆に外交政策の転換を図った。ただしデタントは、軍拡競争による米ソ両国経済の疲弊だけが原因であったわけではない。五〇年代後半以来の軍備管理をめぐる長期の交渉やキューバ危機の経験を通して両国間に醸成されてきた相互信頼や、ヨーロッパおよび日本の経済復興と自立や中ソ対立の顕在化に見られた両陣営内部対立の顕在化などに起因する国際政治の多極化という歴史的趨勢も見逃せない。

しかし、デタントがただちに冷戦を終結に向けて大きく動かすことはなかった。七三年のパリ和平協定後も七五年まで続くベトナムの内戦、六七年と七三年の二度にわたる中東戦争、CIA（米中央情報局）が関与したクーデタによるチリのアジェンデ政権の転覆、南部アフリカにおけるポルトガル植民帝国の崩壊とそれに続く内戦や民族紛争など、米ソ間では核軍縮交渉が進展したこの時期、むしろ第三世界では米ソの角逐は激化したといえる。

こうした国際情勢を冷徹な現実主義的権力政治で乗り切るべく、「帝王的な」大統領制度の強化を策したニクソンは、皮肉にもウォーターゲイト事件で自らの非道徳的、反民主的、非立憲的性格を露呈し、大統領辞任に追い込まれた。かくしてベトナム戦争の蹉跌とウォーターゲイト事件は、あらためてアメリカの反中央集権的な政治文化、反ワシントン感情を呼び覚ました。

この政治文化を背景に一九七六年大統領選挙に勝利したジミー・カーターの民主党政権は、スタグフレーションという新奇なマクロ経済的課題の解決についても、イラン革命が象徴するイスラーム世界の勃興やソ連のアフガニスタン侵攻といった外交問題への対処についても、国民的コンセンサスを背景とした強い指導力を振るうことに失敗した。一九八〇年大統領選挙は、アメリカが直面する経済や外交の困難の根本的原因は、民主党リベラリズムが長年にわたって肥大させてきた政府のあり方そのものにあると主張するレーガン共和党が地滑り的勝利を収めた。ここに民主党は、一九三〇年代より連邦政治で占めてきた主導的地位から滑り落ちていくことになる。

## 保守の時代へ

レーガン政権は対外政策について、民主党の微温的な軍縮平和志向や人権外交も、ニクソン、キッシンジャーの「敗北主義的な」デタントも拒否し、平時としては例を見ない巨額の軍拡政策を進め、ヨーロッパには中距離核ミサイルを配備し、「スターウォーズ」計画と俗称されたSDIを推進した。この「力による平和」政策は、欧州各地に広範な反米反核運動を引き起こす。国内ではレーガン保守は、減税と規制緩和と連邦福祉プログラムの削減を訴え、「大きな政府」からの市場経済の解放を目指していく。この間、連邦準備委員会主導の金融引き締めにより、ベトナム戦争以来の執拗なインフレが終息し、国民経済は八二年に底を打った不況からようやく脱しつつあった。その中で戦われた一九八四年の大統領選挙で、レーガンは再び圧勝する。それは、アメリカ政治がニューディール・リベラリズムの時代から、保守の時代へと大きく舵を切ったことを示していた。

## Section 2 フランスの「新しい社会」から社会主義政権誕生へ

### ドゴール後

一九六八年の五月危機翌月に行われた国民議会選挙で与党ドゴール派は大勝した。フランス国民は学生・労組の要求をある程度支持したが、混乱の継続は望まなかったのである。だが一度自分に突きつけられた批判をそのままにしておけなかったドゴールは翌年四月、地方制度改革と上院の改革を問うた国民投票を自ら信任投票と見なしたが、その結果退陣することとなった。

その後を襲ったポンピドゥー大統領（一九六九年六月就任）は新機軸を模索した。シャバン・デルマス首相が提唱した「新しい社会」というスローガンは、ドゴール時代の「閉ざされた社会」に対するアンチテーゼであった。テレビ・ラジオ放送の自由化（情報大臣廃止）、情報の自立機構としてＯＲＴＦ（フランス・ラジオ・テレビ機構）の新設、穏健な地方制度改革、ドゴールが嫌った議会政治の尊重、企業競争力の強化と輸出振興政策を推し進めた。他方で六八年五月のグルネル協定（労働条件の改善）を発展させた「社会契約政策」を定めて、公共部門での団体交渉権をはじめとして労組の参加拡大を進めた。月給制度の導入やそれまでのＳＭＩＧ（全企業一律最低保証賃金）に代わるＳＭＩＣ（全産業一律物価スライド制最低賃金）を創設し、社会保障政策を強化した。自然環境保護大臣も新設した。他方で、ポンピドゥー大統領は「欧州統合路線」へ舵を切り、ドゴールが「アングロサクソン」に対する反発から頑なに拒んでいたイギリスのＥＣ加盟を認めた。

七四年同大統領の病死後、後任には弱冠四八歳のジスカール＝デスタンが就いた。その首相はのちに大統領となる四二歳のシラクであった。若い指導者による「フランス政治の新しい時代」の出発、「自由先進社会」をスローガンとする「刷新」と「変化」の時代の開幕だった。

### 変化・刷新の光と影

数多くの改革策が矢継ぎ早に導入された。成人年齢を二一歳から一八歳に下げる改正、ＯＲＴＦの改編によるラジオ・フランス、ＴＦ１・アンテンヌ２・ＦＲ３（いずれもテレビ局）の独立、選挙によるパリ市長の選出、社会保障政策の全般的適用、大量解雇の規制、ハンディキャップをもつ人々の指導計画、失業者に給与の九〇%を一年間保証する「待機補助手当」（七四年一〇月）、退職年金給付年齢引き下げ、労働時間短縮、教育の平等権を定めた中等教育改革（七五年七月、アビ法）などである。新しいリベラルな時代の価値観を意識させたのは、避妊薬品の薬局での販売、離婚の理由の範囲拡大と手続きの簡素化が行われたことだった。経済政策に関しては、石油危機直後の困難な時期の舵取りとなった。景気後退とインフレの同時進行（スタグフレーション）をはじめ、急速に成長した産業社会の多くの歪みが露呈された。法人税・所得税の増税、金利の引き上げ、公共料金値上げ、財政緊縮、エネルギー節約などは有権者の不満を買い、就任翌年の深刻な経済情勢は大統領の支持率を低迷させた。その一方で、フランソワ・ミッテランの下で統一に成功した社会党と共産党が「左翼政府共同綱領」を掲げて統一戦線を組み、急速に勢いを強めていった。

ジスカール＝デスタンの外交政策の特徴は「新大西洋主義」と呼ばれた対米協調への傾斜にあった。フォード大統領とのマルチニック会談（七四年一二月、エネルギー問題での合意）、先進国首脳会議提案、「大西洋宣言」調印（七四年六月）、ソ連の軍事力への対抗策を協議した米英独仏四カ国首脳によるグアドループ会談（七九年）を主導した。他方でこの政権は欧州統合の推進にも大きく寄与した。大統領は首脳会議を欧州理事会として定例化し、欧州通貨統合の第一歩としてのＥＣＵ（エキュ、欧州通貨計算単位）の導入に成功した。

一九八一年、ミッテラン大統領率いる左翼政権が成立した。「フランス病」といわれた経済社会の停滞から脱出するため、この政権は国有化の下で勤労者の待遇改善（三五時間労働法など）と景気浮揚をてことする福祉国家の実現を目指した。社会主義路線による「大きな政府」の政策であった。それはサッチャリズムやレーガノミクスと呼ばれた新自由主義的な「小さな政府」路線に対抗する路線であったが、早晩軌道修正に追い込まれた。政権成立当初より始まった資本の海外逃避に加え、景気回復・インフレ抑制政策はいずれも失敗し、一年後にはインフレ抑制のための物価凍結、通貨保護政策とともにリベラリズムの導入を余儀なくされた。この政権はまた終始失業問題に悩まされた。その後八四年に就任したファビウス首相は明確に新自由主義路線へと傾斜、やがてフランスは欧州市場統合へと舵を切り、一国経済路線から地域経済統合推進路線へ向かっていったのである。

ミッテラン時代にはヘルムート・コール西独首相との間での関係緊密化が進み、一九六三年ドゴール時代に締結された独仏友好条約（エリゼ条約）を再生させ、独仏協力を強化し、欧州統合の中心的役割を担うようになってきた。

## Section 3

# 東欧社会主義諸国での体制内改革の試み

ここでは一九六八年から一九八〇年代前半までの東欧諸国における体制内改革の試みを扱う。これらの改革が契機となり、西欧やソ連（ないしロシア）と異なる多様な要素をもつ東欧が注目されるようになり、日本でもこの地域に関心を寄せる歴史研究者が増えた。この時期、東欧での現地調査や留学が容易になり、日本と東欧の歴史家の間の対話も始まった。

### 一九六八年までの東欧

第二次世界大戦後にソ連の勢力圏に組み込まれた東欧諸国では、一九四〇年代末に共産党支配が確立し、ソ連をモデルとする国家計画経済が導入された。のちにソ連とは異なる自主管理型社会主義と非同盟路線を採ったユーゴスラヴィアや、親中国路線へと向かったアルバニアを例外として、東欧諸国は、ソ連を中心として、ワルシャワ条約機構と経済相互援助会議（コメコン）を両輪とする「一枚岩」の政治経済ブロックを作った。東欧の国家計画経済体制は、国家主導で上から農村人口を工業化に動員するという面で一定の有効性をもった。しかし、一九六〇年代に入ると、柔軟性を欠く官僚主導の経済システムは行き詰まった。この時期、敗戦国であった西ドイツや日本が急速な経済成長を遂げ、それとの対比で東欧諸国の経済停滞は顕著なものと認識された。この停滞を打破するために、生産手段の公的所有と国家計画経済という社会主義経済の枠組みは維持しつつ、そこに市場原理を導入するというような改革が提案されるようになった。その一例は、一九六八年にチェコスロヴァキアで進められた「プラハの春」と呼ばれる改革に見ることができる。しかし、共産党主導によるこの改革運動は検閲の廃止を含む政治の自由化を含み、それが自国に波及することを恐れたソ連と他のワルシャワ条約機構諸国は同年八月に軍事干渉を行い、「プラハの春」は挫折させられた。この年、ハンガリーでも「新経済メカニズム」という改革構想が採用されたが、その実施についてはソ連の意向に配慮して慎重に進めざるをえなくなった。

### 石油危機と世界経済の変容

一九七三年の石油危機は世界経済に大きな打撃を与えた。原油価格の急激な上昇により日本でも物価が高騰したが、それは東欧諸国経済にも深刻な影響を及ぼした。この時期、ソ連・東欧諸国による西側工業製品の輸入が増加していたからである。さらにソ連は、西側からの工業製品の輸入価格上昇に対応して、東欧諸国への原油輸出価格を段階的に引き上げたが、それは東欧経済にさらなる負担となった。

一九七〇年代から八〇年代にかけて、アメリカ発のマイクロエレクトロニクス技術による技術革新が始まり、世界経済の構造は変容する。日本はそれをいち早く導入し、その後の省エネルギー化などの技術革新を牽引した。さらに八〇年代以降、日本からの投資に支えられ、アジア新興工業地域やＡＳＥＡＮ（東南アジア諸国連合）諸国が輸出志向型工業化に成功し、東アジア経済は急成長を遂げる。東欧諸国はこの技術革新から取り残されることになった。八〇年代末の東欧諸国での社会主義体制崩壊を導いた最大の要因は、石油危機後の世界経済の変容に諸国が対応できなかったことにある。

**東欧経済の破綻**

一九七〇年代、ポーランドは西側からの借款による工業への大規模投資を行うが、官僚主導の計画経済には世界で進行しつつあった技術革新に対応する能力がなく、期待された工業製品の輸出増加は実現しなかった。その結果、七〇年代末には大きな累積債務を抱えることになった。八〇年にポーランド政府は食料品の価格引き上げを実施したが、それに抗議する労働者が独立自主管理労組「連帯」を結成するという事態に至り、共産党政権は八一年末に戒厳令を布告し、「連帯」を非合法化した。ルーマニアも西側からの借款による工業投資を行ったが、その後、西側からの政治的干渉を避けるために、国民生活に必要な食料などの生活物資までも輸出する「飢餓輸出」で借款を返済した。そのため国内では極度の物不足が続いた。ハンガリーでは、八〇年代に入ると価格規制の緩和や小規模の私的経営を認めるなど、漸進的経済改革が進められ、ある種の混合経済が生まれていた。他方、六八年の軍事干渉後に成立するチェコスロヴァキアの「正常化体制」では経済改革に消極的な姿勢が維持された。八〇年代末の東欧諸国の経済状態には差があり、各国共産党政権の危機への対応も一様ではなかった。この時期の政治経済状態の差によって、八九年以降の各国の体制転換の経路も異なることになる。

社会主義経済の改革を志向していた若手エコノミストたちの中には、次第に社会主義という枠組みに見切りをつけ、イギリスのサッチャリズムなどの影響を受けながら新自由主義を受容する者が現れる。ただしそれらの人々が活躍の場を与えられるのは、八九年の社会主義体制崩壊後のことであった。

## Section 4 一九六八年からのソ連

### ブレジネフ体制

一九六四年一〇月の政変で成立したレオニード・ブレジネフ第一書記（その後書記長）、アレクセイ・コスイギン首相からなる体制のキーワードは、「安定」であった。共産党官僚支配の安定が優先され、スターリンのような独裁への回帰も、民主化も好まれなかった。とりわけ一九六八年八月、「人間の顔をした社会主義」を目指したチェコスロヴァキアに対してソ連などワルシャワ条約機構軍が軍事介入したことで、保守化傾向は強まった。当初コスイギンが進めた経済改革も挫折し、その結果、官僚的指令経済は改革されなかった。核軍拡を進め、米ソ間での抑止力は対等になったことで安定がもたらされたが、その重荷が次第に体制を蝕みだし、長い停滞が訪れた。水爆開発の父サハロフ博士などは、抑止体制の危機に警鐘を鳴らした。

一八年間のブレジネフ体制の下で官僚支配は黄金時代を迎えたが、人事交代は乏しく高齢支配に堕した。それでもソ連史にとって構造的問題だった権力による大衆への強制力行使は顕著ではなく、ともに安定を求める権力と大衆との間には一種の黙契が保たれた。これを支えたのはソ連のエネルギー資源輸出であり、世界的産油国ソ連は石油危機がもたらした超過利潤により、穀物輸入をはじめ消費財、住宅や雇用を大衆に提供できた。だが経済成長も低下、七〇年代末にはゼロ成長となった。

この間、ソ連を覇権主義と批判する中国との関係は、一九六九年のダマンスキー島での武力衝突で悪化し、二大社会主義国同士が初めて戦火を交えた。イデオロギー的対立は、アジア・アフリカ諸国などでの影響力をめぐり激化した。その中国が七〇年代初めにアメリカに接近したことは、ソ連がアメリカのニクソン政権との間でデタントに踏み切る引き金となった。ブレジネフ書記長は、政治局内の反対を押し切って核抑止力での米ソによる軍備管理を進めた。これを支えるため外相のアンドレイ・グロムイコ、国家保安委員会のユーリー・アンドロポフ、またグレチコ国防相らが政治局員となった。東方政策を重視した西ドイツのブラント社会民主党政権の登場などで西欧との和解も促進され、一九七五年七月のヘルシンキでの全欧安全保障協力会議開催につながった。その最終文書に人権規定が盛り込まれたことにより、西側へのメディア規制も緩和された。ビートルズからコーラまで西側の事物が紹介されだした。作家の中には『収容所群島』を書いたアレクサンドル・ソルジェニーツィンのように海外で出版する例もあったが、彼のような知識人は海外追放となり、精神病院に送られた場合もあった。

## ソ連の中のアジア

そうした中、カザフスタンの詩人オルジャス・スレイメノフが七五年に書いた『アズ・イ・ヤ』は、中世ロシアの「イーゴリ軍記」に与えたアジア的要素、遊牧民の役割を指摘、ロシアの中にあるアジア的な要素を議論にのせ、ユーラシア主義の議論を促した。ソ連の一五共和国の中で特権的な立場にあるロシアを批判したのである。中央アジアではウズベキスタン共和国などでも人口が急増、政治経済上の比重も上がり、ヨーロッパ・ロシアでの少子化による人口減と対照をなした。

しかし、七〇年代後半から統治体制も行き詰まりを見せた。共産党の「指導的役割」を規定したブレジネフ憲法が採択されたのは一九七七年であったが、これは党支配を国家の基本法で規定するという意味では倒錯した構図であった。ブレジネフ書記長は最高ソヴィエト幹部会議長職をも兼ねたが、病気がちでもあった。そうした中で、農業担当書記の若手ミハイル・ゴルバチョフが、ブレジネフ側近のチェルネンコと並んで党内で台頭した。

一九七九年末にソ連が南の隣国アフガニスタンに介入したことは、ソ連にとって国家の威信と能力を傷つけた。病気の指導者が認めた二週間の短期作戦は、実際には一〇年の泥沼の戦争と一万四〇〇〇人の若者の命とに結びついたからである。第三世界でのソ連の進歩的イメージは決定的に崩れた。ちょうど直後に起きた八〇年八月のポーランドでの自主管理労組「連帯」の運動は、労働者が体制に反抗したという意味で「発達した社会主義」の暗部を世界にさらけ出した。アメリカでは共和党のレーガン大統領が反ソ色を強め、新冷戦と呼ばれた。

## 停滞と改革の萌芽

こうした危機の中、一九八二年一月にイデオロギー担当の保守派スースロフ書記が死去してアンドロポフが台頭し、一一月に亡くなったブレジネフの後をついで書記長となった。経済改革論も出始めた。だが、やや改革的な彼も病気がちで、統治はわずか四〇〇日で終わった。代わって一九八四年二月に書記長となったチェルネンコはレーガン政権のSDI計画に対しグロムイコ外相とともに核軍縮を進めようとしたが、彼も病気がちで保守基調は変わらなかった。しかし経済学者などにはこの停滞への懸念が広がり、第二書記といわれたゴルバチョフへの改革期待が高まった。

Section 5

# 従属論とピノチェトのラテンアメリカ

キューバ革命（一九五九年）の評価は、半世紀を経てもなお難しい。一九八〇～九〇年代の「民主化」以降、いわゆる「左翼政権」が続々と誕生し、カストロとゲバラはやはりラテンアメリカ変革の一番星だったのだ、という議論は成り立つ。しかし、それら「左翼政権」がすべて選挙政治の復活の所産であることを思えば、今日のキューバはラテンアメリカ政治の本流から大きくはずれた離れ小島だという評価も成り立つ。

## キューバ革命の波紋

だが、一九六〇年代にさかのぼると話は全然違う。人口六〇〇万人（当時）のこの島国に起こった革命が、最初の一〇年間にラテンアメリカ政治に及ぼした影響は、議論の余地なく圧倒的だった。その強大な磁場に大陸全体が吸い込まれた。青年層や学生運動や左翼政党や武装ゲリラが猛然と動きだしただけでなく、本流の職業政治家や官僚や軍人や学者も、十分な検討を経ずに既往の方針を修正することを迫られたのである。この節の表題に掲げた「従属論」と「ピノチェト」はそういった急ハンドルの最大のものであった。

## 発展戦略が魅力を失う

ラテンアメリカの一九五〇年代は、過去二〇年余の激動を切り抜けてやっと辿り着いた束の間のコンセンサスの時代だった。一九世紀後半以来、外国資本を誘致し、第一次産品や鉱産物の生産や輸出に牽引されて成長してきたラテンアメリカ諸国の経済は、一九二九年の世界大恐慌で大きくつまずいた。メキシコのカルデナス、ブラジルのヴァルガス、アルゼンチンのペロンなど、各国に強力な指導者が群がり立って、二つの新機軸を打ち出した。これまで外国資本をひたすら誘致してきたが、これからは国が規制していろいろ注文をつけよう。これまで工業製品は先進国から輸入してきたが、これからは国内産業を保護して工業化を進めよう。これら新機軸の主唱者と既成勢力との間に一応の妥協ができ、その結果多くの国で再び選挙政治が機能し始めたのが一九五〇年代であった。

ところが、やっとのことで達成されたこのコンセンサスは、キューバ革命の磁場がひと触れしただけで、少なくとも政治的には見る影もなく陳腐化した。それには理由がある。現実的な経済運営において、外資規制と工業化には、専門家なら予測せざるをえない不安材料があった。ラテンアメリカ諸国には第一次産品や鉱産物の輸出収入があるから通貨の為替レートが高く、国内で工業製品を製造しても輸出できない。さらに、軽工業製品なら国内企業だけでも生産は可能だが、例えば自動車となると外資の手助けが不可欠である。そのうえ、複雑な部品と工作機械は全部輸入しなくてはならず、短期的には貿易赤字が増えかねない。とすればテクノクラートもまた、体を張って既定路線を守る気持ちにはなれなかった。

こういうわけでごく脆弱《ぜいじゃく》であった一九五〇年代のコンセンサスをキューバ革命が瞬殺し去ったあと、学者の世界から現れて一世を風靡《ふうび》したのがいわゆる「従属論」である。その源流は、国連ラテンアメリカ経済委員会（CEPAL）を根城に、緊縮政策によるインフレ抑制を説く正統派に対抗したプレビッシュら「構造派」の立場にさかのぼるが、従属論はさらに先を行った。近代資本主義の下では世界は「中枢」と「周縁」に二分され、周縁は中枢に富を吸い取られる。その結果周縁は絶対的に窮乏化するので、周縁にとって「鎖国」ないしアウタルキー（自給自足）こそは経済発展を遂げるための唯一の道だというのである。実務家の世界の政策提言としては影響は乏しかったが、学者の世界での影響は大きかった。

### 軍部独裁返り咲きの四半世紀

その一方でコンセンサスの陳腐化は選挙政治への信任を崩壊させた。ブラジルやアルゼンチンなど域内主要国で軍部が政治に介入し、しかも中継ぎでなく一〇年以上も政権を担当した。選挙政治の潰滅と、軍政が行った数々の人権侵害は後を引くトラウマになった。最も劇的だったのがチリの事例である。一九七〇年の選挙で社共連立のアジェンデ政権が成立し「社会主義への平和的移行」を追求したが、七三年に陸軍司令官ピノチェトのクーデタで倒された。ピノチェトは大統領に就任し、一九九〇年まで政権を担当した。

ピノチェトは左翼を弾圧し、新自由主義の経済政策をとった。外資規制と工業化という課題を先送りし、国家の経済介入を控えたのである。この方針は一定の成果を挙げ、さらに一九八二年に債務危機が勃発すると、他のラテンアメリカ諸国も続々と追随した。ところがそうなると、軍部が次々と政権を手放して選挙政治が復活し、今度はチリの方が追随せざるをえなくなった。「人道に対する罪」は外国からでも立件可能である。下野したピノチェトは一九九八年にイギリスで逮捕されたが、高齢を理由に裁判は打ち切られた。ピノチェトは二〇〇六年にサンティアゴ市内で大往生を遂げたが、元大統領に対して異例のことながら、民政移管後四代目だったチリの政権は、このとき哀悼の意を表することを避けた。

## Section 6 帝国解体後のイギリス

「イギリスは帝国を失い、まだ役割を見出すに至っていない」。一九六二年にアメリカの元の国務長官ディーン・アチソンが述べたこの言葉は、世界最大の帝国を保有し、大きな力をふるってきたイギリスが、脱植民地化での帝国解体の下で、新たな立ち位置を定めるために苦悩する姿をよく示していた。一九五〇年代に開始した西欧統合に加わらない姿勢をとっていたイギリスが、六一年に欧州経済共同体（ＥＥＣ）加盟申請に踏み切ったのも、その徴《しるし》であった。しかしこの申請は、イギリスと密接な関係をもつアメリカの影響力が強まることを懸念したフランスのドゴール大統領の拒絶によって頓挫した。

### 世界大国の終焉？

六〇年代の日本では、ビートルズやミニスカートなどのイギリスの大衆文化が強い関心を集める一方、日本の高度成長と対照的な「イギリス病」について語られることが多かった。六四年に首相の座に就いた労働党のハロルド・ウィルソンは、停滞感のあったイギリス経済の活性化に取り組んだが、他方では、世界大国としてのイギリスの位置に執着し、通貨ポンドの威信にこだわって、経済活性化の鍵と考えられていたポンド切り下げに抵抗し続けた。しかし経済困難は解消せず、ポンドは六七年秋に切り下げられるに至った。それとほぼ時を同じくして、大きな財政負担となっていた海外軍事費の削減が、「スエズ以東」からの軍隊撤退という形で実施されることになった。

### ヨーロッパの一国へ？

イギリスは六七年に再びＥＥＣへの加盟申請を行ったが、またもやドゴールによって阻まれた。しかし、六八年のフランス社会の大変動の結果ドゴールが退陣したこともあり、七〇年に政権に就いたエドワード・ヒース保守党内閣による三度目の申請は成功し、七三年、イギリスはＥＣに加盟した。ただし、それはイギリスが自国をヨーロッパの一部として明確に位置づけたことは意味しなかった。再度政権を握ったウィルソン内閣が七五年に実施したＥＣ残留をめぐる国民投票では、残留賛成票が反対票を上回ったものの、ヨーロッパとの間に距離をおこうとする世論は、根強く残り続けた。

帝国解体の残響は、アイルランド、スコットランド、ウェールズでも見られた。アイルランドでは、一九二二年に南部が独立して以降北アイルランドでくすぶってきた、支配的地位にあるプロテスタントと差別される側のカトリックとの間の争いが六九年に爆発し、多くの犠牲を生みながら継続していった（北アイルランド紛争）。また、イギリス帝国の繁栄に与っていたスコットランド、ウェールズで、帝国の解体と軌を一にする形で地域ナショナリズムが活性化したため、ウィルソンの後のジェイムズ・キャラハン労働党内閣は、スコットランド、ウェールズへの権限移譲をめぐる国民投票を七九年に断行した。これが失敗する中で、激化していた労働争議への国民の不満も働いて、労働党政権は退陣し、保守党のマーガレット・サッチャーが首相の座に就くことになった。

**サッチャリズム**　政権初期に失業者の増大などで支持率が低迷したサッチャー内閣は、帝国支配の残滓のひとつ、南大西洋のフォークランド諸島をめぐる戦争での勝利で、息を吹き返した。この島々が自国領土であると主張していたアルゼンチンが八二年春、島に軍事侵攻したことに対し、イギリスは大軍を送って戦い、勝利したのである。この勝利が働いて、翌八三年の総選挙で保守党は大勝し、サッチャリズムと呼ばれる考え方の下での政策が、本格的に始動することになった。

サッチャーは、アメリカのレーガン大統領と並んで新自由主義の強い信奉者であり、経済面では市場の動きを重視し、国営化されていた企業の民営化や様々な規制緩和を進めていった。また、個人に重きをおくと主張しつつ、労働組合や地方自治体の力を大幅に削減した。このサッチャリズムには、国鉄の民営化を進めていた八〇年代の日本でも強い関心が寄せられた。

欧州統合の進展に対しては、サッチャーは慎重な姿勢をとり続けた。ECの通貨協力制度であるERM（為替レートメカニズム）へのイギリスの加入に反対し続けたのも、その現れであった。しかし、内閣内でも加入の意見が強まった結果、九〇年にイギリスはERMに加入するに至った。当時、地方税として導入したいわゆる「人頭税」への批判にさらされていたサッチャーは、このERM加盟をめぐる彼女の対応が内閣の亀裂を生む中で、辞任せざるをえなくなった。ただし、サッチャリズムは、その後もイギリスの社会に、濃い影を落とし続けていくことになる。

## Section 7 多文化主義・カナダ・アボリジナル

### 多文化主義ナショナリズム

カナダやオーストラリアにおいては、多文化主義とは、第一に、国内における文化、とりわけ移民集団の文化の多様性を認める政策である。また、多文化主義政策に関連する思想も多文化主義と呼ばれる。第二に、社会が民族的・文化的に多様化している現実の状況を指す。欧米の文化が支配する諸国の中では、一九七一年に、カナダが初めて多文化主義を国の政策として採用し、オーストラリアがすぐこれに続いた。両国は、現代世界にあって、多文化主義を代表する国といっても差し支えない。

カナダとオーストラリアの多文化主義政策に共通する点としては、いずれも高度に発達した民主主義の制度を基盤として、すべての市民に共通する普遍的な権利の土台の上に、政策が行われてきたことが挙げられる。これに対して、相違する点としては、カナダにおいては、イギリス系とフランス系の対立という二元的対立の克服策として、オーストラリアにおいては、脱イギリス化の象徴的なシンボルとして、最も重要な意味をもったことが指摘できよう。ただしいずれの場合も、ナショナリズムのアンチテーゼではなく、社会や国際状況の変化に対応した、新しいナショナリズムの構築の試みであった点では共通している。両国はそれぞれの状況に応じた多文化主義ナショナリズムを生み出そうとしたのである。その場合、主に新たな統合の対象となったのは、ヨーロッパ系のエスニック・グループと先住民であり、アジア系の移民は副次的な対象でしかなかった。

### カナダ

カナダは、白豪主義で有名なオーストラリアと同じように、対外的には、一九世紀末からアジア系移民や非白人の移民制限を行っており、国内では、白人国家への同化政策を推進していた。これが大きく変化したのが一九六〇年代である。人種・国籍による差別が廃止され、ポイント制と呼ばれる客観的な指標に基づく移民選抜が行われるようになった。同じように国内でも、アングロ・コンフォーミティと呼ばれる、イギリス系への同化圧力に対する、フランス系や他の移民集団からの反発が強まった。フランス系住民が圧倒的多数を占めるケベック州では、「静かな革命」と呼ばれる社会的・経済的変革が起こり、独立運動グループがケベック党に統一されるなど、ケベック・ナショナリズムが拡大した。その不満に対処するために、二言語・二文化に関する王立調査委員会が設置され、一九六九年には公用語法によって、英語と並んでフランス語も対等の言語としての地位を承認されたのである。

こうした動きには、フランス系以外のエスニック・グループも独自の権利の要求を強めることになった。カナダ先住民に対しては、ピエール・トルドー政権が、一九六九年に「インディアン白書」を出して、先住民を完全に平等な市民として統合する提案を行ったが、先住民は猛反発し、単なる対等の地位ではなく、「シチズン・プラス」という表現で、先住民としての特殊な地位を要求し、その結果、白書の主張は撤回された。これに続いて、一九七一年一〇月八日、トルドー首相は、二言語主義の枠内での多文化主義政策の導入を宣言し、「多様性の尊重による統合」を目指す多文化主義政策の実施を表明した。一九七〇年代にはヨーロッパ系の移民集団の文化の保護が主要な問題であったが、八〇年代になるとアジアを中心とする非白人移民が増加し、そうした移民の社会的平等の確保が重大な課題となった。一九八八年には、多文化主義の保持・促進法が制定され、カナダは唯一、法的基盤に基づき多文化主義政策を実施している国となった。

さらにカナダは多文化主義の先進国として、哲学的・理論的側面でも世界をリードするようになった。例えば、ウィル・キムリッカやチャールズ・テイラーは、この分野を代表する理論家である。

### オーストラリア先住民

オーストラリア本土の先住民は、かつては広くアボリジニと呼ばれた。しかし、現在でも複数形のアボリジニーズは頻繁に用いられるが、差別的ニュアンスが強い単数形のアボリジニは避けられる傾向にある。それに代えて、本節ではアボリジナルと呼ぶことにする。

オーストラリア連邦は、誕生すると同時に、つまり一九〇一年に移民制限法を制定し、非白人移民の入国を事実上禁止した。それ以後、白豪主義と呼ばれる政策を国是としてきたが、一九五八年に移民に対する言語テストを廃止してから、一九六〇年代には、一部のアジア系移民の入国を認めるようになった。これは、少し遅れてはいるが、カナダの政策変化とほぼ並行する動きであった。

アボリジナルに対しても、一九六二年には連邦レベルの選挙権が付与された。さらに一九六七年に憲法改正が行われ、先住民もセンサスに含めることや連邦が先住民に対する立法権をもつことが定められた。これは、先住民もオーストラリア国民の一部として統合することの象徴的表明であった。他方、先住民の土地権要求運動も活発化し、ノーザンテリトリーのイルカラの人々の樹皮請願書の提出や、グリンジの人々のストライキなどの有名な事件が起こった。また、ニューサウスウェールズ州では、アボリジナルのチャールズ・パーキンスなどを中心とするオーストラリア版のフリーダムライド（自由のための乗車運動）が行われた。

オーストラリアにとって一九六〇年代の漸次的な変化を引き起こした最大の要因は、イギリスのEEC加盟交渉の進展である。オーストラリアは、経済的にも心理的にも、イギリスとの一体性を喪失し、新しい国民国家の枠組みを模索していた。それが本格的に開花したのは、一九七二年に労働党のゴフ・ホイットラム政権が登場してからのことである。ホイットラムは、白豪主義の廃止を宣言した。また、移民担当大臣のアル・グラズビーが多文化主義の採用を公言した。しかし、その内容は十分に検討されたものではなく、多文化主義政策が本格的に導入されたのは、自由党のフレーザー政権になってからである。

一九七二年には、アボリジナルたちが、キャンベラの国会の前に広がる芝生に、「テント大使館」と呼ばれるようになるテントを張り、マクマーン自由党政府の政策に抗議し、先住民の土地権を要求した。政権交代によって首相になったホイットラムは、アボリジナルに自己決定権があることを認め、アボリジナル問題担当局を設置した。さらに、一九七五年には人種差別禁止法、一九七六年には連邦アボリジナル土地権法が成立し、アボリジナルの市民としての普遍的権利と、先住民としての特殊な権利の承認が進展した。しかし、アボリジナルの人々の生活状況はほとんど改善されず、一般のオーストラリア人との格差は現在までも続いている。

### 多文化主義のゆくえ

現在、世界的に多文化主義の退潮は明らかであり、オーストラリアやカナダもその例外ではない。グローバリゼーションの進展は、国民国家の機能を低下させると同時に、その恩恵を受けることができない貧しい層の人々の反発を招いた。国民国家は、十分なサービスを国民に提供できず、その不満を和らげるためにナショナリズムへの依存を強めた。両国は公式には多文化主義を維持しているが、その予算は削られ、市民意識と市民参加（citizen という言葉は口当たりがよいが、日本語では「国民」と訳すのが近い）を強調するようになっている。元来、多文化主義政策は、エスニック・グループの取り込みによって、新たな国民統合を目指す政策であるが、この国民統合の側面が顕在化している。

Section 8

# 石油危機と世界経済の構造変化

### 第一次石油危機

一九七三年の第一次石油危機は、戦後日本経済史上の事件としても重要であるが、それ以上に二〇世紀末における世界経済の大きな構造変化を象徴するものだった。まず、原油価格の急上昇の背後には産油国の交渉力の上昇があった。メジャーと呼ばれる国際石油企業が多くの利権を保有していたそれ以前の四半世紀には、原油価格は一バレルあたり二ドル前後の水準で推移し、石油の生産と輸出から得られる収入は中東諸国の政府にはあまり落ちなかった。ところが、ＯＰＥＣ（石油輸出国機構、一九六〇年設立）、ＯＡＰＥＣ（アラブ石油輸出国機構、一九六七年設立）の形成などによって、次第に自国の原油をめぐる諸権利についての中東産油国の主張が勢いを増し、この危機以降、価格決定力における先進国側、買い手側の圧倒的優位が崩れた。それ以来、原油の世界価格は、需給両面での様々な変化を反映して激しい変動を経つつも、上昇傾向にある。

この変化は、エネルギーの安定的確保という大きな問題が世界経済の舞台に登場したことを意味した。欧米や東アジアの工業国はこの原油価格高騰にどのように対応したのか。そしてそれは、世界経済をどのように変化させたのであろうか。

### エネルギー効率の改善

先進国の第一の対応は、油田の発掘や増産、代替エネルギーの開発などとともに、産業、交通機関、住宅・商業用施設などの商業エネルギーの効率を改善することであった。図1は、世界の商業エネルギー消費量（石炭、石油、天然ガス、二次エネルギーとしての電力を一次エネルギーに換算したもの）を世界ＧＤＰ（購買力平価、一九九〇年基準）で除した値の長期趨勢である。一九七〇年頃を境に、数値が急速に、しかも着実に低下していったことが見てとれよう。つまり、エネルギー効率の改善が見られたことになる。発展途上国では、まだ多くの人々が電気やガスへのアクセスを確保しておらず、効率の悪いバイオマス・エネルギーに依存したままであるが、そうしたエネルギー利用上の二極分解が見られると同時に、主要な商業エネルギー消費国がこぞって産業用、交通用、商業・住宅施設用のエネルギー効率の改善に力を注いだ結果、世界の商業エネルギー効率は、それまで資源集約的な技術を先導してきたアメリカや、社会主義計画経済の下で資源集約的な工業化を推進してきた中国も含めて、一定の水準に収斂する傾向を見せたのである。
この過程で、エネルギー資源に乏しく、もともと「熱管理」に敏感だった日本は、率先してエネルギー効率を改善し、エネルギー節約型技術は日本の国際競争力の重要な源泉のひとつとなった。製造業におけるエネルギー効率では、日本は現在でも世界をリードする立場にある。それまでの技術革新は、資本が豊富か、労働が豊富か、あるいは特定の資源が豊富かによって、その地域の比較優位を生かす方向に発展することが多かったけれども、石油危機以降は、そうした経路の違いに加え、それを超えて、エネルギー節約型の発展経路への世界的収斂が見られるようになったのである。

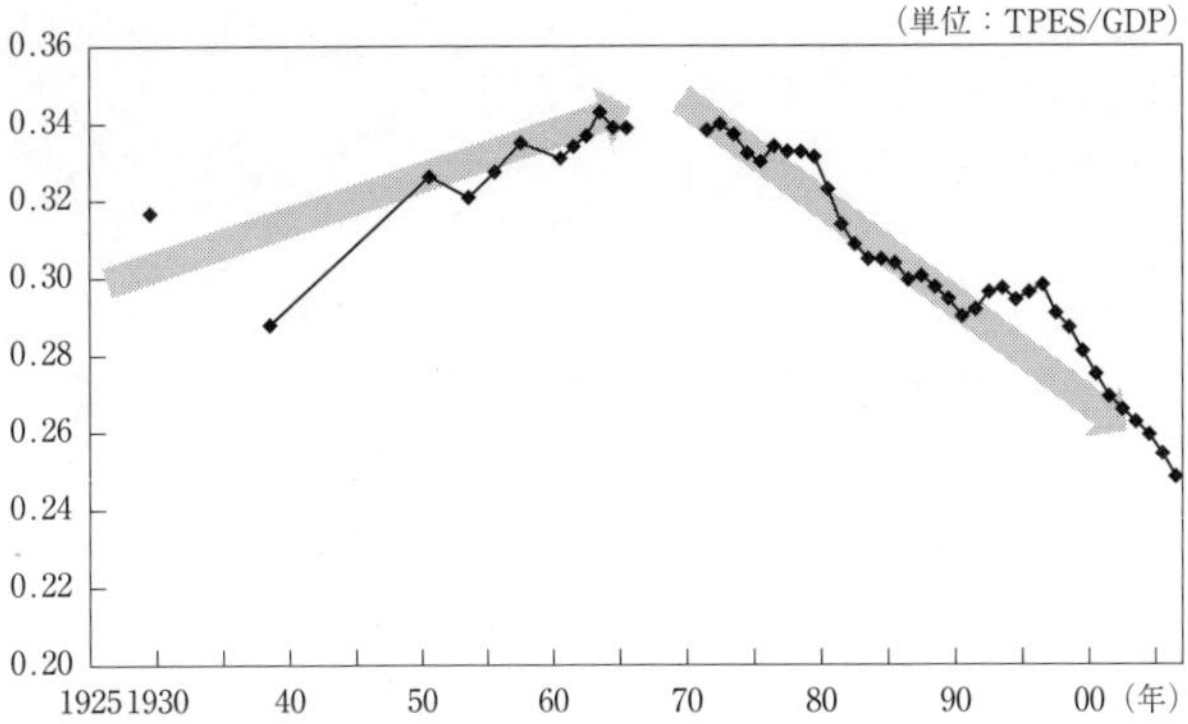

**図1　世界の商業エネルギー効率の趨勢**
注：石油換算した商業エネルギー消費量をGDPで除したもの。
出典：杉原（2012：158）。

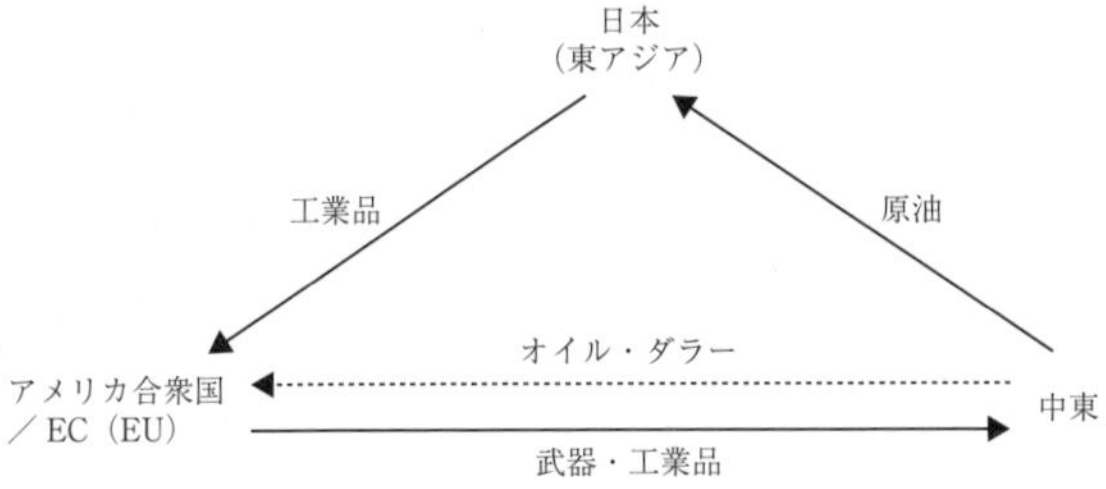

**図2　日本（東アジア）のオイル・トライアングル（1974～2008年）**
出典：杉原（2008：74, 80）。

**オイル・トライアングル**

第二の対応は、原油貿易をめぐる三角決済の形成である。第一次石油危機から一九八〇年代半ばまでの日本は、高価な原油を中東から購入し続け、工業品を欧米諸国に輸出することによって得た貿易収支黒字をその代金に充てた。日本のオイルマネーは、一部は欧米などからの武器の購入に充てられ、多くは欧米の金融市場に流れこんで、三角決済が成立した。これが「オイル・トライアングル」である（図2を参照）。ヨーロッパには中東からの資金流入を背景としてユーロ・ダラー市場が生まれた。欧米は国際金融や軍事産業に、日本は民需に特化することによって、欧米、日本、中東の三地域に新しい分業体制

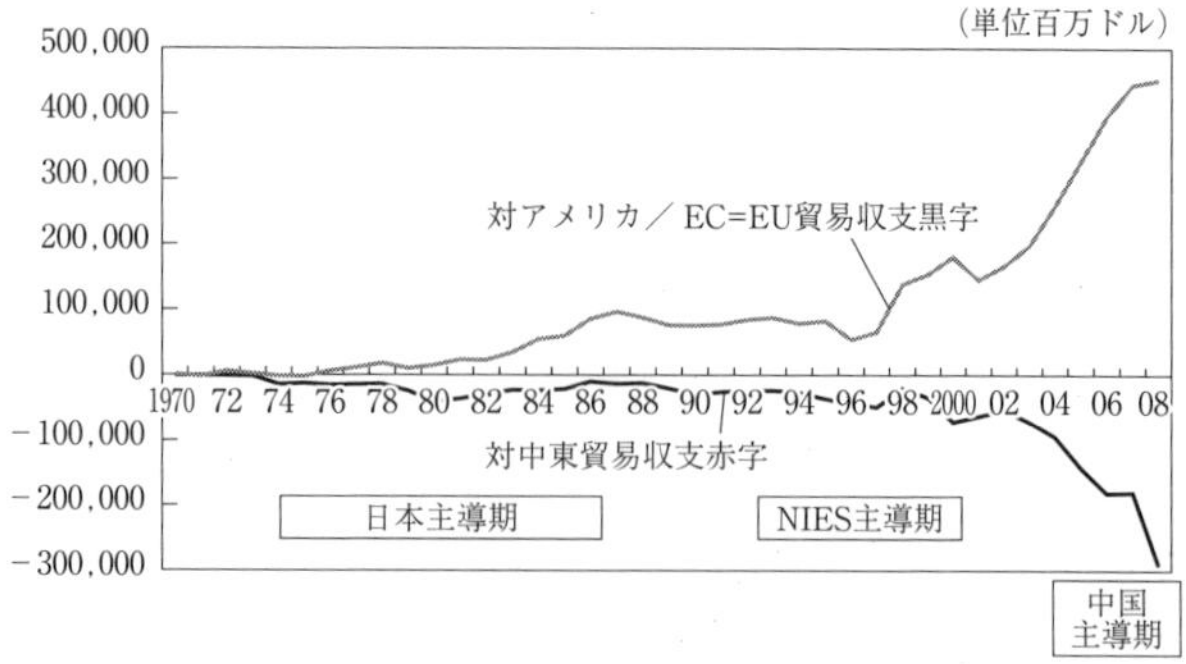


**図３　東アジアの対アメリカ／EC＝EU および対中東貿易収支（1970〜2008年）**
注：東アジアは日本，韓国，台湾，シンガポール，中国の計。
出典：杉原（2012：163）。

が生まれたのである。日本は、日本国憲法の「平和」条項の存在の下で、民需型ハイテク産業の分野で欧米と激しく競争し、客観的には欧米が中東諸国への武器輸出に傾く方向にプレッシャーをかけた。意図せざるものではあったが、日本は、欧米諸国の対中東武器輸出によってオイル・トライアングルが完成したとき、そこから最大の恩恵を受ける立場にあった。

一九九〇年代にＮＩＥＳ（新興工業経済地域）が、二〇〇〇年代に中国が、日本と同様の貿易構造を発達させた（図３）。オイル・トライアングルは東アジアに拡大し、世界最大の三角（厳密には多角的）決済構造に成長したのである。アメリカとＥＵは東アジアと中東の資金を吸収する一方、中東諸国（および一部のアフリカ諸国）に武器を輸出し続けており、軍事的・金融的覇権を背景に国際秩序の維持を図ろうとしている。世界ＧＤＰに占める軍事支出の比率は、冷戦の終焉以降も低下する気配がない。

### 世界経済の構造変化

第一次石油危機以降の世界経済は、欧米を（軍事産業を含む）資本集約的・資源集約的な工業と金融に比較優位をもつ地域に、東アジアを労働集約的・資源節約的な工業（および民需型の資本集約的工業）に比較優位をもつ地域に、中東などの資源国を資源の輸出に特化させることによって、域内に十分なエネルギー資源をもたない東アジアへのエネルギー供給を可能にした。それは、いわゆる「東アジアの奇跡」の最大の国際的条件のひとつであった。

こうして世界経済は、欧米先進国を工業国とし、発展途上国を第一次産品の供給国とする二極構造を脱却し、工業化の世界的普及を一挙に加速させた。しかし、それと同時に、オイル・トライアングルから取り残された多くの発展途上国では高価な原油を購入することができず、経済発展に遅れをとるとともに、森林伐採・環境劣化が進む傾向が見られたことも忘れてはならない。

# 第14章

# 「バブル」期の世界
## ——1980年代後半～1990年代

新自由主義を推進した２人の首脳，サッチャー英首相とレーガン米大統領

出典：M. B. Steger, R. K. Roy, *Neoliberalism*, Oxford, 2010, p. 26, 39.

フィンランド
ヘルシンキ
サンクトペテルブルク
タリン
ストックホルム
エストニア
ロシア
バルト海
リーガ
ラトヴィア
モスクワ
リトアニア
ヴィルニュス
ロシア
ミンスク
ベラルーシ
ワルシャワ
ポーランド
キエフ
ウクライナ
チェコ
スロヴァキア
モルドヴァ
ブダペシュト
キシナウ
ハンガリー
サグレブ
ルーマニア
クロアチア
ブカレスト
黒海
ボスニア・ヘルツェゴビナ
ベオグラード
サライエボ
セルビア
ブルガリア
モンテネグロ
コソヴォ
ポドゴリツァ
ソフィア
スコピエ
アルバニア
マケドニア
イスタンブル
ティラナ
トルコ
アンカラ
ギリシア
エーゲ海
アテネ
ロードス
キプロス
クレタ
ニコシア

ヨーロッパ（2014年）

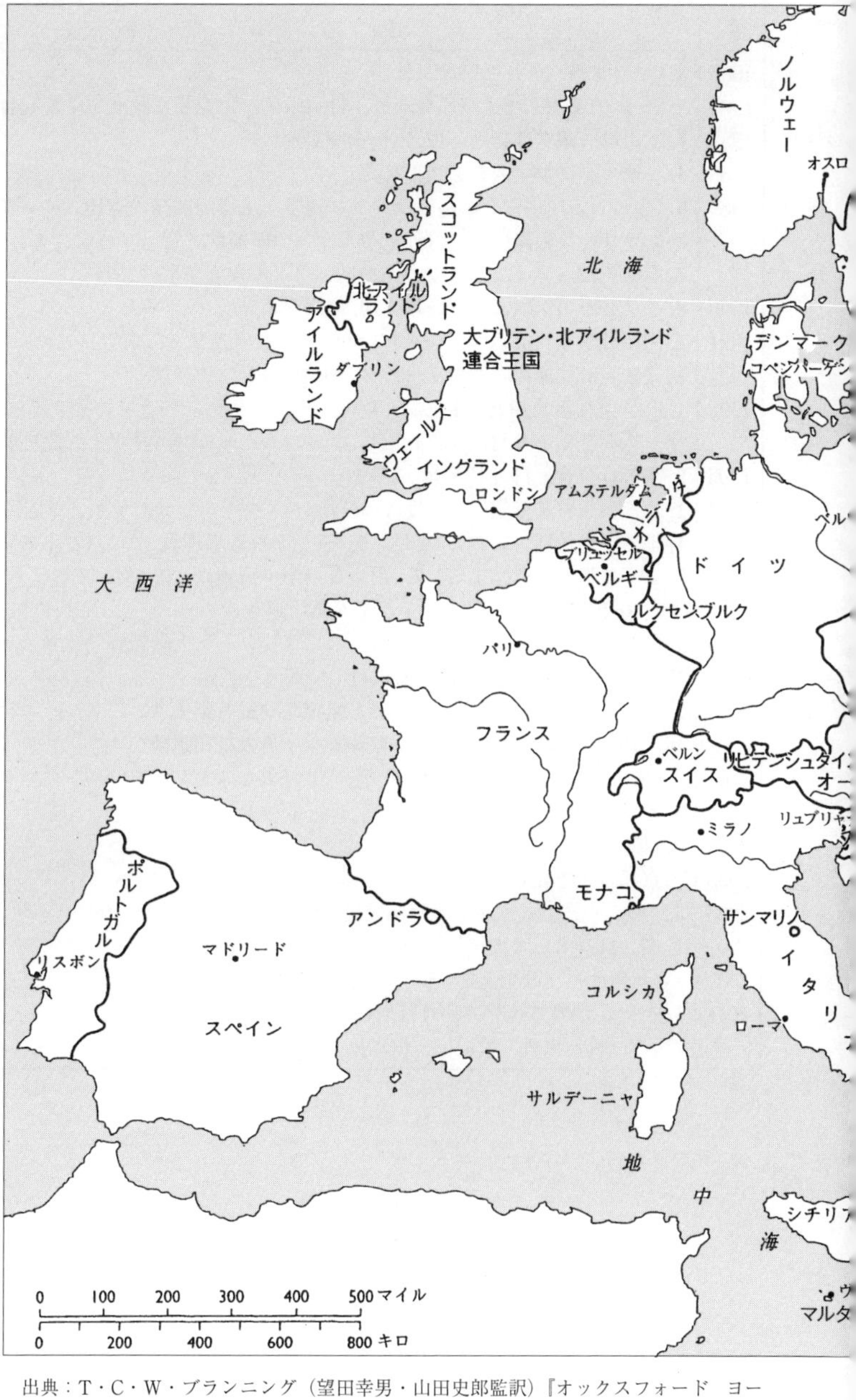


出典：T・C・W・ブランニング（望田幸男・山田史郎監訳）『オックスフォード　ヨーロッパ近代史』（ミネルヴァ書房，2009年）をもとに作成。

| 年 | 主な出来事 |
|---|---|
| 1985 | **3.**（ソ）ゴルバチョフ書記長就任 |
| 1986 | **4.**（ソ）チェルノブイリ原発事故。**11.**（米・ソ）レイキャヴィク首脳会談 |
| 1987 | **7.** 欧州単一議定書発効。**12.** INF 全廃条約 |
| 1988 | **4.** ソ連・アフガニスタン和平条約 |
| 1989 | **6.**（中）天安門事件。**6.** ポーランド「連帯」主導内閣発足。**10.**（ハンガリー）憲法改正。ハンガリー共和国に。**11.**（独）ベルリンの壁崩壊。**12.**（ルーマニア）チャウシェスク政権崩壊。**12.**（チェコスロヴァキア）ハヴェル政権発足 |
| 1990 | **8.** イラク軍のクウェート侵攻。**10.** 東西ドイツ統一 |
| 1991 | **1.** 湾岸戦争（〜**3.**）。**6.** ユーゴスラヴィア内戦勃発。**6.** 南アフリカ，アパルトヘイト体制終結。**8.** ソ連保守派のクーデタ，失敗。**12.** ソ連崩壊 |
| 1992 | **1.** 旧ソ連経済自由化。**1.** EC，スロヴェニアとクロアチアの独立を承認。**2.** EC 首脳，マーストリヒト条約調印。**4.** EC，ボスニア＝ヘルツェゴヴィナ独立承認 |
| 1993 | **9.** オスロ合意。**11.** EU 発足 |
| 1994 | **1.** 北米自由貿易協定（NAFTA）発効。（メキシコ）サパティスタ国民解放軍の蜂起 |
| 1995 | **1.** 世界貿易機関（WTO）発足。**3.**（日）オウム真理教テロ。**12.** ボスニア和平協定調印 |
| 1997 | **7.** アジア通貨危機始まる。**7.**（中）香港が中国領に。**9.**（英）スコットランド議会創設可決。**10.** EU15 カ国，アムステルダム条約調印 |
| 1999 | **1.**（EU）共通通貨ユーロ導入。**1.**（米）クリントン大統領弾劾裁判（〜**2.**），無罪に。**3.** NATO ユーゴを空爆。**12.**（米）パナマ運河を返還 |
| 2000 | **5.**（露）プーチン政権発足。**6.** 第１回南北朝鮮首脳会談。**7.**（メキシコ）71年ぶり政権交代。**10.** ユーゴ，民衆デモでミロシェヴィチ大統領退陣へ |
| 2001 | **9.**（米）9.11同時多発テロ。**10.**（米）アフガニスタンのタリバン政権を攻撃 |
| 2003 | **3.** イラク戦争（〜11年**12.**） |
| 2004 | **9.**（仏）宗教シンボル禁止法施行 |
| 2005 | **2.** 京都議定書発効 |
| 2008 | **5.**（露）メドヴェージェフ政権発足（プーチン首相）。**9.**（米）リーマン・ショック金融危機。**11.**（米）米大統領選でバラク・オバマが勝利 |
| 2009 | **1.**（米）オバマ政権発足。**9.**（日）民主党政権発足 |
| 2011 | **1.** チュニジアでベンアリ政権崩壊，「中東の春」始まる。**2.** エジプト，ムバラク政権崩壊。**3.**（日）東日本大震災，福島第一原発事故 |

# 序　論　新自由主義の世界

## 二〇世紀の終焉

ハンガリー出身の歴史家ベレンドとイギリスの歴史家ホブズボームが提唱した「短い二〇世紀」という概念は、第一次世界大戦の開始（一九一四年）からソ連の解体（一九九一年）までを、ひとつのまとまった時代として把握しようとするものであった。とするなら、私たちは暦の上で二一世紀を経験するすでに一〇年も前から、二一世紀を経験していたということになる。二〇世紀を「世界戦争の時代」と捉えた和田春樹も、一九九一年以降の時代は「世界経済の時代」と考えていたと思われる。こうした把握は、一九八九年の東欧諸国の体制転換とソ連の解体を世界史上の画期と捉え、一九九一年以降を「冷戦後」という新たな時代と認識しようとするものであった。

はたして、そうなのであろうか。冷戦の終結は「東西」の問題を本当に終わらせたのだろうか。また、「南北」の問題は、冷戦の終結といったいどのような関連があるのだろうか。一九八九年や一九九一年は、世界史上の画期というよりも、むしろ新自由主義が世界規模で体制化していく際の、ひとつの事例、ひとつの局面と見ることができるのではないだろうか。冷戦の終結によって、何が変化し、何が変化していないのかをいま一度考えてみよう。

## 新自由主義の体制化

サッチャー政権とレーガン政権の成立（それぞれ一九七九年、一九八一年）は、新自由主義の実験が周辺から先進資本主義国の中枢部に移ったことを意味する。一九八〇年代にはニュージーランドやオーストラリアで、徹底した私有化（民営化）と行政改革が進められた。

半周縁的諸地域も、それまでの開発国家という性格を変え、輸入代替工業化や社会主義的政策の代わりに、新自由主義政策を採用するようになった。トルコは一九八三年の民政移管後に新自由主義の体制に移行を始め、ラテンアメリカ諸国でも一九八〇年代から九〇年代にかけて、「静かな革命」とも呼ばれる新自由主義改革を開始した。インドでも一九九一年頃から民営化を中心に経済改革を進め、新しい中産階級の利害に応じた経済体制を形成していった。

こうした世界規模での体制変動を念頭におけば、一九八九年の東欧諸国や一九九一年のソ連の体制転換の性格を、「市民革命」や「民主化」ではなく、「新自由主義革命」と把握することも可能であろう。ここでは、ショック療法と呼ばれる急速な市場化と私有化が徹底され、フラット・タックス制のような高所得者に有利な税制が導入され、世界銀行やＩＭＦ（国際通貨基金）、ＷＴＯ（世界貿易機関）、ＯＥＣＤ（経済協力開発機構）といった「グローバル化権力」（グローバライザー）が、これら新興国の政策を規定していった。旧社会主義国家の「民主化」は、現実には新自由主義化と同義だったのである。

一九九一年から始まった南アフリカのアパルトヘイト体制の転換も、アフリカ国民会議によって世界銀行の政策路線が採用されるや、新自由主義的解放（ネオ・リベレーション）という性格を帯びるようになった。アパルトヘイトからの新自由主義への「エリートの移行」という現実は、ここでも「民主化」の意味を問いかけることになったのである。

一九九〇年代に入ると、福祉国家のモデルと見なされてきたスウェーデン、デンマークなど北欧諸国でも新自由主義政策を採用するようになり、社会民主主義政党もそれまでの福祉国家から新自由主義国家へと政策モデルを転換し始めた。この新自由主義化は、一九九〇年代後半には韓国や日本といった東アジア諸国においても本格化した。新自由主義の世界を考えることは、新自由主義の日本を考えることにつながるようになったのである。

## グローバリゼーション政策と世界の構造化

新自由主義の世界化には、ワシントン・コンセンサス（一九八九年）を背景とする新自由主義の制度化権力が果たした役割が大きい。例えば、世界銀行は、グローバル・サウスの環境政策や資源政策だけでなく、高等教育を含む教育政策を立案している。こうしたグローバル化を推進する権力は、「構造調整プログラム」と呼ばれる政策パッケージを南の世界に強制している。

カリブ海地域において、自由貿易（フリー・トレード）や経済特区（フリー・ゾーン）のフリーが何を意味しているのかを考えてみる必要があろう。また、イラク戦争後のイラクにおいて、「民主化」の名の下に、「ショック療法」やフラット・タックス制が導入され、石油資源がどうなったかを考えてみれば、対テロ戦争そのものが、戦争という別個の手段を使った新自由主義化という側面をもつことも明らかであろう。グローバライザーによる世界の構造化を新帝国主義と捉えるならば、新自由主義は新帝国主義を不可欠の構成要素としているといえるだろう。

同時にこうした世界化は、地域ブロックの形成が地域間競争を促進し、諸地域と新自由主義の世界を媒介する役割を果たすことによって、いっそうの進展を見せている。NEPAD（アフリカ開発のための新パートナーシップ）、NAFTA（北米自由貿易協定）、MERCOSUR（南米南部共同市場）、SAARC（南アジア地域協力連合）などの地域統合は、ブロック内の協調とブロック間の競争を通じて、グローバリゼーション政策に同意している。EUが東方への拡大を志向したのも、単に理念的なヨーロッパの拡大が問題なのではない。新自由主義政策を通じて東欧諸国の市場を再構造化しようとする試みと理解することができるのではないだろうか。

かつてはグローバリゼーションが進行すれば、国民国家が相対化されるのではないか、と考えられていた。しかし、現実はどうであろうか。国民国家はグローバル経済における競争単位としてむしろ強化され、新自由主義が作り出した社会に開いた穴を塞ぐため、安価な統合手段としてナショナリズムが興隆している。

こうした新自由主義化と世界の構造化は、長期的にみれば、産業資本主義から知識資本主義へと資本主義の構造転換が進行していくことの政策的・社会的あらわれ、と考えることができる。知識経済やニューエコノミーという名付けは、実は、知識資本主義のことを指しているのである。しかし、新自由主義は単なる経済政策ではないし、証券業界において負債の債券化という手法が有効な歯止めなく追求されたことによって発生した二〇〇八年のリーマン・ショックによってその命脈が尽きたのでもない。新自由主義は、自らに対応する市場国家という新たな国家形態を生み出し、イタリア語を起源とするプレカリアートという不安定雇用の労働者を世界中で生み出し、個性化、自助、自己責任、競争といった規範を医療・教育・福祉といった多様な分野にも浸透させている。グローバル・サウスを中心に、一〇億人を超えるスラム居住者を抱えている地球という惑星に住み暮らす私たちは、あらためて「西洋」という存在とそれが生み出した諸価値を語ることの意味を反芻しなければならないだろう。

## 総論　一九八〇年代のヨーロッパ

### 新自由主義と新冷戦

西欧では一九八〇年代に入ると、新自由主義がそれまでの労使協調による「合意の政治」に、また新冷戦が緊張緩和（デタント）に取って代わった。米ソ間で埋没する危機感と自らの社会モデルへの疑念の中からやがて出てきたのは、欧州統合への新たな気運である。他方、東欧には下からの市民運動が現れ、またソ連では社会主義体制の刷新が上から試みられた。それらは八〇年代末に歴史的な大変動をもたらす。

新自由主義とは、国家による介入を控え、個人と市場による自律に極力委ねる社会経済思想・運動である。一九七九年、八一年に政権に就いた英保守党のサッチャー首相と米共和党のレーガン大統領がそれを体現し、電信・航空産業などの民営化、労働法制などの規制緩和、金融ビッグバンといった政策を体系的に推進した。

その影響は、西ドイツやオランダ（および日本）の中道右派政権にとどまらなかった。一九八一年にフランスで政権交代を果たした社会党のミッテラン大統領は、当初一国ケインズ主義的な拡張的財政政策に固執したが、経済の相互依存（今でいうグローバル化）が進行する中、インフレ、フラン安、資本流出に見舞われ、八三年春には緊縮財政へと転換した。それは、左派政権といえども市場の論理を軽視しえず、その論理に寄り添う政策へ西欧諸国が収斂することを意味した。

他方国際関係の舞台では、一九七九年末のソ連によるアフガニスタン侵攻が米ソ新冷戦を激化させた。八〇年代初頭のソ連指導部は硬直化し、レーガン大統領はソ連を「悪の帝国」と呼び大軍拡に乗り出すなど、デタントは遠い過去に映った。日本でも当時ソ連脅威論が高まり、実際八三年にはソ連軍により大韓航空機がサハリン沖で撃墜された。西欧諸国は、ソ連によるアフガニスタン侵攻を厳しく糾弾するものの、中にはエネルギー面でソ連に依存する国もあり、強硬策にも限界があった。また、米ソ間の新冷戦やその後進展した核軍縮交渉から取り残される無力感を味わっていた。

焦燥感は経済的にも高まっていた。一九七九年のイラン革命に端を発する第二次石油危機は全世界を襲ったが、そこから日米が早期に抜け出したのに対し、西欧は停滞し、一五〇〇万人もの失業者を抱えるに至った。それは、技術革新や競争力における構造的劣位を十二分に意識させたのである。

### EC統合の再活性化

EC（欧州共同体）加盟国の中には、そうした停滞感に対し、八〇年代初頭にはフランスのように日本製品への輸入制限などの保護主義をもってあたろうとする国もあったが、やがて八〇年代半ばにさしかかり、域内市場統合の完成によって突破する方向に動くことになる。折しも市場イデオロギーに親和的な政権が多くなる中、各国特有の基準や規制などの非関税障壁を撤去し、域内貿易を徹底的に自由化するという戦略を取ったのである。

ただし、その戦略を実行するには、ECは予算分担をめぐり深刻な対立を抱えていた。しかも一九八一年にギリシアが加盟し、八六年にはスペイン・ポルトガルが加盟見込みとなっており、市場統合を進める際の意思決定の困難さは強く意識されていた。これに対し、EC諸国はまず、一九八四年のフォンテーヌブロー首脳会議で予算問題を解決した。また八五年半ばには、九二年末までの単一市場完成を目指す白書を採択し、同年末にはその執行のために多数決で意思決定（＝全会一致制を放棄）するという条約改正、単一欧州議定書に合意した。

さらに一九八八年初頭、新しく複数年にまたがる予算案を採択し、この市場計画を補完する一方、世界に対し改革への真摯な姿勢を示した。並行して、日本をはじめ諸外国からEC諸国への直接投資が激増した。その結果生じた統合と成長のダイナミズムは市場統合の完成年に合わせて「一九九二年ブーム」と呼ばれた。加えて、この単一市場計画では域内資本移動の自由化が謳われていた。それは、限定的な為替変動を許容する一九七九年以来の欧州通貨制度を不安定化し、為替を固定（通貨統合）するか、さもなければ完全な自由変動を認めるかの択一を迫っていた。八七年一〇月には、アメリカで株価大暴落、「暗黒の月曜日」が起き、対米ドル安定があらためて課題として認識された。これらを背景にして、八八年半ば、EC諸国は通貨統合に向けて舵を切るのである。

### 労組「連帯」とペレストロイカ

東に目を転じると、そこでは一党独裁・東西冷戦の堅い体制に綻びが見られるようになっていた。まず一九八〇年にポーランドで自主管理労働組合「連帯」が誕生し、下からの市民運動が芽吹いた。それは、八一年の非合法化、八三年の戒厳令を生き延びる。

しかし最大の要因は、八五年にソ連共産党書記長となったゴルバチョフの登場だろう。彼は社会主義体制の刷新（ペレストロイカ）を説き、特に八七年以降、上からの国内改革を加速化させる。国際的にも、対米核軍縮交渉を主導し、また八八年に定式化された「シナトラ・ドクトリン」により、東欧諸国に対するソ連の一方的指導の原則を放棄した。

東欧諸国の政府と市民は、最初はおずおずと、次第に大胆に、この新しく生まれた自律的な空間で声を上げていく。八九年二月にはハンガリーで複数政党制が導入され、ポーランドでも政府と「連帯」が円卓会議を通じて改革を模索し、六月には不完全ながら自由選挙を実施した。これらの延長上で、同年後半には世界史的な民主化ドミノ（東欧革命）を生むのだが、その際東欧諸国は、六月に中国で起きた凄惨な天安門事件を反面教師とし、概ね非暴力を貫くのである。

**東欧革命・ドイツ統一・冷戦終結**

一九八九年一一月、戦後長らくドイツとヨーロッパを東西に分断してきたベルリンの壁が崩れた。八月末にはハンガリー経由で東ドイツ市民が西ドイツに流入し始めたが、西側の消費文化を享受したがる市民の退出を東ドイツ政府は結局止められなかった。これは、ドイツ統一と冷戦終結という、戦後体制の根幹を揺るがす政治課題の浮上を意味した。実際この後、大方の予想を超え、わずか一年で東西ドイツは統一し、さらに一年後にはソ連（圏）が消え、冷戦もまた終結したのである。

ドイツ統一の過程は、一九八九年末にコール西独首相が打ち上げた十項目計画と、東ドイツ市民による統一運動の先鋭化により、本格化した。ついで、オーデル＝ナイセ線でのドイツ国境を確定し、またＮＡＴＯ（北大西洋条約機構）の軍事色を多少薄め、全欧にまたがるＣＳＣＥ（全欧安全保障協力会議）を強化し、またマーストリヒト条約によって通貨統合を含むＥＵ（欧州連合）を設立し、統一ドイツをそうした新体制の中でつなぎとめることを一つひとつ合意していった。最後に、経済援助の約束やソ連軍撤退への移行期間設定などによって渋るソ連が折れ、ドイツは九〇年一〇月についに統一を見た。

ポーランドやハンガリー以外の東欧諸国も、八九年末までに次々に非共産化、民主化を果たした。東欧というかつての勢力圏を失ったソ連もまた、自らの民主化の過程の中で、国内各共和国の分離運動に直面し、バルト三国などの独立のみならず、エリツィン指導下のロシア共和国からも挑戦を受け、九一年末、とうとう解体した。

こうしてヨーロッパでは社会主義体制は消滅し、市場原理が世界を覆う中、欧州統合は強化された。続く一九九〇年代は、その延長上でグローバル化の時代を迎えることになる。

Section 1

# EUと欧州統合の進展

## EUの統合

EU（欧州連合）とアジアの関係は決して強くはなく、その多くは実際には経済関係に限定される。しかし、EU自身は単なる経済統合のみではなく、政治、社会、安全保障、外交政策と様々な側面を抱く多様な地域統合体である。また、EUという呼称は、狭義にはEUの政策執行委員会である欧州委員会、加盟国の政府首脳、国家元首からなる欧州理事会や構成機関を指すが、広義にはEU諸国、国民を含む多様な動きとして捉えることもできる。そこで本節では、共通の歴史をもたず統合の難しいアジアという、域外の、比較的EUとの関係の少ない地域からEUを捉え、EUを相対化するための一助として、EUの国際関係における位置と、一九九〇年代の紆余曲折を経た統合過程を考える。

## EUとアジアの関係

EUとアジアの直接的な関係は一九九〇年代中頃に始まったばかりであり、しかも前述の通り経済・通商関係に限定される。すなわち、九〇年代に急速に経済発展を遂げ、国際的な地位を高めたアジアとの関係強化を求めて、欧州理事会は一九九四年一二月に対アジア戦略を採択し、その後非公式な対話プロセスとしてASEM（アジア欧州会合）が始まった。九六年三月にアジア側からはASEAN（東南アジア諸国連合）七カ国（当時）と日本、中国、韓国が、EU側は加盟一五カ国（当時）が集い、第一回ASEM首脳会議が開催され、貿易自由化を中心にした対話を掲げたASEMプロセスが発足した。九八年には第二回ASEM首脳会議が開催されたが、ここでは九七年にタイを中心に始まったアジア通貨危機を受け、保護主義の圧力を抑制する「ASEM貿易投資公約」を採択するとともに、ASEM信託基金を設立し、金融危機への対策がとられた。

他の域外地域との関係では、EEC（欧州共同体（当時））は早くも一九六九年に旧植民地のアフリカ一八カ国との間にヤウンデ協定を、その後一九七五年には第一次ロメ協定を結び、旧植民地のアフリカ・カリブ海・太平洋諸国との関係を築いている。それに対して、アジアへの対応がこのように遅いのは、EUにとって遠隔の地にあるアジア地域の安定、発展、ならびにそこから得られる利益が緊要な課題ではなく、ようやく九〇年代にアジアの経済的な存在感が高まり、ここに目が向けられたということができるだろう。

## ヨーロッパの変動とEUの誕生

EUの発足は、ヨーロッパにおける冷戦体制崩壊後、欧州新秩序形成へと続く一九九三年一一月一日である。一見すると順風満帆に見えるEUであるが、一九七〇〜八〇年代前半の低成長、高失業率の時代に統合は停滞し、各国間の差異が顕著となり、別々の方策を模索する中でその存在感は揺らいでいた。この状況を打開したのが、次の二つであった。

ひとつは、ドロール委員会が作成し、一九八六年に調印された単一欧州議定書(一九八七年七月一日発効)である。これはECの設立条約であるローマ条約を最初に大幅修正したもので、モノ、人、サービスの自由移動を謳った域内市場統合の一九九二年末までの完成を掲げ、社会的権利、研究、技術、環境など様々な分野での統合の促進を含んでいた。実際のところは、当初予定されていた項目のおよそ三分の二の事項統合が実現したのみであったが、これは欧州統合への国際的関心を一挙に増し、一種のスローガンにもなった「九二年」よりも前に、統合市場への投資を済ませて統合市場への経済的地歩を築こうと、域外企業はしのぎを削った。また、単一欧州議定書は、新自由主義改革を掲げるイギリス保守党首相サッチャーとドイツ・キリスト教民主同盟首相コール、フランス社会党大統領ミッテランという水と油の布陣の中で合意に達したものであり、経済統合ばかりではなく、自由化政策や労働者の最低限の基準を保証した社会憲章などを含むバランスのとれた内容であった。

これを統合が弾みを得た内部要因とすると、いまひとつ統合のさらなる加速を生んだ外部要因として、一九八九年以降に起こった一連の旧ソ連東欧諸国の体制転換があった。東側の体制が瓦解する中で、西側諸国の従来から存在する機構が旧社会主義国の注目を集めることになったのである。こうした状況下に誕生したEUは「ヨーロッパ新秩序」の形成が火急の用となった一九九二年二月に欧州連合条約(マーストリヒト条約)の調印を経て、一九九三年一一月一日に発足したものである。EUは経済統合に加えて、従来手つかずであった分野にも乗り出し、CFSP(共通安全保障外交政策)を盛り込み、また各国政府間の占有事項に関しても司法内務協力の枠組みを作り、統合の深化に乗り出した。一九九五年一月にはオーストリア、スウェーデン、フィンランドという冷戦期に非同盟・中立の立場をとっていた三国を迎えて加盟一五カ国となり、その後は旧ソ連東欧諸国のブームともいえる加盟申請が続いた。

## EUと多様性の保持

しかしながら、欧州連合条約の批准過程はスムーズではなかった。一九九二年六月に国民投票が行われたデンマークでは、約五万票差で反対派が勝利し、その影響を受けたフランスでの国民投票では僅差で賛成派が勝利したものの、イギリスでも庶民院で否決された。その後一九九二年一二月に市民権、通貨同盟、防衛、司法・内務協力の四つの分野で例外条項を設けたエディンバラ議定書が採択され、国民が要求する分野で統合の免除が認められるオプト・アウト（適用除外）が承認され、続いて行われたデンマークの国民投票でも賛成派が多数を占め、ようやく欧州連合条約は陽の目を見たのである。また、統合の進展に懐疑的な国民に対して、フランス大統領ミッテランが「諸地域からなるヨーロッパ」という理念を掲げて、統合は決して多様性を排除するものではないことを確認したのも、条約批准への危機感が生み出した産物であった。

一九九〇年代のEUの大きな動きのひとつに、通貨統合がある。一九九八年五月一日にECB（欧州中央銀行）が発足し、翌年一月一日には単一通貨ユーロが導入され、国家の占有権である金融政策を統合し、またアイデンティティの象徴ともいえる通貨を共通化することになった。しかし他方で、一九九九年にユーロ導入を行った加盟国は一一カ国で、イギリス、スウェーデン、デンマーク、ギリシアはユーロ圏の域外にとどまった（ギリシアは二〇〇一年に導入）。この三国はとりわけ国民の中に統合への懐疑論が強い国であり、前述のオプト・アウトが採用されたのであった。

一九九〇年代はEUにとって、旧社会主義国の加盟が二〇〇〇年代に想定される中で、西側諸国のみで統合の内容を検討し、進展させる最後の機会であった。一九九七年に調印されたアムステルダム条約（九九年に批准）では、「民主主義」を大きく掲げ、移民問題やEU市民権など人のレベルに関わる規定もなされて法律制定の範囲が広がった。共通外交安全保障政策もさらに進められ、一九七〇年にEC加盟諸国の政府間レベルで導入されながら、統合体の公式の制度とはならなかったEPC（欧州政治協力）が掲げていた「国際協力、人権、民主主義、法の支配の促進」といったEUの価値観を世界に発信する体制の形成を図った。しかし、他方で加盟国や各地域は必ずしもEUの路線すべてに同意したわけではなく、EUの「民主主義」の内容に対しても、地域や民族の実情に沿わない一律の方針に対しては批判も存在する。それはその後二〇〇四年に採択されながら、いまだ批准が行われていない欧州憲法条約序文に「多様性の中の統一」を掲げざるをえなかった事実に顕著である。

## Section 2 保守のアメリカ

### 保守主義の経済と文化

レーガン政権の成立とともに緒に就いた保守の時代は、内政、特に経済に関して、レーガンの過激な反政府的レトリックから想像されるほど「革命的な」変化をもたらしたわけではない。議会民主党の抵抗もあり、彼の政権はニューディール的な福祉制度の中核ともいいうる社会保障にも老人向け医療保障メディケアにも手をつけられず、官僚機構の劇的な縮小も果たせなかった。だが、レーガン政権の富裕者優遇減税や労働組合に対する攻撃や規制緩和が市場を活性化し、株式投機熱を煽り、企業買収を促し、貧富の格差を拡大したことは疑いない。そして、減税とレーガン軍拡がもたらした巨額の財政赤字と、国内製造業の弱体化と消費性向の高さが輸入を増加させた結果生じた大幅な貿易赤字とのいわゆる「双子の赤字」は、この政権がアメリカ経済に残した負の置き土産となった。

内政において保守の時代の到来を印象づけたのは、むしろ社会や文化や宗教の分野における道徳主義的な保守派の台頭であった。学校礼拝や人工妊娠中絶やＥＲＡ（男女平等権憲法修正案）の批准や同性愛者の権利といった社会的・道徳的な争点をめぐり、根本主義的な福音派を中心とする宗教右派が、右派共和党と連携し、保守的な中間階級に影響力を広げていった。ここに、六〇年代の公民権運動や対抗文化や新しい移民の増加に触発された多文化主義的リベラル派と鋭く対抗する保守の文化的戦線が形成され、非和解的な「文化戦争」が開始された。

### 新冷戦から冷戦の終結へ

対外面に関し、レーガン政権は、八五年三月のゴルバチョフのソ連共産党書記長就任とともに開始されたソ連政治の改革・開放への動きに対応し、新たな対ソ政策の構築を迫られた。ゴルバチョフにとり、計画経済の破綻と過大な軍事負担に起因する国民生活の行き詰まりから脱却するために、米ソ間の軍縮交渉は不可避であった。ゴルバチョフとレーガンは八六年以降頂上会談を繰り返し、核軍縮を具体化していった。その間、アメリカは東欧の共産主義体制の変革への支援を活発化する。こうして、わずか五年のうちに国際共産主義体制が、九一年にはソ連自体が解体され、ついに冷戦は終結したのである。

しかし、グローバルな観点から振り返るなら、米ソ対立のもうひとつの側面、第三世界における代理戦争や内戦や低強度紛争やテロといった状況は、冷戦期東西両陣営から各地の政治勢力に供与されてきた膨大な兵器とともに、冷戦後も存在し続けた。米ソ間で冷戦が終結に向かっていた時期、アメリカはエルサルバドルやニカラグアの内戦にCIA（中央情報局）を送り込み、後者ではイラン・コントラ事件というレーガン政権最大のスキャンダルを誘発した。また、レバノンでは駐留米軍が繰り返し大規模なテロ攻撃にさらされ、さらにカリブ海域ではグレナダに軍事侵攻し、パナマへの介入をも余儀なくされていた。冷戦後にアメリカが主導した湾岸戦争も、クリントン政権下の対外介入の多くも、こうした冷戦末期の第三世界政策に端を発していたといえよう。

**グローバリゼーションとアメリカ政治の変容**

九〇年代には旧共産主義諸国のほとんどが資本主義体制へと転換を図り、各国市場がアメリカの主導下、国際的な一体化を進めていった。ビル・クリントンの率いる民主党政権は、このグローバリゼーションの時代に即応しながらアメリカの繁栄を維持していくという課題に直面した。彼の二期八年の施政は、総じてレーガン以降の保守化の流れから大きく外れるものではなかった。とりわけリベラルな医療保険改革が頓挫し、九四年中間選挙で右派の起草した綱領的文書「アメリカとの契約」を掲げた共和党が圧勝して以後、クリントンは自由貿易、均衡財政、死刑制度の支持、福祉改革など保守派の主張してきた諸政策を実行していった。

クリントン政権の二期目は、大統領の性的スキャンダルをめぐり二大政党が激しく対立したが、クリントンはニクソンの不名誉をまぬがれ、高い支持率を維持したまま退任する。これを可能にした最大の要因は経済の成功にあった。グローバリゼーションによる市場の拡大、軍事費の大幅削減に加え、ＩＴ革命の進行は、長く停滞していたアメリカ経済の生産性を改善し、成長率を向上させ、失業率を低下させていった。九〇年代末連邦財政はついに黒字に転じた。しかしアメリカ経済の改善の影で、急速なグローバリゼーションの波に洗われたアジア、ラテンアメリカ、旧共産圏では、通貨・金融危機が頻発し、デフォルトの瀬戸際に立たされた国々が少なくない。アメリカでも二〇世紀末にＩＴバブルが破綻し、不況とともに経済格差が深刻化する。二〇〇一年の九・一一事件は、冷戦後の世界におけるアメリカの一極的な支配の限界を示すと同時に、アメリカ経済の繁栄に潜む脆弱《ぜいじゃく》性を暴き出す契機にもなったのである。

Section 3

# 東欧の脱社会主義化

一九八〇年代は冷戦終焉で終わるが、この時代の始まりはソ連のアフガニスタン侵攻、モスクワ五輪不参加、大韓航空機事件など、東西境界の険しさを再認識させるものだった。

### 冷戦後の東欧

東欧は東西冷戦の最前線だったが、体制転換を経たいまも地域変動の最前線にある。EUの東方拡大である。東欧はEU加盟国と未加盟国に分かれ、東側隣接諸国もEUの影響圏にある。バルト三国はEUに加盟し、ベラルーシ、ウクライナ、モルドヴァはEUとの関係を強化している。西欧とロシアに挟まれた地域を東欧と呼ぶなら、EU拡大とともに、東欧も拡大した。以下、少し広い視野に立って、この二〇年ほどの歩みを概観する。

### 経済構造改革の立ち遅れと政治の硬直化

一九七〇年代、世界は石油危機の中から経済の構造改革を達成した。ソ連東欧諸国はこの波に乗り遅れ、国際競争力の低下や財政赤字に見舞われ、遅れを西側からの技術援助、輸入、借款などで補った。しかしインフレが常態化するなど、八〇年代の東欧では問題が噴出した。

とりわけポーランド、ルーマニア、ハンガリーでは膨大な対外債務を抱え、経済の立て直しと国際収支の改善が急務だった。ルーマニアでは強権体制が敷かれ、「飢餓輸出」を行った。ポーランドやハンガリーでも輸入制限が導入されたが、社会的圧力のため限界があった。むしろこの両国では八〇年代に対外債務累積が数百億ドル規模に拡大し、ポーランドでは「連帯」運動の中でも、企業運営の立て直しや国家経済の再建に労働組合も責任を負うべきとする認識が広がった。ハンガリーでは巨大ダム建設計画を打ち上げたが、むしろ国家財政の破綻が明らかになった。

危機的状況に対し、高齢化していた国政の最高責任者は対応能力を欠き、政治は硬直化した。このため改革はペレストロイカが始まるまで薄氷を踏む歩みだった。

### ゴルバチョフの登場と二つの道

一九八五年のゴルバチョフ登場は東欧の改革派にとって追い風だった。しかし東欧民主化への道筋は一様でなく、北と南で大きく二分された。北では共産党と競合する社会勢力が形成され、「円卓会議」と呼ばれる代表者会談を通して、新たな国家運営の枠組みづくりが行われた。この道筋の先陣はポーランドだった。チェコスロヴァキアと東ドイツでは社会の伏流へと追いやられていた異論派が、八〇年代後半から復活し始めた。

他方、東欧南部では、共産党内部の路線対立から国内政治が流動化した。ユーゴスラヴィアでは、コソヴォ自治問題が八〇年代後半に先鋭化し、これを受けて各共和国共産党、とりわけミロシェヴィチが指導するセルビア共産党内で急進民族派が台頭し、やがて連邦共和国間の対立や各共和国内の民族間対立が激化した。この中で民族抗争は武力衝突へと発展し、民族浄化といわれる事態になった。この結果、ユーゴスラヴィアは共和国単位で独立した。コソヴォでは独立運動へと発展し、NATO軍がセルビア軍を空爆することで独立を後押しすることになった。

一般に東欧革命ではナショナリズムが大きな動因だった。ブルガリアでは多くのトルコ系難民が生まれた。ルーマニアではハンガリー系少数民族の間から大衆的反政府運動が始まった。東ドイツでは一直線にドイツ統合に向かった。他方、チェコスロヴァキアはチェコとスロヴァキアに分離独立した。東欧の変動は政治や経済を超えて、国民国家という枠組みにまで及んだのである。

### 一九八九年東欧革命

東欧革命はドミノ現象といわれたように、政権崩壊が連鎖し、東欧が地域的なまとまりであることを示した。まず、六月にポーランドで自由な総選挙が行われ、「連帯」政権が生まれた。ついで一〇月にハンガリーで憲法改正がなされ、一一月にはベルリンの壁崩壊、チェコスロヴァキアのビロード革命、ブルガリアでのジフコフ退陣と続き、一二月にルーマニアでのチャウシェスク大統領夫妻の処刑という衝撃的な事件で激動の年が終わった。ユーゴスラヴィアでも複数政党制が順次導入され、アルバニアでも九二年に自由選挙が実施され、共産党支配に終止符が打たれた。またこの間にバルト三国の独立運動が契機となり、ソ連が崩壊した。

一九八九年は中国で天安門事件が起きた年でもある。その背景には中国共産党内での改革派と保守派の確執、胡耀邦の死去、そしてゴルバチョフの訪中があった。東欧、ソ連、中国は、政治変動後に歩む道は異なるが、同じ問題状況に直面していた。

### 新自由主義とEU拡大

一九八九年はフランス革命二〇〇周年と重なり、欧米や日本では東欧の民衆に一八・一九世紀の市民革命を重ね合わせた。しかし東欧革命の背景にあったのは国家財政依存型社会政策の破綻、国際債権団による改革圧力、新興アジア経済との競合、環境破壊、そして民族的対立だった。つまり、本章の総論が一九八〇年代の欧州を特徴づける潮流として挙げた新自由主義、そしてすぐれて現代的な社会問題が東欧でも争点だった。したがって変革の熱が覚めたあと、九〇年代の東欧が直面したのは、他ならぬ八〇年代から積み残された社会経済問題だった。

経済統制の撤廃や国営企業の民営化では急進主義やクーポン制度など様々な方策がとられたが、結局、自力での経済立て直しは難しく、即効力を発揮したのは外資導入だった。東欧各国は競って外国企業を誘致し、銀行業さえもその大半が外資の傘下におかれた。EU加盟も「欧州への復帰」である以上に、西欧に対する東欧の期待の表れだった。

もっとも東欧の人々には、冷戦時代に自分たちがソ連に対する盾となったのだから、EUからの支援は当然であるという意識が根強い。しかし現実問題として旧体制からの赤字財政体質や国内資本の未成熟を考えると、共通通貨ユーロ導入への道のりは険しい。つまり東欧のEU加盟も実質は道半ばであり、この意味でも東欧は全体として今も地域統合の前線地帯である。

### 日本と東欧、そして世界

一九八七年、中曾根首相はポーランドに対する経済制裁措置をいち早く解除し、自らポーランドを訪問した。これにアメリカが倣うという展開だった。また一九九〇年、海部俊樹首相もポーランドに赴き、新政権に円借款の特別枠を約束した。当時、東欧では新しい国造りのモデルとして日本に対する期待が大きかった。しかしポーランドが累積債務返済の半減を求めたとき、日本政府は新規円借款を棚上げし、日本からポーランドへの投資や輸出は抑制された。その後、本格的に日本企業が東欧に進出するのは、EU加盟交渉が本格化する九〇年代末からだった。この間に東欧で急速に足場を築いたのは韓国企業および中国商品だった。韓国企業は欧州の生産拠点を東欧に集約した。中国も二〇〇〇年頃を境に日本の対東欧輸出を凌駕し、現在ではEU域外からの対東欧貿易でロシアに迫る勢いである。

一九九〇年代以降、東欧は西欧に対してだけでなく、アジアに対しても開かれた地域になった。中国から中央アジアを通り、東欧を抜けてユーラシア大陸全体を横断する新たな輸送網の建設が進んでいる。しかし目を南に向けると、東西冷戦の終結は第三世界における大国の支援合戦に終止符を打ち、東欧への投資急増がアジア・アフリカ途上国への投資後退につながるという連鎖も見えてくる。東欧という狭い地域の変動も、グローバルな世界の流れの中で理解することが重要である。

## Section 4 ソ連の崩壊とロシアの模索

### ペレストロイカ

一九八五年三月に亡くなったチェルネンコに代わって新書記長になったのはゴルバチョフであった。彼はペレストロイカという改革を始めたが、七〇年代末から鄧小平などが追求していた改革論が与えた影響は大きかった。中ソ和解もこのような流れを推し進めた。ソ連のアフガニスタン介入の失敗、韓国など新興工業国の台頭も、ドグマの見直し、改革への機運を促した。石油価格が当時下落したこともあった。改革に乗り出したゴルバチョフはさっそく高齢化した人事を一新、党書記にはエゴール・リガチョフ、首相にニコライ・ルイシコフを任命、またエドゥアルド・シェワルナッゼを外相、党の宣伝担当にアレクサンドル・ヤコブレフ、モスクワ担当にエリツィンを登用した。一九八六年二月の第二六回党大会直後の四月末に起きたチェルノブイリの原発事故をきっかけに、グラスノスチという情報公開も積極的に進めた。

### ペレストロイカとアジア

ペレストロイカの機運をいっそう増加させたのは八六年夏の極東訪問であり、ここでゴルバチョフはペレストロイカを「第二の革命」といった。中国との和解、改革のモデルとなる日本や韓国への関心もあった。特にシェワルナッゼやヤコブレフは、ヨーロッパや日本などとの関係改善を図った。ゴルバチョフは八五年ウィーンでレーガン政権との間に核軍縮も進めた。一年後レイキャヴィクでは米ソ首脳が核全廃を語り、雰囲気が変わった。

ゴルバチョフは八七年に政治改革を打ち出し、歴史の見直しを進め、保守派に対する闘争を進めた。トロツキーなど禁句であったロシア革命の人物も公に議論され、アンドレイ・サハロフ博士なども復帰し、テレビや新聞なども自由に報道した。他方保守派はリガチョフ書記の下に結集したが、エリツィンなどに改革の遅れを指摘した政治家もいた。八八年三月に保守派はスターリン復権を画策したが、ここで改革派が勝利すると、ペレストロイカは限界なしの運動として広がりだした。中でも民族共和国ではナショナリズムが台頭し、特にバルト諸国やウクライナ西部などでモスクワ批判の潮流が一斉に吹き出す。ゴルバチョフは第一九回党協議会で党内での選挙制を打ち出し、またソヴィエトの自由化も進めた。各国では人民戦線など主権や独立までを指向する潮流が台頭した。八九年三月の最高会議選挙ではエリツィンやサハロフ博士などが当選、複数政党を目指した。経済改革では協同組合経営を合法化し、企業の自主性が高まったが他方で物不足も深刻化し、民衆の不満も強まった。

これらの結果が一九八九年秋の東欧での嵐のような自由化であった。ハンガリーやポーランドで市民運動が台頭した。中でもゴルバチョフが東ドイツを訪問し、保守派を批判した直後の一一月九日、民衆はベルリンの壁を自発的に解放した。東欧各国でチェコのヴァーツラフ・ハヴェル大統領のような反体制派、市民派の権力が誕生した。この秋ゴルバチョフはローマ法王を訪問し、さらにブッシュ米大統領と冷戦終結を確認した。ドイツは翌年一〇月までに統一を果たした。

しかしこのことは保守的圧力をも巻き起こした。ゴルバチョフは九〇年二月に一党制を廃止、代わって人民代議員大会でソ連初の大統領となったが、ロシアでは六月一二日に主権宣言を行い、翌年六月にはエリツィンが初の民選大統領となった。ソ連大統領の権限に陰りが見え始めた。ゴルバチョフはエリツィンらと改革で協力を模索するが、保守派はゴルバチョフに危機管理を迫った。九一年一月にはバルト三国で保守派の決起が起きた。モスクワの保守派は一九九一年八月に予定された新連邦条約を阻止しようと、ルキヤノフ最高会議議長らを中心にゴルバチョフへの圧力を強め、同月一八日に国家非常事態委員会を作った副大統領ゲンナジー・ヤナーエフらが決起する。しかしクーデタはエリツィンらの抵抗で三日で挫折したため、ゴルバチョフの権威も低下し、彼は党中央委員会解散を指示した。この後はバルト三国がいち早く独立し、ウクライナも独立を目指す。抵抗したロシア指導部では独立を指向する勢力が台頭した。ウクライナで独立を問う投票が一二月に可決されると、エリツィンやベラルーシもソ連邦解体を指向し、スラヴ系三共和国首脳会議でこれを合意した。ここにソ連邦は一九九一年一二月二五日に崩壊したのである。

### ロシアの台頭

ソ連崩壊後ロシアで九二年一月から始まった価格自由化は、ショック療法とよばれたが、その年だけで二六〇〇％というインフレを惹起した。国営産業の民営化も早急に実施され、バウチャーを国民に配布した。しかしこの民営化は腐敗が伴った。九二年一二月ガイダル首相代行は解任され、経済の舵取りは天然ガス会社ガスプロムのヴィクトル・チェルノムイルジン新首相へと移行した。

改革は市民生活に悪影響も及ぼした。貧富の差の拡大と中産階級の没落が進行し、医療水準、社会保障などの指標は悪化した。エリツィン政権の市場主義に対して、反対派的民族主義勢力が台頭し、また没落した各種の共産党系が復活した。九三年には、急進派が主導権を握ったエリツィン周辺と、保守化する最高会議との対決が強まった。最高会議・人民代議員大会の解散と大統領統治の導入、そして新たな二院制議会の創設・選挙などを骨子とする新憲法制定を急いだエリツィンは九月二一日に最高会議ビルを封鎖し、武力で解散した。一二月国民投票でかろうじて採択された新憲法は、強力な大統領の権力を保障したが、新上下院は弱かった。新議会ではガイダルら急進派は後退し、首相は再びチェルノムイルジンとなった。経済政策では、民営化は現金での取引という第二段階に入ったが、これは、国有財産を安売りするものだと不満が続出した。

エリツィンはロシアの民族共和国との連邦条約を九二年二月に締結したが、チェチェンやタタールスタン共和国では独立派がこれを拒んだ。九四年にはチェチェン問題が再燃した。エリツィン政権は一二月に非常事態を宣言、ロシア軍を投入した。

最大の内政問題は九五年一二月の下院議員選挙と九六年大統領選挙であった。下院にあたる国家院（ドゥーマ）選挙では、共産党の躍進、民族主義的な自民党の二位の確保といった、反政府・改革批判勢力の優位、そして改革・政府派の漸減が衝撃を与えた。与党系の「わが家ロシア」は、選挙では一割強しかとれなかった。九六年六月の大統領選挙には、エリツィンのほか、躍進した共産党ジュガノフなども立候補した。エリツィン選挙を支えたのは民営化で台頭した「七銀行家」と呼ばれた金融集団オリガルフだった。決選投票では、エリツィンが五四％をとり、ジュガノフに勝利した。

大統領選挙終了後、新しい金融エリートが政権に進出した。燃料などのノメンクラトゥーラ（特権層）を代表するチェルノムイルジン首相に対し、銀行・金融集団が支持するチュバイス大統領府長官の地位が高まり、若手を副首相に登用したが、民営化をめぐる金融集団間の対立も激しさを増した。しかし脆弱な経済は九七年のアジア通貨危機の煽りを食った。九八年三月エリツィンは内閣を解散し、若手のセルゲイ・キリエンコに新内閣を任せたが、八月に政府はデフォルト状態となり、キリエンコ内閣はルーブルを切り下げた。エリツィンは議会の認めるプリマコフを九月に首相として登用した。このことで経済は安定したが、エリツィンの権威は低下した。そうでなくとも病気がちで、権力は「家族」と呼ばれた娘や金融集団が握った。

この後大統領はプリマコフを解任し、その後ステパーシンを経て、九九年八月にウラジミル・プーチンに首相職を任せる。そのときチェチェン紛争が再燃しており、法と秩序を掲げるプーチンはこれと対抗することで人気が上昇した。下院議員選挙で彼を支持する統一派が勝利すると、エリツィンは一二月末日にプーチンを後継者として指名し、翌年三月の大統領選挙で五二％の支持で二代目大統領が誕生した。

## Section 5 移民のヨーロッパ

### 変わる「街の顔」

今日のヨーロッパには、ヨーロッパの外部から来た多くの人々が住んでいる。地域によっては、「ヨーロッパ」とは思えないほど集まっているところもあり、それは「街の顔」を変えるほどである。彼らの中には社会的に上昇を遂げ、様々な分野で活躍するケースも増えてきたが、他方で底辺の労働に従事し、いわば社会を裏側から支える存在も数多い。しかも世界の貧富の格差が構造化されている中で、働く場を求めてヨーロッパに命をかけてやってくる者たちは、後を絶たないのが現状である。

### 高度経済成長と労働力需要

非ヨーロッパ圏の労働者が急速に増えたのは、第二次世界大戦後のことである。日本が朝鮮戦争を大きな契機として高度経済成長を遂げたように、ヨーロッパの西側先進地域もマーシャル・プランを受けながら飛躍的な成長を成し遂げたが、そのための労働力は外国に依存せざるをえなかった。国内の離農者や出稼ぎ者でまかなえた日本とは、根本的に異なる点である。

外国人労働者は、従来は南欧系や東欧系が多かったが、戦後は非ヨーロッパ系の比重が増していった。その出身地は国ごとに特色がある。英仏などは旧植民地帝国からが多く、イギリスではインドなど南アジア系、フランスでは北アフリカのイスラーム系が中心である。オランダではインドネシア系が群を抜く。かつてカリブ海に植民地をもって、大西洋奴隷交易に携わったこれらの国々では、奴隷を祖先にもつこの地域出身者も少なくない。また第一次世界大戦の敗北で植民地を奪われたドイツは、当時の外交関係からトルコ系が多くなっている。

労働の場は普段は目に見えないが、非ヨーロッパ系の人々が社会一般で「可視化」されるのは、大きくは一九七〇年代の石油危機の前後から八〇年代のことである。長期の不況に陥ったヨーロッパ各国は、外来の労働者を制限するものの、失業しても帰国しなかった者たちは逆に家族を呼び寄せたために、かえって非ヨーロッパ系の住民は増加した。ＥＵの進展も無関係ではない。域内の労働者の権利が保障されてきたことで、安価に使い棄てられる域外からの労働力が求められた面もあるからだ。

従来は送り出し国だったイタリアやスペインなどの南欧にも、外国人労働者が増えたのは、単にアフリカからヨーロッパへの通過点となっているからだけではない。

### 外国人労働力の規制から排外主義へ

ただし、受け入れ国の外国人労働者への対処はもちろん一律ではない。例えばイギリスは旧帝国からの流入を防ごうと、すでに六〇年代から移民規制を法制化しているし、ドイツでも七〇年代初頭には外国人労働者を阻止する動きが起きている。外国人労働者の多くはイスラーム系であり、彼らへの忌避感は端的に「イスラーム嫌い」につながっている。「異質な」人々の増大は、ヨーロッパのアイデンティティそのものを揺るがしかねないという懸念もあいまって、八〇年代以降は各地で急速に排外主義的な傾向が高まり、移民排斥を掲げる極右政党が勢力を伸ばした。

近年では法的措置をとる国もある。フランスでは八〇年代末から議論になってきたイスラームの標章であるスカーフが、二〇〇四年に「公の場における世俗性」の名の下に公立学校で禁止され、続いて女性の身を包むブルカも公道での着用が禁止された。スイスでは二〇〇九年、イスラーム寺院の尖塔であるミナレットの建設禁止が憲法に記された。二〇一一年七月には、多文化共存社会を作っていたように見えたノルウェーで、「反移民」を唱える青年が穏健な路線をとる政権政党を狙うテロを起こし、衝撃を与えた。こうした事態に危機感を覚える市民の連帯も進んでいるが、イスラーム嫌いは簡単には収まりそうもない。

### 「移民」とは誰か

ところで、そもそも「移民」とはいったい誰なのだろうか。基本的には「外来の労働者」であるはずだが、現実には移民と聞くと、機械的に非ヨーロッパ系の存在に結びつける思考回路は、日本のみならずヨーロッパ現地でも顕著である。つまりヨーロッパ系だと必ずしも「移民」と捉えられるわけではないのに対し、非ヨーロッパ系だと居住国の国籍をもっていたとしても、移民（＝外国人）と見なされる場合が少なくない。「移民」は中立の概念ではないという問題性を、認識しておく必要があるだろう。排外的な動きが各地で起きていることを考えれば、なおさらである。

EUが拡大された今日、先進地域には後から加盟した東欧からの労働者の流入が増え、外国人労働者をめぐる状況はさらに混沌としてきている。折しも二〇一〇年末からアラブ地域で広範に起きた民主化のうねりは、政治の不安定さから人々をヨーロッパへとさらに流出させる結果ともなり、ヨーロッパ内の「移動の自由」が問い直される事態にもなっている。EUは共通の外国人政策の策定を目指してきたが、どこまで可能なのかは今後の課題である。

Section 6

# 湾岸戦争から「九・一一」「対テロ戦争」の時代へ

一九九〇年八月、イラクは突如隣国クウェートを侵攻・占領した。これに対し、アメリカは「国際秩序の回復」の名の下に軍事介入の方針を示し、最終的には九一年一月、「多国籍軍」を組織してイラクに対する大規模攻撃を行った（湾岸戦争）。

## 湾岸戦争の意味

一九六八年に成立したイラクのバース党体制は「アラブ民族主義」や「社会主義」を掲げたが、現実には、一部の軍人・官僚が権力と富を独占し、国民の多くを抑圧する腐敗した強権政権であった。特に、一九七九年に大統領に就任したサッダーム・フサインは、イラン革命の波及を恐れた湾岸の保守的君主制諸国（サウジ・クウェート等）や、その背後のアメリカの利害を代弁して、革命後のイランに攻め入った（イラン・イラク戦争）前歴をもつ。イラクの軍事大国化はこの戦争の過程で起きた。湾岸戦争はそれゆえ、アメリカが、従来は放置・黙認していた親米独裁政権の隣国侵略（今度はイランではなくクウェート）という行為を一転して糾弾することにより、中東への直接的軍事介入のきっかけをつかんだ出来事だったといえる。アメリカは一九六〇〜八〇年代には、社会主義圏や非同盟運動の存在、さらに中東域内において民族解放の気運が依然強かったために、中東に直接軍事介入できなかったが、湾岸戦争を機に、この地域に軍事的プレゼンスを確立した。また、この戦争にあたりアメリカは、「多国籍軍」（ヨーロッパ諸国、またエジプト等のアラブ諸国も参加）を結成し、戦費の一部は日本に負担させる（一一〇億ドル）など、いわば戦争の国際的な組織化に成功した。湾岸戦争を機にアメリカは、「冷戦」体制解体後の世界を自国主導で再編していく方向に踏み出したといえる。

## 一九九〇年代の中東

湾岸戦争後、一九九〇年代の中東は、欧米への従属からの解放を求めた一九五〇〜六〇年代の闘いの成果が失われ、地域の人々の主権が再び様々な形で脅かされる状況を迎える。湾岸戦争を通じてサウジ、クウェート、カタル、バハレーンの四国にアメリカ軍の拠点がおかれ、域内におけるアメリカの軍事的プレゼンスは著しく増大した。同時に、「経済の自由化」の名の下、中東でもアメリカをはじめとする先進諸国の資本が活動しやすい環境を作り出すことを求める圧力が強まり、IMFの「構造調整」勧告等の形で、民営化、公務員削減、教育・医療への「市場原理」導入、労働の分野での「規制緩和」等の「新自由主義」的政策の導入が進んだ。

中東にとって一九九〇年代は同時に、パレスチナ問題の公正な解決がなおざりにされ、パレスチナ人の闘いが封じ込められていった時期であった。一九九三年の「オスロ合意」に始まる中東和平プロセスは、イスラエルとPLO（パレスチナ解放機構）が相互を承認し、交渉による問題の解決を目指すことで合意した点では積極的意義をもったが、それ以外の点では（湾岸戦争後の国際社会・域内における力関係を反映して）圧倒的にイスラエルに有利なものであった。達成されたのは「暫定自治」にすぎず、パレスチナ人による民族自決権の行使（すなわち独立国家の建国）という課題は棚ざらしにされた。「和平」の名の下にパレスチナ人が民衆的抵抗（インティファーダ）の放棄を強いられる一方で、イスラエルは第三次中東戦争（一九六七年）による占領地への入植地建設を続行した。

### 「九・一一」と「対テロ戦争」の時代

二〇〇一年のいわゆる「九・一一」事件（世界貿易センタービルと国防総省へのテロ）以後、アメリカは中東の国々に対する直接的軍事介入・侵略を、さらに大規模に展開し始めた（二〇〇一年アフガニスタン戦争、二〇〇三年イラク戦争）。「テロとの戦い」や「大量破壊兵器」問題（その存在は結局確認されなかった）、「独裁政権からの解放」等を名目としたこれらの戦争は、巨視的には、世界の石油の確認埋蔵量の三分の二を有し、戦略的・地政学的にも重要な中東にアメリカが軍事介入し、この地域を自らの影響下に収めようとする動きだったといえる。それは中東にとっては「再植民地化」の始まりともいうべき事態だった。アメリカによるアフガニスタン・イラク占領と並行して、イスラエルは「オスロ合意」でいったんは自治を認めたはずのパレスチナ占領地を（やはり「テロ対策」を口実に）再占領・封鎖・攻撃する。

このような状況は、中東の民衆が「再植民地化」への危機感を募らせ、さらにそれを黙認している自国の体制への批判意識を高めて、変革のために動き出すという結果を生んだ。エジプトでは二〇〇〇年以降、イスラエル占領下で苦しむパレスチナ人との連帯運動が活性化し、二〇〇三年にはイラク戦争に反対する大デモが発生する。これらはやがて、エジプトの体制自体の変革を目指す民衆革命（二〇一一年）につながっていく。

Column 29

# 記憶をめぐるポリティックス

個の記憶は過去に関する個人の知や思いの総計であるが、その個が属する様々な集団のアイデンティティ（自己同一性）と絡み合っている。共同体（家族・地域社会・国民国家・文明共有集合体等々）の内部には、一般的に複数の「記憶の共同体」が並存し、雑多な記憶が存在する。その中で、有効に当該共同体の共同性を保証する過去認識として広く認められた特定の記憶は、「公共の記憶」となる。歴史のレベルで「公共の記憶」の座を獲得した過去認識のあり方が「正史」になる、といえる。公共の「記憶の場」をめぐって、本来多数存在し、異なった幻像をもつ多様な記憶の間で、不断に闘争や操作が行われている。「正史」が個々の記憶の簒奪・横領によって成立するとすれば、その過程を批判的に分析し、「正史」によって抑圧される人々の存在を示すことが「記憶の歴史学」の課題となる。

記憶は自然的・主観的で、歴史は学問的・客観的であるという画期的な対比をすでに一九二〇年代に示し、記憶とその社会的条件や「集合的記憶」について鋭い分析を行ったモーリス・アルヴァックスにならえば、歴史は普遍性に開かれていて、誰にとっても客観的な考察の対象になり、それに対する真偽判断が可能なものである。他方、記憶は同じアイデンティティをもつ者のみに開かれていて、追体験を通じてしか理解されえず、真偽を問うことに本質的な意味がない。例えばある過去の体験から日本人としての「私」を定義するなど、歴史を記憶に変換し自らを記憶から構成してアイデンティティが形成されるとすれば、他のアジア人は日本人の「他者」であり、彼らの経験を理解できると考えることは不可能である、というような主張も現れるかもしれない。そのときに思考されているものは、客観的な過去ではなくなっている。社会の存立は、社会そのものが生み出す記憶に依存するがゆえに、記憶をめぐるポリティックスは記憶の道具化も随伴せざるをえない。

記憶は過去の様々な出来事とその断片を、意味のある、まとまった表象に構成したものである。もし何らかの理由でそうした記憶の構成が不可能ならば、個人であれ集団であれ、記憶主体は自らの連続性（ねじれも含む）を可能にする「戦略」を見出そうと努めるだろう。過去と現在のつながり、連続性がなければ、歴史とアイデンティティは考えられないからである。記憶する主体と記憶される事柄・対象との対立・摩擦に対して、記憶「喪失」から美化・潤色、偽造・捏造まで、あらゆる種類の「記憶の戦略」が試みられるが、「解決」・止揚がもたらされる際に結果として残る利得と損失によって、記憶の相貌・外形にとどまらず、記憶主体のアイデンティティも影響を受ける。大戦争による国土の深甚な破壊・被災、ある世代全体の毀滅、国家・体制の分断を経験したような民族（南北朝鮮等）の精神的衝撃、外傷性障害は、深刻なケースの最たるものであろう。

これらを経験した人々は、かけがえのない過去の諸部分が根こそぎにされる一方、記憶の正常な語りには組み込めない惨劇や蛮行の思い出に、悩まされ続ける。

国民のあり方が「イメージとして心に描かれた想像の政治共同体」(B・アンダーソン)であるとすれば、国民国家にとって、国民の物語・神話・歴史を創造し、国民の記憶として共有させることは何より重要である。公式の歴史(「正史」)の編纂、学校教育、記念日、記念行事、記念碑等を通じ国民に受容させること、こうした記憶の記録(ドキュメント)を博物館、公文書館、記念館等に保存・展示し、その継承をはかることは、現在の国民国家の記憶をめぐるポリティックスの一般的な機能である。記憶が想像・想起によって(再)構成される以上、国民の記憶も虚構・断絶・忘却等を伴うことは避けがたい。

もっともドイツ国民の場合、負の記憶というべきナチズムの記憶は忘却が非倫理化され、時間のインデックス(例えば国内ユダヤ人大迫害の「水晶の夜」一九三八年一一月から××年)とともに想起することが常に促されている。ナチズムを忘却することがドイツで現在いかに問題視されているかは、ベルリン中央における「虐殺されたヨーロッパ・ユダヤ人のための警鐘碑」をはじめ犠牲者追悼の重視、追悼施設数の増加によって確認できる。追悼施設の多くは、ナチズムの「記憶の場」、ナチズムに関する事件や出来事が生じた場所やそれと深く関わる場所に設立された。

しかし、第二次世界大戦終了前後のアウシュヴィッツはじめ絶滅・強制収容所解放に端を発した追悼施設の建設は、必ずしも一貫して進んだわけではない。冷戦・東西ドイツ分断期には、ナチズムの記憶をめぐる政治も冷戦構造を反映した。両独の政治的対立とイデオロギー操作の下、一九五〇年代はむしろ記憶抑圧の時代、「歴史的な犯行現場の沈黙」の時代とさえ特徴づけられる。だが一九五九/一九六〇年、旧西独でユダヤ人墓地破壊・鍵十字落書き事件が頻発し、若者のネオナチ化が社会問題化した。歴史教育のあり方が再考され、ナチズムの記憶に関わる場所に追悼施設を建設する動きがはじめて活発化する。

一九八〇年代には施設が増加し、ナチ暴力の歴史的究明のための視野を拡げた。背景には、生存者・体験者の直接的な証言に媒介される「コミュニケーション的記憶」から、組織され制度化された(歴史)学習等に媒介される「文化的記憶」への移行があった。生き証人たちが世を去り始め、ナチズム所縁の場所や物だけが残される中、歴史的文脈を示す機能を備えた追悼施設が「文化的記憶」の装置として重要になった。後の世代にとって、ナチズムの記憶は現地・現場、博物館や展示、また学問的科学的著作を通じて再構成されうる。ポスト・アウシュヴィッツ生誕世代は歴史的事件としてのホロコーストに加え、ホロコーストの記憶、さらにその記憶の経験・影響(史)とも対面させられることになる。一九九〇年東西ドイツ統一後、追悼施設の発展は広く公的な行為と認知され、社会全体に根差した記憶文化の構築が市民参画も受けて本格的に企てられている。

# 参考文献

## 本書全体に関わる文献

### 通史

〈岩波講座　世界歴史〉樺山紘一ほか編（全二九巻、特に以下の巻を参照されたい）

江川温ほか『ヨーロッパの成長──一一～一五世紀』岩波書店、一九九八年。

樺山紘一ほか『遭遇と発見──異文化への視野』岩波書店、一九九九年。

松井透ほか『商人と市場──ネットワークのなかの国家』岩波書店、一九九九年。

近藤和彦ほか『主権国家と啓蒙──一六～一八世紀』岩波書店、一九九九年。

川北稔ほか『環大西洋革命──一八世紀後半～一八三〇年代』岩波書店、一九九七年。

福井憲彦ほか『工業化と国民形成──一八世紀末～二〇世紀初』岩波書店、一九九八年。

杉原薫ほか『移動と移民──地域を結ぶダイナミズム』岩波書店、一九九九年。

斎藤修ほか『産業と革新──資本主義の発展と変容』岩波書店、一九九八年。

山内昌之ほか『アジアとヨーロッパ──一九〇〇年代～二〇年代』岩波書店、一九九九年。

木畑洋一ほか『解放の光と影──一九三〇年代～四〇年代』岩波書店、一九九八年。

油井大三郎ほか『戦争と平和──未来へのメッセージ』岩波書店、一九九七年。

古田元夫ほか『経済成長と国際緊張──一九五〇年代～七〇年代』岩波書店、一九九九年。

山内昌之ほか『ポスト冷戦から二一世紀へ──一九八〇年代～』岩波書店、二〇〇〇年。

〈世界歴史大系〉

青山吉信・今井宏・村岡健次・木畑洋一編『イギリス史』全三巻、山川出版社、一九九〇～九一年。

有賀貞・大下尚一・志邨晃佑・平野孝編『アメリカ史』全二巻、山川出版社、一九九三～九四年。

田中陽兒・倉持俊一・和田春樹編『ロシア史』全三巻、山川出版社、一九九四〜九七年。

柴田三千雄・樺山紘一・福井憲彦編『フランス史』全三巻、山川出版社、一九九五〜九六年。

山田欣吾・成瀬治・木村靖二編『ドイツ史』全三巻、山川出版社、一九九六〜九七年。

関哲行・立石博高・中塚次郎編『スペイン史』全二巻、山川出版社、二〇〇八年。

〈新版世界各国史〉

伊東孝之・中井和夫・井内敏夫編『ポーランド・ウクライナ・バルト史』山川出版社、一九九八年。

川北稔編『イギリス史』山川出版社、一九九八年。

柴宜弘編『バルカン史』山川出版社、一九九八年。

南塚信吾編『ドナウ・ヨーロッパ史』山川出版社、一九九八年。

百瀬宏・熊野聡・村井誠人編『北欧史』山川出版社、一九九八年。

森田安一編『スイス・ベネルクス史』山川出版社、一九九八年。

紀平英作編『アメリカ史』山川出版社、一九九九年。

増田義郎・山田睦男編『ラテンアメリカ史Ⅰ　メキシコ・中央アメリカ・カリブ海』山川出版社、一九九九年。

木村和男編『カナダ史』山川出版社、二〇〇〇年。

小松久男編『中央ユーラシア史』山川出版社、二〇〇〇年。

立石博高編『スペイン・ポルトガル史』山川出版社、二〇〇〇年。

増田義郎編『ラテンアメリカ史Ⅱ　南アメリカ』山川出版社、二〇〇〇年。

木村靖二編『ドイツ史』山川出版社、二〇〇一年。

福井憲彦編『フランス史』山川出版社、二〇〇一年。

和田春樹編『ロシア史』山川出版社、二〇〇二年。

桜井万里子編『ギリシア史』山川出版社、二〇〇五年。

北原敦編『イタリア史』山川出版社、二〇〇八年。

〈その他〉

伊東孝之『ポーランド現代史』山川出版社、一九九八年。

川北稔・木畑洋一編『イギリスの歴史——帝国＝コモンウェルスのあゆみ』有斐閣、二〇〇〇年。

国本伊代『メキシコの歴史』新評論、二〇〇二年。

藤川隆男編『オーストラリアの歴史——多文化社会の歴史の可能性を探る』有斐閣、二〇〇四年。

若尾祐司・井上茂子編著『近代ドイツの歴史——一八世紀から現代まで』ミネルヴァ書房、二〇〇五年。

谷川稔・渡辺和行編著『近代フランスの歴史——国民国家形成の彼方に』ミネルヴァ書房、二〇〇六年。

B・ファウスト『ブラジル史』鈴木茂訳、明石書店、二〇〇八年。

金七紀男『ブラジル史』東洋書店、二〇〇九年。

栗生沢猛夫『図説ロシアの歴史』河出書房新社、二〇一〇年。

高橋均・網野徹哉『ラテンアメリカ文明の興亡』〈世界の歴史一八〉中公文庫、二〇一〇年。

木畑洋一・秋田茂編著『近代イギリスの歴史——一六世紀から現代まで』ミネルヴァ書房、二〇一一年。

北村暁夫・伊藤武編著『近代イタリアの歴史——一六世紀から現代まで』ミネルヴァ書房、二〇一二年。

## 史料集

〈世界史史料〉歴史学研究会編（全一二巻）

『ヨーロッパ世界の成立と膨張——一七世紀まで』岩波書店、二〇〇七年。

『ヨーロッパ近代社会の形成から帝国主義へ——一八・一九世紀』岩波書店、二〇〇七年。

『南北アメリカ——先住民の世界から一九世紀まで』岩波書店、二〇〇八年。

『帝国主義と各地の抵抗Ⅰ——南アジア・中東・アフリカ』岩波書店、二〇〇九年。

『帝国主義と各地の抵抗Ⅱ——東アジア・内陸アジア・東南アジア・オセアニア』岩波書店、二〇〇八年。

『二〇世紀の世界Ⅰ——ふたつの世界大戦』岩波書店、二〇〇六年。

『二〇世紀の世界Ⅱ——第二次世界大戦後　冷戦と開発』岩波書店、二〇一二年。

『二一世紀の世界へ　日本と世界——一六世紀以後』岩波書店、二〇一三年。

## 研究入門

佐藤彰一・池上俊一・高山博編『西洋中世史研究入門』名古屋大学出版会、二〇〇五年。

望田幸男ほか編『西洋近現代史研究入門』名古屋大学出版会、二〇〇六年。

有賀夏紀・紀平英作・油井大三郎編『アメリカ史研究入門』山川出版社、二〇〇九年。

近藤和彦編『イギリス史研究入門』山川出版社、二〇一〇年。

佐藤彰一・中野隆生編『フランス史研究入門』山川出版社、二〇一一年。

木村靖二・西山暁義・千葉敏之編『ドイツ史研究入門』山川出版社、二〇一四年。

ロシア史研究会『ロシア史研究案内』彩流社、二〇一二年。

大津留厚ほか編『ハプスブルク史研究入門――歴史のラビリンスへの招待』昭和堂、二〇一三年。

### 歴史事典・年表・歴史地図

西川正雄ほか編『角川世界史辞典』角川書店、二〇〇一年。

世界史小辞典編集委員会編『山川世界史小辞典』山川出版社、二〇〇四年。

歴史学研究会編『世界史年表』第二版、岩波書店、二〇〇一年。

帝国書院編集部編『最新世界史図説　タペストリー』一二訂版、二〇一三年。

## 各章に関わる文献

### 第一章

〈本編各セクション〉


杉山正明『モンゴル帝国と長いその後』〈興亡の世界史九〉講談社、二〇〇八年。

杉山清彦「近世ユーラシアの中の大清帝国」『清朝とは何か〈別冊環一六〉』藤原書店、二〇〇九年。

大黒俊二「『東方見聞録』とその読者たち」『遭遇と発見――異文化への視野』〈岩波講座世界歴史一二〉岩波書店、一九九九年。

R・バートレット『ヨーロッパの形成――九五〇～一三五〇年における征服・植民・文化変容』伊藤誓・磯山甚一訳、法政大学出版局、二〇〇三年。

M・ブロック『封建社会』堀米庸三監訳、岩波書店、一九九五年。

池谷文夫『ドイツ中世後期の政治と政治思想――大空位時代から『金印勅書』の制定まで』刀水書房、二〇〇〇年。

高橋慎一朗・千葉敏之編『中世の都市――史料の魅力、日本とヨーロッパ』東京大学出版会、二〇〇八年。

佐藤彰一『中世世界とは何か』岩波書店、二〇〇八年。

亀長洋子『中世ジェノヴァ商人の「家」――アルベルゴ・都市・商業活動』刀水書房、二〇〇一年。

W・H・マクニール『ヴェネツィア――東西ヨーロッパのかなめ　一〇八一～一七九七』清水廣一郎訳、講談社学術文庫、二〇一三年。

D・W・ローマックス『レコンキスタ――中世スペインの国土回復運動』林邦夫訳、刀水書房、一九九六年。

小澤実・薩摩秀登・林邦夫『辺境のダイナミズム』岩波書店、二〇〇九年。
R. Carr (ed.), *Spain: A History*, Cambridge, 2000.
山内進『北の十字軍「ヨーロッパ」の北方拡大』講談社学術文庫、二〇一一年。

高橋理『ハンザ同盟中世の都市と商人たち』教育社歴史新書、一九八〇年。

V・O・クリュチェフスキー『ロシア史講話』八重樫喬任訳、全五巻、恒文社、一九七九～八三年。

井上浩一『生き残った帝国ビザンティン』講談社学術文庫、二〇〇八年。

林佳世子『オスマン帝国――五〇〇年の平和』〈興亡の世界史一〇〉講談社、二〇〇七年。

〈コラム〉

渡辺宏「マルコ・ポーロ「世界誌」研究入門」『季刊東西交渉』創刊第三号（一九八二年秋の号）、井草出版、一九八二年。

杉山正明『モンゴルが世界史を覆す』日経ビジネス人文庫、日本経済新聞社、二〇〇六年。

月村辰雄・久保田勝一ほか訳『全訳マルコ・ポーロ東方見聞録『驚異の書』fr. 2810 写本』岩波書店、二〇〇二年。

河原温『都市の創造力』岩波書店、二〇〇九年。

齊藤寛海・山辺規子・藤内哲也編『イタリア都市社会史入門――一二世紀から一六世紀まで』昭和堂、二〇〇八年。

清水廣一郎『中世イタリア商人の世界――ルネサンス前夜の年代記』平凡社、一九八二年。

S・ナイト『西洋書体の歴史――古典時代からルネサンスへ』高宮利行訳、慶應義塾大学出版会、二〇〇一年。

P・バーク『ルネサンス』亀長洋子訳、岩波書店、二〇〇五年。

第二章
〈本編各セクション〉
岸野久『ザビエルと日本――キリシタン開教期の研究』吉川弘文館、一九九八年。
村井章介『世界史のなかの戦国日本』ちくま学芸文庫、二〇一二年。
『大航海の時代――スペインと新大陸』関哲行・立石博高編訳、同文舘、一九九八年。

P・D・カーティン『異文化間交易の世界史』田村愛理・中堂幸政・山影進訳、NTT出版、二〇〇二年。

S・スブラフマニヤム『接続された歴史――インドとヨーロッパ』三田昌彦・太田信宏訳、名古屋大学出版会、二〇〇九年。

I・ウォーラーステイン『近代世界システム Ⅰ――農業資本主義と「ヨーロッパ世界経済」の成立』川北稔訳、名古屋大学出版会、二〇一三年。

P・ブリックレ『ドイツの宗教改革』田中真造・増本浩子訳、教文館、一九九一年。

A・マクグラス『宗教改革の思想』高柳俊一訳、教文館、二〇〇〇年。

出村彰『総説キリスト教史 二――宗教改革篇』日本キリスト教団出版局、二〇〇六年。

森田安一編『宗教改革の連携と断絶』教文館、二〇〇九年。

Carter Lindberg, *The European Reformations*, 2nd Edition, Oxford, 2010.

H・ケイメン『スペインの黄金時代』立石博高訳、岩波書店、二〇〇九年。

H・トーマス『黄金の川――スペイン帝国の興隆』林大訳、大月書店、二〇〇六年。

網野徹哉『インカとスペイン――帝国の交錯』〈興亡の世界史一二〉講談社、二〇〇八年。

渋谷聡『近世ドイツ帝国国制史研究――等族制集会と帝国クライス』ミネルヴァ書房、二〇〇〇年。

P・H・ウィルソン『神聖ローマ帝国 一四九五～一八〇六年』山本文彦訳、岩波書店、二〇〇五年。

河野淳『ハプスブルクとオスマン帝国――歴史を変えた〈政治〉の発明』講談社選書メチエ、二〇一〇年。

五野井隆史『大航海時代と日本』渡辺出版、二〇〇三年。

P・コリンソン編『オックスフォードブリテン諸島の歴史 六――一六世紀――一四八五～一六〇三年』井内太郎監訳、慶應義塾大学出版会、二〇一〇年。

高澤紀恵『近世パリに生きる――ソシアビリテと秩序』岩波書店、二〇〇八年。

G・リヴェ『宗教戦争』二宮宏之・関根素子訳、白水社、一九六八年。

C・V・ウエッジウッド『ドイツ三十年戦争』瀬原義生訳、刀水書房、二〇〇三年。

鈴木直志『ヨーロッパの傭兵』山川出版社、二〇〇三年。


〈コラム〉


松田毅一『天正遣欧使節』講談社学術文庫、一九九九年。

杉森哲也『描かれた近世都市』山川出版社、二〇〇三年。

A・G・フランク『リオリエント――アジア時代のグローバル・エコノミー』山下範久訳、藤原書店、二〇〇〇年。

D・フリン『グローバル化と銀』秋田茂・西村雄志編、山川出版社、二〇一〇年。

Ryuto Shimada, *The Intra-Asian Trade in Japanese Copper by the Dutch East India Company during the Eighteenth Century*, Leiden, 2006.

近藤和彦『イギリス史一〇講』岩波新書、二〇一四年。

近藤和彦編『ヨーロッパ史講義』山川出版社、二〇一五年。

**第三章**

〈本編各セクション〉


羽田正『東インド会社とアジアの海』〈興亡の世界史一五〉講談社、二〇〇七年。

岸本美緒『東アジアの「近世」』山川出版社、一九九八年。

荒野泰典編『近世的世界の成熟』〈日本の対外関係六〉吉川弘文館、二〇一〇年。

B・M・ボダルト＝ベイリー『ケンペル――礼節の国に来たりて』中直一訳、ミネルヴァ書房、二〇〇九年。

高澤紀恵『主権国家体制の成立』山川出版社、一九九七年。

川北稔『工業化の歴史的前提――帝国とジェントルマン』岩波書店、一九八三年。

近藤和彦編『長い一八世紀のイギリス――その政治社会』山川出版社、二〇〇二年。

J・ブリュア『財政＝軍事国家の衝撃――戦争・カネ・イギリス国家　一六八八～一七八三』大久保桂子訳、名古屋大学出版会、二〇〇三年。

金澤周作編『海のイギリス史――闘争と共生の世界史』昭和堂、二〇一三年。

J・P・グリーン『幸福の追求――イギリス領植民地期アメリカの社会史』大森雄太郎訳、慶應義塾大学出版会、二〇一三年。

F・ハルトゥングほか『伝統社会と近代国家』成瀬治編訳、岩波書店、一九八二年。

阪口修平『プロイセン絶対王政の研究』中央大学出版部、一九八八年。

屋敷二郎『紀律と啓蒙――フリードリヒ大王の啓蒙絶対主義』ミネルヴァ書房、一九九九年。

S・ハフナー『プロイセンの歴史――伝説からの解放』魚住昌良監訳、川口由紀子訳、東洋書林、二〇〇〇年。

松木栄三編訳『ピョートル前夜のロシア――亡命ロシア外交官コトシーヒンの手記』彩流社、二〇〇三年。

橋本伸也『帝国・身分・学校――帝政期ロシアにおける教育の社会文化史』名古屋大学出版会、二〇一〇年。

土肥恒之『ロシア・ロマノフ王朝の大地』〈興亡の世界史一四〉講談社、二〇〇七年。

鈴木董『オスマン帝国』講談社現代新書、一九九二年。

河野淳『ハプスブルクとオスマン帝国――歴史を変えた〈政治〉の発明』講談社選書メチエ、二〇一〇年。

D・ロクサンディチ『クロアティア=セルビア社会史断章』越村勲訳、彩流社、一九九九年。

U・イム・ホーフ『啓蒙のヨーロッパ』成瀬治訳、平凡社、一九九八年。

R・ポーター『啓蒙主義』見市雅俊訳、岩波書店、二〇〇四年。

弓削尚子『啓蒙の世紀と文明観』山川出版社、二〇〇四年。

Peter H. Wilson (ed.), *A Companion to Eighteenth-Century Europe*, Malden, 2008.

〈コラム〉


川北稔『砂糖の世界史』岩波ジュニア新書、一九九六年。

池本幸三・布留川正博・下山晃『近代世界と奴隷制――大西洋システムの中で』人文書院、一九九五年。

藤井真理『フランス・インド会社と黒人奴隷貿易』九州大学出版会、二〇〇一年。

島田竜登「一八世紀前半におけるオランダ東インド会社のアジア間貿易」『西南学院大学経済学論集』第四三巻第一・二合併号、二〇〇八年。

永積昭『オランダ東インド会社』講談社、二〇〇〇年。

**第四章**

〈本編各セクション〉


S・V・バフルーシン『スラヴ民族の東漸』外務省調査局訳、新時代社、一九七二年（初版：一九四三年）。

加藤九祚『シベリアに憑かれた人々』岩波新書、一九七四年。

J・フォーシス『シベリア先住民の歴史――ロシアの北方アジア植民地　一五八一―一九九〇』森本和男訳、彩流社、一九九八年。

豊川浩一『ロシア帝国民族統合史の研究――植民政策とバシキール人』北海道大学出版会、二〇〇六年。

浜忠雄『カリブからの問い――ハイチ革命と近代世界』岩波書店、二〇〇三年。
P. J. Marshall, *The Making and Unmaking of Empires: Britain, India, and America, c. 1750-1783*, Oxford, 2005.

T・C・W・ブラニング『フランス革命』天野知恵子訳、岩波書店、二〇〇五年。

箕作元八『フランス大革命史』全四巻、講談社学術文庫、一九七七年。

J・エリス『ナポレオン帝国』杉本淑彦・中山俊訳、岩波書店、二〇〇八年。

T・レンツ『ナポレオンの生涯』福井憲彦監修、創元社、一九九九年。

本池立『ナポレオン――革命と戦争』世界書院、一九九二年。

志垣嘉夫編『ナポレオンの戦争』講談社、一九八四年。

羽田正『東インド会社とアジアの海』〈興亡の世界史一五〉講談社、二〇〇七年。

井野瀬久美惠『大英帝国という経験』〈興亡の世界史一六〉講談社、二〇〇七年。

P・J・ケイン、A・G・ホプキンス『ジェントルマン資本主義の帝国――創生と膨張　一六八八～一九一四』竹内幸雄・秋田茂訳、名古屋大学出版会、一九九七年。

J・ブリュア『財政＝軍事国家の衝撃――戦争・カネ・イギリス国家　一六八八～一七八三』大久保桂子訳、名古屋大学出版会、二〇〇三年。

田中良英『エカチェリーナ二世とその時代』東洋書店、二〇〇九年。

橋本伸也『帝国・身分・学校――帝政期ロシアにおける教育の社会文化史』名古屋大学出版会、二〇一〇年。

Andreas Kappeler, trans. Alfred Clayton, *The Russian Empire: A Multiethnic History*, Harlow, 2001.

John P. LeDonne, *The Russian Empire and the World, 1700-1917: The Geopolitics of Expansion and Containment*, New York, 1997.

R・オーキー『ハプスブルク君主国　一七六五～一九一八――マリア＝テレジアから第一次世界大戦まで』三方洋子訳、山之内克子・秋山晋吾監訳、NTT出版、二〇一〇年。

E・H・バラージュ『ハプスブルクとハンガリー』渡邊昭子・岩崎周一訳、成文社、二〇〇三年。

P・F・シュガー、I・J・レデラー『東欧のナショナリズム』東欧史研究会訳、刀水書房、一九八一年。

〈コラム〉

F・フュレ『フランス革命を考える』大津真作訳、岩波書店、一九八九年。

M・オズーフ『革命祭典――フランス革命における祭りと祭典行列』立川孝一訳、岩波書店、一九八八年。

L・ハント『フランス革命の政治文化』松浦義弘訳、平凡社、一九八九年。

竹中幸史『フランス革命と結社――政治的ソシアビリテによる文化変容』昭和堂、二〇〇五年。
R. H. Fisher, *Russian Fur Trade. 1550-1700*, Berkeley/Los Angeles, 1943.
J. R. Gibson, *Otter Skins, Boston Ships, and China Goods: The Maritime Fur Trade of the Northwest Coast, 1785-1841*, Montreal/London, 1992.
森永貴子『ロシアの拡大と毛皮交易――一六～一九世紀シベリア・北太平洋の商人世界』彩流社、二〇〇八年。

大島明秀『「鎖国」という言説――ケンペル著・志筑忠雄訳『鎖国論』の受容史』ミネルヴァ書房、二〇〇九年。

西村三郎『リンネとその使徒たち――探検博物学の夜明け』朝日選書、一九九七年。

W・ミヒェル『九州の蘭学』鳥井裕美子・川嶌眞人編、思文閣出版、二〇〇九年。

## 第五章

〈本編各セクション〉


村上衛『海の近代中国――福建人の活動とイギリス・清朝』名古屋大学出版会、二〇一三年。

加藤祐三・川北稔『アジアと欧米世界』〈世界の歴史二五〉中央公論新社、一九九八年。

横井勝彦『アジアの海の大英帝国――一九世紀海洋支配の構図』講談社学術文庫、二〇〇四年。

吉澤誠一郎『シリーズ中国近現代史　一――清朝と近代世界　一九世紀』岩波新書、二〇一〇年。

I・ウォーラーステイン『近代世界システム――一七三〇～一八四〇s　大西洋革命の時代』川北稔訳、名古屋大学出版会、一九九七年。

E・J・ホブズボーム『市民革命と産業革命――二重革命の時代』安川悦子・水田洋訳、岩波書店、一九八九年。
L. Bergeron, F. Furet, R. Koselleck, *Das Zeitalter der europäischen Revolutionen 1780-1848*, Frankfurt a. M. 1969.
Dieter Langewiesche, *Europa zwischen Restauration und Revolution 1815-1849*, München, 2007.

田所昌幸編『ロイヤル・ネイヴィーとパクス・ブリタニカ』有斐閣、二〇〇六年。

金澤周作「旧き腐敗の諷刺と暴露――一九世紀初頭における英国国制の想像／創造」近藤和彦編『歴史的ヨーロッパの政治社会』山川出版社、二〇〇八年。

金澤周作「一九世紀」近藤和彦編『イギリス史研究入門』山川出版社、二〇一〇年。

Philip Harling, Peter Mandler, 'From "Fiscal-Military" State to Laissez-fFire State, 1760-1850', *Journal of British Studies*, 32(1), 1993, pp. 44-70.

F・エンゲルス『イギリスにおける労働者階級の状態』全二巻、一條和生・杉山忠平訳、岩波文庫、一九九〇年。

菊池章太『フランス東洋学ことはじめ――ボスフォラスのかなたへ』研文出版、二〇〇七年。

E・W・サイード『オリエンタリズム』板垣雄三・杉田英明監修、今沢紀子訳、全二巻、平凡社ライブラリー、一九九八年。

谷川稔『フランス社会運動史――アソシアシオンとサンディカリスム』山川出版社、一九八三年。

Jeremy Adelman, *Sovereignty and Revolution in the Iberian Atlantic*, Princeton, 2006.

Wolfgang Hardtwig, *Vormärz: Der monarchische Staat und das Bürgertum*, München, 1985.

M・フォン・ベーン『ビーダーマイヤー時代――ドイツ十九世紀前半の文化と社会』飯塚信雄ほか訳、第二版、三修社、二〇〇〇年。

塚本哲也『メッテルニヒ――危機と混迷を乗り切った保守政治家』文藝春秋、二〇〇九年。

松井洋子『ケンペルとシーボルト――「鎖国」日本を語った異国人たち』山川出版社、二〇一〇年。

池本今日子『ロシア皇帝アレクサンドル一世の外交政策――ヨーロッパ構想と憲法』風行社、二〇〇六年。

山本俊朗『アレクサンドル一世時代史の研究』早稲田大学出版部、一九八七年。

H・コーン『ハプスブルク帝国史入門』稲野強・小沢弘明・柴宜弘・南塚信吾訳、恒文社、一九八二年。

良知力編『〔共同研究〕一八四八年革命』大月書店、一九七九年。

良知力『向う岸からの世界史――一つの四八年革命史論』ちくま学芸文庫、一九九三年。

E・J・ホブズボーム『資本の時代――一八四八―一八七五年』全二巻、柳父圀近・長野聡・荒関めぐみ訳、みすず書房、一九八一年。

L・B・ネイミア『一八四八年革命――ヨーロッパ・ナショナリズムの幕開け』都築忠七・飯倉章訳、平凡社、一九九八年。


〈コラム〉


水野祥子『イギリス帝国からみる環境史――インド支配と森林保護』岩波書店、二〇〇六年。

穂鷹知美『都市と緑――近代ドイツの緑化文化』山川出版社、二〇〇四年。

H・リトヴォ『階級としての動物――ヴィクトリア時代の英国人と動物たち』三好みゆき訳、国文社、二〇〇一年。

J・V・コシュマン『水戸イデオロギー』田尻祐一郎・梅森直之訳、ぺりかん社、一九九八年。

前田勉『兵学と朱子学・蘭学・国学』平凡社選書、二〇〇六年。

渡辺浩『日本政治思想史』東京大学出版会、二〇一〇年。

## 第六章


〈本編各セクション〉

三谷博「「アジア」概念の受容と変容」渡辺浩・朴忠錫編『韓国・日本・「西洋」』慶應義塾大学出版会、二〇〇五年。

三谷博・並木頼寿・月脚達彦編『大人のための近現代史　一九世紀編』東京大学出版会、二〇〇九年。

塩出浩之『岡倉天心と大川周明　「アジア」を考えた知識人たち』山川出版社、二〇一一年。

久米邦武『特命全権大使米欧回覧実記　現代語訳』全五巻、慶應義塾大学出版会、二〇〇八年。

谷川稔・北原敦・鈴木健夫・村岡健次『近代ヨーロッパの情熱と苦悩』〈世界の歴史二二〉中央公論新社、一九九九年。

John Darwin, *The Empire Project: The Rise and Fall of the British World-System, 1830-1970*, Cambridge/New York, 2009.

B・R・ミッチェル編『イギリス歴史統計』中村壽男訳、原書房、一九九五年。

A・W・クロスビー『ヨーロッパ帝国主義の謎――エコロジーから見た一〇～二〇世紀』佐々木昭夫訳、岩波書店、一九九八年。

J・M・マッケンジー『大英帝国のオリエンタリズム――歴史・理論・諸芸術』平田雅博訳、ミネルヴァ書房、二〇〇一年。

平田雅博『イギリス帝国と世界システム』晃洋書房、二〇〇〇年。

河野健二編『フランス・ブルジョワ社会の成立――第二帝政期の研究』岩波書店、一九七七年。

平野千果子『フランス植民地主義の歴史――奴隷制廃止から植民地帝国の崩壊まで』人文書院、二〇〇一年。

C・ポラック『絹と光――知られざる日仏交流一〇〇年の歴史』石塚里奈ほか訳、アシェット婦人画報社、二〇〇二年。

竹中浩『近代ロシアへの転換――大改革時代の自由主義思想』東京大学出版会、一九九九年。

高橋一彦『帝政ロシア司法制度史研究――司法改革とその時代』名古屋大学出版会、二〇〇一年。

橋本伸也『帝国・身分・学校――帝制期ロシアにおける教育の社会文化史』名古屋大学出版会、二〇〇九年。

北村暁夫・小谷眞男編『イタリア国民国家の形成――自由主義期の国家と社会』日本経済評論社、二〇一〇年。

田中彰『岩倉使節団「米欧回覧実記」』岩波新書、二〇〇二年。

藤澤房俊『大理石の祖国』筑摩書房、一九九七年。

八木紀一郎編『経済思想のドイツ的伝統』日本経済評論社、二〇〇六年。

Bernd Martin, *Japan and Germany in the Modern World*, New York, 1995.

Horst Gründer (Hg.), *„... da und dort ein junges Deutschland gründen": Rassismus, Kolonien und kolonialer Gedanke vom 16. bis zum 20. Jahrhundert*, München, 1999.

安武秀岳『自由の帝国と奴隷制——建国から南北戦争まで』ミネルヴァ書房、二〇一一年。

〈コラム〉

T・A・フォルカード『幕末日仏交流記——フォルカード神父の琉球日記』中島昭子・小川早百合訳、中公文庫、一九九三年。

C・ギンズブルグ『歴史・レトリック・立証』上村忠男訳、みすず書房、二〇〇一年。

東海散士「佳人之奇遇」『新日本古典文学大系明治編一七　政治小説集　二』岩波書店、二〇〇六年。

秋葉淳「一九世紀オスマン帝国における改革と抵抗——一八四〇〜四一年のアナトリア」久留島浩・趙景達編『国民国家の比較史』有志舎、二〇一〇年。

## 第七章

〈本編各セクション〉


西川正雄・南塚信吾『帝国主義の時代』講談社、一九八六年。

歴史学研究会編『強者の論理——帝国主義の時代』東京大学出版会、一九九五年。

江口朴郎・高橋幸八郎・林健太郎『国際関係の史的分析』御茶の水書房、一九四九年。

木谷勤『帝国主義と世界の一体化』山川出版社、一九九七年。

山室信一『日露戦争の世紀——連鎖視点から見る日本と世界』岩波新書、二〇〇五年。

B・センメル『社会帝国主義史——イギリスの経験　一八九五〜一九一四』野口建彦・野口照子訳、みすず書房、一九八二年。

杉原薫『アジア間貿易の形成と構造』ミネルヴァ書房、一九九六年。

加納格『ニコライ二世とその治世——戦争・革命・破局』東洋書店、二〇〇九年。

原暉之『ウラジオストク物語——ロシアとアジアが交わる街』三省堂、一九九八年。

Andreas Kappeler, trans. Alfred Clayton, *The Russian Empire: A Multiethnic History*, Harlow, 2001.

John P. LeDonne, *The Russian Empire and the World, 1700-1917: the Geopolitics of Expansion and Containment*, New York, 1997.

P・ノラ編『記憶の場——フランス国民意識の文化=社会史』全三巻、谷川稔監訳、岩波書店、二〇〇二〜〇三年。

伊藤定良『ドイツの長い一九世紀——ドイツ人・ポーランド人・ユダヤ人』青木書店、二〇〇二年。

工藤章・田嶋信雄編『日独関係史』全三巻、東京大学出版会、二〇〇八年。

歴史学研究会編『帝国への新たな視座──歴史研究の地平から』青木書店、二〇〇五年。

秋田茂『イギリス帝国の歴史──アジアから考える』中公新書、二〇一二年。

木村和男編著『世紀転換期のイギリス帝国』〈イギリス帝国と二〇世紀 二〉ミネルヴァ書房、二〇〇四年。

前川一郎『イギリス帝国と南アフリカ──南アフリカ連邦の結成 一八九九〜一九一二』ミネルヴァ書房、二〇〇六年。

S・B・ソウル『イギリス海外貿易の研究』久保田英夫訳、文眞堂、一九八〇年。

南塚信吾『東欧経済史の研究──世界資本主義とハンガリー』ミネルヴァ書房、一九七九年。

S・ベラー『フランツ・ヨーゼフとハプスブルク帝国』坂井榮八郎監訳、刀水書房、二〇〇一年。

大津留厚『ハプスブルクの実験──多文化共存を目指して』春風社、増補改訂版、二〇〇七年。

H・G・ガットマン『金ぴか時代のアメリカ』大下尚一ほか訳、平凡社、一九八六年。

C・V・ウッドワード『アメリカ人種差別の歴史』清水博ほか訳、福村出版、一九九八年。

高橋章『アメリカ帝国主義成立史の研究』名古屋大学出版会、一九九九年。

駒井洋・江成幸編『ヨーロッパ・ロシア・アメリカのディアスポラ』明石書店、二〇〇九年。

野村達朗『「民族」で読むアメリカ』講談社現代新書、一九九二年。

古矢旬『アメリカニズム──「普遍国家」のナショナリズム』東京大学出版会、二〇〇二年。

貴堂嘉之『アメリカ合衆国と中国人移民──歴史のなかの「移民国家」アメリカ』名古屋大学出版会、二〇一二年。

Stig Förster, Wolfgang J. Mommsen, Ronald Robinson (eds.), *Bismarck, Europe, and Africa: The Berlin Africa Conference 1884–1885 and the Onset of Partition*, Oxford, 1988.

〈コラム〉

臼杵陽『世界史の中のパレスチナ問題』講談社現代新書、二〇一三年。

藤田進『蘇るパレスチナ──語りはじめた難民たちの証言』東京大学出版会、一九八九年。

原暉之『ウラジオストク物語──ロシアとアジアが交わる街』三省堂、一九九八年。

原暉之・天野尚樹編『日露戦争とサハリン島』北海道大学出版会、二〇一一年。

吉武信彦『日本人は北欧から何を学んだか』新評論、二〇〇三年。

## 第八章

〈本編各セクション〉



馬場優『オーストリア＝ハンガリーとバルカン戦争――第一次世界大戦への道』法政大学出版局、二〇〇六年。

鈴木董『オスマン帝国の解体――文化世界と国民国家』ちくま新書、二〇〇〇年。

長田彰文『セオドア・ルーズベルトと韓国――韓国保護国化と米国』未來社、一九九二年。

D・R・ヘッドリク『帝国の手先――ヨーロッパ膨張と技術』原田勝正ほか訳、日本経済評論社、一九八九年。

Manfred F. Boemeke, Roger Chickering, Stig Förster (eds.), *Anticipating Total War: The German and American Experiences 1871-1914*, Cambridge, 1999.
H. L. Wesseling, *Imperialism and Colonialism: Essays on the History of European Expansion*, Westport, 1997.
H＝U・ヴェーラー『ドイツ帝国――一八七一～一九一八年』大野英二・肥前栄一訳、未來社、一九八三年。

飯田芳弘『指導者なきドイツ帝国――ヴィルヘルム期ライヒ政治の変容と隘路』東京大学出版会、一九九九年。

杉原達『オリエントへの道――ドイツ帝国主義の社会史』藤原書店、一九九〇年。

上村忠男『クリオの手鏡――二十世紀イタリアの思想家たち』平凡社、一九八九年。

北村暁夫『ナポリのマラドーナ――イタリアにおける「南」とは何か』山川出版社、二〇〇五年。

倉科岳志編『ファシズム前夜の市民意識と言論空間』慶應義塾大学出版会、二〇〇八年。

渡邊一民『フランスの誘惑――近代日本精神史試論』岩波書店、一九九五年。

渡辺和行・南充彦・森本哲郎『現代フランス政治史』ナカニシヤ出版、一九九七年。

J・ジョル『第一次大戦の起源』改訂新版、池田清訳、みすず書房、二〇〇七年。

桑原莞爾・井上巽・伊藤昌太編『イギリス資本主義と帝国主義世界』九州大学出版会、一九九〇年。

J・ハイアム『自由の女神のもとへ――移民とエスニシティー』斎藤眞ほか訳、平凡社、一九九四年。

O・ザンツ『アメリカの世紀――それはいかにして創られたのか？』有賀貞ほか訳、刀水書房、二〇〇五年。

有賀夏紀『アメリカの二〇世紀（上）――一八九〇年～一九四五年』中公新書、二〇〇二年。

中野耕太郎『二〇世紀アメリカ国民秩序の形成』名古屋大学出版会、二〇一五年。

B・W・タックマン『世紀末のヨーロッパ――誇り高き塔・第一次大戦前夜』大島かおり訳、筑摩書房、一九九〇年。

西川正雄『第一次世界大戦と社会主義者たち』岩波書店、一九八九年。

David Cortright, *Peace: A History of Movements and Ideas*, Cambridge, 2008.

川島真・服部龍二編『東アジア国際政治史』名古屋大学出版会、二〇〇七年。

E・ホブズボーム『二〇世紀の歴史――極端な時代』全二巻、河合秀和訳、三省堂、一九九六年。

〈コラム〉

小松久男『イブラヒム、日本への旅――ロシア・オスマン帝国・日本』刀水書房、二〇〇八年。

### 第九章

〈本編各セクション〉

石井規衛『文明としてのソ連――初期現代の終焉』山川出版社、一九九五年。

Akira Iriye, *The Globalizing of America, 1913–1945, The Cambridge History of American Foreign Relations*, Vol. III, Cambridge, 1993.

和田春樹ほか編『岩波講座　東アジア近現代通史　三――世界戦争と改造　一九一〇年代』岩波書店、二〇一〇年。

E・H・カー『両大戦間における国際関係史』衛藤瀋吉・斎藤孝訳、清水弘文堂書房、一九六三年。

川島真『中国近代外交の形成』名古屋大学出版会、二〇〇四年。

久保亨「ヴェルサイユ体制とワシントン体制」歴史学研究会編『講座世界史　六　必死の代案――期待と危機の二〇年』東京大学出版会、一九九五年。

牧野伸顕『回顧録』全二巻、中公文庫、一九七七～七八年。

後藤春美『アヘンとイギリス帝国――国際規制の高まり　一九〇六～四三年』山川出版社、二〇〇五年。

小林啓治『総力戦とデモクラシー――第一次世界大戦・シベリア干渉戦争』吉川弘文館、二〇〇八年。

斉藤孝『戦間期国際政治史』岩波書店、一九七八年。

佐々木雄太編著『世界戦争の時代とイギリス帝国』〈イギリス帝国と二〇世紀　三〉ミネルヴァ書房、二〇〇五年。

篠原初枝『国際連盟――世界平和の夢と挫折』中公新書、二〇一〇年。

J・ジョル『第一次世界大戦の起源』改訂新版、池田清訳、みすず書房、二〇〇七年。

木村靖二『第一次世界大戦』ちくま新書、二〇一四年。

Alan Dawley, *Changing the World: American Progressives in War and Revolution*, Princeton, 2003.

高原秀介『ウィルソン外交と日本――理想と現実の間 一九一三～一九二一』創文社、二〇〇六年。

田村栄子ほか編『ヴァイマル共和国の光芒』昭和堂、二〇〇七年。

G・チブラ『世界経済と世界政治――一九二二～一九三一 再建と崩壊』三宅正樹訳、みすず書房、一九八四年。

B・リデル＝ハート『第一次世界大戦』全二巻、神村達雄訳、中央公論新社、二〇〇〇年。

E・バールィシェフ『日露同盟の時代 一九一四～一九一七年――「例外的な友好」の真相』花書院、二〇〇七年。

原暉之『シベリア出兵――革命と干渉 一九一七～一九二二』筑摩書房、一九八九年。

F・フィッシャー『世界強国への道――ドイツの挑戦、一九一四―一九一八年』全二巻、村瀬興雄監訳、岩波書店、一九七二～八三年。

細谷千博『両大戦間の日本外交』岩波書店、一九八八年。

T・マーチン『アファーマティヴ・アクションの帝国――ソ連の民族とナショナリズム、一九二三年～一九三九年』半谷史郎監修、明石書店、二〇一一年。

牧野雅彦『ヴェルサイユ条約――マックス・ウェーバーとドイツの講和』中公新書、二〇〇九年。

A・J・メイア『ウィルソン対レーニン――新外交の政治的起源 一九一七～一九一八年』全二巻、斉藤孝・木畑洋一訳、岩波書店、一九八三年。

中野耕太郎『戦争のるつぼ――第一次世界大戦とアメリカニズム』人文書院、二〇一三年。

山室信一『複合戦争と総力戦の断層――日本にとっての第一次世界大戦』人文書院、二〇一一年。

X・ヤコノ『フランス植民地帝国の歴史』〈文庫クセジュ〉、平野千果子訳、白水社、一九九八年。

和田春樹『歴史としての社会主義』岩波書店、一九九二年。

〈コラム〉

上野格「日本におけるアイルランド学の歴史」『思想』第六一七号、一九七五年一一月。

後藤浩子・法政大学比較経済研究所編『アイルランドの経験――植民・ナショナリズム・国際統合』法政大学出版局、二〇〇九年。

Marc Raeff, *Russia Abroad: A Cultural History of the Russian Emigration 1919-1939*, Oxford, 1990.

沢田和彦『白系ロシア人と日本文化』成文社、二〇〇七年。

## 第一〇章

〈本編各セクション〉


P・ヴィラール『スペイン内戦』立石博高・中塚次郎訳、白水社、一九九三年。

加藤晴康・木戸蓊「ヨーロッパにおける対独抵抗運動」『岩波講座世界歴史二九』岩波書店、一九七一年。

B・カミングス『現代朝鮮の歴史——世界のなかの朝鮮』横田安司・小林知子訳、明石書店、二〇〇三年。

木畑洋一『第二次世界大戦　現代世界への転換点』吉川弘文館、二〇〇一年。

木村靖二『二つの世界大戦』山川出版社、一九九六年。

G・ギル『スターリニズム』内田健二訳、岩波書店、二〇〇四年。

A・ゴベッティ『パルチザン日記　一九四三—一九四五——イタリア反ファシズムを生きた女性』戸田三三冬監修・解説、堤康徳訳、平凡社、一九九五年。

栗原優『ナチズムとユダヤ人絶滅政策』ミネルヴァ書房、一九九七年。

J・ジャクスン『フランス人民戦線史——民主主義の擁護　一九三四〜三八年』向井喜典ほか訳、昭和堂、一九九二年。

芝健介『ホロコースト——ナチスによるユダヤ人大量殺戮の全貌』中公新書、二〇〇八年。

寺山恭輔『一九三〇年代ソ連の対モンゴル政策——満洲事変からノモンハンへ』東北アジア研究センター、二〇〇九年。

H・トーマス『スペイン市民戦争』全二巻、都築忠七訳、みすず書房、一九六二〜六三年。

E・トラヴェルソ『全体主義』柱本元彦訳、平凡社、二〇一〇年。

松村高夫・矢野久編著『大量虐殺の社会史——戦慄の二〇世紀』ミネルヴァ書房、二〇〇七年。

F・バヨール、D・ポール『ホロコーストを知らなかったという嘘』中村浩平・中村仁訳、現代書館、二〇一一年。

平瀬徹也『フランス人民戦線』近藤出版社、一九七四年。

R・ヒルバーグ『ヨーロッパ・ユダヤ人の絶滅』全二巻、井上茂子ほか訳、ミネルヴァ書房、一九九五年。

藤岡寛己『原初的ファシズムの誕生——イタリア戦闘ファッシの結成』御茶の水書房、二〇〇七年。

M・ベーレンバウム『ホロコースト全史』芝健介監修、創元社、一九九六年。

堀和生・中村哲編著『日本資本主義と朝鮮・台湾』京都大学学術出版会、二〇〇四年。

S・S・モンテフィオーリ『スターリン——赤い皇帝と廷臣たち』全二巻、染谷徹訳、白水社、二〇一〇年。

山口定『ファシズム』岩波書店、二〇〇六年。

W・ラカー『ホロコースト大事典』望田幸男ほか訳、ミネルヴァ書房、二〇〇三年。

C・ランズマン『SHOAH（ショアー）』高橋武智訳、作品社、一九九五年。

歴史学研究会編『講座世界史6　必死の代案』東京大学出版会、一九九五年。

歴史学研究会編『講座世界史7　戦争と民衆』東京大学出版会、一九九六年。

渡辺和行『ナチ占領下のフランス――沈黙・抵抗・協力』講談社選書メチエ、一九九四年。


〈コラム〉

国本伊代『メキシコ革命』山川出版社、二〇〇八年。
Yitzhak Arad, "The Murder of the Jews in German-Occupied Lithuania（1941-1944）," in Alvydas Nikzentaitis, Stefan Schreiner and Darius Staliunas, (eds.), *The Vanished World of Lithuanian Jews*, Amsterdam, 2004.
白石仁章『諜報の天才　杉原千畝』新潮選書、二〇一一年。

## 第一一章

〈本編各セクション〉


韓洪九『韓国現代史』高崎宗司監訳、平凡社、二〇〇三年。

広島平和文化センター編『新訂　平和事典』勁草書房、一九九一年。

和田春樹ほか編『岩波講座　東アジア近現代通史　六――アジア太平洋戦争と「大東亜共栄圏」一九三五～一九四五年』岩波書店、二〇一一年。

和田春樹ほか編『岩波講座　東アジア近現代通史　七――アジア諸戦争の時代　一九四五～一九六〇年』岩波書店、二〇一一年。

遠藤乾編『ヨーロッパ統合史』名古屋大学出版会、二〇〇八年。

百瀬宏『ソビエト連邦と現代の世界』岩波書店、一九七九年。

Mark Mazower, *Dark Continent: Europe's Twentieth Century*, New York, 1998.

油井大三郎『戦後世界秩序の形成――アメリカ資本主義と東地中海地域　一九四四～一九四七』東京大学出版会、一九八五年。

H・S・トルーマン『トルーマン回顧録』全二巻、堀江芳孝訳、新装版、恒文社、一九九二年。

O・A・ウェスタッド『グローバル冷戦史――第三世界への介入と現代世界の形成』佐々木雄太ほか訳、名古屋大学出版会、二〇一〇年。

望田幸男『二つの戦後・二つの近代――日本とドイツ』ミネルヴァ書房、二〇〇九年。

石田勇治『過去の克服――ヒトラー後のドイツ』白水社、二〇〇二年。

C・クレスマン『戦後ドイツ史　一九四五～一九九五――二重の建国』石田勇治・木戸衛一訳、未來社、一九九五年。

H・ヴェーバー『ドイツ民主共和国史――「社会主義」ドイツの興亡』斎藤哲・星乃治彦訳、日本経済評論社、一九九一年。

渡辺昭一編『帝国の終焉とアメリカ――アジア国際秩序の再編』山川出版社、二〇〇六年。

秋田茂「南アジアにおける脱植民地化と歴史認識――インドのコモンウェルス残留」菅英輝編著『東アジアの歴史摩擦と和解可能性――冷戦後の国際秩序と歴史認識をめぐる諸問題』凱風社、二〇一一年。

平野千果子『フランス植民地主義の歴史――奴隷制廃止から植民地帝国の崩壊まで』人文書院、二〇〇二年。

紀平英作編『ヨーロッパ統合の理念と軌跡』京都大学学術出版会、二〇〇四年。

紀平英作『パクス・アメリカーナへの道――胎動する戦後世界秩序』山川出版社、一九九六年。

紀平英作『歴史としての「アメリカの世紀」――自由・権力・統合』岩波書店、二〇一〇年。

永田実『マーシャルプラン――自由世界の命綱』中公新書、一九九〇年。

塩崎弘明『日本と国際連合』吉川弘文館、二〇〇五年。

緒方貞子・半澤朝彦編『グローバル・ガヴァナンスの歴史的変容――国連と国際政治史』ミネルヴァ書房、二〇〇六年。

半澤朝彦「アジア太平洋戦争と『普遍的』国際機構」『岩波講座　アジア・太平洋戦争　八――二〇世紀の中のアジア・太平洋戦争』岩波書店、二〇〇六年。

〈コラム〉

遠藤乾編『グローバル・ガヴァナンスの歴史と思想』有斐閣、二〇一〇年。

G・F・ケナン『アメリカ外交五〇年』近藤晋一・有賀貞訳、岩波現代文庫、二〇〇〇年。

J・ルカーチ『評伝　ジョージ・ケナン――対ソ「封じ込め」の提唱者』菅英輝訳、法政大学出版局、二〇一一年。

Melvin P. Leffler, Odd A. Westad, (eds.), *The Cambridge History of the Cold War*, 3 vols., Cambridge, 2010.

第一二章
〈本編各セクション〉
久保亨『シリーズ中国近現代史　四――社会主義への挑戦　一九四五～一九七一』岩波新書、二〇一一年。
広島平和文化センター編『新訂　平和事典』勁草書房、一九九一年。

和田春樹ほか編『岩波講座　東アジア近現代通史　七――アジア諸戦争の時代　一九四五～一九六〇年』岩波書店、二〇一一年。

佐々木雄太『イギリス帝国とスエズ戦争――植民地主義・ナショナリズム・冷戦』名古屋大学出版会、一九九七年。

Daniel F. Calhoun, *Hungary and Suez, 1956: An Exploration of Who Makes History*, New York/London, 1991.

T・ジャット『ヨーロッパ戦後史　一九四五～二〇〇五』全二巻、森本醇訳、みすず書房、二〇〇八年。

遠藤乾編『ヨーロッパ統合史』名古屋大学出版会、二〇〇八年。

浦野起央『ジュネーヴ協定の成立』巌南堂、一九七〇年。

ベトナム社会主義共和国外務省編『中国白書』日中出版、一九七九年。

福田忠弘『ベトナム北緯一七度線の断層』成文堂、二〇〇六年。

半澤朝彦「国際政治における国連の『見えざる役割』――一九五六年スエズ危機の事例」『北大法学論叢』第五四巻、第二号、二〇〇三年。

小川浩之『英連邦――王冠への忠誠と自由な連邦』中央公論新社、二〇一二年。

フルシチョフ秘密報告『スターリン批判』志水速雄訳、講談社、一九七七年。

Charles Gati, *Failed Illusions: Moscow, Washington, Budapest and the 1956 Hungarian Revolt*, Washington DC/Stanford, 2006.

F・フェイト『スターリン以後の東欧』熊田亨訳、岩波書店、一九七八年。

A・B・ウラム『膨張と共存――ソヴエト外交史3』鈴木博信訳、サイマル出版会、一九七九年。

栗原俊雄『シベリア抑留　未完の悲劇』岩波新書、二〇〇九年。

松戸清裕『ソ連史』ちくま新書、二〇一一年。

和田春樹ほか編『岩波講座　東アジア近現代通史　八――ベトナム戦争の時代　一九六〇～一九七五年』岩波書店、二〇一一年。

白井洋子『ベトナム戦争のアメリカ――もう一つのアメリカ史』刀水書房、二〇〇六年。

松岡完『ベトナム戦争――誤算と誤解の戦場』中公新書、二〇〇一年。

藤田みどり『アフリカ「発見」――日本におけるアフリカ像の変遷』岩波書店、二〇〇五年。

宮本正興・松田素二編『新書アフリカ史』講談社現代新書、一九九七年。


〈コラム〉


辻内鏡人・中條献『キング牧師――人種の平等と人間愛を求めて』岩波ジュニア新書、一九九三年。

川島正樹『アメリカ市民権運動の歴史――連鎖する地域闘争と合衆国社会』名古屋大学出版会、二〇〇八年。

N・フライ『一九六八年――反乱のグローバリズム』下村由一訳、みすず書房、二〇一二年。

西田慎・梅崎透編『グローバル・ヒストリーとしての「一九六八年」――世界が揺れた転換点』ミネルヴァ書房、二〇一五年。

毛利健三『イギリス福祉国家の研究』東京大学出版会、一九九〇年。

田中拓道『貧困と共和国』人文書院、二〇〇六年。

T・H・マーシャル『福祉国家・福祉社会の基礎理論』岡田藤太郎訳、相川書房、一九九六年。

## 第一三章

〈本編各セクション〉


Mark Mazower, *Dark Continent: Europe's Twentieth Century*, New York, 1998.

遠藤乾編『ヨーロッパ統合史』名古屋大学出版会、二〇〇八年。

遠藤乾編『原典ヨーロッパ統合史』名古屋大学出版会、二〇〇八年。

T・ジャット『ヨーロッパ戦後史　一九四五～二〇〇五』全二巻、森本醇訳、みすず書房、二〇〇八年。

歴史学研究会編『アジア現代史』全四巻、青木書店、一九七九～八三年。

浜林正夫・木村英亮・佐々木隆爾編『新版　戦後世界史』全二巻、岩波書店、一九九六年。

木畑洋一ほか編『南から見た世界』全六巻、大月書店、一九九九年。

杉原薫『アジア太平洋経済圏の興隆』大阪大学出版会、二〇〇三年。

池端雪浦ほか編『岩波講座　東南アジア史　九――「開発」の時代と「模索」の時代』岩波書店、二〇〇二年。

吉見俊哉『シリーズ日本近現代史　九――ポスト戦後社会』岩波新書、二〇〇九年。

Immanuel Wallerstein, *After Liberalism*, New York, 1995.

Terence K. Hopkins, Immanuel Wallerstein, (eds.), *The Age of Transition: Trajectory of the World-System, 1945-2025*, London, 1996.

Gerd-Rainer Horn, *The Spirit of '68: Rebellion in Western Europe and North America, 1956-1976*, Oxford, 2007.

M・カーランスキー『一九六八――世界が揺れた年』（前・後編）来住道子訳、ヴィレッジブックス、二〇〇八年。

アメリカ学会編『原典アメリカ史　八――衰退論の登場』岩波書店、二〇〇六年。

H・A・キッシンジャー『外交』全二巻、岡崎久彦監訳、日本経済新聞社、一九九六年。

Sean Wilentz, *The Age of Reagan: A History, 1974-2008*, New York, 2008.
Robert Heilbroner, Aaron Singer, *The Economic Transformation of America: 1600 to the Present*, 4th ed., [s. l.], 1999.
吉田徹編『ミッテラン社会党の転換――社会主義から欧州統合へ』法政大学出版局、二〇〇八年。
渡邉啓貴『フランス現代史――英雄の時代から保革共存へ』中公新書、一九九八年。
Ivan T. Berend, *From the Soviet Bloc to the European Union: The Economic and Social Transformation of Central and Eastern Europe since 1973*, Cambridge, 2009.
W・ブルス『東欧経済史――一九四五～八〇』鶴岡重成訳、岩波書店、一九八四年。
B・シャバンス『システムの解体――東の経済改革史　一九五〇～九〇年代』斉藤日出治・斉藤悦則訳、藤原書店、一九九三年。
下斗米伸夫『図説　ソ連の歴史』河出書房新社、二〇一一年。
R. G. Pikhoya, *Sovetskii soiuz: Istoriya vlast 1945-1991*, M. RAGS, 1998.
M・ゴルバチョフ『ゴルバチョフ回想録』全二巻、工藤精一郎・鈴木康雄訳、新潮社、一九九六年。

恒川惠市『従属の政治経済学メキシコ』東京大学出版会、一九八八年。

A・G・フランク『世界資本主義と低開発――収奪の《中枢‐衛星》構造』大崎正治・前田幸一・中尾久訳、柘植書房、一九七六年。

梅川正美・阪野智一・力久昌幸編『イギリス現代政治史』ミネルヴァ書房、二〇一〇年。

西川長夫編『多文化主義・多言語主義の現在――カナダ・オーストラリア・そして日本』人文書院、一九九七年。

日本カナダ学会編『はじめて出会うカナダ』有斐閣、二〇〇九年。

W・キムリッカ『多文化時代の市民権――マイノリティの権利と自由主義』角田猛之・山崎康仕・石山文彦訳、晃洋書房、一九九八年。

Ch・テイラーほか『マルチカルチュラリズム』佐々木毅・辻康夫・向山恭一訳、岩波書店、二〇〇七年。

杉原薫「東アジア・中東・世界経済――オイル・トライアングルと国際経済秩序」『イスラーム世界研究』二巻一号、二〇〇八年九月。

杉原薫「中東軍事紛争の世界経済史的文脈――石油・兵器・資金の循環とその帰結」長崎暢子・清水耕介編『アフラシア叢書　一――紛争解決　暴力と非暴力』ミネルヴァ書房、二〇一〇年。

杉原薫「『化石資源世界経済』の興隆とバイオマス社会の再編」杉原薫ほか編『講座　生存基盤論　一――歴史のなかの熱帯生存圏』京都大学学術出版会、二〇一二年。

## 第一四章

〈本編各セクション〉



E・ホブズボーム『二〇世紀の歴史――極端な時代』全二巻、河合秀和訳、三省堂、一九九六年。

遠藤乾編『ヨーロッパ統合史』名古屋大学出版会、二〇〇八年。

遠藤乾編『原典ヨーロッパ統合史』名古屋大学出版会、二〇〇八年。

T・ジャット『ヨーロッパ戦後史　一九四五～二〇〇五』全二巻、森本醇訳、みすず書房、二〇〇八年。

馬場康雄・平島健司編『ヨーロッパ政治ハンドブック』東京大学出版会、二〇〇〇年。

Ivan T. Berend, *Europe since 1980*, Cambridge, 2010.

D・ハーヴェイ『新自由主義――その歴史的展開と現在』渡辺治監訳、作品社、二〇〇七年。

G・アリギ『長い二〇世紀――資本・権力・そして現代の系譜』土佐弘之ほか訳、作品社、二〇〇九年。

N・クライン『ショック・ドクトリン』全二巻、幾島幸子・村上由美子訳、岩波書店、二〇一一年。

W・ウォレス『西ヨーロッパの変容』鴨武彦・中村英俊訳、岩波書店、一九九三年。

大島美穂編『EUスタディーズ　三――国家・地域・民族』勁草書房、二〇〇七年。

久保広正・田中友義編著『現代ヨーロッパ経済論』ミネルヴァ書房、二〇一一年。

アメリカ学会編『原典アメリカ史　九――唯一の超大国』岩波書店、二〇〇六年。

B・クリントン『マイライフ――クリントンの回想』全二巻、楡井浩一訳、朝日新聞社、二〇〇四年。

Sean Wilentz, *The Age of Reagan: A History, 1974-2008*, New York, 2008.

盛田常夫『ポスト社会主義の政治経済学』日本評論社、二〇一〇年。

仙石学・林忠行共編『ポスト社会主義期の政治と経済』北海道大学出版会、二〇一一年。

家田修・宇山智彦・松里公孝編『講座スラブ・ユーラシア学』全三巻、講談社、二〇〇八年。

A・ブラウン『共産主義の興亡』下斗米伸夫監訳、中央公論新社、二〇一二年。

石郷岡建『ソ連崩壊　一九九一年』書苑新社、一九九八年。

Timothy Colton, *Yeltsin: A Life*, New York, 2008.

矢野久『労働移民の社会史――戦後ドイツの経験』現代書館、二〇一〇年。

小井土彰宏編『移民政策の国際比較』明石書店、二〇〇三年。

M・フォルトゥナート、S・メスナーニ『イタリアの外国人労働者』関口英子訳、明石書店、一九九四年。

広河隆一『パレスチナ』岩波新書、二〇〇二年。

酒井啓子『イラクとアメリカ』岩波新書、二〇〇二年。

板垣雄三編『「対テロ戦争」とイスラーム世界』岩波新書、二〇〇三年。


〈コラム〉

V. Knigge, N. Frei (Hg.), *Verbrechen erinern. Die Auseinandersetzung mit Holocaust und Völkermord*, München 2002.
對馬達雄編『ドイツ　過去の克服と人間形成』昭和堂、二〇一一年。

Peter Reichel, *Politik mit der Erinnerung*, München 1995.

岩崎稔「ヤン・アスマンの『文化的記憶』（1）（2）」『未来』三八二・三八三号、一九九八年。

松本彰『記念碑に刻まれたドイツ――戦争・革命・統一』東京大学出版会、二〇一二年。

米沢薫『記念碑論争――ナチスの過去をめぐる共同想起の闘い（一九八八～二〇〇六年）』社会評論社、二〇〇九年。

安部安成・小関隆他編『記憶のかたち――コメモレーションの文化史』河出書房新社、一九九七年。

藤原帰一「抑止としての記憶――国際政治の倫理化とその逆説」『国際問題』五〇一号、二〇〇二年。

三浦玲一「村上春樹とポストモダン・ジャパン」『文學界』七月号、二〇一三年。

P・ノラ編『記憶の場――フランス国民意識の文化＝社会史』全三巻、谷川稔監訳、岩波書店、二〇〇二～〇三年。

若尾祐司・和田光弘編『歴史の場――史跡・記念碑・記憶』ミネルヴァ書房、二〇一〇年。

B・アンダーソン『定本　想像の共同体――ナショナリズムの起源と流行』白石隆・白石さや訳、書籍工房早山、二〇〇七年。

M・アルヴァックス『集合的記憶』小関藤一郎訳、行路社、一九九九年。

# 人名索引

## あ 行

## か　行

## さ　行



## た　行

## な　行



## は　行

## ま　行



## や　行



## ら　行

## わ　行

# 事項・地名索引

＊ 頻出語（とくに頻出国名）は一部省略。

## あ 行

## か　行

## さ 行

## た　行

## な　行

ナショナリズム　18, 23, 116, 127, 170, 184, 202, 203, 206, 212, 222, 238, 245, 249, 251, 292, 314, 339, 341, 351, 361, 363
ナチス（国民社会主義ドイツ労働者党）　173, 228, 232, 249, 252, 255, 258, 263, 266, 276, 280, 284
ナチズム　252, 263
ナポレオン戦争　90, 98, 119, 121, 127, 134, 221
ナポレオン法典　96
ナロードナ・オドブラーナ　193, 198
ナロードニキ　86
南京大虐殺　250, 258
南京条約（1842）　114
ナントの王令（1598）　37, 47
南北戦争（米，1861-65）　142, 153, 181
南北問題　298
二月革命
——（仏，1848）　145「一八四八年革命」もみよ
——（露，1917）　222, 225「ロシア革命」もみよ
二月クーデタ（チェコスロヴァキア，1948）　280
二月勅令（墺，1861）　151
尼港事件（1920）　235
西ゴート王国　15
西ドイツ　→「ドイツ連邦共和国」
二一カ条要求　219, 224, 228, 237
二重革命の時代　87, 115
二州併合　→ボスニア＝ヘルツェゴヴィナ併合
ニスタット講和条約（1721）　75
日英同盟（1902）　168, 178, 186, 194, 196, 207, 219, 238
日独伊三国軍事同盟（1940）　259
日独防共協定（1936）　258
日仏協約（1907）　196
日仏修好通商条約（1858）　146
日米安全保障条約（1951）　297, 300, 318
日米紳士協約（1907）　210
日露協商　→「日露協約」
日露協約（1907，1910，1912，1916）　172, 194, 196, 225
日露戦争（1904-05）　148, 168, 171, 176, 178, 186, 193, 201, 204, 210, 212-214, 219, 221
日清戦争（1894-95）　167, 171, 176, 178, 193, 211, 219
日ソ共同宣言（1956）　306, 308
日ソ中立条約（1941）　259, 279
日中戦争（1937-45）　247, 258
二・二六事件（1936）　256
『日本誌』（ツィザード）　37
『日本誌』（ケンペル）　23, 63, 78, 107
『日本植物誌』（テューンバリ）　107
日本人学童隔離事件（米，1906）　210
日本平和会　211
ニューカレドニア　145
ニューディール　245, 248, 328, 358
ニュー・ナショナリズム（米）　209
ニュルンベルク裁判（1945-46）　264, 276
人間の顔をした社会主義　333「プラハの春」もみよ
ネグリチュード　314
ネップ　→「新経済政策」
ネーデルラント　38, 44, 50, 80
ネルチンスク条約（1689）　75, 106
農業集団化　236, 254, 278, 280
農業大不況　169
農奴解放（露，1861）　142, 147
農奴制　74, 104, 115, 147「再版農奴制」もみよ
ノモンハン事件（1939）　255
ノルウェー　17, 48, 213, 259, 300, 367
ノルマンディ上陸（1944）　262

## は　行

排華移民法（米，1882）　184, 209
ハイチ　238
——革命（1804）　87, 90, 94
排日移民法　→「移民制限法」
排日土地法（米，1913）　210
パキスタン　286
白系ロシア人　240

## ま　行

## や　行



## ら　行

## わ 行



## 欧 文

小《こ》森《もり》　宏《ひろ》美《み》（早稲田大学教育・総合科学学術院教授，コラム24）
三《み》宅《やけ》　明《あき》正《まさ》（千葉大学名誉教授，第11章序論・第12章序論）
小《お》沢《ざわ》　弘《ひろ》明《あき》（千葉大学国際教養学部教授，第11章第２節・第14章序論）
島《しま》田《だ》　眞《ま》杉《すぎ》（京都大学名誉教授，第11章第５節）
半《はん》澤《ざわ》　朝《あさ》彦《ひこ》（明治学院大学国際学部教授，第11章第６節・第12章第２節）
菅《かん》　英《ひで》輝《き》（京都外国語大学外国語学部客員教授，コラム25）
古《ふる》田《た》　元《もと》夫《お》（東京大学名誉教授，第12章第１節）
松《まつ》戸《ど》　清《きよ》裕《ひろ》（北海学園大学法学部教授，第12章第４節）
小《お》川《がわ》　有《あり》美《よし》（立教大学法学部教授，第12章第５節）
杉《すぎ》田《た》　米《よね》行《ゆき》（大阪大学大学院言語文化研究科教授，第12章第６節）
工《く》藤《どう》　晶《あき》人《ひと》（学習院女子大学国際文化交流学部准教授，第12章第７節）
中《ちゅう》條《じょう》　献《けん》（桜美林大学リベラルアーツ学群教授，コラム26）
石《いし》原《はら》　俊《しゅん》時《じ》（東京大学大学院経済学研究科教授，コラム27）
渡《わた》邉《なべ》　啓《ひろ》貴《たか》（東京外国語大学大学院総合国際学研究院教授，コラム28・第13章第２節）
栗《くり》田《た》　禎《よし》子《こ》（千葉大学文学部教授，第13章序論・第14章第６節）
古《ふる》矢《や》　旬《じゅん》（東京大学名誉教授，第13章第１節・第14章第２節）
林《はやし》　忠《ただ》行《ゆき》（京都女子大学学長，第13章第３節）
下《しも》斗《と》米《まい》　伸《のぶ》夫《お》（法政大学名誉教授，第13章第４節・第14章第４節）
高《たか》橋《はし》　均《ひとし》（東京外国語大学大学院総合国際学研究科教授，第13章第５節）
藤《ふじ》川《かわ》　隆《たか》男《お》（大阪大学大学院文学研究科教授，第13章第７節）
杉《すぎ》原《はら》　薫《かおる》（総合地球環境学研究所特任教授，第13章第８節）
遠《えん》藤《どう》　乾《けん》（北海道大学法学部教授，第14章総論）
大《おお》島《しま》　美《み》穂《ほ》（津田塾大学学芸学部教授，第14章第１節）
家《いえ》田《だ》　修《おさむ》（早稲田大学社会科学部教授，第14章第３節）
平《ひら》野《の》　千《ち》果《か》子《こ》（武蔵大学人文学部教授，第14章第５節）

篠《しの》 原《はら》 琢《たく》（東京外国語大学大学院総合国際学研究院教授，第５章第８節・第６章第７節）

伊《い》 東《とう》 剛《たか》 史《し》（東京外国語大学大学院総合国際学研究院准教授，コラム12）

三《み》 谷《たに》 博《ひろし》（跡見学園女子大学文学部教授，第６章序論）

長《なが》 井《い》 伸《のぶ》 仁《ひと》（東京大学大学院人文社会系研究科准教授，第６章総論・第７章第２節）

平《ひら》 田《た》 雅《まさ》 博《ひろ》（青山学院大学文学部教授，第６章第１節）

青《あお》 島《しま》 陽《よう》 子《こ》（神戸大学大学院国際文化学研究科准教授，第６章第３節）

北《きた》 村《むら》 暁《あけ》 夫《お》（日本女子大学文学部教授，第６章第４節・第７章第７節・第８章第３節）

竹《たけ》 下《した》 和《かず》 亮《あき》（国際基督教大学アジア文化研究所研究員，コラム14）

秋《あき》 葉《ば》 淳《じゅん》（東京大学東洋文化研究所准教授，コラム16）

貴《き》 堂《どう》 嘉《よし》 之《ゆき》（一橋大学大学院社会学研究科教授，第７章第６節・第８章第６節）

藤《ふじ》 田《た》 進《すすむ》（東京外国語大学名誉教授，コラム17）

神《かみ》 長《なが》 英《えい》 輔《すけ》（新潟国際情報大学国際学部准教授，コラム18）

渡《わた》 辺《なべ》 和《かず》 行《ゆき》（京都橘大学文学部教授，第８章第４節・第10章第３節）

関《せき》 内《うち》 隆《たかし》（東北大学名誉教授，第８章第５節）

田《た》 中《なか》 ひかる（明治大学法学部教授，第８章第７節）

三《み》 宅《やけ》 立《たつる》（元 明治大学文学部教授，第９章総論・第10章第５節）

清《し》 水《みず》 正《まさ》 義《よし》（白鷗大学法学部教授，第９章第１節・第９章第３節）

池《いけ》 田《だ》 嘉《よし》 郎《ろう》（東京大学大学院人文社会系研究科准教授，第９章第２節・第９章第７節）

星《ほし》 乃《の》 治《はる》 彦《ひこ》（福岡大学人文学部教授，第９章第５節・第10章総論・第11章第３節）

中《なか》 野《の》 耕太郎《こうたろう》（大阪大学大学院文学研究科教授，第９章第８節）

崎《さき》 山《やま》 直《なお》 樹《き》（千葉大学国際教養学部講師，コラム21）

中《なか》 嶋《しま》 毅《たけし》（首都大学東京大学院人文科学研究科教授，コラム22）

大《おお》 門《かど》 正《まさ》 克《かつ》（早稲田大学教育・総合科学学術院特任教授，第10章序論）

藤《ふじ》 岡《おか》 寛《ひろ》 己《み》（福岡国際大学国際コミュニケーション学部教授，第10章第１節）

寺《てら》 山《やま》 恭《きょう》 輔《すけ》（東北大学東北アジア研究センター教授，第10章第２節）

木《き》 畑《ばた》 洋《よう》 一《いち》（東京大学名誉教授・成城大学名誉教授，第10章第４節・第13章第６節）

芝《しば》 健《けん》 介《すけ》（東京女子大学名誉教授，第10章第６節・コラム29）

踊《おどり》　共《とも》二《じ》（武蔵大学人文学部教授，第２章第１節）

宮《みや》﨑《ざき》　和《かず》夫《お》（筑波大学人文社会系准教授，第２章第２節）

皆《みな》川《がわ》　卓《たく》（山梨大学大学院総合研究部教育学域教授，第２章第３節）

井《い》内《ない》　太《た》郎《ろう》（広島大学大学院人間社会科学研究科教授，第２章第４節）

小《こ》山《やま》　啓《けい》子《こ》（神戸大学大学院人文学研究科准教授，第２章第５節）

出《で》村《むら》　伸《しん》（東北学院大学文学部非常勤講師，第２章第７節）

杉《すぎ》森《もり》　哲《てつ》也《や》（放送大学教養学部教授，コラム４）

島《しま》田《だ》　竜《りゅう》登《と》（東京大学大学院人文社会系研究科准教授，コラム５・コラム８）

松《まつ》井《い》　洋《よう》子《こ》（東京大学史料編纂所教授，第３章序論）

大《おお》峰《みね》　真《ま》理《り》（千葉大学文学部教授，第３章第１節・コラム７）

鈴《すず》木《き》　直《ただ》志《し》（中央大学文学部教授，第３章第４節）

田《た》中《なか》　良《よし》英《ひで》（宮城教育大学教育学部教授，第３章第５節）

弓《ゆ》削《げ》　尚《なお》子《こ》（早稲田大学法学部教授，コラム６）

豊《とよ》川《かわ》　浩《こう》一《いち》（明治大学文学部教授，第４章序論）

坂《さか》下《した》　史《ちかし》（東京女子大学現代教養学部教授，第４章総論）

高《たか》橋《はし》　暁《あけ》生《お》（上智大学外国語学部教授，第４章第２節）

立《たて》石《いし》　博《ひろ》高《たか》（東京外国語大学名誉教授，第４章第３節）

川《かわ》村《むら》　朋《とも》貴《たか》（東京大学附属図書館学術支援職員，第４章第４節）

竹《たけ》中《なか》　幸《こう》史《じ》（山口大学文学部教授，コラム９）

森《もり》永《なが》　貴《たか》子《こ》（立命館大学文学部教授，コラム10）

後《ご》藤《とう》　春《はる》美《み》（東京大学大学院総合文化研究科教授，第５章序論・第９章第６節）

山《やま》根《ね》　徹《てつ》也《や》（横浜市立大学国際教養学部教授，第５章総論）

金《かな》澤《ざわ》　周《しゅう》作《さく》（京都大学大学院文学研究科教授，第５章第１節）

上《うえ》垣《がき》　豊《ゆたか》（龍谷大学法学部教授，第５章第２節・第６章第２節）

森《もり》田《た》　直《なお》子《こ》（立正大学文学部准教授，第５章第４節）

池《いけ》本《もと》　今日子《きょうこ》（大東文化大学文学部准教授，第５章第５節）

中《なか》澤《ざわ》　達《たつ》哉《や》（早稲田大学文学学術院教授，第５章第７節）

## 執筆者紹介（所属，執筆分担，執筆順）


南《みなみ》塚《づか》 信《しん》吾《ご》（千葉大学名誉教授・法政大学名誉教授，編集責任，コラム15・第7章序論・第7章第8節・第8章序論・第11章第1節・第12章総論・第12章第3節・第13章総論）

秋《あき》田《た》 茂《しげる》（大阪大学大学院文学研究科教授，編集責任，第7章総論・第7章第4節・第9章第4節・第11章第4節）

高《たか》澤《ざわ》 紀《のり》恵《え》（国際基督教大学教養学部教授，編集責任，第3章総論）

秋《あき》山《やま》 晋《しん》吾《ご》（一橋大学大学院社会学研究科教授，編集委員，第3章第3節・第3章第6節・第4章第6節・第5章年表・第5章第6節・第6章年表・第7章第5節）

浅《あさ》田《だ》 進《しん》史《じ》（駒澤大学経済学部教授，編集委員，第6章第5節・第7章年表・第7章第3節・第8章年表・第8章総論・第8章第2節・第9章序論）

木《き》村《むら》 真《まこと》（日本女子大学非常勤講師，編集委員，第8章第1節・第11章年表・第12章年表）

長《なが》縄《なわ》 宣《のり》博《ひろ》（北海道大学スラブ・ユーラシア研究センター教授，編集委員，第4章第5節・第7章第1節・コラム20・第9章年表・第10章年表）

中《なか》村《むら》 武《たけ》司《し》（弘前大学人文社会科学部准教授，編集委員，第3章年表・第3章第2節・第4章年表）

橋《はし》川《かわ》 健《けん》竜《りゅう》（東京大学大学院総合文化研究科准教授，編集委員，第4章第1節・第5章第3節・第6章第6節・コラム23・第11章総論・第13章年表・第14章年表）

古《ふる》谷《や》 大《だい》輔《すけ》（大阪大学大学院言語文化研究科准教授，編集委員，第1章年表・第2章年表・第2章第6節・コラム11・コラム13・コラム19）

堤《つつみ》 一《かず》昭《あき》（大阪大学大学院文学研究科教授，第1章序論・コラム1）

薩《さつ》摩《ま》 秀《ひで》登《と》（明治大学経営学部教授，第1章総論）

岡《おか》崎《ざき》 敦《あつし》（九州大学大学院人文科学研究院教授，第1章第1節）

千《ち》葉《ば》 敏《とし》之《ゆき》（東京外国語大学大学院総合国際学研究院教授，第1章第2節）

亀《かめ》長《なが》 洋《よう》子《こ》（学習院大学文学部教授，第1章第3節）

林《はやし》 邦《くに》夫《お》（元 東京学芸大学教育学部教授，第1章第4節）

小《お》澤《ざわ》 実《みのる》（立教大学文学部教授，第1章第5節）

宮《みや》野《の》 裕《ゆたか》（岐阜聖徳学園大学教育学部教授，第1章第6節）

中《なか》谷《たに》 功《こう》治《じ》（関西学院大学文学部教授，第1章第7節）

藤《とう》内《ない》 哲《てつ》也《や》（鹿児島大学法文学部教授，コラム2）

大《おお》黒《ぐろ》 俊《しゅん》二《じ》（大阪市立大学名誉教授，コラム3）

村《むら》井《い》 章《しょう》介《すけ》（東京大学名誉教授，第2章序論）

合《ごう》田《だ》 昌《まさ》史《ふみ》（京都大学大学院人間・環境学研究科教授，第2章総論）

中村　武司（なかむら・たけし）

1975年　生まれ。
2008年　大阪大学大学院文学研究科博士後期課程修了。博士（文学）。
現　在　弘前大学人文学部准教授。
主　著　『空間のイギリス史』（共著）山川出版社，2005年。
『アニメで読む世界史』（共著）山川出版社，2011年。
『グローバルヒストリーと帝国』（共著）大阪大学出版会，2013年。

橋川　健竜（はしかわ・けんりゅう）

1969年　生まれ。
2002年　コロンビア大学文理大学院修了。Ph. D.（歴史学）
現　在　東京大学大学院総合文化研究科准教授。
主　著　『アメリカ史研究入門』（共著）山川出版社，2009年。
『農村型事業とアメリカ資本主義の胎動——共和国初期の経済ネットワークと都市近郊』東京大学出版会，2013年。
『南北アメリカの歴史』（共編）放送大学教育振興会，2014年。

古谷　大輔（ふるや・だいすけ）

1971年　生まれ。
2001年　東京大学大学院人文社会系研究科単位取得満期退学。修士（文学）。
現　在　大阪大学大学院言語文化研究科准教授。
主　著　『地域文化研究Ⅲ　ヨーロッパの歴史と文化』（共著）放送大学教育振興会，2007年。
『歴史的ヨーロッパの政治社会』（共著）山川出版社，2008年。
『スウェーデンを知るための60章』（共著）明石書店，2009年。
『礫岩のようなヨーロッパ』（共著）山川出版社，2016年。

《編集委員紹介》


## 秋山　晋吾（あきやま・しんご）

1971年　生まれ。
2004年　千葉大学大学院社会文化科学研究科修了。博士（文学）。
現　在　一橋大学大学院社会学研究科教授。
主　著　『由緒の比較史』（共著）青木書店，2010年。
『ハプスブルク帝国政治文化史』（共著）昭和堂，2012年。
『つながりと権力の世界史』（共編著）彩流社，2014年。

## 浅田　進史（あさだ・しんじ）

1974年　生まれ。
2007年　千葉大学大学院社会文化科学研究科修了。博士（学術）。
現　在　駒澤大学経済学部教授。
主　著　『ドイツ統治下の青島――経済的自由主義と植民地社会秩序』東京大学出版会，2011年。
『第一次世界大戦開戦原因の再検討――国際分業と民衆心理』（共著）岩波書店，2014年。

## 木村　　真（きむら・まこと）

1960年　生まれ。
1996年　東京大学大学院総合文化研究科地域文化研究専攻博士課程単位取得退学。修士（学術）。
現　在　日本女子大学非常勤講師，世界史研究所研究員。
主　著　『バルカン史と歴史教育――「地域史」とアイデンティティの再構築』（共著）明石書店，2008年。
『東欧地域研究の現在』（共編著）山川出版社，2012年。
『教養のための現代史入門』（共著）ミネルヴァ書房，2015年。

## 長縄　宣博（ながなわ・のりひろ）

1977年　生まれ。
2007年　東京大学大学院総合文化研究科博士課程修了。博士（学術）。
現　在　北海道大学スラブ・ユーラシア研究センター教授。
主　著　『グローバルヒストリーと帝国』（共著）大阪大学出版会，2013年。
『新史料で読むロシア史』（共著）山川出版社，2013年。
『越境者たちのユーラシア（シリーズ・ユーラシア地域大国論５）』（共編著）ミネルヴァ書房，2015年。

《責任編集者紹介》


南塚　信吾（みなみづか・しんご）

1942年　生まれ。
1970年　東京大学大学院社会学研究科国際関係論専門課程博士課程修了。
現　在　千葉大学名誉教授，法政大学名誉教授。
主　著　『東欧経済史の研究——世界資本主義とハンガリー』ミネルヴァ書房，1979年。
『世界史なんていらない？』岩波ブックレット，2007年。
『図説 ハンガリーの歴史』河出書房新社，2012年。

秋田　　茂（あきた・しげる）

1958年　生まれ。
1985年　広島大学大学院文学研究科博士課程後期中退。博士（文学）。
現　在　大阪大学大学院文学研究科教授。
主　著　*Gentlemanly Capitalism, Imperialism and Global History,* (ed.), London and New York: Palgrave-Macmillan, 2002.
『イギリス帝国とアジア国際秩序』名古屋大学出版会，2003年。
『イギリス帝国の歴史——アジアから考える』中央公論新社，2012年。

高澤　紀恵（たかざわ・のりえ）

1955年　生まれ。
1985年　東京大学大学院人文科学研究科西洋史学専攻博士課程満期修了。
現　在　国際基督教大学教養学部教授。
主　著　『近世パリに生きる——ソシアビリテと秩序』岩波書店，2008年。
『伝統都市を比較する』（共編）山川出版社，2011年。
「高橋・二宮・ルフェーヴル——「社会史」誕生の歴史的位相」『思想』1048号，2011年。

新しく学ぶ西洋の歴史
——アジアから考える——

2016年2月15日　初版第1刷発行　〈検印省略〉
2019年11月15日　初版第3刷発行

定価はカバーに
表示しています

責任編集者　南塚信吾
秋田茂
高澤紀恵
発行者　杉田啓三
印刷者　江戸孝典

発行所　株式会社　ミネルヴァ書房
607-8494　京都市山科区日ノ岡堤谷町1
電話代表　(075)581-5191
振替口座　01020-0-8076



共同印刷工業・藤沢製本

ISBN978-4-623-06681-0
Printed in Japan

| 書名 | 編著者 | 体裁・頁・価格 |
|---|---|---|
| 教養のための西洋史入門 | 中井義明 他著 | A5判 三二〇頁 本体三〇八〇円 |
| 教養のための現代史入門 | 佐藤専次 他著 | A5判 二五〇頁 本体三二八〇円 |
| 大学で学ぶ西洋史〔古代・中世〕 | 小澤卓也 他編 | A5判 四〇一頁 本体三〇〇〇円 |
| 大学で学ぶ西洋史〔近現代〕 | 田中聡 他編 | A5判 三七六頁 本体二八〇〇円 |
| 西洋の歴史基本用語集〔古代・中世〕 | 服部良久 他編 | A5判 二四二頁 本体二八〇〇円 |
| 西洋の歴史基本用語集〔近現代編〕 | 南川高志 他編 | A5判 二三〇頁 本体二四〇〇円 |
| 近代イギリスの歴史 | 上山安敏 豊編 他 | 四六判 二五〇頁 本体二二〇〇円 |
| はじめて学ぶイギリスの歴史と文化 | 朝治啓三 編 | 四六判 二〇六頁 本体二五〇〇円 |
| 近代ドイツの歴史 | 望田幸男 編 | A5判 三〇九二頁 本体三〇〇〇円 |
| 近代フランスの歴史 | 木畑洋一 編 | A5判 三〇二頁 本体三九〇〇円 |
| 教養のフランス近現代史 | 秋田茂 編 | A5判 三七二頁 本体二六〇四円 |
| 近代イタリアの歴史 | 指昭博 編 | A5判 三七二頁 本体二八〇〇円 |
| 近代スペインの歴史 | 井上茂子 編 | A5判 三八〇頁 本体三〇〇〇円 |
| 概説近代スペインの歴史 | 若尾祐司 編 | A5判 三五八頁 本体三五〇〇円 |
| アメリカ合衆国の歴史 | 渡辺和行 編 | A5判 三八〇頁 本体三二〇〇円 |
| 大学で学ぶアメリカ史 | 竹中幸史 編 | A5判 二九四頁 本体三二八〇円 |
| | 杉本淑彦 編 | A5判 三五〇頁 本体三三八〇円 |
| | 北村暁夫 編 | A5判 二八〇頁 本体三三八〇円 |
| | 伊藤武 編 | A5判 三一四頁 本体三八〇〇円 |
| | 立石博高 編 | A5判 三一八〇頁 本体三八〇〇円 |
| | 野村達朗 編 | A5判 三六八〇頁 本体二八〇〇円 |
| | 和田光弘 編 | A5判 三四〇四頁 本体三〇四〇円 |

ミネルヴァ書房

http://www.minervashobo.co.jp/